-5

le

Tu mundo

español sin fronteras

Magdalena Andrade
Irvine Valley College

Jeanne Egasse
Irvine Valley College

Elías Miguel Muñoz

María José Cabrera Puche
West Chester University of Pennsylvania

Mc
Graw
Hill
Education

3 4 5 6 7 8 9 0 SCI SCI 16 15 14

ISBN-13: 978-1-259-17360-8
ISBN-10: 1-259-17360-7

Learning Solutions Consultant: Tricia Wagner
Associate Project Manager: Vanessa Estrada
Cover Photo Credits: Textile (big) 1847186.jpg © Design Pics / Richard Berry; ARX095.jpg © brianlatino/Alamy;
DME0039.JPG © Royalty-Free/CORBIS; gwt231034.jpg © Glow Images

Preface

Tu mundo immerses the Introductory Spanish student in a culturally rich world full of opportunities to discover and explore the powerful connections between language and culture. Students dive into intensive communicative practice, building confidence in their ability to interact in meaningful ways in Spanish and with access to a wealth of tools to support and guide their progress. In addition, students are able to create their own sense of community through features such as online video chat, resulting in a unique personal experience that will evolve organically with each individual and spark their natural curiosity about their world.

What Are the Goals of the *Tu mundo* Program?

Our extensive and ongoing research in the Introductory Spanish course has led to the creation of the *Tu mundo* program, which is grounded by a strong emphasis on the five Cs: Communication, Culture, Connections, Comparisons, and Communities. As more and more courses move toward hybrid and online formats, *Tu mundo* delivers content in a variety of ways in order to ensure consistent performance.

- **Embrace the language, not the rules:** *Tu mundo* is designed to work well with a variety of communicative approaches. The goal is to provide an ideal environment where acquisition can take place. By jumping directly into communicative practice, students immerse themselves in the experience of active learning. This involves preparing at home using a variety of print and digital learning tools and then coming to class ready to engage in conversation.

- **Achieve consistent performance:** *Tu mundo* offers a dynamic adaptive learning system called LearnSmart that allows students to identify grammatical structures and vocabulary words they have not yet mastered and then offers an individualized study program for mastering them. Students at all levels can benefit from using LearnSmart, which includes built-in reporting and a competitive scoreboard. Additional tools in Connect Spanish such as the Voice Board and Blackboard Instant Messenger (BbIM), both powered by Wimba, ensure that students are getting ample practice time no matter where their classes take place.

- **Create community and connections:** Creating a sense of community in the face-to-face or virtual classroom is a huge part of language learning and something that *Tu mundo* does implicitly. Whether in a physical classroom or in Connect Spanish, students are provided with opportunities to engage in meaningful conversations and collaborative task-based activities. The

Amigos sin Fronteras (*Friends Without Borders*), a cast of young Hispanic students who share common interests, are featured throughout the entire program and showcased in the **Amigos sin Fronteras** video segments, available on DVD and in Connect Spanish. Through the **amigos,** students are exposed to a friendly model of how to apply what they're learning in order to interact with another friendly group of students: their own classmates. Furthermore, *Tu mundo* presents an interactive online environment that applies engaging content and task-based scenarios to enable students to practice their language skills in a fun, immersive, and motivating way.

- **Find meaning through high-interest culture and comparisons:** Culture is often left behind—so *Tu mundo* offers it throughout. Each chapter features a country of focus, which doubles as the home country of one of the fifteen **amigos.** In addition to in-chapter cultural sections, every chapter of *Tu mundo* features a second video segment called **Mi país,** narrated by the **amigos** themselves, as they share information  about their native countries. This window into the lives of the **amigos** provides a point of comparison for students to describe their own lives. The **Mundo interactivo** scenarios found in Connect Spanish represent a variety of cultural contexts in which students can interact with language and culture in a meaningful way.

How Did We Get Here?

Tu mundo was shaped by thousands of instructors and students of Introductory Spanish who participated in our extensive research. We are grateful to those who shared their perspectives to help make *Tu mundo* a stronger program from all angles. (See pages xv-xix for a full list of participant names.) Following are highlights from our research activities.

- A recent survey garnered more than 630,000 student responses, in which **over 90%** of students (that's over half a million!) indicated that LearnSmart helped them learn the course material and made them more confident in their new knowledge.

- Over 1,600 students, professors, and graduate teaching assistants beta-tested LearnSmart for Spanish. The results were astounding: 91% of students said that LearnSmart leads to success in Spanish, and 97% of instructors said they would use LearnSmart in the future.

- Over the past several years, the McGraw-Hill World Languages team has conducted multiple symposia where we brought together 250 of the best and brightest professors from around the country to brainstorm new ideas and workshop solutions to the discipline's biggest challenges.

- Over 165 professors helped us hone the art style, interior, and cover designs of *Tu mundo*. And thanks to the help of over 150 editorial reviewers, we have ensured that the *Tu mundo* chapters are of the highest quality.

- We conducted two major surveys with 360 instructors on the dynamics of today's changing language laboratories as well as the transition from a printed homework model to online solutions.

- With the help of 100 webinar and focus group participants, we tested the market-leading components of the Connect platform and determined how to best align LearnSmart with the *Tu mundo* methodology.

- Fifty-three instructors helped shape the overall concept and editing of the **Amigos sin Fronteras** video segments

The *Tu mundo* program is the result of volumes of visionary input provided by today's instructors and students of Introductory Spanish—thank you!

Embrace the Language, Not the Rules

The *Tu mundo* Classroom

Only realistic communicative experiences can help learners acquire a second language. Because communication is the primary goal and the core of this program, *Tu mundo* provides opportunities for students to communicate with their classmates naturally, both orally and in writing.

- **Actividades de comunicación**
  The communicative activities play a vital role in *Tu mundo*, while grammar serves as an aid in the language acquisition process. The text presents key grammar concepts and vocabulary that students will need in order to engage in interpersonal communication with native speakers. In *Tu mundo*, the grammar and vocabulary are taught through comprehensible input as well as communicative activities, all presented in a congenial atmosphere in which students feel free to express themselves in Spanish.

- **Connect™ Spanish**
  Connect Spanish provides a digital solution for schools with multiple course formats, whether they be 100% online, hybrid, or face-to-face programs.

- **LearnSmart™**
  No two students are alike. McGraw-Hill LearnSmart is an intelligent learning system that uses a series of adaptive questions to pinpoint the unique knowledge gaps of each individual student. LearnSmart then provides a customized learning path so that students spend less time in areas they already know and more time in areas they don't. The result is that LearnSmart's super-adaptive learning path helps students retain more knowledge, learn faster, and study more efficiently.

- **Communication tools**
  With our new suite of collaboration tools, students can engage in online communication in order to complete activities with other students. Instructors can manage communication with students in a whole new way through online office hours, whiteboards, the Voice Board, and BbIM capabilities.

Scan this code with your QR reader to learn more about Getting Started with Connect Spanish.

You Can Learn Spanish! Ten Keys to Success

1 Language Has a Purpose
Focus on the idea you want to convey or task you want to complete.

2 Focus on Meaning
Listen for meaning in real-life contexts and focus on the message.

3 Listen!
Eventually you will express yourself, but start by listening.

4 Take Your Time
You need time and consistent exposure to comprehensible input before producing language.

5 Remember, Mistakes Are Part of Learning
When you speak, what matters is your message.

6 Explore New Cultures
Taking the time to learn about Hispanic cultures and comparing them to your own helps to broaden your language-learning perspective.

7 Grammar Can Help
A gentle focus on form helps you identify gaps in your developing language skills.

8 Just Relax!
Learning is a process that takes place most effectively in a low-anxiety mode.

9 Create a Community
Make friends: you'll learn language better and faster in a group.

10 Speak Your Mind!
Speaking in class will help you improve your communicative accuracy. Don't be shy.

Scan this code with your QR reader to learn more about *Tu mundo*.

Achieve Consistent Performance

Introductory Spanish classrooms typically contain a mix of true beginners, false beginners, and even heritage speakers in the same classroom. Based on our research, we learned that the varying levels of language proficiency among students represent one of the greatest course challenges for the majority of instructors of Introductory Spanish.

Tu mundo offers LearnSmart, a powerful adaptive learning system, beta-tested by over 1,600 students. As the student completes each chapter's grammar and vocabulary modules, LearnSmart identifies the main grammatical structures and vocabulary words that warrant more practice, based on student performance, and provides an individualized study program.

As the professor you can assign LearnSmart or you can simply say, "Go to LearnSmart and work on preterite vs. imperfect"—and off they go! LearnSmart allows you to quickly and easily choose how much content is covered within each module and to dig into very specific aspects of each grammar point. With LearnSmart, you will know exactly what your students know and where they continue to struggle.

What Did We Learn from Our Beta Test Students?

68% agree or strongly agree that they were actively engaged in the LearnSmart activities.

75% agree or strongly agree that LearnSmart increased their comprehension by increasing the amount of time spent in study of vocabulary and grammar outside of the classroom.

93% believe LearnSmart to be an effective way to review and learn concepts.

90% would recommend LearnSmart to a friend.

Scan this code with your QR reader to learn more about LearnSmart.

Create Community and Connections

Our Cast of Characters: *Amigos sin Fronteras*

The characters who appear in the *Tu mundo* program are all members of a student club called **Amigos sin Fronteras.** As the name suggests, our characters are from all over the Hispanic world. The members of **Amigos sin Fronteras** meet to socialize, share food, go dancing, listen to music, and help each other out. Some of these characters are U.S.-born, some are immigrants, some are foreign students, and a couple of them live and go to school in their native countries.

Each chapter focuses on one of the fifteen characters and his or her home country in depth. These people share stories about their countries, families, and customs. It is through the **Amigos sin Fronteras** characters that the Spanish-speaking world is presented and through which the Introductory Spanish student can explore his or her own culture from a variety of different perspectives.

Meet Our Cast of Characters!

Many of the activities in *Tu mundo* feature one or more of the characters described below. All of them are members of the club **Amigos sin Fronteras** and most attend the University of California, Berkeley.

Eloy Ramírez Ovando, 21, is Mexican American. He is a pre-med student majoring in biology. Eloy is also co-founder of the club **Amigos sin Fronteras.**

Claudia Cuéllar Arapí, 19, is from Paraguay and studies economics. Claudia co-founded the club **Amigos sin Fronteras** with Eloy.

Omar Acosta Luna, 29, is Ecuadorian. He is married to Marcela Arellano Macías, and they have two children, Carlitos, age 6, and Maritza, age 4. Omar is a graduate student of business administration at the Pontífica Universidad Católica de Ecuador.

Camila Piatelli de la Fuente, 18, is Argentinean and studies psychology.

Xiomara Asencio Elías, 20, is a Salvadoran-born student of Latin American literature.

Lucía Molina Serrano, 23, is from Chile. She studies marketing.

Rodrigo Yassín Lara, 27, is a single father and a student of political science. He is from Colombia.

Nayeli Rivas Orozco, 18, is Mexican. She studies history.

Sebastián Saldívar Calvo, 18, is from Perú. He is a student of social science.

Radamés Fernández Saborit, 24, is a Cuban-American graduate student of ethnomusicology. He is a singer-songwriter and a member of the musical group Cumbancha.

Ana Sofía Torroja Méndez, 20, is from Spain. She studies English as a Second Language (ESL) at the College of Alameda and is a good friend of Franklin. She is planning to transfer to Berkeley soon.

Jorge Navón Rojas, 21, is Venezuelan. He studies computer engineering.

Franklin Sotomayor Sosa, 28, is from Puerto Rico. He teaches Spanish at the College of Alameda.

Estefanía Rosales Tum, 24, is from Guatemala and studies anthropology. Estefanía is Franklin's girlfriend.

Juan Fernando Chen Gallegos, 19, is from Costa Rica. He studies pharmaceutical chemistry at the University of Costa Rica and lives in San José.

Find Meaning through Culture and Comparisons

Video

As previously described, the video program to accompany *Tu mundo* provides significant language and cultural input via the **Amigos sin Fronteras** and **Mi país** video segments. Students will explore the lives of the **amigos** cast of characters by watching various situations and by listening as the characters narrate their "photojournals" about their respective countries (**Mi país**). By examining the lives of students, language learners access a window into the Spanish-speaking world and use it as a springboard for comparing topics important to them in the context of their own culture.

Integrated Culture and Cultural Spotlights

Many of the communicative activities in *Tu mundo* incorporate the interests and modes of communication of today's student. We also feature activities, readings, and illustrations that showcase the culture and peoples of Spain, Mexico, Central America, and South America. The program helps students develop cultural awareness by focusing on one or more countries in each of its fifteen chapters. After learning Spanish with *Tu mundo*, students will have a wide-ranging knowledge of the Spanish-speaking world. This integration of language and culture will create a stimulating and meaningful learning experience for all types of Introductory Spanish classrooms!

In each chapter, the vibrant **Entérate** section consists of various components that present the culture of the focus country.

- **Mundopedia:** Brief readings on the country of focus, made to look like an Internet-based encyclopedia

Voces ecuatorianas

andar chiro/a = no tener dinero	**un(a) guambra*** = un(a) joven
la caleta = la casa	**shunsho*** = tonto/a
camellar = trabajar	**el taita*** = el padre
un(a) gato/a = una persona de ojos verdes o azules	**la tutuma** = la cabeza

*palabras de origen quechua

CONEXIÓN CULTURAL

LAS ISLAS GALÁPAGOS, TESORO DE LA NATURALEZA

Las islas Galápagos, la inspiración para la teoría de la evolución de Charles Darwin y para su famoso libro *El origen de las especies,* forman un archipiélago de islas volcánicas a 972 kilómetros al oeste de Ecuador. Son parte de este país sudamericano desde 1832. Están sobre el ecuador y en la zona hay una gran variedad de flora y fauna terrestre y marina. Lee la lectura «Las Galápagos, tesoro de la naturaleza» en el *Cuaderno* de *actividades* o en Connect Spanish y ¡descubre mucho más sobre este fascinante lugar!

- **Voces:** Regional lexical variants and expressions from the featured country or countries

- **Conexión cultural:** Introduces the topic of a reading that appears in the *Cuaderno de actividades* (workbook / laboratory manual) and in Connect Spanish.

Videoteca

Amigos sin Fronteras
Episodio 4: El nuevo equipo de fútbol

- **Videoteca:** Video-based section that features activities based on the **Amigos sin Fronteras** and **Mi país** videos

Resumen

En el centro estudiantil, Ana Sofía y Eloy juegan al tenis con el programa Wii. Radamés y Claudia animan a (*cheer*) los jugadores. Reciben una llamada de Omar Acosta, nuevo miembro del club, por Skype. Omar es de Ecuador y les anuncia que va a viajar a Berkeley en marzo. Al final, los cuatro amigos del club deciden jugar al fútbol.

Vocabulario de consulta	
¡Dale!	*Go on!*
¡Fuera de aquí!	*Get out of here!*
Piensa	*She thinks*
dominante	*domineering*
¡Ándale,	*Go for it, girl!*

Para el video

Mi país ECUADOR

Otavalo

Comprensión

1. ¿En qué ciudad vive Omar?
2. ¿Qué país está al sur y al este de Ecuador?
3. ¿Cuántos grupos indígenas viven en Ecuador?
4. ¿En qué ciudad hay un mercado indígena, que a Marcela le gusta visitar?
5. ¿Cuál es la ciudad favorita de Carlitos, el hijo de Omar?
6. ¿Qué son Quilotoa y Cotopaxi?
7. ¿Adónde piensa llevar a sus hijos en octubre?
8. ¿Qué deporte le gusta mucho a Omar?

Las islas Galápagos

Components of *Tu mundo*

Whether you're using the *Tu mundo* program in print form, in digital form through Connect Spanish, or a combination of both, a variety of additional components are available to support your needs and those of your students. Many components are free to adopting institutions. Please contact your local McGraw-Hill representative for details on policies, prices, and availability.

- **CONNECT™ SPANISH:** Used in conjunction with *Tu mundo,* Connect Spanish provides a digital solution for schools with multiple course formats, whether they be 100% online, hybrid, or face-to-face programs. Some of the key features and capabilities of Connect Spanish include:
  - complete integration of textbook, workbook / laboratory manual (*Cuaderno*), audio, and video material
  - additional practice with key vocabulary, grammar, and cultural material
  - our new suite of collaboration tools, which allows students to engage in online communication: completing activities with fellow students, engaging with the instructor for online office hours, or collaborating via the whiteboard, the Voice Board, and Blackboard Instant Messenger (BbIM) tools from Wimba
  - interactive, task-based scenarios, known as **Mundo interactivo,** that explore a wide variety of topics based on behind-the-scenes interviews with the cast of the **Amigos sin Fronteras** video segments
  - LearnSmart™, a unique adaptive learning system that offers individualized study plans to suit individual students' needs
  - fully integrated gradebook
  - ability to customize a syllabus and assignments to fit the needs of individual programs

- *CUADERNO DE ACTIVIDADES* (**Workbook / Laboratory Manual**)**:** Written entirely by the program authors, the *Cuaderno de actividades* to accompany *Tu mundo* links culture to the main text and to students' lives. The *Cuaderno* addresses writing, listening comprehension, speaking, and reading practice: writing activities integrate and reinforce the content presented in the corresponding chapter of the main text. Both the **Escríbelo tú** and the **Conexión cultural** sections are introduced in the *Tu mundo* main text and are fully explored in the *Cuaderno*, thus offering exciting cultural content linked to the Spanish-speaking world. The **Enlace auditivo** section in each chapter features two extended listening segments that include dialogues, ads, and announcements.

The full **audio program** is available directly within Connect Spanish audio-based activities or as separate MP3s available online. An audio CD program is also available upon request.

- **DVD PROGRAM:** The DVD program contains two unique video segments per chapter: **Amigos sin Fronteras** (scripted situational story lines featuring the *Tu mundo* cast of characters) and **Mi país** (country-specific "virtual tours" in the format of video and photo essays delivered by each of the **amigos**). The videos are further explored in the **Videoteca** feature that appears in every chapter of the main text and in the *Cuaderno.*

- **INSTRUCTOR RESOURCES** Many instructor resources are available for use with *Tu mundo,* all within Connect Spanish throughout the life of the edition. Some of these resources include:
  - **ANNOTATED INSTRUCTOR'S EDITION:** This key instructor resource provides extensive notes and annotations that offer bountiful pre-text activities, teaching hints, and suggestions for using and expanding materials, as well as references to the supplementary activities in the PowerPoint presentations, Instructor's Manual, and the Instructor's Resource Kit.
  - *Instructor's Manual:* Extensive introduction to teaching techniques, guidelines for instructors, suggestions for lesson planning, detailed chapter-by-chapter suggestions, and more
  - *Instructor's Resource Kit:* Provides several ACTFL Oral Proficiency Interview (OPI)-type situations and role-plays per chapter. Also contains simple short stories and legends in Spanish.
  - *PowerPoint Slides:* Extensive lesson-planning tips and guidelines to use as you prepare for classroom instruction or for use in class as your students follow along
  - *Testing Program:* A series of tests for every chapter that fully assess the vocabulary, grammar, and culture presented in the program
  - *Connect Spanish Instructor's Guide:* A helpful guide for adopters of Connect Spanish, with many how-to tips and guidelines for administering an online component of your course
  - *Audioscript* (full transcript to accompany the *Cuaderno de actividades*) and *Videoscript* (complete transcript of the **Amigos sin Fronteras** and **Mi país** video segments)

Acknowledgments

We would like to thank the overwhelming number of friends and colleagues who served as consultants, completed reviews or surveys, and attended symposia or focus groups. Their feedback was indispensible in creating this exciting new *Tu mundo* program. We couldn't have done it without them! The appearance of their names in the following lists does not necessarily constitute their endorsement of the program or its methodology.

Symposia, Focus Groups, and Webinars

Susana Alaíz Losada
Queensborough Community College

Corinne L. Arrieta
American River College

Luisa Bascur
Ivy Tech Community College

Sofia Bedoya-Gil
Temple University

Malu Benton
Hudson Valley Community College

Chesla Ann Bohinski
Temple University

Rose Brougham
The University of Akron

Denise Cabanel-Bleuer
Orange Coast College

Cynthia Carrillo Pérez
Asheville-Buncombe Technical Community College

Oriol Casanas
Metropolitan State University of Denver

Isabel Castro Vázquez
Towson University

Dulce de Castro
Collin County College

An Chung Cheng
University of Toledo

Kimberlie R. Colson
The University of Toledo

Adam V. Crofts
College of Southern Idaho

Susann Davis
Western Kentucky University

Tania DeClerck
Ventura College

María del Carmen García
Texas Southern University

Miroslava Detcheva
Southern Methodist University

Liv Detwiler
East Tennessee State University

John Deveny
Oklahoma State University

Felipe Dobarganes
Tarrant County College—South Campus

Elizabeth V. Dowdy
State College of Florida

Denise Egidio
Guilford Technical Community College

Luz Escobar
Tarrant County College—South Campus

Cindy Espinosa
Central Michigan University

Dina A. Fabery
University of Central Florida

Tanya Farnung
Temple University

Susana Fernández Solera Adoboe
Southern Methodist University

Matthew Fischetti
Temple University

Bridget Fong-Morgan
Indiana University South Bend

Robert K. Fritz
Ball State University

Inés García
American River College

Sandy García
Pacific University

Susana García Prudencio
The Pennsylvania State University

James J. Garofolo
Southern Connecticut State University

Dorothy Gaylor
Riverside City College

Amy Ginck
Messiah College

Christine Gonzales
Salt Lake Community College

Marie Guiribitey
Florida International University

James Hart
County College of Morris

Florencia Henshaw
University of Illinois at Urbana-Champaign

Charles Hernando Molano
Lehigh Carbon Community College

Alex Herrera
Cypress College

Heidi L. Herron-Johnson
Ivy Tech Community College

Marie-Laure Hinton
Long Beach City College

Anne Hlas
University of Wisconsin—Eau Claire

Lauri Hutt Kahn
Suffolk Community College

Alex Idavoy
Brookdale Community College

Carmen Jany
California State University, San Bernardino

Yun Sil Jeon
Coastal Carolina College

Dallas Jurisevic
Metropolitan Community College

Pedro G. Koo
Missouri State University

Michelle Kopuz
Burlington County College

Joseph Lavalle
Gainesville State College

Barbara A. León
Pasadena City College

Melissa A. Logue
Columbus State Community College

Nuria R. López-Ortega
University of Cincinnati

Lunden MacDonald
Metropolitan State College of Denver, Auraria Campus

Maya Márquez
California State University, Los Angeles

Karen Martin
Texas Christian University

Frances Matos-Schultz
University of Minnesota

Bryan McBride
Eastern Arizona College

Rick McCallister
Delaware State University

Leticia McGrath
Georgia Southern University

Mary McKinney
Texas Christian University

Eva Mendieta
Indiana University Northwest

Ana Menéndez-Collera
Suffolk County Community College

Mandy Menke
Grand Valley State University

Adriana Merino
Villanova University

Theresa A. Minick
Kent State University

Iván E. Miño
Tarrant County College—Southeast Campus

Gerry Monroy
Brookdale Community College

Kara Moranski
Temple University

Oscar Moreno
Georgia State University

José L. Morillo
Marshall University

Sarah Mould
East Tennessee State University

Jerome Mwinyelle
East Tennessee State University

Benjamin J. Nelson
University of South Carolina Beaufort

Dana Nichols
Lanier Technical College

Michelle Orecchio
University of Michigan

Angie Pantoja
Ivy Tech Community College

Teresa Pérez-Gamboa
University of Georgia

Marian Quintana
George Mason University

Lea Ramsdell
Towson University

Tony Rector-Cavagnaro
Cuesta College

Casey Reynolds
Lake Land College

Robert Rineer
Lehigh Carbon Community College

Sarah Rissler
Kirkwood Community College

David Rodríguez
Indiana University Northwest

Teresa M. Roebuck
Ozarks Technical Community College

Amy Rossomondo
University of Kansas

Pedro Rubio
Temple University

Ana Isabel Rueda-García
Tennessee State University

Lilia Ruiz Debbe
State University of New York at Stony Brook

Latasha Lisa Russell
Florida State College at Jacksonville

Victoria Russell
Valdosta State University

Alicia Sánchez
University of California San Diego

Daniel Sánchez-Velásquez
University of Georgia

Dora Schoenbrun-Fernández
San Diego Mesa College

Dennis Seager
Oklahoma State University

Louis Silvers
Monroe Community College

Stacy Southerland
University of Central Oklahoma

Nancy Stucker
Cabrillo College

March Jean Sustarsic
Pikes Peak Community College

Silvia Upton
McDaniel College

Amy Uribe
Lone Star College

Gayle Vierma
University of Southern California

Celinés Villalba
Rutgers, The State University of NJ

Natalie S. Wagener
University of Texas at Arlington

Matthew A. Wyszynski
University of Akron

Marjorie Zambrano-Paff
Indiana University of Pennsylvania

María Zeballos
Coastal Carolina University

Kate Zimmer
Indiana State University

U. Theresa Zmurkewycz
Saint Joseph's University

Reviewers

Luz-María Acosta-Knutson
Waubonsee Community College

Amy Adrian
Ivy Tech Community College

María Akrabova
Metropolitan State University of Denver

Susana Alaíz Losada
Queensborough Community College

Jorge A. Alas
Monroe Community College

Victoria Albright
Moorpark Community College

K. Allen Davis
Indiana University—Bloomington

Ana Alonso
Northern Virginia Community College

Frances Alpren
Vanderbilt University

Stacy Amling
Des Moines Area Community College

Regine Ananou
Westminster College

Debra D. Andrist
Sam Houston State University

Eileen M. Angelini
Canisius College

Inés Anido
Houston Baptist University

Manuel Apodaca-Valdez
University of Southern Indiana

Elisabeth Arevalo-Guerrero
University of Maryland, Baltimore County

Corinne L. Arrieta
American River College

Teresa Arrington
Blue Mountain College

Bárbara Ávila-Shah
University at Buffalo, State University of New York

Pam Ayuso
Danville Community College

Antonio Baena
Louisiana State University

Ann Baker
University of Evansville

María Ballester
University of California, Riverside

Lisa Barboun
Coastal Carolina University

Oksana Bauer
Passaic County Community College

Emily S. Beck
College of Charleston

Flavia Belpoliti
University of Houston

Clare Bennett
University of Alaska Southeast, Ketchikan Campus

Cheryl Berman
Howard Community College

Encarna Bermejo
Houston Baptist University

Martha Bermúdez-Gallegos
Otterbein University

Julie Bezzerides
Lewis-Clark State College

Mara-Lee Bierman
Rockland Community College

Rosa Bilbao
Alamance Community College

Rosa Julia Bird
University of Central Oklahoma

Jeff Birdsong
St. Andrews University

Diane Birginal
Gonzaga University

María Elena Blackmon
Ozarks Technical Community College

Tom Blodget
Butte College

Kristee Boehm
St. Norbert College

Aymara Boggiano
University of Houston

Chesla Ann Bohinski
Temple University

Joelle Bonamy
Columbus State University

Jacalyn Book
University of Maryland East Shore

Amanda Boomershine
University of North Carolina Wilmington

Ana Börger-Greco
Millersville University of Pennsylvania

Graciela Boruszko
Pepperdine University

Carolina Bown
Salisbury University

Pat Brady
Tidewater Community College

Cathy Briggs
North Lake College

Monica Brito
Pima Community College

Kristy Britt
University of South Alabama

Frank Brooks
Indiana University of Pennsylvania

Rose Marie Brougham
The University of Akron

Nancy Broughton
Wright State University

Barbara Buedel
Lycoming College

John Burns
Rockford College

Julia Emilia Bussade
University of Mississippi

Deborah Cafiero
University of Vermont

Majel Campbell
Pikes Peak Community College

Douglas W. Canfield
University of Tennessee, Knoxville

Kathy Cantrell
Spokane Community College

Ana Carballal
University of Nebraska—Omaha

Beth B. Cardon
Georgia Perimeter College

Oriol Casañas
University of Colorado Denver

Sara Casler
Sierra College

Aurora Castillo
Georgia College & State University

Isabel Castro
Towson University

Esther Castro-Cuenca
Mount Holyoke College

Tulio Cedillo
Lynchburg College

Mireya Cerda
Mt. San Jacinto College

Matthieu Chan Tsin
Coastal Carolina University

Elías Chamorro
Foothill Community College

Samira Chater
Valencia College

Rosa Chávez-Otero
The University of Georgia

Chyi Chung
Northwestern University

An Chung Cheng
University of Toledo

Sonia Ciccarelli
San Joaquin Delta College

Magdalena Coll-Carbonell
Edgewood College

Kimberlie R. Colson
The University of Toledo

Elizabeth Combier
North Georgia College & State University

Lilian A. Contreras Silva
Hendrix College

Rifka Cook
Northwestern University

W. David Cooper
Shasta College

Carol Copenhagen
Berkeley City College

Emanuela Corbett
Washington University

Norma Corrales-Martín
Temple University

Angela Cresswell
Holy Family University

Adam Crofts
College of Southern Idaho

Ana Cruz
Georgia Institute of Technology

Felicia Cruz
St. Catherine University

Jorge Cubillos
University of Delaware

Cathleen G. Cuppett
Coker College

Sarah Cyganiak
Carthage College

Lori Czerwionka
Purdue University

Stephanie Daffer
Santa Clara University

Dulce de Castro
Collin County College

Tania DeClerck
Ventura College

Lucy DeFranco
Southern Oregon University

Alicia de Gregorio
University of Wisconsin—Whitewater

Roberto E. del Valle
Cascadia Community College

María Dentel
Aquinas College

Alberto Descalzo de Blas
Franciscan University of Steubenville

Aileen Dever
Quinnipiac University

Karen Díaz Anchante
Washburn University

Joanna Dieckman
Belhaven University

Tim Ditoro
Angelina College

Deborah Dougherty
Alma College

Elizabeth Dowdy
State College of Florida

Domnita Dumitrescu
California State University, Los Angeles

Carolyn Dunlap
Austin Community College

Anne Edstrom
Montclair State University

Denise Egidio
Guilford Technical Community College

Gayle Eikenberry
Ivy Tech Community College

María Enciso
Saddleback College

Liliana Endicott
The World Languages Center

María Enrico
Borough of Manhattan Community College

Margaret Eomurian
Houston Community College

Milagro Escalona
Estrella Mountain Community College

Lunden Eschelle MacDonald
Metropolitan State College of Denver, Auraria Campus

Cindy Espinosa
Central Michigan University

Miryam Espinosa-Dulanto
Valdosta State University

Héctor Fabio Espitia
Grand Valley State University

Juliet Falce-Robinson
*University of California,
Los Angeles*

Tanya Farnung
State Unversity of New York at Buffalo

Ronna S. Feit
Nassau Community College

María Ángeles Fernández Cifuentes
University of North Florida

Sandra Fernández-Tardani
Grand Valley State University

Ana Figueroa
*Pennsylvania State University,
Lehigh Valley*

Wayne H. Finke
Baruch College

JoAnne Flanders
Coastal Carolina University

Charles Fleis
Bridgewater College

Kristin Fletcher
Santa Fe College

Leah Fonder-Solano
The University of Southern Mississippi

Benjamin Forkner
Louisiana State University

Katie Fowler-Córdova
Miami University

Kathleen Fueger
Saint Louis University

Khedija Gadhoum
Clayton State University

Paula Gamertsfelder
Terra State Community College

Inés M. García
American River College

Susana García Prudencio
The Pennsylvania State University

José M. García Sánchez
Eastern Washington University

Tania Elena Garmy
University of Tulsa

Dorothy A. Gaylor
Riverside Community College

Heidi Gehman-Pérez
Southside Virginia Community College

Amy George-Hirons
Tulane University

Deborah Gill
*Pennsylvania State University,
DuBois*

Amy Ginck
Messiah College

Ángelo Glaviano
Middlesex Community College

Liliana Goens
Butler University

Diego Emilio Gómez
*Concordia University,
Irvine*

Arcides González
California University of Pennsylvania

Diana González
Northwestern College

Juan M. González
Northern State University

Kenneth A. Gordon
Winthrop University

Frozina Goussak
Collin College

Elena Grajeda
Pima Community College

Lynda Gravesen
Saddleback College

Steven Gregory
Vincennes University

Dinorah Guadiana-Costa
Southwestern College

Marie Guiribitey
Florida International University

Marina Guntsche
Ball State University

Sergio Guzmán
College of Southern Nevada

Angela Haensel
*Cincinnati State Technical and
Community College*

Shannon Hahn
Durham Technical Community College

María Hahn-Silva
Dutchess Community College

Eve Halterman
*The Women's College at the University of
Denver*

James W. Hammerstrand
Truman State University

Michael Harney
*Asheville Buncombe Technical
Community College*

Cheryl A. Harris
*Gainesville State College   Oakwood
Campus*

Richard Harris
Northland Pioneer College

Michael Harrison
Monmouth College

James R. Hart
County College of Morris

Richard A. Heath
Kirkwood Community College

Florencia Henshaw
*University of Illinois at
Urbana—Champaign*

Alejandro Hernández
Jr., Ventura College

Milvia Hernández
*University of Maryland,
Baltimore County*

Todd A. Hernández
Marquette University

Heidi L. Herron-Johnson
Ivy Tech Community College

Patricia Herskowitz
Southern Nazarene University

Dan Hickman
Maryville College

Miriam F. Hill
Chapman University

Jean M. Hindson
University of Wisconsin—La Crosse

Marie-Laure Hinton
Long Beach City College

Dominique Marie Hitchcock
Norco College

Anne Hlas
University of Wisconsin—Eau Claire

Vanessa Holanda Gutiérrez
MiraCosta College

Stanley W. Holland
University of Tennessee—Martin

Eunice Horning
San Jacinto College

Laura Hortal
Forsyth Technical Community College

Bea Houston
Western Iowa Tech Community College

Lisa Huempfner
University of Wisconsin—Whitewater

Todd Hughes
Vanderbilt University

Christina Huhn
Marshall University

Carmen Jany
*California State University,
San Bernardino*

Yun Sil Jeon
Coastal Carolina University

Tatiana Johnston
*Colorado State University,
Pueblo*

Robert J. Jones
Fulton-Montgomery Community College

Alicia Juárez
Bethel University

Vanessa Jurado
Binghamton University

Dallas Juresevic
Metropolitan Community College

Hilda M Kachmar
Saint Catherine University

Lauri Hutt Kahn
Suffolk Community College

Amos Kasperek
University of Oklahoma

Melissa Katz
Albright College

Cynthia Kauffeld
Macalester College

Silvia Kijel
Saddleback College

Michael A. Kistner
The University of Toledo

Julie L. Kling
Northwest State Community College

Linda Koch Fader
Holy Family University

Michelle Kopuz
Burlington County College

Kevin Krogh
Utah State University

Allison Krogstad
Central College

Ryan LaBrozzi
Bridgewater State University

Vernon LaCour
*Mississippi Gulf Coast Community
College*

Stephanie Langston
Georgia Perimeter College

Luis E. Latoja
Columbus State Community College

María Jesús Leal
Hamline University

Odilia Leal-McBride
Angelina College

Mike D. Ledgerwood
Samford University

Michael Leeser
Florida State University

Rita Leitelt Lew
North Central University

Kathleen Leonard
*University of Nevada,
Reno*

Ornella Lepri Mazzuca
Dutchess Community College

Frederic Leveziel
Augusta State University

Roxana Levin
St. Petersburg College

Rita Lew
North Central University

Kim Lewis
Birmingham Southern College

Katherine V. Lincoln
Tarleton State University

Willy Lizarraga
Berkeley City College

Susan Lloyd
Cuesta Community College

Marta Silvia López
Santiago Canyon College

Nelson López
Bellarmine University

Gillian Lord
University of Florida

Sheldon Lotten
Louisiana State University

Andrea Lucas
Sacramento City College

María V. Luque
DePauw University

Enrique Lutgen
Community College of Vermont

Lunden E. MacDonald
Metropolitan State University of Denver

Debora Maldonado-DeOliveira
Meredith College

Bernard Manker
Grand Rapids Community College

Marilyn S. Manley
Rowan University

Celeste Mann
Georgian Court University

María Manni
University of Rochester

H.J. Manzari
Washington and Jefferson College

María F. Márquez
*California State University,
Los Angeles*

Dora Y. Marrón Romero
Broward College

Anne-Marie Martin
Portland Community College

Rob A. Martinsen
Brigham Young University

Anne Massey
King's College

María R. Matz
University of Massachusetts—Lowell

Ornella Mazzuca
Dutchess Community College

Leticia McGrath
Georgia Southern University

Peggy McNeil
Louisiana State University

Erin McNulty
Dickinson College

Janie McNutt
Texas Tech University

Nelly A. McRae
Hampton University

Myra M. Medina
Miami Dade College

Dawn Meissner
Anne Arundel Community College

Marco Mena
MassBay Community College

Dolores Mercado
University of Central Missouri

Adriana Merino
Villanova University

Adrienne Merlo
Orange Coast College

Janice Middleton
University of Southern Indiana

Mónica Millán
Eastern Michigan University

Dennis Miller
Jr., Clayton State University

Rhonda Miller
Randolph College

Linda Miller Jensen
Tidewater Community College

Iván E. Miño
Tarrant County College—Southeast

Deborah Mistron
Middle Tennessee State University

Geoff Mitchell
Maryville College

Lee S. Mitchell
Henderson State University

Clara Mojica
Tennessee State University

Charles Hernando Molano
Lehigh Carbon Community College

Amalia Mondríguez
University of the Incarnate Word

Gerry Monroy
Brookdale Community College

Patricia Moore-Martínez
Temple University

Lourdes Morales-Gudmundsson
La Sierra University

Olga Marina Morán
*Cypress College,
California*

José A. Moreira
College of Charleston

José Luis Morillo
Marshall University

Javier Morin
Del Mar College

Noemi Esther Morriberon
Chicago State University

Jeanette Morris Ellian
State University of New York at Fredonia

Kelly Mueller
St. Louis Community College Florissant Valley

Alejandro Muñoz-Garcés
Coastal Carolina University

Esperanza Muñoz Pérez
Kirkwood Community College

Alicia Muñoz Sánchez
*University of California,
San Diego*

Nelly Muresan
Dawson College

Kathryn A. Mussett
Penn State Altoona

Burcu Mutlu
University of Houston

Jerome Mwinyelle
East Tennessee State University

Lisa Nalbone
University of Central Florida

Daniel Nappo
University of Tennessee at Martin

Nanette Naranjo
Calumet College of St. Joseph

Marta Navarro
*University of California,
Santa Cruz*

Germán Negrón Rivera
*University of Nevada,
Las Vegas*

Benjamin J. Nelson
University of South Carolina Beaufort

Cynthia Nicholson
*Asheville Buncombe Technical
Community College*

Pedro Niño
North Carolina A&T State University

Andrea Nofz
Schoolcraft College

Marta Q. Nunn
Virginia Commonwealth University

Eva Núñez
Portland State University

Rafael Ocasio
Agnes Scott College

Rocío Ocon
Texas Lutheran Unversity

Michelle Orecchio
University of Michigan

Arthur Orme
Oakland University

Jennifer Ort
Benedictine College

Dolores Ortega Carter
Temple College

Rosalba Ovalle
Fairmont State University

Kathy Ozment
Albright College

Hannah Padilla Barajas
San Diego Mesa College

Ángela Pantoja
Ivy Tech Community College

Deborah A. Paprocki
University of Wisconsin—Waukesha

Yelgy Parada
Los Angeles City College

Cristina Pardo
Iowa State University

Sofía Paredes
Drake University

Tanesha Parker
Cape Fear Community College

Mike Pate
Western Oklahoma State College

Christine Payne
Sam Houston State University

Dennis Pearce
McLennan Community College

Tammy Pérez
San Antonio College

Teresa Pérez-Gamboa
University of Georgia

Ana María Pérez-Gironés
Wesleyan University

Federico Pérez-Pineda
University of South Alabama

Johana Pérez-Weisenberger
Campbellsville University

Inmaculada Pertusa
Western Kentucky University

Luisa Piemontese
Southern Connecticut State University

J. R. Pico
Indiana University Kokomo

Erich Polack
Lone Star College

Gina Ponce de León
Niagara University

Joshua Pope
University of Wisconsin—Madison

Ruth Ellen Porter
Brewton-Parker College

Sayda Postiglione
Sierra College

Christine E. Poteau
Villanova University

Stacey L. Powell
Auburn University

Linda Prewett
East Texas Baptist University

Kayla Price
University of Houston

Marian Quintana
George Mason University

Michael Raburn
Kennesaw State University

Debora J. Rager
Simpson University

Michelle F. Ramos-Pellicia
*California State University,
San Marcos*

Aida Ramos-Sellman
Goucher College

Bernie Rang
El Camino College

Frances L. Raucci
Dutchess Community College

Tony Rector-Cavagnaro
Cuesta College

Nancy Reese
Central Community College

Claire Reetz
Florida State College at Jacksonville

Alice Reyes
Marywood University

Casey J Reynolds
Lake Land College

David Richter
Utah State University

Rita Ricaurte
Nebraska Wesleyan University

Robert Rineer
Lehigh Carbon Community College

Norma A. Rivera-Hernández
Millersville University of Pennsylvania

Sharon Robinson
Lynchburg College

David Diego Rodríguez
Indiana University Northwest

Judy Rodríguez
*California State University,
Sacramento*

Margarita Rodríguez
Lone Star College

Mileta Roe
Bard College at Simon's Rock

Marlene Roldan Romero
Georgia College

Marcos Romero
Aquinas College

Mirna Rosende
County College of Morris

Shelli Rottschafer
Aquinas College

Cristina Rowley
Monroe Community College

Linda A. Roy
Tarrant County College

Ana Isabel Rueda-García
Tennessee State University

Diana Ruggiero
Monmouth College

Lilia Ruiz-Debbe
Stony Brook Unversity

Victoria Russell
Valdosta State University

Annie Rutter
University of Georgia

Anita Saalfeld
University of Nebraska at Omaha

María Sabló-Yates
Delta College

Sally E. Said
University of the Incarnate Word

Eric Sakai
Community College of Vermont

Edward Sambriski
Delaware Valley College

Bethany Sanio
University of Nebraska

Peter Santiago Lebron
*Moberly Area Community College—
Hannibal Campus*

Roman C. Santos
Mohawk Valley Community College

Michael Sawyer
University of Central Missouri

Carmen Schlig
Georgia State University

Irene Schmidt
Johnson County Community College

Dora Schoenbrun-Fernández
San Diego Mesa College

Laura Schultz
Longwood University

Daniela Schuvaks Katz
*Indiana University—Purdue University
Indianapolis*

Gladys V. Scott
William Paterson University

Gabriela Segal
Arcadia University

Amy Sellin
Fort Lewis College

Virginia Shen
Chicago State University

Elizabeth K. Shumway
Lakeland College

Sharon Lynn Sieber
Idaho State University

Paul Siegrist
Fort Hays State University

María Sills
Pellissippi State Community College

Roger K. Simpson
Clemson University

Ana Skelton
The University of Alabama

Maggie Smallwood
Guilford Technical Community College

Jerry Smartt
Friends University

Anita Smith
Pitt Community College

Benjamin Smith
Minnesota State University Moorhead

Elizabeth Smith Rousselle
Xavier University of Louisiana

Gilda Socarras
Auburn University

Leonardo Solano
University of Maryland

Mariana Solares
Southern Illinois University Edwardsville

Juan Manuel Soto-Arriví
Indiana University Bloomington

Stacy Southerland
University of Central Oklahoma

Sabrina Spannagel
University of Washington

Cristina Sparks-Early
Northern Virginia Community College—Manassas

Linda Stadler
Cincinnati State Technical and Community College

Wayne C. Steely
University of Saint Joseph

Julie Stephens de Jonge
University of Central Missouri

Craig R. Stokes
Dutchess Community College

Robert Stone
U.S. Naval Academy

Laura Strickling
University of Maryland, Baltimore County

Jorge W. Suazo
Georgia Southern University

Georgette Sullins
Lone Star College

March Jean Sustarsic
Pikes Peak Community College

Erika M. Sutherland
Muhlenberg College

Charles Swadley
Oklahoma Baptist University

Christine Swoap
Warren Wilson College

Cristina Szterensus
Rock Valley College

Sarah Tahtinen-Pacheco
Bethel University

Russell Tallant
Saint Louis University

Michael Tallon
University of the Incarnate Word

Clay Tanner
The University of Memphis

Rosalina Téllez-Beard
Harrisburg Area Community College

Joe Terantino
Kennesaw State University

Rhonda Thompson
Freed-Hardeman University

Lorna Tonack
Blue Mountain Community College

Mirna Trauger
Muhlenberg College

Beatrice Tseng
Irvine Valley College

Marco Tulio Cedillo
Lynchburg College

Sierra R. Turner
University of Alabama

Victoria Uricoechea
Winthrop University

Julia Urla
Oakland University

Vanessa K. Valdés
The City College of New York

María Van Liew
West Chester University

Elizabeth Vargas Dowdy
State College of Florida

María Vázquez
Sacred Heart University

Miguel Vázquez
Florida Atlantic University

Clara L. Vega
Alamance Community College

Freddy O. Vilches
Lewis and Clark College

Andrés Villagrá
Pace University

Elena Villanueva
Georgian Court University

Patricia Villegas-Bonno
Orange Coast College

María Volynsky
Pennsylvania State University, Abington

Ami Vonesh
Gainesville State College

Oswaldo Voysest
Beloit College

Michael Vrooman
Grand Valley State University

Natalie S. Wagener
University of Texas at Arlington

Grazyna Walczak
Fisk University

Sandra Watts
University of North Carolina at Charlotte

Wesley J. Weaver III
SUNY—Cortland

Germán F. Westphal
University of Maryland, Baltimore County

Jessica Whitcomb
McHenry County College

Carla A. White
Sandhills Community College

Emma Widener
Southern Connecticut State University

Joseph Wieczorek
Community College of Baltimore County

Sarah Williams
Slippery Rock University

Richard Winters
University of Louisiana at Lafayette

Delma Wood
Castleton College

Matthew A. Wyszynski
The University of Akron

Bridget E. Yaden
Pacific Lutheran University

LingLing Yang
Sam Houston State University

Íñigo Yanguas
San Diego State University

Olivia Yáñez
College of Lake County

Mary Yetta McKelva
Grayson College

Kelley Young
University of Missouri—Kansas City

Kim Yúnez
Messiah College

Jennifer A. Zachman
Saint Mary's College

Linda Zee
Utica College

Melissa Ziegler
University of Wisconsin—Madison

Katherine Zimmer
Indiana State University

U. Theresa Zmurkewycz
Saint Joseph's University

Elizabeth Zúñiga Irvin
University of North Carolina Wilmington

Many people participated in the creation of this first edition of *Tu mundo*. Our Brand Manager, Katie Crouch, supported our vision for this book, helped us to solidify the design, and brought a wealth of fresh ideas to our project. We would also like to thank the *Tu mundo* editorial team: Scott Tinetti, Misha MacLaird, Jenni Kirk, Pennie Nichols, and Danielle Havens, for their tireless efforts in polishing and enhancing these materials. Jennifer Rodes of Klic Productions also deserves special thanks for producing our exciting video program.

There are several other people who shared with us their first-hand knowledge of their countries, supplying us with valuable insights and realia: Antonio Blanco García, Ricardo Basto Mesa, Sofía Basto Cabrera, Pedro Cabrera Puche, Marcos Campillo Fenoll, Jacob Egasse-Philpott, Gloria M. Hernández, Yadira Hernández, Michelle Laversee, Carmen Lenz, Flor Medina, Anthony Melo, Aidan Muñoz-Christian, Annika Muñoz-Christian, Sigfrido Narváez, Circe Niezen, Olga Núñez, Ana Park, Viviana Pinochet Cobos, Javier Rivas Rosales, Ana C. Sánchez, Xiomara Santiago-Beech, Macarena Urzúa.

And last but not least, we would like to extend our most sincere appreciation and thanks to our families and close friends for their support and understanding during the writing of *Tu mundo*.

The *Tu mundo* team is indebted to Tracy D. Terrell and Stephen D. Krashen, visionary men whose research in second language acquisition and methodology made our communicative approach possible. *Tu mundo* would not have been possible without their valuable insights into the teaching of foreign languages.

Contents

Entérate

Infórmate

11 De viaje

ESPAÑA

About the Authors

Magdalena Andrade received her first B.A. in Spanish and French and a second B.A. in English from California State University, San Diego. After teaching in the Calexico Unified School District Bilingual Program for several years, she taught elementary and intermediate Spanish at both San Diego State and the University of California, Irvine, where she also taught Spanish for Heritage Speakers and Humanities Core Courses. Upon receiving her Ph.D. from the University of California, Irvine, she continued to teach there for several years and also at the University of California, Riverside, and California State University, Long Beach, where she coordinated the Spanish and French TA Programs as well as the Credential Program for foreign languages. Currently an instructor at Irvine Valley College, Professor Andrade has co-authored the textbook *Dos mundos: Comunicación y comunidad* and the readers *Mundos de fantasía: Fábulas, cuentos de hadas y leyendas* and *Cocina y comidas hispanas* (McGraw-Hill).

Jeanne Egasse received her B.A. and M.A. in Spanish Linguistics from the University of California, Irvine. She has taught foreign language methodology courses and supervised foreign language and ESL teachers in training for the Department of Education at the University of California, Irvine. Currently she is an instructor of Spanish and coordinates the Spanish language program at Irvine Valley College. In addition, Professor Egasse serves as a consultant for local schools and colleges on implementing the Natural Approach in the language classroom. Professor Egasse is co-author of the first-year college Spanish text, *Dos mundos: Comunicación y comunidad* and of *Cocina y comidas hispanas* and *Mundos de fantasía: Fábulas, cuentos de hadas y leyendas* (McGraw-Hill).

Elías Miguel Muñoz holds a Ph.D. in Spanish from the University of California, Irvine, and he has taught language and literature at the university level. Dr. Muñoz is the author of *Viajes fantásticos, Ladrón de la mente,* and *Isla de luz,* titles in the Storyteller's Series by McGraw-Hill, and coauthor of the textbook *Dos mundos: Comunicación y comunidad,* also from McGraw-Hill. He has published five novels, which include *Vida mía* and *Brand New Memory;* two books of literary criticism, and two poetry collections. One of his plays was produced off-Broadway, and his creative work has been featured in numerous anthologies and sourcebooks, including *Herencia: The Anthology of Hispanic Literature of the United States, The Encyclopedia of American Literature,* W.W. Norton's *New Worlds of Literature,* and *The Scribner Writers Series: Latino and Latina Writers.*

María José Cabrera Puche received her B.A. from Universidad de Murcia, Spain, her M.A. and M.Ed. from West Virginia University, and her Ph.D. on Second Language Acquisition and Bilingualism from Rutgers University. She has taught Spanish at public schools and universities, foreign language methodology courses in both face-to-face and hybrid formats, and supervised foreign language student teachers for the Department of Education at Rutgers University and for the Department of Languages and Cultures at West Chester University of Pennsylvania (WCU). Currently she is an Assistant Professor of Spanish at WCU, where she coordinates the lower-level Spanish courses, and she is also the assessment coordinator in the Department of Languages and Cultures at WCU. Professor Cabrera Puche is co-editor of *Romance Linguistics 2006: Selected papers from the 36th Linguistic Symposium on Romance Languages* (John Benjamins).

¡A conversar! 1

Algunos miembros del club Amigos sin Fronteras que vas a conocer (*you will meet*)

Upon successful completion of **Capítulo 1** you will be able to: ask people their names; spell in Spanish; describe people's clothes, their physical appearance, and their personality; say and use the numbers 0–49 to express quantity and prices; greet people and say good-bye to them; and introduce yourself and others. Additionally, you will have learned about some interesting places and people from Spanish-speaking areas of the U.S.

Comunícate

Los nombres de los compañeros de clase

La ropa, los colores y los números del 0 al 49

La descripción de las personas

Hablando de la descripción de las personas Los hispanos en el mundo

Los saludos

Actividad integral Mi mejor amigo/a y yo

Exprésate

Escríbelo tú ¿Cómo eres?

Cuéntanos Tu ropa favorita

Entérate

Mundopedia Los nombres en el mundo hispano

Conexión cultural La presencia vital de los hispanos

Videoteca Amigos sin Fronteras, Episodio 1: Los nuevos amigos

Mi país: los Estados Unidos

Infórmate

1.1 Subject Pronouns and the Verb **ser**

1.2 Gender and Number of Nouns

1.3 Adjective–Noun Agreement

1.4 Negation

connect
|SPANISH
www.connectspanish.com

ESTADOS UNIDOS

Amigos sin Fronteras

www.connectspanish.com

In this episode, two people meet each other on campus. They also decide to start a club. What kind of club and for whom is it intended?

los Grandes Lagos

Chicago

Maryland

Washington, D.C.

Nueva York

Festival de La Parada, Nueva York

Via Crucis en Langley Park, Maryland

Estados Unidos

San Francisco

Berkeley

California

Los Ángeles

La Placita Olvera, Los Ángeles

Texas

San Antonio

el río Misisipí

Florida

Miami

Festival de El Cinco de Mayo, San Antonio

Festival de la Calle Ocho en la Pequeña Habana, Miami

Conócenos° *Get to Know Us*

Eloy Ramírez Ovando

Eloy Ramírez Ovando es mexicoamericano y es de Los Ángeles. Tiene veintiún años y es estudiante de biología en la Universidad de California, Berkeley. Sus actividades favoritas son leer blogs, ver partidos de fútbol e ir al cine.*
Eloy Ramírez Ovando is a Mexican-American from Los Angeles. He's 21 years old and is a biology student at the University of California, Berkeley. His favorite activities are reading blogs, watching soccer matches, and going to the movies.

Mi país

*Starting with **Capítulo 2**, descriptions of **Amigos sin Fronteras** characters will not be accompanied by an English translation.

Comunícate°

Communicate

Los nombres de los compañeros de clase

Se llama Eloy Ramírez Ovando. Es alto y delgado. Tiene el pelo negro.

Hola, ¿cómo te llamas?

Me llamo Claudia Cuéllar Arapí. ¿Y tú?

Me llamo Eloy Ramírez Ovando.

Actividades de comunicación

Actividad 1 ¿Cómo se llama?

Camila Piatelli de la Fuente y Eloy Ramírez Ovando

—¿Cómo se llama la amiga de _____?
—Se llama _____.
—Y, ¿cuáles son sus apellidos?
—Son _____.

Rodrigo Yassín Lara y Xiomara Asencio Elías

—¿Cómo se llama el amigo de _____?
—Se llama _____.
—Y, ¿cuáles son sus apellidos?
—Son _____.

Vocabulario útil°   *Useful Vocabulary*

This type of box with the heading **Vocabulario útil** appears in some activities to provide you with key vocabulary to do a given activity. English translations of words and phrases will be included in **Capítulo 1** only. From **Capítulo 2** onward your instructor will present unfamiliar vocabulary in the **Vocabulario útil** boxes, or you can look up any vocabulary items that you don't know in the **Vocabulario** section at the end of the chapter or in the Spanish–English Vocabulary at the very back of the book.

¿Cómo te llamas?	What is your (*informal*) name?
Me llamo…	My name is . . .
¿Cómo se llama?	What is his/her name?
Se llama…	His/Her name is . . .
¿Cuál(es)… ?	Which/What . . . ?
es/son	is/are
su(s)	his, her, their
el apellido / los apellidos	last name(s)

Infórmate[a]

This type of box with the heading **Infórmate** appears throughout *Tu mundo* to provide you with useful grammar information.

Su and **sus** both mean *his, her,* and *their.*

Su is used with singular nouns, whereas **sus** is used with plural nouns.

su apellido
his/her/their last name

sus apellidos
his/her/their last names

[a]*Get Informed*

Actividad 2 El abecedario en español

El abecedario en español					
a	a	j	jota	r	ere
b	be, be grande	k	ca	s	ese
c	ce	l	ele	t	te
d	de	m	eme	u	u
e	e	n	ene	v	uve, ve chica
f	efe	ñ	eñe	w	doble ve, uve doble
g	ge	o	o	x	equis
h	hache	p	pe	y	i griega, (ye)
i	i (i latina)	q	cu	z	zeta

Di cómo se escriben los nombres de los estudiantes del club.

> **MODELO:**   ¿Cómo se escribe Xiomara?
>
> Se escribe así: *equis, i latina, o, eme, a, ere, a.*

1. ¿Cómo se escribe Eloy?
2. ¿Cómo se escribe Ángela?
3. ¿Cómo se escriben el nombre Xiomara y el apellido Asencio?
4. ¿Arapí se escribe con hache o sin hache?
5. ¿Ovando se escribe con be grande o ve chica?
6. ¿Cómo se escribe el apellido de Claudia (Cuéllar)? ¿Con ce o con cu? ¿Y el apellido de Rodrigo (Yassín) se escribe con una ese o dos? ¿con i griega o con doble ele (elle)?

Vocabulario útil

Di	Say	**con**	with
¿Cómo se escribe... ?	How do you spell . . . ? / How is . . . spelled?	**sin**	without
		be grande	b
Se escribe así...	It is spelled . . .	**ve chica**	v

Actividad 3 ¡A conversar!

Conversa (Habla) con un compañero / una compañera.

ESTUDIANTE 1:   Hola, ¿cómo te llamas?
ESTUDIANTE 2:   Me llamo _____.

E1: ¿Cómo se escribe tu nombre?

E2: Se escribe _____.

E1: ¿Y cómo se escribe tu apellido?

E2: Se escribe _____.

Vocabulario útil

Habla	Speak, Talk

Infórmate

tu	your
tú	you

Note that **tú** with an accent mark over the **u** means *you,* but **tu** without an accent means *your.*

La ropa, los colores y los números del 0 al 49

Lee *Infórmate 1.1–1.2*

When a **Comunícate** vocabulary section has an **Infórmate** heading followed by one or two numbers, this refers to the grammar sections that are useful for doing the activities. Here, **Lee** *Infórmate 1.1–1.2* tells you to read the **Infórmate** sections at the end of the chapter.

un sombrero gris
una camisa negra
una corbata gris
un traje gris
un saco gris
una camiseta negra
unos vaqueros azules
una sudadera anaranjada
un vestido rosado
unos pantalones cortos color kaki
unas sandalias blancas
unos zapatos negros
unos zapatos de tenis color café claro

un abrigo rojo
un gorro blanco
una bufanda blanca
una camisa azul
un gorro morado
una chaqueta morada
una blusa verde
unos vaqueros negros
unos pantalones negros
unas sandalias color café
unas botas negras
unos zapatos amarillos
unos pantalones color kaki
unas botas rojas
una falda negra y blanca

Los números del 0 al 49				
0 cero	10 diez	20 veinte	30 treinta	40 cuarenta
1 uno	11 once	21 veintiuno	31 treinta y uno	41 cuarenta y uno
2 dos	12 doce	22 veintidós	32 treinta y dos	42 cuarenta y dos
3 tres	13 trece	23 veintitrés	33 treinta y tres	43 cuarenta y tres
4 cuatro	14 catorce	24 veinticuatro	34 treinta y cuatro	44 cuarenta y cuatro
5 cinco	15 quince	25 veinticinco	35 treinta y cinco	45 cuarenta y cinco
6 seis	16 dieciséis	26 veintiséis	36 treinta y seis	46 cuarenta y seis
7 siete	17 diecisiete	27 veintisiete	37 treinta y siete	47 cuarenta y siete
8 ocho	18 dieciocho	28 veintiocho	38 treinta y ocho	48 cuarenta y ocho
9 nueve	19 diecinueve	29 veintinueve	39 treinta y nueve	49 cuarenta y nueve

Actividad 4 Descripciones

Habla con tu compañero/a sobre la ropa que aparece en los dibujos. Di qué es, de qué color es y cuánto cuesta.

MODELO:
E1: ¿Qué es?
E2: Es *una chaqueta.*
E1: ¿De qué color es?
E2: Es *morada.*
E1: ¿Cuánto cuesta?
E2: Cuesta *treinta y cuatro (dólares) y cuarenta y ocho centavos.*

Vocabulario útil

aparece	appears
los dibujos	drawings
—**¿Qué es?** —**Es…**	What is it? It is . . .
—**¿De qué color es?** —**Es…**	What color is it? It is . . .
—**¿Cuánto cuesta?** —**Cuesta…**	How much is it / does it cost? It is/costs . . .

This **Entérate** feature, found throughout *Tu mundo*, will help you get acquainted with cultural and linguistic similarities and differences across the Spanish-speaking world.

Entérate[a]

- En Cuba **la falda** es **la saya** y **los pantalones vaqueros** son **el bluyín.**
- En México **la camiseta** es **la playera** y en Argentina es **la remera.**
- **El suéter** es **el jersey** en España y **la chompa** en Ecuador, Colombia y Perú.

[a]*Find Out (for Yourself)*

Actividad 5 ¿Qué ropa llevan mis compañeros de clase?

Mira a cuatro de tus compañeros de clase. Escribe el nombre de cada estudiante, la ropa que lleva y el color de la ropa que lleva.

MODELO: *Claudia* lleva *una camiseta blanca*.

NOMBRE	ROPA	COLOR
1. _____ lleva _____ _____ .
2. _____ lleva _____ _____ .
3. _____ lleva _____ _____ .
4. _____ lleva _____ _____ .

Vocabulario útil	
Mira	Look
Escribe	Write
lleva	is wearing

Infórmate

The verb **llevar** (*to wear*) is often used with clothing.

Actividad 6 ¿Qué ropa llevan los miembros del club Amigos sin Fronteras?

Trabaja con otro/a estudiante. Mira los dibujos y describe la ropa que lleva cada persona. Di de qué color es y cómo es.

Xiomara Asencio Elías

Claudia Cuéllar Arapí   Eloy Ramírez Ovando

Camila Piatelli de la Fuente

Rodrigo Yassín Lara

Omar Acosta Luna

MODELO: E1: ¿Qué lleva Eloy?

E2: Eloy lleva *unos vaqueros azules, una camiseta azul y unas sandalias color café.*

1. ¿Qué ropa lleva Xiomara? (Xiomara lleva...)
2. ¿Qué ropa lleva Rodrigo? ¿De qué color son los pantalones y la camiseta? ¿Es vieja la sudadera?
3. ¿Quién lleva una falda blanca? ¿Cómo es, corta o larga? Y la blusa, ¿de qué color es? ¿Es bonita o fea? ¿Es elegante?
4. Describe la ropa de Camila. (Camila lleva un[a]...)
5. Probablemente Omar lleva un traje gris. ¿De qué color es el saco? ¿Y la camisa? ¿Y la corbata?

Vocabulario útil	
Trabaja	Work (*command*)
¿Qué (ropa) lleva... ?	What (clothing) is . . . wearing?
Lleva...	He/She is wearing . . .
¿Cómo es?	What is it like?
Es...	It's . . .
bonito/a	pretty; nice
corto/a	short
feo/a	ugly
largo/a	long
viejo/a	old

La descripción de las personas

Lee *Infórmate 1.3–1.4*

alto, delgado, moreno

atlético, fuerte

Roberto, un chico

alto, guapo, el pelo ondulado

el señor López, un hombre

bonita

rubio

el pelo corto, lacio

el pelo largo, rizado

Raulito   Mónica

gordo, elegante, el pelo canoso

el bigote

la barba

el señor Rosales, un hombre

de estatura mediana, vieja

los lentes

la señora Mendoza, una mujer

joven, alta

el pelo castaño, largo, lacio

Ximena, una joven

**Antonella
Piatelli de la Fuente**

Actividad 7 ¿Cómo son estas personas?

Describe a las personas de los dibujos con tu compañero/a.

> **MODELO:** E1: ¿Cómo es Antonella?
>
> E2: Antonella es una niña, pero no es muy pequeña. Tiene* el pelo rubio, largo y lacio.

Antonio Ramírez del Valle · Eloy Ramírez Ovando · Ricardo Alberto Ramírez Ovando · Estela Ovando Hernández · Patricia Ramírez Ovando · Eduardo Antonio Ramírez Ovando

Ángela McNeil-Mendivil · Camila Piatelli de la Fuente · Antonella Piatelli de la Fuente

Actividad 8 Los famosos y tú

Contesta las preguntas con tu compañero/a.

1. ¿Es alto o bajo Kobe Bryant (6′6″)? ¿Y Yao Ming (7′6″)?
2. ¿Es gordo o delgado Jack Black? ¿Es alto él (5′5″)?
3. ¿Es joven o vieja Dakota Fanning? ¿Y Joan Rivers?
4. ¿Cómo es Penélope Cruz? ¿Es fea o bonita ella? Y Benicio del Toro, ¿es feo o guapo? ¿Cómo es él?
5. ¿Cómo eres tú?

Actividad 9 Estereotipos y generalizaciones

Palabras para describir la personalidad

agresivo/a	difícil	impulsivo/a	simpático/a
antipático/a	egoísta	inteligente	sincero/a
callado/a	entusiasta	materialista	tacaño/a
cómico/a	estudioso/a	mentiroso/a	temperamental
conservador(a)	filosófico/a	perezoso/a	tímido/a
considerado/a	generoso/a	práctico/a	tonto/a
creativo/a	idealista	serio/a	trabajador(a)

---

*You will learn more about the verb **tener** in **Infórmate 2.1** and **4.1.**

Reacciona a las siguientes afirmaciones. ¡Algunas están basadas en estereotipos tontos!

MODELOS: Todas las mujeres son impulsivas.

No, no todas las mujeres son impulsivas.

Los niños pequeños son cómicos.

Sí, los niños pequeños son cómicos y simpáticos.

1. Muchos jóvenes son materialistas.
2. Los republicanos son tacaños.
3. Mis compañeros de clase son estudiosos.
4. Todas las (mujeres) rubias son tontas.
5. Todos los mexicanos son trabajadores.
6. Los hombres viejos son conservadores.
7. Los políticos son mentirosos.
8. Todos los chicos son perezosos.
9. Muchas personas tímidas son calladas.
10. Las mujeres son temperamentales.

Vocabulario útil

Palabras	Words	**perezoso/a**	lazy
Reacciona	React	**simpático/a**	pleasant, friendly
están basadas	are based		
pequeños	small	**tacaño/a**	cheap
		tonto/a(s)	stupid
antipático/a	unpleasant, unfriendly	**trabajador(a)**	hardworking
callado/a	quiet	**algunos/as**	some
difícil	difficult	**todos/as**	all
mentiroso/a	lying; liar		

Entérate

Para expresar que una persona es tacaña (que no es generosa), los hispanos se tocan el codo con la mano.

En España y México **tacaño** es **codo duro** (*stiff, hard elbow*), en Chile es **manito de guagua** (*baby's hand*) y en Argentina es **amarrete.**

Actividad 10 Tu personalidad

¿Cómo eres tú? Da una descripción de tu personalidad. Usa palabras de la lista que aparece en la **Actividad 9.**

E1: ¿Cómo eres tú?

E2: Soy _____, _____ y _____.
No soy _____ ni _____.

E1: ¿Cómo es tu mejor amigo/a?

E2: Él/Ella es _____, _____ y _____.
No es _____ ni _____.

Vocabulario útil

Da	Give
Usa	Use
ni	neither, nor
mejor amigo/a	best friend

Hablando de° la descripción de las personas

Hablando... *Speaking of*

LOS HISPANOS EN EL MUNDO

La mayoría[a] de los hispanos vive[b] en países[c] hispanos grandes y pequeños, por ejemplo[d] España, Nicaragua, Chile, Argentina y México. Pero muchos viven en otros[e] países como Estados Unidos,[f] Italia, Reino Unido, Alemania, Francia[g] y Canadá, unos con documentos legales, otros sin ellos.[h] Los hispanos emigran de su país por muchas razones;[i] la más común:[j] oportunidades económicas. También, algunos estudian[k] en las universidades de otros países y después trabajan allí.[l] Muchos inmigrantes son trabajadores y responsables. Algunos países aprecian[m] sus contribuciones y otros no, especialmente cuando ellos mismos tienen[n] problemas económicos. ¡Así es la situación[ñ] de todos los inmigrantes!

---

[a]*majority* [b]*live* [c]*countries* [d]*por... for example* [e]*other* [f]*Estados... United States* [g]*Reino... United Kingdom, Germany, France* [h]*sin... without them* [i]*reasons* [j]*la... the most common (one)* [k]*También... Also, some study* [l]*después... afterwards they work there* [m]*value* [n]*especialmente... especially when they themselves have* [ñ]*Así... That is (what) the situation (is like)*

Los saludos

ELOY: Hola, Claudia. ¿Qué tal?
CLAUDIA: Regular, Eloy, ¿y tú?
ELOY: Muy bien, gracias.
CLAUDIA: Oye…

PROFESOR GONZÁLEZ: Buenos días. ¿Cómo estás hoy, Martha?
PROFESORA BRIZUELA: Muy bien. ¿Y tú, Ricardo?
PROFESOR GONZÁLEZ: No muy bien, un poco cansado.
PROFESORA BRIZUELA: ¡Lo siento!

ELOY: Buenas tardes, profesora Ávila. ¿Cómo está usted?
PROFESORA ÁVILA: Bien, bien, gracias. ¿Y usted?
ELOY: Muy bien, profesora, gracias. Nos vemos más tarde en clase.
PROFESORA ÁVILA: Sí, Eloy, hasta luego.

Entérate

Para los hispanos, los saludos son muy importantes. En situaciones informales, es normal dar un abrazo (*hug*) y un beso (*kiss*), pero en España y Paraguay son ¡dos besos! En situaciones formales se da la mano (*hand*), como (*like*) en Estados Unidos. También es importante preguntar (*to ask*) cómo está la familia.

Actividad 11 Los saludos

A. Saluda a un compañero / una compañera.

E1: Buenas tardes, _____. ¿Qué tal?

E2: Bien, bien, gracias. ¿Y tú?

E1: _____. Gusto de verte.

B. Saluda a un profesor / una profesora.

ESTUDIANTE: Buenos días, profesor(a).
¿_____ está _____?

PROFESOR(A): _____. ¿Y usted?

ESTUDIANTE: _____, gracias.

PROFESOR(A): Hasta luego.

ESTUDIANTE: _____, profesor(a).

Do you remember?

¿Recuerdas?°

Use **tú** to speak with a classmate, but use **usted** to speak with a professor.

Vocabulario útil	
Saluda	Greet
Gusto de verte.	Nice to see you.

Actividad 12 Los saludos y las presentaciones

A. Saluda a un compañero nuevo / una compañera nueva y preséntate.

MODELO:
ELOY: Hola, ¿cómo te llamas?
CLAUDIA: Me llamo *Claudia Cuéllar Arapí*, ¿y tú?
ELOY: Me llamo *Eloy Ramírez Ovando*. Mucho gusto.
CLAUDIA: Igualmente.

Ahora tú.

E1: Hola (Buenos días, Buenas tardes/noches), ¿cómo te llamas?

E2: Me llamo _____, ¿y tú?

E1: Me llamo _____. Mucho gusto.

E2: Igualmente.

Vocabulario útil	
nuevo/a	new
preséntate	introduce yourself
Mucho gusto	Pleased to meet you
Igualmente	Likewise

B. Mira los dibujos y lee los diálogos.

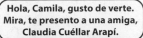

Hola, Camila, gusto de verte. Mira, te presento a una amiga, Claudia Cuéllar Arapí.

Mucho gusto, Claudia.

Igualmente, Camila.

Claudia, te presento a un amigo nuevo, Rodrigo Yassín Lara

Encantado, Claudia.

Mucho gusto, Rodrigo.

Ahora presenta tú a dos de tus compañeros/as.

E1: _____, te presento a un amigo nuevo / una amiga nueva, _____.

E2: Mucho gusto, _____.

E1: Encantado/a (Igualmente), _____.

Vocabulario útil	
lee	read
presenta	introduce
te presento a...	this is . . .
Encantado/a.	Pleased to meet you.

Actividad integral

Mi mejor amigo/a y yo

A. Mira el modelo y luego preséntate a tu grupo. Usa el **Vocabulario útil.**

MODELO: Buenos días. Me llamo Rodrigo Yassín Lara. Hoy llevo una camisa blanca, vaqueros y zapatos de tenis negros. No soy ni alto ni bajo; soy de estatura mediana y gordito (un poco gordo). Tengo el pelo negro. Soy serio, estudioso y trabajador. No soy tonto ni perezoso.

Ahora tú.

Buenos días (Buenas tardes/noches, Hola). Me llamo...

Vocabulario útil	
luego	then, later
Me llamo...	
Llevo...	I'm wearing . . .
Soy (alto/a, delgado/a, ...)	
Soy (trabajador[a], estudioso/a, ...)	

B. Trae a clase una foto de tu mejor amigo/a o usa una de tu móvil. Muestra la foto y descríbela con tres de tus compañeros. Contesta estas preguntas para describir a la persona en la foto.

- ¿Cómo se llama (él/ella)?
- ¿Qué ropa lleva en la foto y de qué color es?
- ¿Cómo es (físicamente)?
- ¿Cómo es su personalidad?

Ahora prepara tu descripción.

Es mi mejor amigo/a. Se llama _____. En la foto lleva _____.
Es _____. Tiene _____. Es _____.

Un chicano típico

Antonio González es historiador, presidente del Southwest Voter Registration Education Project y presidente del Instituto William C. Velásquez.

Más de veinte millones de latinos en EE.UU. son de origen mexicano.

> " **Soy un chicano típico. Vengo de una familia de herencia mexicana que ya cuenta con más de seis generaciones en los Estados Unidos.** "

> " **Como chicano, yo tengo raíces en este país y tengo lazos con México. Por eso hablo inglés y hablo español. Me gustan los tacos, burritos y demás platos de la cocina mexicana, pero también me gustan los Dodger-dogs.** "

Rock mexicano en las calles de Nueva York

Exprésate° *Express Yourself*

ESCRÍBELO TÚ° *(You) Write It*

¿Cómo eres?

Escribe una composición corta en cuatro partes: 1) saluda, 2) di cómo te llamas, 3) da una buena descripción de tu apariencia física y de tu personalidad y finalmente 4) describe la ropa que llevas frecuentemente. Usa la información de las **Actividades 3, 5, 7, 10** y **Actividad integral** como modelos. Prepara la información y luego escribe tu composición en el *Cuaderno de actividades* o en Connect Spanish.

> ### Vocabulario útil
>
> This is the last time the **Vocabulario útil** box will appear with any English translations. From **Capítulo 2** onward your instructor will present unfamiliar vocabulary in the **Vocabulario útil** boxes, and/or you can look up any vocabulary items that you don't know in the **Vocabulario** section at the end of the chapter or in the Spanish–English Vocabulary at the very back of the book.
>
> **hola**
>
> **me llamo**
>
> **soy**
>
> **llevo**   I'm wearing
>
> **frecuentemente**   frequently

CUÉNTANOS° *Tell Us*

Tu ropa favorita

Describe dos prendas (*articles*) de ropa. Habla de tu falda, blusa, camisa o corbata favorita o tu(s) vestido (pantalón, abrigo, sombrero o zapatos) favorito(s). Di de qué color es/son, y cómo es/son: largo/a(s), corto/a(s), nuevo/a(s), viejo/a(s), etcétera. ¡Es una buena idea mostrar (*to show*) las prendas de ropa en clase!

Mundopedia

Los nombres en el mundo hispano

En los Estados Unidos muchas personas **tienen** dos nombres, **pero** usan uno **solamente**. Muchos hispanos tienen y usan dos nombres: María Cristina, Ana Sofía, Juan Fernando, José Luis, Miguel Ángel.

Los apellidos en el mundo hispano

Los hispanos también usan dos apellidos, el de su padre (papá) y el de su madre (mamá). Por ejemplo, Omar Acosta Luna y Marcela Arellano Macías tienen dos **hijos**. Los hijos **se llaman** Carlos Antonio Acosta Arellano y Maritza Acosta Arellano. El **primer** apellido de **cada** hijo es el primer apellido de su padre (Acosta); el **segundo** es el primer apellido de su madre (Arellano). **Si** la persona usa uno o dos nombres no es importante, pero en los documentos legales es necesario usar los dos apellidos.

Vocabulario de consulta	
tienen	have
pero	but
solamente	only
hijos	children
se llaman	are named
primer	first
cada	each
segundo	second
Si	If

COMPRENSIÓN

¿Cierto o falso?

1. En este país muchas personas usan dos nombres y dos apellidos.

2. En el mundo hispano muchas personas tienen dos nombres.

3. Los apellidos de Manuel Luis, hijo de Luis Mario Ramos Solís y Martha Lucía Ruiz Vega son: Ramos Ruiz.

4. En documentos legales, los hijos solamente usan los apellidos de su padre.

5. Es importante usar siempre los dos nombres.

Omar Acosta Luna **Marcela Arellano Macías**

Maritza Acosta Arellano **Carlos Antonio Acosta Arellano**

 = casados

CONEXIÓN CULTURAL

Muchos hispanos —¡cincuenta millones!— viven (*live*) en Estados Unidos. Viven en Texas y California, en Florida y Nueva Jersey, en Nueva York y otros estados. Son trabajadores y creativos. Lee la lectura (*reading*) **La presencia vital de los hispanos** en el *Cuaderno de actividades* o en Connect Spanish y… ¡entérate de las contribuciones culturales de los hispanos!

Videoteca

Amigos sin Fronteras°
Episodio 1: Los nuevos amigos

Amigos... *Friends without Borders*

Resumen *(Summary)*

In the student lounge, Mexican-American student Eloy Ramírez Ovando is watching a soccer match on TV while he studies and does his homework. He is cheering for the Spanish national team. Claudia Cuéllar Arapí, a student from Paraguay, passes by. They meet, exchange personal information, and come up with the idea of starting the **Amigos sin Fronteras** club.

Preparación para el video

A. ¡Comencemos! Contesta las preguntas antes de ver (*before watching*) el video.

1. Mira la foto. ¿Cuántas personas hay?
2. ¿Cuáles son los deportes (*sports*) favoritos de los hispanos? Indica las respuestas correctas.
   - **a.** el rugby
   - **b.** el fútbol (*soccer*)
   - **c.** el béisbol
   - **d.** el karate
3. ¿Llevas la camiseta de tu equipo favorito cuando juega (*when it plays*)? ¿De qué color es?
4. ¿Qué información le das a un amigo nuevo? Indica las respuestas correctas.
   - **a.** el nombre
   - **b.** el número de teléfono
   - **c.** el correo electrónico (*e-mail*)

Vocabulario de consulta	
Vamos	Let's go
¡Qué nervios!	It's nerve-racking!
No te preocupes, no hay problema.	Don't worry, there's no problem.
vos*	you (*sing. inf.*)
tienes	you have
equipo	team
economía	economics [*class*]
biología	biology
Tu turno.	Your turn.
Mañana te llamo.	I'll call you tomorrow.

***Vos** is an informal form of address in Paraguay and other Latin American countries, similar to the pronoun **tú. Vos hablás** means **tú hablas** and **vos sos** means **tú eres**.

Comprensión del video

B. La idea principal (*main*) ¿Cuál es la idea principal del video?
   1. Reciclar (*Recycling*) es importante.
   2. Dos estudiantes se hacen (*become*) amigos y deciden formar un club.
   3. El fútbol es el deporte favorito de los hispanos.

C. ¿Cierto o falso? Lee las oraciones (*sentences*) y decide si son ciertas (*true*, C) o falsas (*false*, F).
   1. Hay dos personajes (*characters*) en este video.
   2. El equipo favorito de Eloy lleva una camiseta verde.
   3. La chica estudia biología.
   4. El chico habla español pero la chica no.
   5. Los dos estudiantes intercambian (*exchange*) información personal.

D. Detalles. Contesta estas preguntas según el video.
   1. ¿Cómo se llaman las personas del video?
   2. ¿Qué deciden formar estos estudiantes?
   3. ¿Cuál es el número de teléfono de la chica? ¿y del chico?
   4. ¿Cuál es el correo electrónico del chico?

Mi país ESTADOS UNIDOS

Comprensión

1. ¿Cuál es uno de los sitios favoritos de Eloy?
2. ¿Cuántos millones de hispanos hay en los Estados Unidos?
3. Algunos deliciosos platos mexicanos incluyen tacos, enchiladas y _____.
4. ¿En qué estado se celebra la cultura cubana en el Festival de la Calle Ocho?
5. ¿Qué famosa celebración mexicana menciona Eloy?
6. ¿Cierto o falso? Los hispanos son una parte importante de la cultura de los Estados Unidos.

La Parada, Nueva York

a Placita Olvera, Los Ángeles, fornia

Infórmate° *Get Informed*

Introduction

The **Infórmate** section of this book is designed for your use outside of class. It contains grammar explanations and exercises. The explanations present concepts in nontechnical language, so it should not be necessary to go over all of them in class.

In every chapter, at the beginning of most new topics in the **Comunícate** section there are notes that mention the grammar (**Infórmate**) points you should read at that time. Study the specified grammar points, then do the exercises and check your answers. If you have little or no trouble with the exercises, you have probably understood the explanation. Remember, it is not necessary to memorize these grammar rules.

Keep in mind that successful completion of a grammar exercise means only that you have understood the explanation. It does not mean that you have *acquired* the rule. True acquisition comes not from the study of grammar but from hearing and reading a great deal of meaningful Spanish. Learning the rules of grammar through study will allow you to use those rules when you have time to think about correctness, as during careful writing. It can also help you understand what you read.

The grammar explanations in the **Infórmate** sections of *Tu mundo* contain basic information about Spanish grammar. If you find an exercise too challenging or if you don't understand the explanation, ask your instructor for assistance. In difficult cases, your instructor will go over the material in class to be sure everyone has understood but probably will not spend too much time on the explanation, in order to save class time for real communication experiences.

Some Useful Grammatical Terms

You may recall from your study of grammar in your native language that sentences can be broken down into parts. All sentences have at least a subject (noun or pronoun) and a verb.

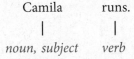

```
Camila          runs.
   |              |
noun, subject   verb
```

In addition, sentences may have objects (nouns and pronouns), modifiers (adjectives and adverbs), prepositions, conjunctions, and/or articles.

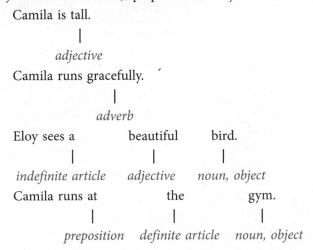

```
Camila is tall.
         |
     adjective

Camila runs gracefully.
            |
         adverb

Eloy sees a          beautiful      bird.
          |              |            |
indefinite article   adjective   noun, object

Camila runs at           the          gym.
           |              |            |
     preposition   definite article  noun, object
```

She runs.

|

subject, pronoun

Eloy and Camila run.

|

conjunction

1.1   Subject Pronouns and the Verb **ser**

ser = *to be*
(identification)
Soy estudiante.
I am a student.

A.   Spanish uses the verb **ser** (*to be*) to identify people and things.

—¿Quién **es** ese chico?	*Who is that young man?*
—**Es** Eloy.	*It's Eloy.*
—¿Qué **es** esto?	*What is this?*
—**Es** una camisa.	*It is a shirt.*

B.   Personal pronouns are used to refer to a person without mentioning the person's name. Here are the personal pronouns that can serve as the subject of a sentence. They appear with the corresponding forms of the verb **ser.**

ser (*to be*)			
(yo)	**soy**	I	am
(tú)*	**eres**	you (*informal singular*)	are
usted*	**es**	you (*polite singular*)	are
él†/ella	**es**	he/she	is
(nosotros/nosotras)	**somos**	we	are
(vosotros/vosotras††)	**sois**	you (*informal plural*)	are
ustedes	**son**	you (*polite plural*)	are
ellos/ellas	**son**	they	are

*__Tú__ is an informal singular form of *you*, whereas **usted** is a polite singular form of *you*. See **Infórmate 4.2** for more information. Alternate form for recognition only: **vos sos.**

†The pronoun **él** (*he*) is written with an accent to distinguish it in writing from the definite article **el** (*the*).

††The pronouns **vosotros/vosotras** are informal plural forms of *you* and are used only in Spain. Latin America uses **ustedes** for both polite and informal plural *you*.

—¿Usted es profesor?	*Are you a professor?*
—Sí, soy profesor de biología.	*Yes, I am a biology professor.*

C.   Spanish-speakers do not use subject pronouns as often as English-speakers do. In most cases there is no confusion since the verb forms tell native speakers what the subject is. The personal pronouns that are used most of the time are: **usted, ustedes, él, ella, ellos,** and **ellas.** These subject pronouns share verb forms, so it is important to clarify. For example, **Soy inteligente** can only mean *I am intelligent* but **Es inteligente** can mean *You* (pol. sing.) *are intelligent* or *He is intelligent* or *She is intelligent*. When the other subject pronouns (**yo, tú, nosotros/as, vosotros/as**) are used in Spanish, they often express emphasis.

Yo soy de Nuevo México.	*I am from New Mexico.*

¿Recuerdas?

Remember that most subject pronouns in Spanish are used only when there is a possibility of confusion:

Él es estudiante.
He is a student.

(Yo) Soy estudiante.
I am a student.

An important fact to remember: Spanish does not have a subject pronoun for *it* or for *they*, referring to things.

¿Mi automóvil? Sí, es nuevo.   *My car? Yes, it is new.*

¿Las faldas de Chanel? Son caras.   *Chanel skirts? They are expensive.*

D. The pronouns **ellos** (*they*), **nosotros** (*we*), and **vosotros** (*you,* inf. pl.) can refer to groups of people that consist of males only or of males and females. On the other hand, **ellas** (*they,* fem.), **nosotras** (*we,* pl. fem.), **vosotras** (*you,* inf. pl. fem.) can refer only to two or more females.

—¿Quiénes son **ellos**?   *Who are those guys?*

—¿Eloy y Claudia? Son amigos de Camila.   *Eloy and Claudia? They are Camila's friends.*

—¿Y **ellas**? ¿Son compañeras de clase?   *What about them (fem.)? Are they classmates?*

—No, Estefanía y Xiomara son amigas.   *No, Estefanía and Xiomara are friends.*

—¿Y Eloy y Xiomara son amigos también?   *And are Eloy and Xiomara friends too?*

—Sí, **ellos** son amigos también.   *Yes, they are friends too.*

Ejercicio 1

Choose the correct pronoun.

> **MODELO:** —¿*Ella* lleva pantalones?
> —¿Camila? No, lleva una falda color café.

1. —¿_____ es profesor en esta universidad?
   —¿Quién, Eloy? No, es estudiante.

2. —¿_____ son argentinas?
   —Sí, Camila y Antonella son argentinas.

3. —¡¿Viejas, _____?!
   —No, Ángela y yo somos muy jóvenes.

4. —Señor Ramírez, ¿_____ no tiene bigote, verdad?

5. —¿Y _____? ¿Son estudiantes aquí en Berkeley?
   —No, Omar y su amigo son estudiantes en Ecuador.

a. ellos
b. nosotras
c. él
d. ellas
e. usted

Ejercicio 2

Complete the dialogues with the correct form of the verb **ser: soy, eres, es, somos, son.**

1. —¿Es usted Omar?
   —Sí, _____ Omar Acosta Luna.

2. —¿Quién _____ ella?
   —¿La chica rubia de falda blanca? Se llama Camila. Ella y Omar _____ amigos.

3. —¿_____ profesores ustedes?
   —No, Omar y yo (nosotros) _____ estudiantes de la universidad.

1.2 Gender and Number of Nouns

Masculine nouns usually end in **-o**. Feminine nouns usually end in **-a**.

A. Nouns (words that represent people and things) in Spanish are classified as either masculine or feminine. Masculine nouns often end in **-o** (**el sombrero**); feminine nouns often end in **-a** (**la falda**). In addition, words ending in **-ción**, **-sión**, or **-dad** are also feminine.

Madrid es una ciu**dad** muy bonit**a**.	*Madrid is a beautiful city.*
La civiliza**ción** maya fue muy avanza**da**.	*The Mayan civilization was very advanced.*

But the terms *masculine* and *feminine* are grammatical classifications only; Spanish speakers do not perceive things such as notebooks or doors as being "male" or "female." On the other hand, words that refer to males are usually masculine (**el amigo**), and words that refer to females are usually feminine (**la amiga**).

Eloy es mi **amigo** y Claudia es **amiga** de él.	*Eloy is my friend and Claudia is a friend of his.*

You will acquire these endings later. For now, don't worry about them as you speak. You can refer to your text if you have any doubts when you are editing your writing.

B. Because Spanish nouns have gender, adjectives (words that describe nouns) also have gender, to agree with the corresponding noun: **camisa negra; sombrero negro.** They end in **-o** or **-a** according to the gender of the nouns they modify. (See **Infórmate 1.3B** for information on adjectives that end in **-e, -ista,** or a consonant.)

C. Like English, Spanish has definite articles (to express *the*) and indefinite articles (to express *a, an*). Articles in Spanish also change form according to the gender of the nouns they accompany.

The words **el** and **la** both mean *the*. **El** is used with masculine nouns and **la** is used with feminine nouns.

	DEFINITE (*the*)	INDEFINITE (*a, an*)
masculine	**el** suéter, **el** sombrero	**un** suéter, **un** sombrero
feminine	**la** blusa, **la** chaqueta	**una** blusa, **una** chaqueta

Hoy Claudia lleva **un** vestido nuevo.	*Claudia is wearing a new dress today.*
La chaqueta de Omar es roja.	*Omar's jacket is red.*

D. How can you determine the gender of a noun? The gender of the article and/or adjective that modifies the noun will usually tell you whether the noun is masculine or feminine. In addition, the following two simple rules will help you determine the gender of a noun most of the time.

The words **un** and **una** both mean *a* or *an*. **Un** is used with masculine nouns and **una** is used with feminine nouns.

Spanish nouns are classified as either masculine or feminine. The articles change according to grammatical gender and agree with the nouns they modify.

un abrigo = *a coat*

una blusa = *a blouse*

una universidad = *a university*

el libro = *the book*

la casa = *the house*

Rule 1: A noun that refers to a male is masculine; a noun that refers to a female is feminine. Sometimes they are a pair distinguished by the endings **-o/-a;** other times they are completely different words.

un muchacho	una muchacha	*boy / girl*
un niño	una niña	*(male) child / (female) child*
un amigo	una amiga	*(male) friend / (female) friend*
un hombre	una mujer	*man / woman*

For some nouns referring to people, the masculine form ends in a consonant and the feminine form adds **-a** to the masculine noun.

un profesor	una profesora	*(male) professor / (female) professor*
un señor	una señora	*a man (Mr.) / a woman (Mrs., Ms.)*

Other nouns do not change at all; only the accompanying article changes.

un elefante	*(male) elephant*	una elefante	*(female) elephant*
un estudiante	*(male) student*	una estudiante	*(female) student*
un joven	*young man*	una joven	*young woman*
un recepcionista	*(male) receptionist*	una recepcionista	*(female) receptionist*

Rule 2: For most nouns that refer to things (rather than to people or animals), the gender is reflected in the last letter of the word. Nouns that end in **-o** are usually grammatically masculine (**un/el vestido**) and nouns that end in **-a** are usually grammatically feminine (**una/la puerta**).*

Nouns that end in **-dad (una/la universidad)** or in the letter combinations **-ción** or **-sión (una/la nación; una/la división)** are usually feminine.

Don't worry if you can't remember all these rules! Note where they are in this book so you can refer to them when you are editing your writing and when you are unsure of which gender a noun is.

MASCULINE: -o	FEMININE: -a, -ción, -sión, -dad
un/el zapat**o**	una/la camis**a**
un/el sombrer**o**	una/la fald**a**
un/el abrig**o**	una/la descrip**ción**
un/el vestid**o**	una/la universi**dad**

Words that refer to things may also end in **-e** or in consonants other than **-d** and **-ión.** Most of these words that you have heard so far are masculine but some are feminine.

un/el automóvil	*automobile*	un/el color	*color*
una/la clase	*class*	un/el lápiz	*pencil*
una/la luz	*light*	un/el reloj	*clock*
una/la mujer	*woman*	un/el traje	*suit*

E. Spanish and English nouns may be singular (**la camisa** [*shirt*]) or plural (**las camisas** [*shirts*]). Almost all plural words in Spanish end in **-s** or **-es: blusas** (*blouses*), **suéteres** (*seaters*), **zapatos** (*shoes*), **niñas** (*little girls*), and so on. In Spanish, unlike English, articles before plural nouns and adjectives that describe plural nouns must also be plural. Here are some basic rules for forming plurals in Spanish.

---

*Three common exceptions are **la mano** (*hand*), **el día** (*day*), and **el mapa** (*map*).

1. Words that end in a vowel (**a, e, i, o, u**) form their plural by adding **-s.**

Singular	Plural
un/el muchach**o**	unos/los muchacho**s**
un/el traj**e**	unos/los traje**s**
una/la corbat**a**	unas/las corbata**s**

2. Words that end in a consonant add **-es.**

Singular	Plural
la pare**d**	las pared**es**
la muje**r**	las mujer**es**
el sué**ter**	los suéter**es**

3. If the consonant at the end of a word is **-z,** it changes to **-c** and adds **-es.**

Singular	Plural
el lápi**z**	los lápi**ces**
la lu**z**	las lu**ces**

Ejercicio 3

Complete the sentences with **El** or **La.** Use **La** if the noun is feminine; use **El** if it is masculine. Sometimes the noun will help you, sometimes the adjective, so look at the entire sentence before deciding which article to use.

1. _____ estudiante es rubia.
2. _____ profesor de español es guapo.
3. _____ clase de biología es buena.
4. _____ señorita Asencio es baja.
5. _____ automóvil es negro.
6. _____ universidad no es pequeña.
7. _____ muchacho es joven.
8. _____ sudadera es amarilla.
9. _____ abrigo es muy feo.
10. _____ niño es cómico.

1.3 Adjective–Noun Agreement

> A singular adjective is used to describe a singular noun. A plural adjective is used to describe a plural noun.

A. Adjectives must agree in gender and number with the nouns they describe; that is, if the noun is singular and masculine, the adjective must also be singular and masculine. Adjectives that end in **-o** in the masculine form and **-a** in the feminine form will appear in the vocabulary lists in *Tu mundo* like this: **bonito/a.** Such adjectives have four possible forms.

	Singular	Plural
masculine	viej**o**	viej**os**
feminine	viej**a**	viej**as**

Claudia lleva un suéter **bonito** y una falda **larga** y **roja.**

Claudia is wearing a pretty sweater and a long red skirt.

Mis zapatos de tenis **negros** son **viejos.**

My black tennis shoes are old.

Adjectives that describe plural words must also be plural: ojos azules (*blue eyes*), niños cómicos (*funny boys*).

B. Adjectives that end in a consonant, the vowel **-e**, or the ending **-ista** have only two forms because the masculine and feminine forms are the same.*

Singular	Plural
azul	azules
joven	jóvenes
pesimista	pesimistas
interesante	interesantes

Xiomara lleva una blusa **azul** y un sombrero **azul.**

Xiomara is wearing a blue blouse and a blue hat.

Mi amigo Franklin es **pesimista,** pero mi amiga Estefanía es **optimista.**

My friend Franklin is pessimistic, but my friend Estefanía is optimistic.

Yo no soy **joven,** pero todos mis amigos son **jóvenes.**

I am not young, but all my friends are young.

C. If an adjective modifies a masculine and a feminine noun at the same time, the adjective will take the masculine form.

Claudia es creati**va** y filosófi**ca.**
Eloy y Claudia son creati**vos** y filosófi**cos.**
Mi blusa y mi falda son blan**cas.**
Mi blusa y mi vestido son blan**cos.**

D. In Spanish adjectives generally follow the noun they modify: **zapatos nuevos, camisas blancas, corbatas bonitas, sombreros negros.** In a few cases, adjectives that express inherent characteristics may precede the noun: **la blanca nieve.**† You will learn more about adjective placement in **Infórmate 2.3;** for now, you should remember the main rule: place descriptive adjectives after the noun.

Ejercicio 4

Pay attention to the drawings and to the ending of each adjective.

Look at the drawings on the next page and select all the possible descriptions from the list.

alto	creativo	hombre	mujer
amigos	(no) delgada	inteligentes	rubias
bonita	guapos	moreno	vieja
chicas			

MODELO: el profesor de arte → hombre, creativo, alto, moreno

1. Camila y Antonella
2. Eloy
3. Omar
4. el profesor de arte
5. Ana Sofía y Claudia
6. Rodrigo y Sebastián
7. Xiomara
8. Lucía
9. Ángela

---

*An exception to this are words that end in **-r,** which have four forms: **conservador, conservadora, conservadores, conservadoras.**
†Limiting adjectives (numerals, possessives, demonstratives, and indefinite adjectives) also precede the noun: **dos amigos, mis zapatos, esta mesa, otro ejemplo.**

Ángela Antonella Camila   Eloy   Marcela Omar   Ana Sofía Claudia Rodrigo Sebastián   Xiomara Lucía el profesor de arte

Ejercicio 5

Write correct sentences in Spanish by adding the necessary verb and changing the endings of the adjectives appropriately. Use plural for two or more people; use feminine forms for women. Remember that if the sentence is about a man and a woman (a masculine and a feminine noun), you must use masculine forms for the adjectives.

> **MODELOS:** el gato Garfield: agresivo, perezoso → El gato Garfield es agresivo y perezoso.
>
> Hillary Clinton: inteligente, rubio → Hillary Clinton es inteligente y rubia.

1. Javier Bardem: alto, guapo
2. Penélope Cruz: bajo, delgado, moreno
3. Kirstie Alley: simpático, famoso
4. Justin Bieber y Dakota Fanning: trabajador, famoso, joven
5. Amanda Seyfried y Scarlett Johansson: rico, rubio, bonito

Ejercicio 6

Use the information to create complete sentences. Remember to use the correct form: masculine or feminine, singular or/plural depending on the subject of the sentence. If there are three adjectives, place the first one before the verb (as in the second **MODELO**).

> **MODELOS:** automóvil: nuevo, pequeño → El automóvil es nuevo y pequeño.
>
> blusas: rojo, viejo, feo → Las blusas rojas son viejas y feas.

1. mujeres: conservador, tacaño
2. chicos: perezoso, creativo
3. robots: fuerte, trabajador
4. zapatos: blanco, nuevo, pequeño
5. amiga: impulsivo, sincero
6. casa: amarillo, viejo, bonito
7. parque: grande, moderno, feo
8. faldas: negro, corto, elegante

1.4 Negation

A. Statements in Spanish are normally formed by using a subject, then the verb, and then an object and/or description.

Las blusas son   bonitas.   Jorge tiene un traje   gris.

| | | | | | | |

subject   verb adjective   *subject verb   object adjective*

B. In a negative sentence, the word **no** precedes the verb.

Las blusas **no** son bonitas.	*The blouses are not pretty.*
Jorge **no** tiene un traje gris.	*Jorge does not have a gray suit.*
Xiomara es una chica muy entusiasta. **No** es tímida.	*Xiomara is a very enthusiastic girl. She is not shy.*
Franklin **no** es mi novio. Es el novio de Estefanía.	*Franklin is not my boyfriend. He is Estefanía's boyfriend.*

There are no additional words in Spanish that correspond to the English negatives *don't* and *doesn't*.

Eloy **no** tiene el pelo largo ahora.	*Eloy doesn't have long hair now.*
Yo soy hombre; **no** llevo vestidos.	*I am a man; I don't wear dresses.*

Spanish, like many other languages, often uses more than one negative in a sentence. (You will learn more about negative words and their placement in **Infórmate 9.2**.)

No hay **nada** en este salón de clase.	*There is nothing in this classroom.*

When answering a question affirmatively, start your answer with **Sí,** but if you want to answer negatively, you may start your sentence with **No, no.** Make sure to place both **no** words before the verb.

—Rodrigo, ¿eres estudiante?	*Rodrigo, are you a student?*
—Sí, soy estudiante aquí en la universidad. / No, no soy estudiante. Soy profesor.	*Yes, I am a student here at the university. / No, I am not a student. I am a professor.*
—¿Lleva falda hoy Camila?	*Is Camila wearing a skirt today?*
—No, no lleva falda. Hoy lleva pantalones.	*No, she is not wearing a skirt. Today she is wearing pants.*

If you do not wish to repeat the entire question, you may also answer using **no** just once, then provide additional information.

—Omar, ¿eres de México?	*Omar, are you from México?*
—No, soy de Ecuador.	*No, I am from Ecuador.*
—¿Cuesta $40,00 (dólares) este vestido?	*Does this dress cost 40 dollars?*
—No, cuesta $36,49.	*No, it costs $36.49.*

Ejercicio 7

Rewrite these affirmative statements in the negative form.

MODELO: Eloy es gordo. → Eloy no es gordo.

1. El presidente Obama es muy cómico.
2. Justin Bieber es muy feo.
3. Los estudiantes son millonarios.
4. Tú eres muy materialista.
5. Nosotros somos tontos.
6. Penélope Cruz es vieja.

Answer the following questions in the negative form, using the information in parentheses. The **modelos** show the three possible answers.

MODELOS: —¿Son unos vaqueros? (pantalones cortos)

—No, no son unos vaqueros. / No, son unos pantalones cortos. / No, no son unos vaqueros. Son unos pantalones cortos.

—¿Es una niña? (niño)

—No, no es una niña. / No, es un niño. / No, no es una niña. Es un niño.

1. ¿Qué es? ¿Es una falda? (vestido)
2. ¿Meryl Streep es hombre? (mujer)
3. ¿Es muy alto Jack Black? (bajo)
4. ¿Es la Pequeña Habana una zona de Nueva York? (de Florida)
5. ¿Son zapatos de mujer? (de hombre)
6. ¿La corbata cuesta $40,00? ($25,00)
7. ¿Es Madrid la capital de México? (de España)
8. ¿Es la Placita Olvera una zona de Florida? (de California)

Vocabulario

Keep in mind that not every word that you use nor every word in the communicative activities will be in the end-of-chapter **Vocabulario**. The chapter **Vocabulario** includes thematic and comprehension vocabulary that will help you understand and converse with native speakers.

Las preguntas y las respuestas	Questions and Answers
¿Cómo es usted / eres?	What are you (*polite/familiar sing.*) like?
Soy...	I am ...
¿Cómo es él/ella?	What is he/she like?
Es...	He/She is ...
¿Cómo son ellos/ellas?	What are they like?
Son...	They are ...
¿Cómo está usted / estás tú?	How are you (*polite/familiar, sing.*)?
(Muy) Bien, gracias.	(Very) Well, thanks.
Estoy bien (regular).	I'm fine (OK).
Estoy (un poco) cansado/a.	I'm a (little) tired.
¿Y usted/tú?	And you (*polite/familiar, sing.*)?
¿Cómo se escribe tu apellido?	How do you spell your (*familiar sing.*) last name?
Se escribe ele-o-pe-e-zeta.	It's spelled l-o-p-e-z.
Se escribe así...	It's written (spelled) like this ...
¿Cómo se llama?	What is his/her name?
Se llama...	Her/His name is ...
¿Cómo se llaman?	What are their names?
Se llaman...	Their names are ...
¿Cómo se llama usted / te llamas (tú)?	What is your (*polite/familiar, sing.*) name?
Me llamo...	My name is ...
¿Cuál es su/tu nombre?	What is your (*polite/familiar, sing.*) name?
Mi nombre es...	My name is ...

Las preguntas y las respuestas	Questions and Answers
¿Cuántos/as hay?	How many are there?
¿Qué es?	What is it?
¿Qué tal?	How's it going? / What's up?

La ropa	Clothing
¿Qué ropa lleva?	What is he/she/are you (*polite sing.*) wearing?
¿Qué ropa llevas tú?	What clothes are you (*familiar sing.*) wearing?
Llevo...	I'm wearing ...
¿Quién lleva... ?	Who's wearing ... ?
abrigo	an overcoat
blusa	a blouse
botas	boots
bufanda	a scarf
camisa	a shirt
camiseta	a tee shirt
chaqueta	a jacket
corbata	a tie
falda	a skirt
gorro	a cap
pantalón (*m.*)/ pantalones	pants
saco	a coat
sandalias	sandals
sombrero	a hat

La ropa	Clothing
sudadera	a sweatshirt
suéter (m.)	a sweater
traje (m.)	a suit
vaqueros	jeans
vestido	a dress
zapatos (de tenis)	(tennis) shoes

Los colores	Colors
¿De qué color es?	What color is it?
amarillo/a	yellow
anaranjado/a	orange
azul	blue
blanco/a	white
color café (claro)	(light) brown
gris	gray
morado/a	purple
negro/a	black
rojo/a	red
rosado/a	pink
verde	green

Las personas	
el (mejor) amigo / la (mejor) amiga	(best) friend
el chico / la chica	boy / girl
el compañero / la compañera de clase	classmate
el hombre	man
el/la joven	the young man/woman
el miembro	member
el muchacho / la muchacha	boy/girl
la mujer	woman
el niño / la niña	boy/girl
el señor	man; Mr.
la señora	woman; Mrs.
la señorita	young lady; Miss
yo, tú, usted, él/ella	I, you (*familiar sing.*), you (*polite sing.*), he/she
nosotros/as, vosotros/as, ustedes, ellos/ellas	we, you (*familiar pl., Spain*), you (*pl.*), they

Palabras semejantes: el/la estudiante, el/la político, el profesor / la profesora

La descripción de las personas	Describing people
Es...	He /She is . . .
alto/a	tall
antipático/a	unpleasant
bajo/a	short
bonito/a	pretty
callado/a	quiet
canoso/a	white-haired

La descripción de las personas	Describing people
de estatura mediana	medium height
delgado/a	thin
egoísta	selfish
feo/a	ugly
fuerte	strong
gordo/a	fat
guapo/a	handsome, good-looking
joven	young
mentiroso/a	liar
moreno/a	brunette; dark-skinned
perezoso/a	lazy
rubio/a	blond
serio/a	serious
simpático/a	nice
tacaño/a	cheap
tonto/a	silly, dumb
trabajador(a)	hardworking
viejo/a	old

Palabras semejantes: entusiasta, estudioso/a

Tiene...	He/She has . . .
barba	a beard
bigote	a moustache
Tiene el pelo...	His/Her hair is . . . / He/She has . . . hair
castaño (negro, rubio)	brown (black, blond)
corto	short
largo	long
lacio	straight
ondulado	wavy
rizado	curly
Tiene los ojos...	His/Her eyes are . . .
azules	blue
castaños	brown
negros	dark brown (black)
verdes	green

Más adjetivos	More Adjectives
alguno/a	some
basado/a	based
bueno/a	good
difícil	difficult
grande	big
nuevo/a	new
otro/a	other
pequeño/a	small, little
siguiente	following
todo/a	all
útil	useful

Palabras semejantes: agresivo/a, atlético/a, cómico/a, conservador(a), considerado/a, creativo/a, elegante, famoso/a, favorito/a, filosófico/a, generoso/a, idealista, impulsivo/a, inteligente, materialista, mediano/a, mexicano/a, práctico, republicano/a, sincero/a, temperamental, tímido/a

Las cosas — Things

el abecedario	alphabet
el dibujo	drawing
(los) Estados Unidos	United States
los lentes	glasses
el mundo	world
el número	number
el país	country
la verdad	truth

Palabras semejantes: la clase, el club, el diálogo, el estereotipo, la generalización, la lista, el modelo, la personalidad

Los verbos — Verbs

conversar	to talk, to chat
describir	to describe
eres	you (*familiar sing.*) are
es	is
hay	there is; there are
llevar	to wear
mirar	to look
miren	you (*pl.*) look (*command*)
ser	to be
son	they are
soy	I am

Los mandatos — Commands

Contesta	Answer
Da	Give
Di	Say
Escribe	Write
Habla	Talk
Lee	Read
Mira	Look
Muestra	Show
Oye	Hey! Listen!
Saluda	Say hello, Greet
Trabaja	Work
Trae	Bring

Palabras semejantes: conversa, describe, reacciona, usa

Palabras del texto — Words from the Textbook

¡A conversar!	Let's talk!
actividad	activity
el capítulo	chapter
¿Comprenden?	Do you all understand?
el español	Spanish
Miren	Look (you all)

Los saludos y las despedidas — Greetings and Good-byes

Adiós.	Good-bye.
Buenas noches.	Good night.

Los saludos y las despedidas — Greetings and Good-byes

Buenas tardes.	Good afternoon.
Buenos días.	Good morning.
Gusto de verte.	Nice to see you (*familiar sing.*).
Hasta luego.	See you later.
Hola.	Hello., Hi.
Nos vemos.	See you later.

Las presentaciones — Introductions

Encantado/a.	Pleased to meet you. / Delighted.
Igualmente.	Likewise.
Mucho gusto.	Nice to meet you.
Preséntate.	Introduce yourself (*familiar sing.*).
Te presento a…	Let me introduce you (*familiar sing.*) to . . .

Palabras y expresiones útiles — Useful Words and Expressions

a	to
ahora	now
aparece	it appears
cada	each
con	with
¿Cuánto cuesta?	How much does it cost?
de	of, from, by
el, los, la, las	the
en	in, on
este/esta	this
estos/estas	these
frecuentemente	frequently
hoy	today
Lo siento.	I'm sorry.
luego	then
más tarde	later
mi(s)	my (*singular and plural, possessive pronouns*)
no	no
No soy… ni…	I am not/neither . . . nor . . .
o	or
para	for
probablemente	probably
sí	yes
sin	without
sobre	about
su(s)	his/her, their (*singular and plural, possessive pronouns*)
tu(s)	your (*familiar, singular and plural, possessive pronouns*)
un (una) / unos (unas)	a, an / some
y	and

Los números del 0 al 49 — Numbers from 0 to 49

cero, uno, dos, tres, cuatro, cinco, seis, siete, ocho, nueve, diez, once, doce, trece, catorce, quince, dieciséis, diecisiete, dieciocho, diecinueve, veinte, veintiuno, veintidós, veintitrés, veinticuatro, veinticinco, veintiséis, veintisiete, veintiocho, veintinueve, treinta, treinta y uno, treinta y dos… cuarenta, cuarenta y uno… cuarenta y nueve

Amigos y compañeros 2

¿Dónde te gusta pasar tiempo con tus amigos?

Upon successful completion of **Capítulo 2** you will know your classmates better as you converse with them in Spanish. You will recognize and use practical vocabulary for a variety of topics: days of the week, months of the year, people's ages, the classroom, and the human body. Additionally, you will have learned some interesting things about the people and places of Paraguay.

Comunícate

Los cumpleaños y la edad

Las cosas en el salón de clase y los mandatos

El cuerpo humano

Amigos sin Fronteras

Hablando de los Amigos sin Fronteras El árabe y los idiomas indígenas

Actividad integral Una reunión del club

Exprésate

Escríbelo tú Amigos hispanos

Cuéntanos ¡Describe a tus padres!

Entérate

Mundopedia El arpa paraguaya

Voces paraguayas

Conexión cultural Paraguay, corazón de América

Videoteca
Amigos sin Fronteras, Episodio 2: ¡Buenos días, profesor!

Mi país: Paraguay

Infórmate

2.1 Expressing Age: The Verb **tener**

2.2 Expressing Location: The Verb **estar**

2.3 Forms and Placement of Adjectives

2.4 Origin: **ser de**

www.connectspanish.com

PARAGUAY

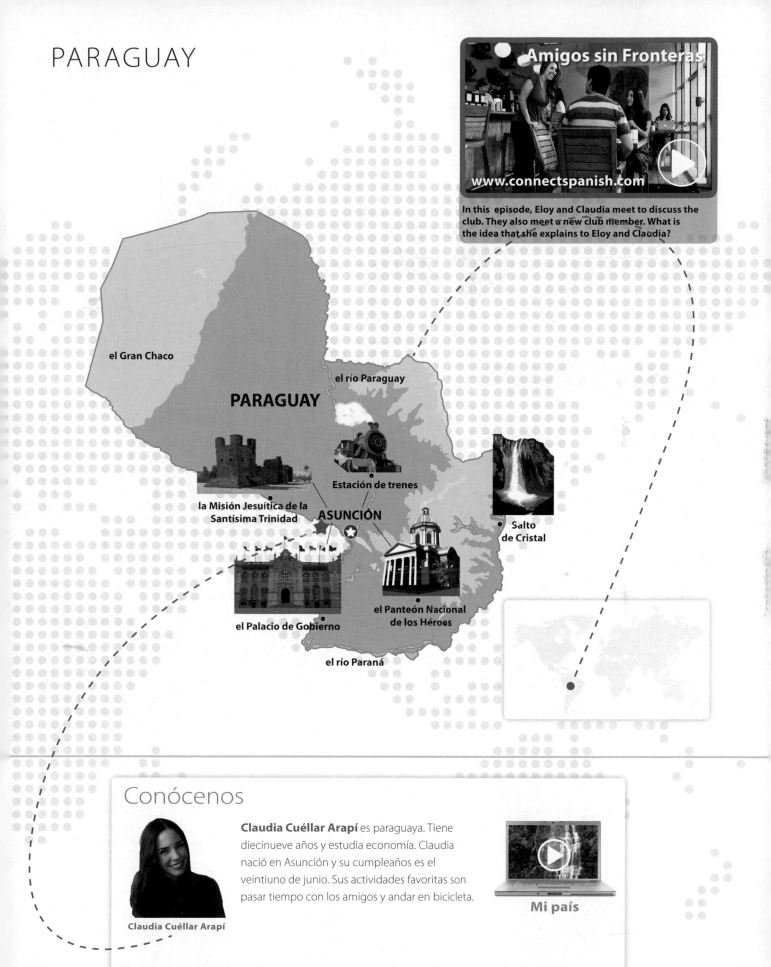

Amigos sin Fronteras

www.connectspanish.com

In this episode, Eloy and Claudia meet to discuss the club. They also meet a new club member. What is the idea that she explains to Eloy and Claudia?

el Gran Chaco

el río Paraguay

PARAGUAY

Estación de trenes

la Misión Jesuítica de la Santísima Trinidad

ASUNCIÓN

Salto de Cristal

el Palacio de Gobierno

el Panteón Nacional de los Héroes

el río Paraná

Conócenos

Claudia Cuéllar Arapí es paraguaya. Tiene diecinueve años y estudia economía. Claudia nació en Asunción y su cumpleaños es el veintiuno de junio. Sus actividades favoritas son pasar tiempo con los amigos y andar en bicicleta.

Claudia Cuéllar Arapí

Mi país

Comunícate

Los cumpleaños y la edad

Lee Infórmate 2.1

Entérate

In Hispanic countries, the week begins on Monday, not Sunday. Also, the words for days and months are not capitalized.

lunes   Monday

abril   April

When writing the date in Spanish, the order is day, month, and year.

06/11/13 = el seis de noviembre de 2013

When writing the date in Spanish, the month can be written with Roman numerals.

3-III = el tres de marzo

21-VI = el veintiuno de junio

JORGE: ¿Cuándo naciste?

CLAUDIA: Nací el veintiuno de junio.

JORGE: ¡Hoy es el veintiuno de junio! ¡Feliz cumpleaños, Claudia!

Actividades de comunicación

Actividad 1   ¿Cuándo naciste?

Pregúntales a tus compañeros sobre sus cumpleaños. Busca una firma para cada mes del año.

MODELO: E1: ¿Cuándo naciste?

E2: Nací *el veintinueve de septiembre.*

E1: Firma aquí (en *septiembre*), por favor.

MES	FIRMA	MES	FIRMA
enero	_____	julio	_____
febrero	_____	agosto	_____
marzo	_____	septiembre	_____
abril	_____	octubre	_____
mayo	_____	noviembre	_____
junio	_____	diciembre	_____

Infórmate

To ask a classmate or a friend for his/her birthdate, use **naciste.**

Cory, ¿cuándo **naciste**?

When were you born, Cory?

To ask your professor, use **nació.**

Profesor(a), ¿cuándo **nació** usted?

When were you born, professor?

To say when you were born, use **nací.**

Nací el doce de octubre.

I was born on October 12.

Actividad 2 ¡Feliz cumpleaños!

Habla con tu compañero/a sobre los dibujos.

MODELOS:
E1: ¿Cuándo es el cumpleaños de Claudia?
E2: Es el *veintiuno de junio.*

E1: ¿Quién nació *el trece de junio*?
E2: *Lucía Molina Serrano.*

Claudia Cuéllar Arapí

Antonella Piatelli de la Fuente

Ana Sofía Torroja Méndez

Sebastián Saldívar Calvo

Camila Piatelli de la Fuente

Rodrigo Yassín Lara

Jorge Navón Rojas

Lucía Molina Serrano

Radamés Fernández Saborit

Actividad 3 ¿Cuántos años tienes?

Conversa con tu compañero/a.

MODELO:
E1: ¿Cuántos años tienes?

E2: Tengo _____ años.

E1: ¿Y tu mamá?

E2: Mi mamá tiene _____ años.

E1: ¿Cuántos años tiene tu papá?

E2: Él tiene _____ años.

E1: ¿Cómo es tu papá/mamá?

E2: Es *alto/a, delgado/a y muy cómico/a.*

> **Esta es mi mamá. Se llama Teresa y tiene cuarenta y seis años.**

> **¡Tu mamá es muy joven!**

Vocabulario útil

Los números del 50 al 99			
cincuenta	50	setenta y cinco	75
cincuenta y uno	51	ochenta	80
sesenta	60	ochenta y seis	86
sesenta y dos	62	ochenta y siete	87
sesenta y tres	63	noventa	90
setenta	70	noventa y ocho	98
setenta y cuatro	74	noventa y nueve	99

Actividad 4 La edad de las personas famosas

En grupos, decidan cuántos años tienen estas personas famosas. Luego pongan a las personas en orden de edad, de menor a mayor.

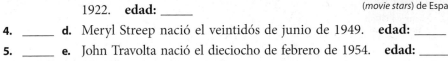

1. _____
   a. Taylor Swift nació el trece de diciembre de 1989.   **edad:** _____
2. _____
   b. Cher nació el veinte de mayo de 1946.   **edad:** _____
3. _____
   c. Betty White nació el diecisiete de enero de 1922.   **edad:** _____

Penélope Cruz y Javier Bardem, estrellas de cine (*movie stars*) de España.

4. _____ d. Meryl Streep nació el veintidós de junio de 1949.   **edad:** _____
5. _____ e. John Travolta nació el dieciocho de febrero de 1954.   **edad:** _____
6. _____ f. Shakira nació el dos de febrero de 1977.   **edad:** _____
7. _____ g. Justin Bieber nació el primero de marzo de 1994.   **edad:** _____
8. _____ h. La reina Isabel de Inglaterra nació el veintiuno de abril de 1926.   **edad:** _____
9. _____ i. Javier Bardem nació el primero de marzo de 1969.   **edad:** _____
10. _____ j. Mark Zuckerberg nació el catorce de mayo de 1984.   **edad:** _____
11. _____ k. El presidente Barack Obama nació el cuatro de agosto de 1961.   **edad:** _____
12. _____ l. Penélope Cruz nació el veintiocho de abril de 1974.   **edad:** _____

Vocabulario útil

menor

mayor

la misma edad

Las cosas en el salón de clase y los mandatos

Lee *Infórmate 2.2–2.3*

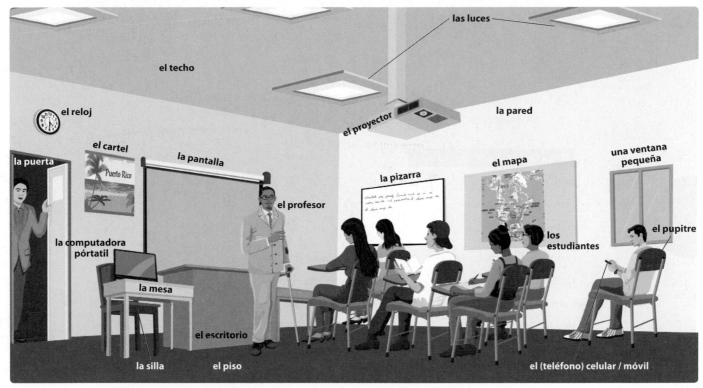

El salón de clase del profesor Franklin Sotomayor Sosa

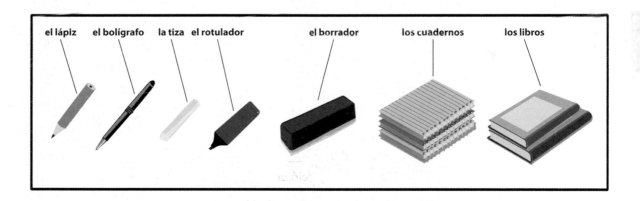

Actividad 5 ¿Qué hay en el salón de clase?

A. Describe los objetos de tu salón de clase.

MODELOS: En el salón de clase hay *un lápiz amarillo.*

En el salón de clase hay *una computadora pequeña.*

1. una ventana
2. una pizarra
3. una computadora
4. un reloj
5. un bolígrafo

6. una pantalla
7. un libro
8. un mapa
9. un celular
10. un cartel

Vocabulario útil

azul	gris
blanco/a	negro/a
color café	

complicado/a—simple	largo/a—corto/a
fácil—difícil	moderno/a—antiguo/a
grande—pequeño/a	viejo/a—nuevo/a
interesante—aburrido/a	

B. Ahora mira el dibujo del salón de clase del profesor Franklin Sotomayor Sosa que está en esta sección. ¿Dónde están las cosas? Marca las respuestas correctas.

1. La computadora está _____ .
   a. debajo de la mesa.   **b.** encima de la mesa.   **c.** al lado de la mesa.

2. El cartel está _____ .
   a. al lado de la pizarra.   **b.** detrás de la pizarra.
   c. entre la pizarra y la puerta.

3. La pizarra está _____ .
   a. al lado de la ventana pequeña.   **b.** detrás del escritorio.
   c. delante de la puerta.

Infórmate

In Spanish, the following words are used for saying where things are located. Try to identify them as your professor uses them.

al lado (de)	next to, beside
debajo (de)	below
delante (de)	in front (of)
detrás (de)	behind
encima (de)	on top (of)
entre	between

—¿Dónde está el lápiz amarillo?	*Where is the yellow pencil?*
—Está **encima de** la mesa.	*It's on top of the table.*

Escucha los mandatos de tu profesor(a) e indica el dibujo correcto.

1.

6.

2.

7.

3.

8.

4.

9.

5.

10.

a. Dense una vuelta.

b. Abran el libro.

c. Escriban su nombre en la pizarra.

d. Caminen.

e. Saquen el bolígrafo.

f. Salten.

g. Corran.

h. Miren hacia arriba.

i. Muéstrenme el reloj.

j. Muéstrenme la pizarra.

Actividad 7 ¡Las cosas cuestan mucho!

Conversa con tu compañero/a sobre el precio de las cosas en la clase del profesor Sotomayor Sosa. ¡Da tu opinión!

MODELO: E1: ¿Cuánto cuesta *el diccionario*?

E2: Cuesta $59,49 (*cincuenta y nueve dólares y cuarenta y nueve centavos*).

E1: Tiene buen precio. / Es barato.

E2: No. ¡Cuesta mucho! / Es caro.

el diccionario

el cuaderno

la calculadora

la mochila

el celular/móvil

el cartel

el reloj

la mesa

Vocabulario útil

¿Cuánto cuesta?

Cuesta…

Tiene buen precio. / Es barato.

¡Cuesta mucho! / Es caro.

La librería y papelería Maita está en Asunción, Paraguay.

El cuerpo humano

Lee *Infórmate 2.3*

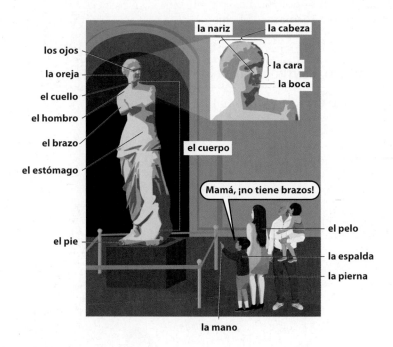

los ojos
la oreja
el cuello
el hombro
el brazo
el estómago
el pie

la nariz | la cabeza
la cara
la boca
el cuerpo

Mamá, ¡no tiene brazos!

el pelo
la espalda
la pierna

la mano

Actividad 8 ¿Quién es?

Mira los dibujos. Escucha la descripción que da tu profesor(a) y di cómo se llama cada figura.

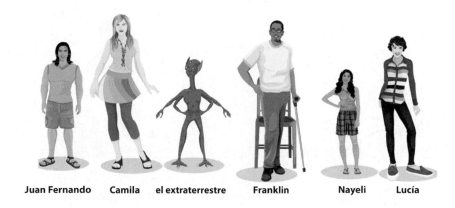

Juan Fernando   Camila   el extraterrestre   Franklin   Nayeli   Lucía

---

Actividad 9 ¡Hay un extraterrestre en *Tu mundo*!

Con tu compañero/a, inventen un extraterrestre raro o fantástico. ¿Cómo se llama el extraterrestre? ¿Cuántos años tiene? ¿Cómo se llama su planeta? Describan su cuerpo y su personalidad.

MODELO: E1: El extraterrestre se llama…

E2: Sí, y tiene tres brazos largos, la cabeza pequeña…

E1: ¡Y cuatro ojos azules, muy grandes!

E2: Su planeta se llama…

Amigos sin Fronteras

Lee *Infórmate 2.4*

¿De dónde son los miembros del club?

EUROPA

MÉXICO, CENTROAMÉRICA y EL CARIBE

NORTE
OESTE · ESTE
SUR

ESPAÑA
español(a)

Ana Sofía Torroja Méndez
Murcia, España

Eloy Ramírez Ovando
Los Ángeles, Estados Unidos
mexicoamericano/a,
estadounidense

Radamés Fernández Saborit
Miami, Florida
cubanoamericano/a

MÉXICO
mexicano/a

Nayeli Rivas Orozco
México, D.F., México

CUBA
cubano/a

PUERTO RICO
puertorriqueño/a

Franklin Sotomayor Sosa
Quebradillas, Puerto Rico

GUATEMALA
guatemalteco/a

LA REPÚBLICA DOMINICANA
dominicano/a

Estefanía Rosales Tum
Quetzaltenango, Guatemala

PANAMÁ
panameño/a

EL SALVADOR
salvadoreño/a

HONDURAS
hondureño/a

COSTA RICA
costarricense

NICARAGUA
nicaragüense

Juan Fernando Chen Gallegos
San José, Costa Rica

Xiomara Asencio Elías
San Salvador, El Salvador

COLOMBIA
colombiano/a

Rodrigo Yassín Lara
Cali, Colombia

VENEZUELA
venezolano/a

ECUADOR
ecuatoriano/a

Jorge Navón Rojas
Caracas, Venezuela

Omar Acosta Luna
Quito, Ecuador

BRASIL
brasileño/a

PERÚ
peruano/a

PARAGUAY
paraguayo/a

BOLIVIA
boliviano/a

Sebastián Saldívar Calvo
Lima, Perú

URUGUAY
uruguayo/a

Claudia Cuéllar Arapí
Asunción, Paraguay

CHILE
chileno/a

ARGENTINA
argentino/a

SUDAMÉRICA

Lucía Molina Serrano
Valparaíso, Chile

Camila Piatelli de la Fuente
Buenos Aires, Argentina

Actividad 10 Las capitales del mundo hispano

A. Consulta los mapas en el texto para completar las frases.

1. La capital de Paraguay es ___.
   a. La Habana **b.** Santo Domingo **c.** Asunción **d.** Buenos Aires

2. La capital de Venezuela es ___.
   a. Bogotá **b.** Tegucigalpa **c.** Caracas **d.** La Paz

3. ___ es la capital de Ecuador.
   a. Quito **b.** La Habana **c.** Montevideo **d.** Lima

4. La capital de Chile es ___.
   a. Asunción **b.** Bogotá **c.** Santiago **d.** San José

5. ___ es la capital de Nicaragua.
   a. Managua **b.** Buenos Aires **c.** Guatemala **d.** Panamá

6. La capital de la República Dominicana es ___.
   a. San Salvador **b.** Madrid **c.** Lima **d.** Santo Domingo

B. Ahora conversa con un compañero / una compañera de clase. Miren los miembros del club Amigos sin Fronteras en el mapa de esta sección y digan quiénes son de los países en la parte **A** de esta actividad.

MODELO: **E1:** ¿Hay un estudiante de *Paraguay*?

E2: Sí, *Claudia* nació en Paraguay. (Sí, *Claudia* es paraguaya.)

Actividad 11 ¿De dónde... ?

Mira los miembros del club Amigos sin Fronteras en el mapa de esta sección y conversa con tu compañero/a.

1. **E1:** ¿De dónde es Nayeli?

   E2: Es de _____.

2. **E1:** Y Camila, ¿de dónde es ella?

   E2: Camila es de _____.

3. **E1:** ¿Cuál es la nacionalidad de Ana Sofía?

   E2: Ella es _____.

4. **E1:** ¿Tienes un amigo de algún país hispano?

   E2: Sí, tengo un amigo (una amiga) de _____. (*o* No, no tengo amigos de países hispanos.)

5. **E1:** ¿Cómo se llama tu amigo/a?

   E2: Se llama _____.

E n t é r a t e

In Spanish, the names of countries are capitalized, as in English, but adjectives of nationality are not.

argentino/a	Argentinean
mexicano/a	Mexican
paraguayo/a	Paraguayan

Claudia Cuéllar Arapí es de **Paraguay.** Ella es **paraguaya.**
Claudia Cuéllar Arapí is from Paraguay. She is Paraguayan.

Entérate

In the Hispanic world the word OJO is used to indicate that something is particularly important.

Trabajen en grupos. Un estudiante lee las instrucciones y los otros escuchan y escriben los nombres de los países en el mapa que les da su profesor(a). **OJO:** ¡Los estudiantes que escuchan deben (*must*) cerrar sus libros!

INSTRUCCIONES

1. Brasil es el país más grande de Sudamérica. Está al lado derecho del mapa. Venezuela está al norte de Brasil, a la izquierda de Guyana. Escriban *Venezuela* en el lugar apropiado.

2. Ahora vamos a Colombia. Está a la izquierda de Venezuela. Escriban *Colombia.*

3. Ahora escriban Ecuador en el país pequeño que está al sur, debajo de Colombia y al lado del océano Pacífico.

4. A la izquierda de Brasil, en medio del mapa, está Bolivia. Está lejos del mar. Escriban *Bolivia.*

5. A la izquierda de Brasil y debajo de Ecuador y Colombia, escriban *Perú.*

6. Debajo de Perú, al sur, está Chile. Este es un país largo y estrecho. Está al lado del océano Pacífico. Escriban *Chile.*

7. A la derecha de Chile está otro país muy grande, Argentina. Escriban *Argentina.*

8. A la derecha de Argentina y a la izquierda del océano Atlántico está Uruguay. Es un país muy pequeño. Escriban *Uruguay.*

9. Arriba de Argentina, al norte, y debajo de Bolivia y Brasil está otro país pequeño, Paraguay. No está cerca del mar. Escriban *Paraguay.*

10. Ahora, comparen sus mapas con el mapa que aparece en el texto.

Vocabulario útil

estrecho/a

a la derecha/izquierda (de)

al lado (de)

al lado derecho/izquierdo (de)

arriba (de)

cerca (de)

debajo (de)

entre

lejos (de)

Hablando de los Amigos sin Fronteras

EL ÁRABE Y LOS IDIOMAS INDÍGENAS

Los países hispanos tienen un idioma[a] en común: el español. Pero en el español hay palabras de idiomas indígenas y del árabe. La influencia del idioma árabe en España es muy fuerte. Los árabes ocuparon[b] España por ocho siglos[c] y en el español hay muchas palabras de su idioma, como *álgebra, barrio* y *café*. En Latinoamérica hay un gran número de idiomas indígenas. En la región del Caribe está el taíno o arahuaco, con muchas palabras que hoy usamos, como *canoa* y *tabaco*. El idioma indígena que más se habla en México es el náhuatl, la lengua[d] del imperio azteca. ¡Pero en México hay 300 (trescientos) idiomas indígenas! En Guatemala y El Salvador muchas personas hablan dialectos del idioma maya. La palabra *cigarro*,[e] por ejemplo, viene de la palabra maya *siyar*. El quechua es el idioma del imperio inca y se habla en Colombia, Ecuador, Bolivia y Perú. Las palabras *cóndor,*

Una mujer indígena (Quito, Ecuador)

puma y *papa*[f] son del quechua. Y del idioma guaraní —que hablan los bolivianos y los paraguayos— son las palabras *petunia, tapir, tapioca* y *maraca*. En Paraguay el guaraní es un idioma oficial.

[a]language [b]occupied [c]centuries [d]language [e]cigar [f]potato

*Note that words for languages in Spanish are not capitalized: **árabe** (Arabic), **maya** (Mayan). You may recall that this same rule applies to days, months, and nationalities: **lunes** (Monday), **febrero** (February), **paraguayo** (Paraguayan).

Actividad integral

Una reunión del club

Algunos miembros del club Amigos sin Fronteras visitan a Franklin en su salón de clase. Con un compañero / una compañera, crea una lista de información sobre estos estudiantes. Dividan una hoja de papel en tres columnas y escriban estos títulos para las columnas: **NOMBRE, NACIONALIDAD** y **CUMPLEAÑOS.** Busquen la información sobre cada miembro en otras secciones del **Capítulo 2** y escriban la información apropiada. Luego usen el modelo para conversar sobre los miembros del club.

MODELO:	**E1:** ¿Cómo se llama *la chica* que está *al lado de la puerta*?
	E2: *Camila.*
	E1: Ah, sí, ¿es *paraguaya*?
	E2: No, es *argentina.*
	E1: ¿Cuándo nació? / ¿Cuándo es su cumpleaños?
	E2: Nació *el tres de marzo.* / Su cumpleaños es *el tres de marzo.*

Exprésate

ESCRÍBELO TÚ

Amigos hispanos

Describe a un amigo hispano o a una amiga hispana. ¿Cómo se llama? ¿De dónde es? ¿Cuántos años tiene? Incluye cinco características físicas y tres características de su personalidad. ¿Es hombre o mujer? ¿Es alto/a, delgado/a, creativo/a, entusiasta, talentoso/a? Si no tienes amigos hispanos, inventa uno. Escribe tu composición en el *Cuaderno de actividades* o en Connect Spanish.

CUÉNTANOS

¡Describe a tus padres!

Cuéntanos sobre tus padres. Describe su apariencia física y un poco de su personalidad. ¿Cómo se llaman? ¿Qué edad tienen? ¿Cómo son ellos? ¿Tu papá es joven? Y tu mamá, ¿es alta o baja? Puedes usar el vocabulario del **Capítulo 1** también para tu descripción. ¿Tienen tus padres un amigo hispano / una amiga hispana? ¿De qué país es esta persona? ¿Cómo se llama? Usa la siguiente tabla para organizar tus ideas y luego... ¡a conversar!

Mis padres se llaman _____ y _____ .

	MI PADRE	MI MADRE
¿De dónde es?	Es de... (*país*).	Es de... (*país*).
¿Cuándo es su cumpleaños?	Su cumpleaños es el... de... (*día y mes*).	Su cumpleaños es el... de... (*día y mes*).
¿Cuántos años tiene?	Tiene ... años.	Tiene ... años.
Descripción física	Es...	Es...
Descripción de su personalidad	Es...	Es...
¿Tiene amigos hispanos?	(No) Tiene amigos hispanos.	(No) Tiene amigos hispanos.

Entérate

Mundopedia

El arpa paraguaya

El arpa paraguaya

El arpa

El **arpa** es un instrumento musical muy **antiguo**: ¡es el instrumento que **toca** el **rey** David en la Biblia! Los españoles **traen** el arpa a las Américas durante la colonización y hoy es parte del repertorio musical de muchos países: México, Venezuela, Ecuador, Perú y Argentina, **entre otros**. Pero en Paraguay el arpa es un símbolo nacional.

EL ARPA PARAGUAYA

El arpa paraguaya es más pequeña que el arpa clásica; tiene entre treinta y dos y treinta y seis **cuerdas** y produce una música clara y bonita. Como es pequeña, es posible **ponerla** sobre el hombro para **tocarla** en procesiones y **desfiles**. Hay países hispanoamericanos donde el arpa se toca como acompañamiento con otros instrumentos, pero en Paraguay el arpa es el instrumento más importante de un **conjunto**.

CANCIONES POPULARES

Hay muchas **canciones** populares que usan el arpa, como «Cascada», «Melodía para ti», «Guyra pu», «Llegada» y «Pájaro Campana». La más representativa de todas estas canciones es «Pájaro Campana». Muchos arpistas **tocan** esta **bella** composición folclórica.

Vocabulario de consulta

arpa	harp
antiguo	old
toca(n)	play(s)
rey	king
traen	they bring
entre otros	among others
cuerdas	strings
ponerla	place it
tocarla	play it
desfiles	parades
conjunto	band
canciones	songs
bella	beautiful
además	additionally
intérpretes	performers
Te recomendamos	We recommend to you
alegre	happy

ARPISTAS FAMOSOS

El arpista paraguayo más famoso es Félix Pérez Cardozo. Pero Paraguay también tiene otros excelentes músicos del arpa, como Silvio Diarte, Clelia Carolina Sanabria, Ismael Ledesma y Rito Pedersen. **Además** hay **intérpretes** del arpa en otros países; por ejemplo en Japón están Lucía Shiomitsu y Toshiko Nezu Sandoval; en Uruguay, Anibal Sampayo; en Chile, los Hermanos Silva. **Te recomendamos** la música de estos intérpretes, especialmente la canción «Pájaro Campana». ¡Es bonita y **alegre**!

COMPRENSIÓN

Indica las respuestas correctas.

1. El arpa es un instrumento ___ .
   a. nuevo   **b.** antiguo   **c.** francés
2. El arpa paraguaya es ____ .
   a. grande   **b.** un instrumento importante   **c.** pequeña
3. La canción más popular que usa el arpa es ___ .
   a. «Melodía para ti»   **b.** «Pájaro Campana»   **c.** «Guyra pu»
4. El arpista paraguayo más famoso es ___.
   a. Ismael Ledesma   **b.** Toshiko Nezu Sandoval   **c.** Félix Pérez Cardozo

Voces paraguayas

acarasy*	hangover
boletear	to lie
julepe	a big scare
llavear	to lock
ñembo	fake, false
pororó*	popcorn
yiyi	girl, young woman

*palabras de origen guaraní

CONEXIÓN CULTURAL

PARAGUAY, CORAZÓN[a] DE AMÉRICA

Hay muchos datos interesantes sobre Paraguay. Por ejemplo, ¿sabías que el noventa por ciento de los paraguayos son mestizos? Los mestizos son personas de raza[b] indígena y raza blanca. Lee la lectura «Paraguay, corazón de América» en el *Cuaderno de actividades* o en Connect Spanish y… ¡descubre muchos datos más!

[a]*heart*   [b]*race*

Videoteca

Amigos sin Fronteras
Episodio 2: ¡Buenos días, profesor!

Resumen

Claudia and Eloy are reading e-mail messages from students who want to join the **Amigos sin Fronteras** club. Two days later, they meet new member Ana Sofía Torroja, who is from Spain. Ana Sofía tells Claudia and Eloy about her Puerto Rican friend Franklin Sotomayor, a professor at the College of Alameda who wants to join the club. Ana Sofía has a surprise in mind for Franklin…

Preparación para el video

A. ¡Comencemos! Contesta estas preguntas antes de ver el video.

1. Mira la foto. ¿Cuántas personas hay en el primer plano (*foreground*)?
2. ¿Qué hacen las personas de la foto?
   a. Caminan por el parque.   **b.** Toman un examen.
   c. Charlan (*They chat*) en un café.
3. ¿Qué países son del Caribe (son caribeños)? Indica todos las respuestas correctas.
   a. Cuba   **b.** Paraguay   **c.** España   **d.** Puerto Rico
4. ¿Dónde hablan los amigos, por lo general? Indica todas las respuestas correctas.
   a. en la universidad   **b.** en línea   **c.** en el hospital
   d. en una cafetería

Vocabulario de consulta	
Buen día	**Buenos días**
paciencia	patience
Mirá (vos)	Look
historia	history
músico	musician
ciencias	sciences
miembros	members (*of a club*)
vosotros	you (*pl. inf. Sp.*)
bienvenida	welcome
A propósito, ¡escuchad!	By the way, listen up!
quiere estar	he wants to be
sorpresa	surprise
español de primer año	first-year Spanish
no aparecen en mi lista	(they) don't appear on my roster
¿Saben…?	Do you know…?
hermoso	beautiful

Comprensión del video

B. La idea principal. Indica la idea principal del video.
1. Eloy y Claudia están en la clase de Franklin.
2. Ana Sofía toma café con Eloy y Claudia en un café de la universidad.
3. El club tiene nuevos miembros, y Eloy y Claudia le dan un nombre (*give a name*) al club.

C. ¿Cierto o falso? Indica cierto (C) o falso (F), según el video.
1. Nayeli es mexicana.
2. Radamés es de Perú.
3. Sebastián tiene dieciocho años.
4. Franklin es caribeño (del Caribe).
5. Claudia, Eloy y Ana Sofía planean una sorpresa para Franklin.

D. Detalles. Contesta estas preguntas, según el video.
1. ¿Cuántos años tiene Nayeli?
2. ¿De dónde es Sebastián?
3. ¿De dónde es Ana Sofía?
4. ¿De dónde es el profesor Franklin?
5. ¿De dónde es Claudia?

Mi país PARAGUAY

Comprensión

1. ¿De qué ciudad es Claudia?
2. ¿Dónde hay menos personas, en el norte o en el sur de Paraguay?
3. ¿Qué materias enseñan en las escuelas jesuíticas durante el siglo dieciséis?
4. ¿Las Cataratas del Iguazú están en la frontera de cuáles países?
5. ¿Cómo se llama el centro hidroeléctrico muy grande en el Río Paraná?
6. ¿Cuál es el lugar favorito de Claudia?

Estación Central del Ferrocarril

Salto Cristal

Infórmate

In **Infórmate 4.1** you will learn more uses of the verb **tener**.

2.1 Expressing Age: The Verb **tener**

In English, the verb *to be* (*am, is, are*) is used for telling age (*I am 21 years old*), but in Spanish the verb **tener** (*to have*) is used. To ask about age, use the question **¿Cuántos años... ?** (*How many years . . . ?*) with a form of the verb **tener**.

—Profesor Sotomayor, **¿cuántos años tiene** usted?   *Professor Sotomayor, how old are you?*

—**Tengo** veintiocho (años).   *I'm 28 (years old).*

¿Recuerdas?

In **Infórmate 1.1** you learned the forms of **ser**.
La falda **es** roja.
Los zapatos **son** nuevos.

Like the verb **ser, tener** is classified as an irregular verb because of changes in its stem. However, the endings that attach to the stem are regular.*

tener (*to have*)	
(yo) ten**go**	*I have*
(tú) **tie**nes†	*you (inf. sing.) have*
(usted, él/ella) **tie**ne	*you (pol. sing.) have; he/she has*
(nosotros/as) ten**emos**	*we have*
(vosotros/as) ten**éis**	*you (inf. pl., Sp.) have*
(ustedes, ellos/as) **tie**nen	*you (pl.) have; they have*

Ejercicio 1

The number **uno** shortens to **un** before masculine nouns.
En el salón de clase hay cuarenta y **un** pupitres.
Mi madre tiene cincuenta y **un** años.
Mi amigo tiene veint**iún** años.

Escribe la edad de estas personas.

    MODELO: Claudia Cuéllar Arapí / diecinueve → Claudia *tiene diecinueve años*.

1. Eloy Ramírez Ovando / veintiún
2. Rodrigo Yassín Lara / veintisiete
3. Yolanda Lara (mamá de Rodrigo) / cincuenta y cuatro
4. Sebastián Saldívar Calvo / dieciocho
5. Eduardo Saldívar (papá de Sebastián) / cuarenta y cinco
6. Omar Acosta Luna / veintinueve
7. Mi papá y el amigo de mi papá / cincuenta y uno (cincuenta y un)
8. Mi amigo y yo / veintitrés
9. Mi profesor / sesenta y dos

---

*See **Infórmate 3.2** for more information on verb stems.

†Alternative form for recognition only: **vos tenés**. **Vos** is a regional variant of informal singular address used in Argentina, Uruguay, Paraguay, and some parts of Chile, as well as most of Central America. Other Spanish-speaking countries use **tú**. Spanish speakers from regions that use **vos** understand the use of **tú**, and if you travel to or live in areas where **vos** is used, you will soon acquire this form.

Alfredo Cuéllar,
papá de Claudia
(n. 1965)

You will learn
other uses of
the verb **estar**
in **Capítulo 5.**

Ejercicio 2

Mira los dibujos y escribe la edad de estas personas.

MODELO: Alfredo Cuéllar tiene _____ años.

1. Teresa Arapí, mamá de Claudia (n. 1968)

2. Claudia Cuéllar Arapí (n. 1994)

3. Franklin Sotomayor Sosa (n. 1985)

4. don Rafael Sotomayor, abuelo (*grandfather*) de Franklin (n. 1934)

5. Ángela McNeil Mendívil, club Amigos sin Fronteras (n. 1972)

2.2 Expressing Location: The Verb **estar**

You already know the verb **estar** (*to be*) when used in greetings.

—¿Cómo estás?	*How are you?*
—Estoy bien, gracias.	*I'm fine, thank you.*

You can also use **estar** to locate people and objects.

—¿Dónde está el profesor Sotomayor?	*Where is Professor Sotomayor?*
—Está en clase.	*He's in class.*
—Eloy, ¿dónde está tu celular?	*Eloy, where is your cell phone?*
—Está en mi carro.	*It's in my car.*

Here are the present tense forms of the irregular verb **estar.**

estar (*to be*)	
(yo) est**oy**	*I am*
(tú) est**ás***	*you (inf. sing.) are*
(usted, él/ella) est**á**	*you (pol. sing.) are; he/she is*****
(nosotros/as) est**amos**	*we are*
(vosotros/as) est**áis**	*you (inf. pl., Sp.) are*
(ustedes, ellos/as) est**án**	*you (pl.) are; they are*

For recognition only: **vos estás*

**Remember that there is no Spanish equivalent for the English subject pronoun *it*. The third-person verb form coveys the meaning of *it* as well as of *he* or *she*.

Di dónde están los objetos y las personas.

> **MODELO:** El profesor *está* en el salón de clase.

1. Yo _____ en la universidad.
2. Los estudiantes _____ en su clase de español.
3. Eloy _____ al lado de Claudia.
4. El teléfono _____ encima de la mesa.
5. Xiomara y Camila _____ detrás de Rodrigo.
6. Ángela y yo _____ en la fiesta del club Amigos sin Fronteras.
7. ¿Por qué (tú) no _____ en tu pupitre?
8. Los libros _____ debajo de la silla.

2.3 Forms and Placement of Adjectives

A. In Spanish adjectives generally follow the nouns they modify: **sombrero negro, zapatos nuevos, camisa blanca, faldas bonitas.** There are some exceptions to this rule,* but for now you may place descriptive adjectives after the noun.

B. If an adjective modifies two nouns, one masculine and one feminine, the adjective will take the masculine form.

Nayeli es simpátic**a** y considerad**a.**	*Nayeli is pleasant and considerate.*
Nayeli y Sebastián son simpátic**os** y considerad**os.**	*Nayeli and Sebastián are pleasant and considerate.*
Mi camisa y mi abrigo son negr**os.**	*My shirt and my coat are black.*

C. Adjectives of nationality that end in **-o/-a,** like other adjectives that end in **-o/-a,** have four forms.

	Singular	Plural
Masculine	paraguay**o**	paraguay**os**
Feminine	paraguay**a**	paraguay**as**

Radamés no es paraguayo, pero tiene una amiga paraguaya.	*Radamés isn't Paraguayan, but he has a Paraguayan friend.*

D. Adjectives of nationality that end in **-e** have only two forms: singular and plural.

	Singular	Plural
Masculine/Feminine	costarricense	costarricenses

---

*Adjectives that express inherent characteristics may precede the noun: **la blanca nieve** (*the white snow*). Limiting adjectives (numerals, possessives, demonstratives, and indefinite adjectives) also precede the noun: **dos amigos, mis zapatos, esta mesa, otro ejemplo.**

E. In Spanish, adjectives of nationality (**argentino, chilena, colombianos, panameñas**) and the names of languages (**español, inglés**) are not capitalized. However, names of countries are capitalized: **Colombia, Panamá, Chile, Argentina.**

Ejercicio 4

Escribe frases completas con la información. Usa las formas femeninas para las mujeres.

MODELO: Dwayne Johnson: alto, fuerte → Dwayne Johnson es alto y fuerte.

Oprah Winfrey: simpático, rico → Oprah Winfrey es simpática y rica.

1. Kristen Stewart: talentoso, bonito
2. Will Smith: delgado, elegante
3. Gloria Estefan: cubano, bajo
4. Pau Gasol: alto, fuerte
5. Mark Zuckerberg: rico, creativo
6. Hillary Clinton: inteligente, rubio
7. Beyoncé y Lady Gaga: rico, famoso
8. Jack Black y Kathy Griffin: bajo, cómico
9. Sofía Vergara: colombiano, alto

Ejercicio 5

Escribe oraciones completas con la información. Usa la forma correcta: masculina o femenina, singular o plural.

MODELOS: la casa: nuevo, pequeño → La casa es nueva y pequeña. / La casa nueva es pequeña.

los lápices: amarillo, viejo → Los lápices son amarillos y viejos. / Los lápices amarillos son viejos.

1. los libros: difícil, divertido
2. la chica: bajo, tímido
3. las mujeres: simpático, trabajador
4. las amigas: estudioso, considerado
5. el extraterrestre: fuerte, pacífico

2.4 Origin: **ser de**

A. A form of the verb **ser** (*to be*) followed by **de** (*from, of*) can specify origin. The following questions show you how to ask where someone is from.

—Nayeli, **¿de dónde es** Camila Piatelli de la Fuente?

Nayeli, where is Camila Piatelli de la Fuente from?

—**Es de** Argentina.

She is from Argentina.

—Y tú, **¿de dónde eres**?

And where are you from?

—**Soy de** México.

I am from Mexico.

As you know, **ser** can be followed directly by an adjective of nationality (see **Infórmate 2.3**).

—Sr. Sotomayor, **¿es** usted dominicano?

Mr. Sotomayor, are you Dominican?

—No, **soy** puertorriqueño.

No, I am Puerto Rican.

B. Two verbs in Spanish correspond to the English verb *to be*. **Estar** can be used to express location, while **ser** is used with **de** to tell where someone is from.

Ana Sofía **es de** España, pero este año **está en** los Estados Unidos.

Ana Sofía is from Spain, but this year she is in the United States.

Omar y Marcela **son de** Ecuador, pero ahora **están en** California.

Omar y Marcela are from Ecuador, but now they are in California.

Ejercicio 6

Di de dónde son las siguientes personas y dónde están ahora.

MODELO: Nayeli Rivas Orozco: México (Berkeley) →

Nayeli es de México, pero ahora está en Berkeley.

1. Omar Acosta Luna y Marcela Arellano Macías: Ecuador (Los Ángeles)
2. Juan Fernando Chen Gallegos: Costa Rica (Nueva York)
3. Estefanía Rosales Tum: Guatemala (Santo Domingo)
4. Claudia Cuéllar Arapí: Paraguay (España)
5. Sebastián Saldívar Calvo: Perú (México)

> **¿Recuerdas?**
>
> In **Infórmate 1.1** you saw how the verb **ser** is used to identify people and things, whereas the verb **estar** is used to locate people and objects (**Infórmate 2.2**). Review these verbs and their conjugations now, if necessary.

Lo que aprendí

At the end of this chapter, I can:

☐ ask questions about birthdays and age in Spanish.

☐ describe classroom objects and say where they are located.

☐ describe people's physical characteristics, personality, and nationality.

☐ talk about parts of the body.

☐ follow directions in Spanish to find things.

☐ understand some classroom commands.

☐ ask for the price of objects.

Now I also know a lot more about:

☐ Paraguay.

☐ indigenous languages of the Hispanic world.

☐ birthday and saint's day celebrations in Spanish-speaking countries.

Vocabulario

Los cumpleaños y los meses del año — Birthdays and Months of the Year

¿Cuándo es su/tu cumpleaños?	When is your (*pol./inf. sing.*) birthday?
¿Cuándo nació usted / naciste?	When were you (*pol./inf.*) born?
Nací el ocho de enero.	I was born on January 8.
Naciste/Nació…	You (*inf. sing*) were/You (*pol. sing.*) were/he/she was born …
Es mayor/menor que…	He/she is older/younger than …
¡Feliz cumpleaños!	Happy birthday!

Los meses del año: enero, febrero, marzo, abril, mayo, junio, julio, agosto, septiembre, octubre, noviembre, diciembre

La edad — Age

¿Cuántos años tiene?	How old is he/she?
¿Cuántos años tiene usted / tienes?	How old are you (*pol./inf.*)?
Tengo/Tiene… años.	I am / He/She is … years old.

Los días de la semana — Days of the Week

lunes	Monday
martes	Tuesday
miércoles	Wednesday
jueves	Thursday
viernes	Friday
sábado	Saturday
domingo	Sunday

¿Cuándo? — When?

¿Qué día es hoy?	What day is today?
Hoy es el quince de febrero.	Today is February 15th.
¿Qué día es mañana?	What day is tomorrow?
Mañana es martes.	Tomorrow is Tuesday.
anteayer	day before yesterday
ayer	yesterday
pasado mañana	day after tomorrow

¿Dónde está… ? — Where is … ?

a la derecha/izquierda (de)	to the right/left (of)
al lado (derecho/izquierdo) (de)	to the (right/left) side (of)
arriba (de)	above
cerca (de)	close; close to

¿Dónde está… ? — Where is … ?

debajo (de)	below, under, underneath
delante (de)	in front; in front of
derecho	straight ahead, forward
detrás (de)	behind
¿Dónde está(n)?	Where is he/she/it / are they?
en medio (de)	in the middle; in the middle of
encima (de)	on top; on top of
entre	between
lejos (de)	far; far from
oeste	west
sobre	on
sur	south

Palabras semejantes: este, norte

Las cosas en el salón de clase — Things in the Classroom

el bolígrafo	pen
el borrador	eraser
el cartel	poster
el cuaderno	workbook; notebook
el escritorio	desk
el lápiz	pencil
el libro	book
la luz (*pl.* las luces)	light
la mesa	table
la mochila	backpack
la pantalla	screen
el papel	paper
la pared	wall
el piso	floor
la pizarra	(chalk)board; whiteboard
la puerta	door
el pupitre	(student) desk
el reloj	clock; watch
el rotulador	felt-tip pen
el salón	classroom
la silla	chair
el techo	ceiling; roof
la tiza	chalk
la ventana	window

Palabras semejantes: la calculadora, la computadora, el diccionario, el mapa, el proyector, el texto, el teléfono

El cuerpo humano — The Human Body

la boca	mouth
el brazo	arm
la cabeza	head
la cara	face
el cuello	neck
el dedo	finger
el estómago	stomach
el hombro	shoulder
la mano	hand
la nariz	nose
el ojo	eye
la oreja	ear
el pie	foot
la pierna	leg

El origen y las nacionalidades — Origin and Nationalities

¿De dónde es usted / eres (tú)?	Where are you (*pol./inf.*) from?
Soy de España.	I am from Spain.
¿De dónde es/son?	Where is he/she/are they /you (*pl.*) from?
Es/Son de…	He/She is / They are from…

Las nacionalidades: argentino/a, boliviano/a, brasileño/a, chileno/a, colombiano/a, costarricense, cubano/a, dominicano/a, ecuatoriano/a, español(a), guatemalteco/a, hondureño/a, nicaragüense, panameño/a, paraguayo/a, peruano/a, puertorriqueño/a, salvadoreño/a, uruguayo/a, venezolano/a

Los lugares — Places

Palabras semejantes: Centroamérica, la capital, el Caribe, la costa, el estado, Europa, el océano (Atlántico/Pacífico), la república, Sudamérica

Las personas — People

el extraterrestre	alien, extraterrestrial
los padres	parents

Palabras semejantes: la mamá, el papá

La descripción — Description

aburrido/a	bored
algún, alguno/a	some; any
antiguo/a	old; ancient
apropiado/a	appropriate; suitable
barato/a	cheap
caro/a	expensive
estrecho/a	narrow
fácil	easy
feliz	happy
medio/a	half
mismo/a	same
mucho/a(s)	much (*pl.* many)
otro/a	other, another
pequeño/a	small
raro/a	strange
rico/a	rich

Palabras semejantes: complicado/a, correcto/a, fantástico/a, interesante, moderno/a, simple

Los verbos — Verbs

completar	to complete
estar (*irreg.*)	to be
tener (*irreg.*)	to have

Las cosas — Things

el centavo	cent
el dinero	money
el fin de semana	weekend
la firma	signature
las instrucciones	directions
el mar	sea
el precio	price

Palabras semejantes: el celular, el dólar, la figura, la frase, el grupo, el objeto, la opinión, el orden, la página, el planeta

Los mandatos — Commands

Tú:	You (*inf. sing.*):
busca	look for
da	give
di	say
escucha	listen
firma	sign (your name)
habla	talk
pregunta	ask

Palabras semejantes: consulta, indica, marca

Ustedes:	You (*pl.*):
abran	open
bailen	dance
bajen	lower
busquen	look for
caminen	walk
cierren	close
contesten	answer
corran	run
dense una vuelta	turn around
digan	say
díganle	tell him/her
escriban	write
hablen	talk
levanten	lift, raise; pick up
miren hacia abajo/arriba	look down/up
muéstrenme	show me
muevan	move
pongan	put
pónganse de pie	stand up
salten	jump
saquen	take out
siéntense	sit down
tóquense…	touch your …
trabajen	work

Palabras semejantes: comparen, decidan, describan, inventen

Palabras del texto — Words from the Textbook

¡Ojo!	Pay attention!
la página	page
mí	(to) me

Palabras y expresiones útiles — Words and Useful Expressions

aquí	here
De nada.	You're welcome.
entonces	then
lentamente	slowly
más	more
más o menos	more or less
mucho	a lot
por favor	please
si	if
un poco	a little
¿verdad?	right?

Los números del 50 al 99 — Numbers from 50 to 99

cincuenta, cincuenta y uno… sesenta, sesenta y dos… setenta, ochenta, noventa, noventa y nueve

Las actividades y el tiempo libre 3

La Plaza Dorrego, barrio San Telmo, Buenos Aires, Argentina

Upon successful completion of **Capítulo 3** you will be able to: talk about sports, leisure activities, and daily routines; tell time; and talk about the weather and seasons. Additionally, you will have learned about some interesting places and people from Argentina and Uruguay.

Comunícate

Las actividades favoritas

La hora

Las actividades diarias

El tiempo

Hablando del tiempo Las estaciones del año en el mundo

Actividad integral Amigos sin Fronteras

Exprésate

Escríbelo tú Actividades típicas

Cuéntanos Un fin de semana perfecto

Entérate

Mundopedia El cine argentino

Voces argentinas y uruguayas

Conexión cultural Deportes todo el año

Videoteca Amigos sin Fronteras, Episodio 3: Una noche de juegos

Mi país: Argentina y Uruguay

Infórmate

3.1 Using **gustar** to Express Likes and Dislikes

3.2 Telling Time: **¿Qué hora es? ¿A qué hora... ?**

3.3 Present Tense of Regular **-ar, -er,** and **-ir** Verbs

3.4 Demonstratives

McGraw Hill connect®

SPANISH

www.connectspanish.com

ARGENTINA Y URUGUAY

Amigos sin Fronteras

www.connectspanish.com

In this episode, the friends meet at Sebastián's house for a night of games. We also learn about some things that Sebastián does well—and about one thing he does *not* do so well!

la cordillera de los Andes

las playas de Punta del Este

URUGUAY
MONTEVIDEO

BUENOS AIRES

Río de la Plata

la puerta de la Ciudadela, Colonia

ARGENTINA

Teatro Colón, La Boca

el Parque Nacional Los Glaciares, Patagonia

Conócenos

Camila Piatelli de la Fuente

Camila Piatelli de la Fuente es argentina. Tiene dieciocho años y es estudiante de psicología. Su cumpleaños es el tres de marzo. Sus actividades favoritas son salir a bailar, jugar al tenis, cocinar y textear a sus amigos.

Mi país

Comunícate

Las actividades favoritas

Lee *Infórmate 3.1*

A Sebastián le gusta ver videos en YouTube.

A Xiomara le gusta salir a bailar.

A Omar le gusta jugar al fútbol.

A Camila le gusta mucho ir de compras y textear a sus amigos.

A Franklin le gusta leer las noticias en línea.

A Eloy le gusta andar en patineta.

A Juan Fernando le gusta levantar pesas en el gimnasio.

Actividades de comunicación

Actividad 1 Mis actividades favoritas

¿Qué te gusta hacer? Responde con **sí, no, mucho** o **¡para nada!**

> **MODELOS:** Generalmente, por la noche, me gusta ver la televisión. → Sí.
>
> Durante las vacaciones, me gusta acampar en la montaña. → ¡Para nada!

1. Generalmente, por la noche, me gusta…

    a. ver la televisión.   **b.** leer un libro.   **c.** mirar videos musicales.

2. Durante las vacaciones, me gusta…

    a. nadar en una piscina.   **b.** acampar en la montaña.   **c.** ir al teatro.

3. Los fines de semana, me gusta…

    a. cenar en restaurantes.   **b.** bailar en un club.   **c.** ir al cine.

4. Cuando estoy con mis amigos, me gusta…

    a. cocinar.   **b.** jugar al fútbol.   **c.** pasear / dar un paseo.

5. En la universidad, me gusta…

    a. escuchar a mis profesores.   **b.** tomar apuntes.

    c. escuchar música en mi iPod.

Conversa con tu compañero/a sobre las actividades de estos estudiantes.

> **MODELOS:** **E1:** ¿A quién le gusta *jugar al fútbol con sus hijos en el parque*?
> **E2:** A *Omar*.
> **E1:** ¿Cuándo?
> **E2:** *Los domingos*.
> **E1:** ¿A quién le gusta *leer novelas todos los días*?
> **E2:** A *Xiomara*.

Nombre	Todos los días le gusta...	Los domingos le gusta...
Sebastián Saldívar Calvo, dieciocho años Lima, Perú	mirar videos en YouTube, ¡especialmente los de Shakira!	ir al cine
Xiomara Asencio Elías, veinte años Langley Park, Maryland	leer novelas latinoamericanas	salir a bailar con un grupo de amigos
Omar Acosta Luna, veintinueve años Quito, Ecuador	escuchar música ecuatoriana, especialmente de Paulina Tamayo y Claudia Oñate	jugar al fútbol con sus hijos en el parque
Eloy Ramírez Ovando, veintiún años Los Ángeles, California	ver la televisión, programas de misterio y detectives	andar en patineta cerca de la playa
Camila Piatelli de la Fuente, dieciocho años Buenos Aires, Argentina	textear	ir de compras y jugar al tenis
Ángela McNeil-Mendívil, cuarenta y dos años Oakland, California	nadar en la piscina y leer libros de autoayuda	cocinar para la familia

En vacaciones, fin de semana y en tiempo libre...

Todo el año, mejor, Río Ceballos !!!

MUNICIPALIDAD DE RÍO CEBALLOS

Av. San Martín 4400, Río Ceballos
Córdoba - Tel: (03543) 450300
www.rioceballos.gov.ar
e-mail: turismorioceballos@gmail.com
También en

Río Ceballos
puramente natural

Actividad 3 Los Juegos Panamericanos

Infórmate
del... al... =
from . . . to . . .

Conversa con tu compañero/a sobre las competiciones de los Juegos Panamericanos. Di qué día y cuándo son (**por la mañana, por la tarde** y **por la noche**).

MODELOS: **E1:** ¿Qué días hay competición de *básquetbol*?

E2: Del *once al diecinueve de julio.*

E1: ¿Cuándo son las competiciones de *béisbol* el *dieciséis* de julio?

E2: Por *la mañana*, por *la tarde* y por *la noche.*

Infórmate

To say whether something is happening during the morning, afternoon, or nighttime in Spanish, use **por + la mañana/tarde/noche.**

Me gusta hacer ejercicio por la mañana.   *I like to exercise in the morning.*

XVI Juegos Panamericanos, Toronto, Canadá
Julio de 2015, Calendario de competencias

Evento	V 10	S 11	D 12	L 13	M 14	M 15	J 16	V 17	S 18	D 19	L 20	M 21	M 22	J 23	V 24	S 25	D 26
Acto de inauguración	•																
Natación		•	•	•	•	•	•	•	•	•	•	•					
Básquetbol		•	•	•	•	•	•	•	•	•	•	•	•				
Béisbol			•	•	•	•	•	•	•	•	•	•	•				
Boxeo						•	•	•	•	•	•	•	•	•	•		
Ciclismo							•	•	•	•	•	•	•	•	•	•	
Fútbol					•	•	•	•	•	•	•						
Gimnasia							•	•	•	•	•	•	•	•	•	•	•
Maratón				•		•											
Tenis							•	•	•	•	•	•	•	•			
Voleibol							•	•	•	•	•	•	•	•	•	•	

Leyenda: ● Mañana   ● Tarde   ● Noche

**Medallero de los países hispanos
en los Juegos Olímpicos de verano**

País	🥇	🥈	🥉	Total
Cuba	65	53	52	170
España	29	39	27	95
Argentina	15	23	22	60
México	10	19	23	52
Chile	2	6	4	12
Uruguay	2	2	6	10
Perú	1	3	0	4
Venezuela	1	2	7	10
Colombia	1	2	6	9
Costa Rica	1	1	2	4
República Dominicana	1	0	1	2
Ecuador	1	0	0	1
Puerto Rico	0	1	5	6
Paraguay	0	1	0	1
Panamá	0	0	2	2

Actividad 4 Una conversación

A. Conversa con tu compañero/a.

1. ¿Te gusta ver la televisión? ¿Cuáles son tus programas favoritos?

2. ¿Te gusta cenar en restaurantes? ¿Con quién? ¿En qué tipo de restaurante te gusta comer, en los restaurantes elegantes o en los restaurantes de comida rápida (por ejemplo, McDonald's y Burger King)? ¿Por qué?

3. ¿Te gusta viajar? ¿Adónde? ¿Con quién?

4. ¿Te gusta escuchar música? ¿Qué tipo de música te gusta (la música clásica, rock, popular, jazz, folclórica, etcétera)?

5. ¿Te gusta textear? ¿Te gusta textear y manejar? ¿Es peligroso?

B. Ahora   ¡conversa con tu profe!

1. ¿Le gusta ver la televisión? ¿Cuáles son sus programas favoritos?

2. ¿Le gusta jugar al tenis (fútbol, voleibol, básquetbol)? ¿Le gusta ver deportes en la televisión?

3. ¿Le gusta cenar en restaurantes? ¿Con quién? ¿En qué tipo de restaurante le gusta comer, en los restaurantes elegantes o en los restaurantes de comida rápida? ¿Por qué?

4. ¿Le gusta viajar? ¿Adónde? ¿Con quién?

5. ¿Le gusta escuchar música? ¿Qué tipo de música le gusta?

Entérate

¿Te gusta textear? Mira este código de texteo que usan muchos jóvenes argentinos y úsalo con tus amigos de la clase de español.

bn bien	**simos sa?** ¿Salimos el sábado?
rml remal (muy mal)	**nc** No sé.
Salu2 Saludos	**grcs** Gracias.
q tal? ¿Qué tal?	**xam!** ¡Hay examen!
q tpasa? ¿Qué te pasa?	**TKI** Tengo que irme.
tb también	**flz qmple!** ¡Feliz cumpleaños!
xq? ¿Por qué?	**NPH** No puedo hablar ahora.
NT1P No tengo un peso. (No tengo dinero.)	**M1M** Mandame (Mándame) un mensaje.
QS? ¿Querés (Quieres) salir?	**ymam pf!** ¡Llamame (Llámame) por favor!

La hora

Lee Infórmate 3.2

¿Qué hora es?

Son las tres.

Es medianoche.

Son las once menos veinte de la noche.

Son las tres menos veinticinco.

Son las siete y seis.

Es la una y media.

Es mediodía.

Son las once y cuarto de la mañana.

Es la una de la tarde.

Son las diez menos diez.

—Oye, Franklin, ¿qué hora es?
—Es casi medianoche.
—¡Ya es tarde!

Indica la hora que corresponde a cada reloj.

1.

2.

a. Son las cinco y cuarto.

b. Son las dos menos veinte.

c. Son las seis menos cuarto.

d. Es la una y cinco.

e. Son las once y veinte.

f. Son las doce en punto.

3.

4.

5.

6.

Actividad 6 La hora alrededor del mundo

La hora es diferente en cada país porque… ¡el mundo está loco! Di qué hora es en la ciudad que menciona tu profesor(a). Luego, hazle preguntas a tu compañero/a según el modelo.

MODELO: E1: ¿Qué hora es en _____?

E2: Es la _____. / Son las _____.

La hora alrededor del mundo

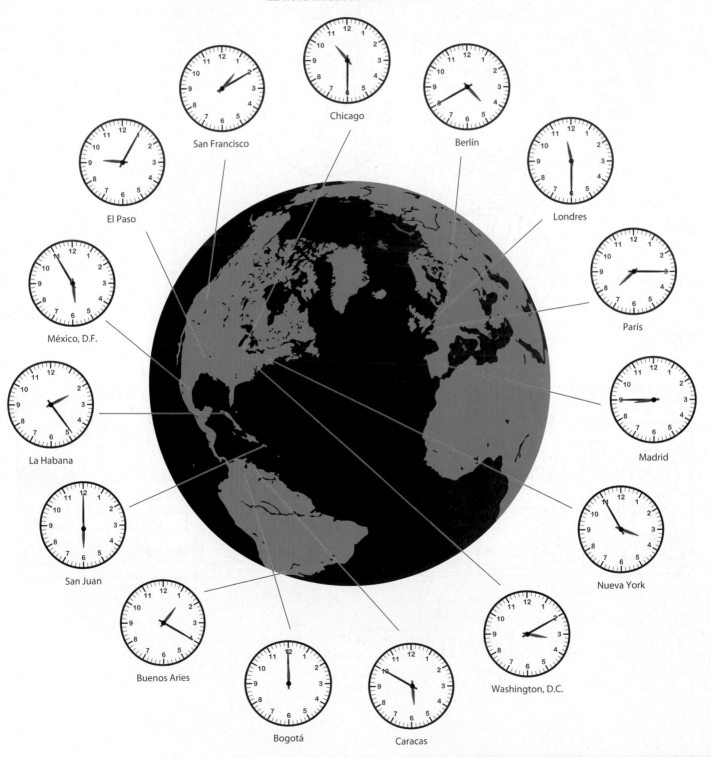

Mira la programación del Canal de Televisión Nacional Uruguay (TNU) para el viernes y contesta las preguntas.

1. ¿Hay un programa para los niños? ¿Cómo se llama? ¿A qué hora es?
2. ¿Y cómo se llama el programa sobre arte? ¿A qué hora es?
3. ¿A qué hora es el programa *Buscadores*? ¿Se presenta también a otra hora? ¿Cuántas veces se presenta? En tu opinión, ¿cómo es este programa, posiblemente? ¿Es de aventuras? ¿Es una serie de acción?
4. ¿Cuántas veces se presenta el programa *TNU Noticias*?
5. ¿A qué hora es *Sonia entrevista*? ¿Probablemente qué le gusta hacer a Sonia en este programa?
6. ¿A qué hora termina la transmisión del Canal TNU?

Entérate

En muchos países hispanos se usa el reloj de veinticuatro horas. Después del mediodía (12:00), la una es las 13:00, las dos son las 14:00, las tres son las 15:00, etcétera. La medianoche (00:00), comienza el día. (Lee la explicación en **Infórmate 3.2B**.)

Las actividades diarias

Lee *Infórmate 3.3*

Un día en la vida de la familia Acosta

Omar lee el periódico todos los días.

Por la mañana los Acosta desayunan juntos.

Omar y los niños salen de la casa a las ocho menos cuarto.

Marcela limpia la casa por la mañana.

Omar y sus hijos juegan al fútbol por la tarde.

Por la noche Marcela descansa y lee una novela.

Entérate

En algunos países hispanos muchas familias se reúnen (*get together*) los domingos a la hora del almuerzo, generalmente en casa de los abuelos.

Actividad 8 Las actividades diarias

Di quién hace las actividades y cuándo.

MODELOS: E1: ¿Quién trabaja en una librería?

E2: Juan Fernando.

E1: ¿Cuándo sale a cenar Marcela?

E2: Los viernes por la noche.

¿Cuándo?	Juan Fernando Chen Gallegos; San José, Costa Rica	Marcela Arellano Macías; Quito, Ecuador	Radamés Fernández Saborit; Berkeley, California
los lunes por la mañana	Asiste a clases en la Universidad de Costa Rica.	Corre cuatro kilómetros en el club de atletismo Ruta 44.	Desayuna con sus compañeros del club Amigos sin Fronteras.
los miércoles por la tarde	Trabaja en la librería de la universidad.	Prepara la cena.	Va a la biblioteca para estudiar.
los viernes por la noche	Sale a bailar con su novia y sus amigos.	Sale a cenar con su esposo.	Canta con el grupo (musical) Cumbancha.
los sábados por la mañana	Levanta pesas en el gimnasio	Anda en bicicleta con sus hijos.	Toca la guitarra.
los domingos por la tarde	Va al cine con su novia.	Almuerza con toda la familia.	Hace su tarea en casa.

Actividad 9 Un día en la vida de Camila

Narra el día típico de Camila, primero con tu profesor(a) y después con tu compañero/a.

Sí, a la 1:00 en la Taquería Señor Pancho

Français 2
Bonjour!

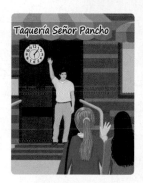

Taquería Señor Pancho

horchata   jamaica

07:30 PM

¿Qué más hace Camila?

Vocabulario útil

¿A qué hora... ?	primero	luego
A la(s)...	después	finalmente
por la mañana/ tarde/noche	más tarde	por último

Actividad 10 ¿Con qué frecuencia?

Di con qué frecuencia haces estas actividades durante la semana. Usa **siempre, con frecuencia, a veces, de vez en cuando** y **(casi) nunca.**

MODELO: E1: *Casi nunca* lavo el carro. ¿Y tú?

E2: Lavo el carro *de vez en cuando.*

1. Veo la televisión por la noche.
2. Ceno con amigos o con la familia.
3. Texteo cuando manejo el carro.
4. Como algo en el carro, un sándwich, por ejemplo.
5. Voy al cine.
6. Lavo el carro.
7. Hago ejercicio aeróbico o yoga.
8. Preparo la cena.
9. Escucho música en el iPod mientras estudio.
10. Visito sitios Web en el móvil.

Actividad 11 ¿Qué hacen estas personas?

Empareja los dibujos con las actividades de la lista. **OJO:** Hay más actividades que dibujos.

MODELO: Eloy, Rodrigo y Sebastián *hacen snowboard.*

1. Claudia…

Eloy, Rodrigo y Sebastián…

Actividades posibles

anda(n) en patineta
baila(n) en las fiestas
hace(n) snowboard
juega(n) a videojuegos
lava(n) el carro
lee(n) una novela por la noche
nada(n) en el verano
trabaja(n) los sábados
va(n) a la playa en verano
va(n) al cine los sábados
ve(n)/mira(n) la televisión
viaja(n) a España en vacaciones

2. Camila y Antonella…

¡Hoy es sábado!

4. Omar…

Aeropuerto de Barajas

6. Ana Sofía…

Cien años de soledad

3. Xiomara…

5. Rodrigo, Nayeli y Lucía…

7. Eloy y su novia…

El tiempo

Lee _Infórmate 3.4_

Hace mucho frío.

Hace fresco.

Hace mucho calor.

Hace viento.

Hace mal tiempo.

Hace sol. / Hace buen tiempo.

Está nublado.

Llueve.

Nieva.

Hoy es un día de primavera y hace buen tiempo.

Aquellos chicos andan en moto.

Aquellas personas hacen senderismo.

Esa señora lee una novela en el parque.

Estos niños andan en bici.

A esos chicos les gusta jugar al fútbol.

Este señor toma una siesta.

Estás aquí.

Actividad 12   El clima en varias ciudades

Mira la tabla y hazle preguntas a tu compañero/a sobre la temperatura y el tiempo en estas ciudades del mundo hispano.

MODELOS: E1: ¿Cuál es la temperatura *mínima* en *Bariloche* en *agosto*?

E2: La temperatura *mínima* en *Bariloche* en *agosto* es *de un grado centígrado bajo cero* (−1°C).

E1: Entonces, ¿qué tiempo hace en *Bariloche* en *agosto*?

E2: Hace *mucho frío*.

Ciudad	Temperatura	febrero	agosto
Asunción, Paraguay	temperatura máxima	34°C	26°C
	temperatura mínima	22°C	14°C
Quito, Ecuador	temperatura máxima	18°C	19°C
	temperatura mínima	14°C	6°C
Bariloche, Argentina	temperatura máxima	22°C	18°C
	temperatura mínima	5.7°C	−1°C
Nueva York, Estados Unidos	temperatura máxima	6°C	28°C
	temperatura mínima	−2°C	20°C
Montevideo, Uruguay	temperatura máxima	24°C	15°C
	temperatura mínima	16°C	6°C
Barcelona, España	temperatura máxima	14°C	28°C
	temperatura mínima	5°C	19°C

Entérate

Para hablar de la temperatura en español usamos grados (°): 12°C = doce grados (centígrados). Si (*If*) hace mucho frío, lo expresamos así: −7°C = siete grados (centígrados) bajo cero.

¿Cuándo te gusta ir a las montañas: en verano o en invierno? (San Carlos de Bariloche, Argentina)

Hablando del tiempo

LAS ESTACIONES DEL AÑO EN EL MUNDO

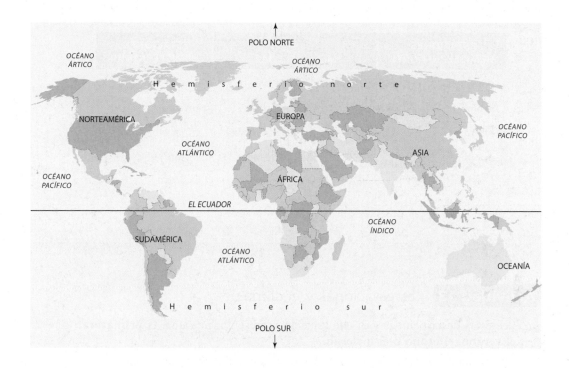

En el hemisferio norte de la Tierra[a] tenemos cuatro estaciones: la primavera empieza[b] aproximadamente el 21 de marzo, el verano el 21 de junio, el otoño el 21 de septiembre y el invierno el 21 de diciembre. Pero cuando es verano en Estados Unidos, ¡es invierno en los países del hemisferio sur, como Argentina y Uruguay! En septiembre, nosotros regresamos a la escuela, llevamos suéteres o chaquetas ligeras[c] y admiramos los colores rojo, anaranjado y amarillo de las hojas[d] de los árboles[e] en otoño. Pero los argentinos y los uruguayos disfrutan del clima agradable[f] de la primavera. Pues sí, en las zonas templadas[g] de los dos hemisferios hay cuatro estaciones; son las mismas pero en fechas diferentes, según[h] el hemisferio.

Por el contrario, en los países ecuatoriales y tropicales hay solamente dos estaciones. En lugares como Panamá, Colombia, Ecuador y Guinea Ecuatorial la temperatura varía[i] muy poco y el clima tropical mantiene una temperatura uniforme la mayor parte[j] del año; solamente cambia[k] el régimen[l] de lluvias, pues hay una estación lluviosa (llueve mucho) y una seca[m] (no llueve).

(Continúa.)

---

[a]la… Earth   [b]begins   [c]light   [d]leaves   [e]trees   [f]disfrutan… enjoy the pleasant climate   [g]temperate   [h]depending on   [i]varies   [j]la… most   [k]changes   [l]system   [m]una… a dry one

En muchos países hispanos el clima varía bastante.[n] En la costa caribeña de México hace calor y hay mucha humedad, pero en las montañas de la Sierra Madre Oriental[ñ] hace calor en verano y mucho frío en invierno por los vientos del norte. El desierto de Atacama, en el norte de Chile, es el más árido del planeta; casi nunca llueve allí. Sin embargo, en el sur de ese país, hay muchos árboles y lagos.[o] La Patagonia, en el sur de Argentina, es una región muy fría y seca donde hay una gran variedad de animales.

ESTACIONES: HEMISFERIO NORTE	MESES/FECHAS	ESTACIONES: HEMISFERIO SUR
primavera	21-marzo a 21-junio	otoño
verano	21-junio a 21-septiembre	invierno
otoño	21-septiembre a 21-diciembre	primavera
invierno	21-diciembre a 21-marzo	verano

[n]quite a bit [ñ]Eastern [o]lakes

Actividad 13 Las estaciones y el clima

A. Lee estas descripciones y di qué estación representa cada una: **la primavera, el verano, el otoño** o **el invierno.**

1. Muchos estudiantes tienen vacaciones. La gente viaja. Hace calor y buen tiempo para ir a la playa.

2. Hace frío y en algunos lugares nieva. Mucha gente esquía o hace snowboard.

3. En algunos lugares llueve y a veces hace viento. Las montañas están verdes; hay muchas flores y plantas nuevas en los jardines.

4. Hace fresco. En algunos lugares los árboles cambian de verde a anaranjado, rojo y amarillo. Las clases empiezan en esta estación. También es la temporada del fútbol americano.

B. Ahora di qué estación tiene cada ciudad en estos meses. Recuerda la diferencia entre el hemisferio norte y el hemisferio sur.

1. Asunción, Paraguay: diciembre, enero, febrero
2. Guadalajara, México: junio, julio, agosto
3. Santiago, Chile: septiembre, octubre, noviembre
4. Montevideo, Uruguay: marzo, abril, mayo
5. Barcelona, España: marzo, abril, mayo
6. Madrid, España: diciembre, enero, febrero

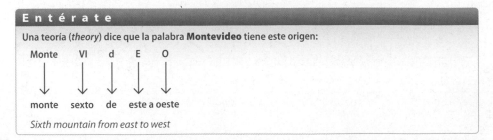

E n t é r a t e

Una teoría (*theory*) dice que la palabra **Montevideo** tiene este origen:

Monte   VI   d   E   O
↓   ↓   ↓   ↓   ↓
monte   sexto de   este a oeste

Sixth mountain from east to west

Actividad 14 La tienda El Campeón Olímpico

A. Mira el dibujo de la tienda El Campeón Olímpico y di qué compran Claudia, Eloy y Camila, considerando sus deportes favoritos.

MODELO: **E1:** ¿Qué compra *Claudia*?

E2: Claudia compra *aquella bicicleta roja y este casco*.

¿Qué compran Camila, Eloy y Claudia?

1. A Camila le gusta patinar y jugar al tenis en verano. Camila compra…
2. A Eloy le gusta levantar pesas, jugar al tenis y al béisbol en otoño. Eloy compra…
3. A Claudia le gusta andar en bicicleta en primavera. Claudia compra…

B. Ahora charla con tu compañero/a sobre los objetos que ustedes compran en El Campeón Olímpico, considerando sus deportes favoritos. Háganse varias preguntas.

MODELO: **E1:** Y tú, ¿qué compras en la tienda?

E2: Pues, me gusta andar en bicicleta, entonces compro *este casco y aquella bicicleta*. ¿Y tú?

E1: Yo compro *ese balón de fútbol* porque me gusta jugar al fútbol.

Actividad 15 Las actividades y el tiempo

A. Conversa con tu compañero/a sobre la ropa y las actividades relacionadas con el clima.

1. ¿Qué te gusta hacer cuando hace frío? ¿Y qué ropa llevas en el invierno?
2. ¿Qué ropa llevas en el verano? ¿Y qué te gusta hacer cuando hace calor?
3. ¿Llevas suéter o abrigo cuando hace fresco? ¿Qué te gusta hacer cuando hace fresco?

(Continúa.)

4. ¿Qué haces cuando llueve? ¿Y cuando hace viento?

5. ¿Te gusta ir a la playa cuando está nublado? ¿Por qué? ¿Qué haces normalmente en la playa? ¿Nadas? ¿Surfeas? ¿Tomas el sol? ¿Comes algo?

6. ¿Qué ropa llevas cuando nieva y hace mucho frío? ¿Esquías durante el invierno? ¿Haces snowboard?

B. Ahora… ¡conversa con tu profe!

1. ¿Qué le gusta hacer cuando hace frío?

2. ¿Qué ropa lleva usted en el verano?

3. ¿Qué le gusta hacer cuando llueve?

4. ¿Le gusta ir a la playa cuando hace calor? ¿Qué hace en la playa normalmente?

5. ¿Esquía en la nieve o practica otro deporte de invierno?

Actividad integral

Amigos sin Fronteras

Lee esta información sobre los miembros del club Amigos sin Fronteras y hazle preguntas a tu compañero/a sobre cada uno.

MODELO:　**E1:** ¿Cuántos años tiene *Camila*?

　E2: Tiene *dieciocho*.

　E1: ¿Cuándo es su cumpleaños?

　E2: Es *el tres de marzo*.

　E1: ¿Cuál es su dirección electrónica?

　E2: Es *piatelli@mail.com*.

　E1: ¿Cuál es su número de móvil?

　E2: Es el *cinco diez, cinco cincuenta y cinco, noventa y uno cero tres*.

　E1: ¿Qué le gusta hacer a *Camila*?

　E2: Le gusta *salir a bailar, jugar al tenis, cocinar, textear a sus amigos y patinar*.

　E1: ¿Qué tipo de música escucha Camila?

　E2: *El rock en español y la música folclórica de América Latina.*

　E1: ¿Qué libros lee?

　E2: Todos los libros de Carlos Ruiz Zafón.

4 fotos

Camila Piatelli de la Fuente

Edad: 18 años
Cumpleaños: el 3 de marzo
Dirección electrónica: piatelli@mail.com
Móvil: (510) 555-9103
Actividades favoritas: salir a bailar, jugar al tenis, cocinar, textear a mis amigos, patinar
Música favorita: el rock en español y la música folclórica de América Latina
Deporte favorito: el tenis
Libros favoritos: los libros que combinan magia y misterio y todos los libros de Carlos Ruiz Zafón, especialmente *El juego del ángel*

2 fotos

Omar Acosta Luna

Edad: 29 años
Cumpleaños: el 31 de octubre
Dirección electrónica: oacostal@puce.edu.ec
Móvil: (593 9) 8705312
Actividades favoritas: escuchar música, pasar tiempo con la familia, jugar al fútbol
Música favorita: la música de Claudia Oñate y la de Paulina Tamayo
Deporte favorito: el fútbol
Películas favoritas: las películas de ciencia ficción con mucha acción, como *Viaje a las estrellas* (*Star Trek*), *La guerra de las galaxias* (*Star Wars*), *Origen* (*Inception*) y *Avatar*

12 fotos

Eloy Ramírez Ovando

Edad: 21 años
Cumpleaños: el 15 de enero
Dirección electrónica: eramo@berkeley.edu
Móvil: (510) 555-3932
Actividades favoritas: leer blogs, ver partidos de fútbol, ir al cine, andar en patineta, jugar al tenis y levantar pesas
Música favorita: el hip hop
Películas favoritas: películas con tema de los deportes, como *Invictus*
Libros favoritos: las novelas de escritores latinos de Estados Unidos, como Junot Díaz y Sandra Cisneros

2 fotos

Marcela Arellano Macías

Edad: 28 años
Cumpleaños: el 15 de agosto
Dirección electrónica: marce22@hotmail.com
Móvil: (593 9) 8604201
Actividades favoritas: leer, jugar con mis hijos, nadar
Deporte favorito: el fútbol
Música favorita: la música de jazz, especialmente de guitarra
Películas favoritas: las películas viejas de mucho suspenso, especialmente las de Alfred Hitchcock y las películas de *film noir*

Claudia Cuéllar Arapí

Edad: 19 años
Cumpleaños: el 21 de junio
Dirección electrónica: econclau@berkeley.edu
Móvil: (510) 555-1764
Actividades favoritas: pasar tiempo con los amigos, leer libros de economía, dormir, andar en bicicleta
Deporte favorito: el básquetbol
Música favorita: la música pop y rock bailable, por ejemplo, todas las canciones de Lady Gaga y Katy Perry
Libros favoritos: novelas sobre vampiros y otros personajes fantásticos, como las novelas de Stephanie Meyer; también novelas de fantasía futurista y aventuras, como *Los juegos de hambre* de Suzanne Collins

23 fotos

Xiomara Asencio Elías

Edad: 20 años
Cumpleaños: el 16 de septiembre
Dirección electrónica: xiomara@berkeley.edu
Móvil: (510) 555-8209
Actividades favoritas: leer novelas, viajar por la América Latina, escribir ficción, bailar, jugar al tenis
Deporte favorito: el tenis
Películas favoritas: las comedias románticas, como las películas de Reese Witherspoon y Sandra Bullock
Libros favoritos: las novelas latinoamericanas con realismo mágico, por ejemplo, las clásicas *Cien años de soledad* de Gabriel García Márquez y *La casa de los espíritus* de Isabel Allende

4 fotos

Exprésate

ESCRÍBELO TÚ

Actividades típicas

Escribe una composición sobre las actividades típicas de los jóvenes de tu edad (tus amigos y tú, los miembros del club Amigos sin Fronteras) y las actividades de los adultos como tus padres. Primero, haz una lista de cinco actividades de los jóvenes y luego haz otra lista con cinco actividades de los adultos. Puedes usar el vocabulario de las **Actividades 8, 9, 10** y **11** para expresar qué hacen los jóvenes. También puedes entrevistar (*interview*) a tus padres y a los amigos de tus padres para saber qué hacen los adultos. Después, escribe dos párrafos en el *Cuaderno de actividades* o en Connect Spanish con la información de tu lista y agrega (*add*) detalles importantes e interesantes.

CUÉNTANOS

Un fin de semana perfecto

Cuéntanos sobre un fin de semana de verano perfecto o sobre un fin de semana de invierno perfecto. ¿Qué te gusta hacer el viernes por la noche? Generalmente, ¿qué haces el sábado por la mañana? ¿Qué haces el domingo por la mañana? Y el domingo por la tarde, ¿qué te gusta hacer?

A muchas personas les gusta ir a la playa. (Punta del Este, Uruguay)

Entérate

Mundopedia

El cine argentino

La directora argentina Lucrecia Martel

Vocabulario de consulta	
calidad	quality
data de	dates back to
corto	short (film)
bandera	flag
comienza con fuerza	begins with force
el cine sonoro	sound films (films with sound)
se conoce	is known
extranjera	foreign
el filme más taquillero	the biggest box-office hit
se estrena	premieres

Muchas de las películas que miran los hispanos son de Hollywood. Pero hay países hispanos con una fuerte industria cinematográfica; entre ellos están México, España, Cuba y Argentina.

EL CINE ARGENTINO

El cine argentino tiene excelentes directores y actores. Muchas películas de ese país son populares y también de gran **calidad**.

La primera película argentina **data del** año 1897 y es un **corto** sobre la **bandera** del país. Pero la historia de la industria del cine en Argentina **comienza con fuerza** en 1933, cuando se inventa **el cine sonoro**. De ese año es *Tango*, una película que explora la forma musical más popular en el país: el tango.

PELÍCULAS ARGENTINAS FAMOSAS

En los años 80, el cine argentino **se conoce** internacionalmente con películas como *Camila, El exilio de Gardel, La historia oficial y Hombre mirando al sudeste*. La más representativa de la época es *La historia oficial*, del director Luis Puenzo. *La historia oficial* gana el Premio Óscar en 1985 como mejor película **extranjera**. Las mujeres directoras también ganan fama con sus películas. Una famosa es *La mujer sin cabeza* (2008) de Lucrecia Martel, una directora de estilo visual muy original.

Hay películas argentinas muy populares, como *Nueve reinas* (2000) del director Fabián Bielinski y *Carancho* (2011) de Pablo Trapero. Pero **el filme más taquillero** en toda la historia cinematográfica de Argentina es *El secreto de sus ojos* de Juan José Campanella. Esta película cuenta un caso de crimen y misterio; **se estrena** en 2009 y gana el Premio Óscar en 2010.

Infórmate

1897: mil ochocientos noventa y siete	2000: dos mil
1933: mil novecientos treinta y tres	2009: dos mil nueve
1985: mil novecientos ochenta y cinco	2011: dos mil once

COMPRENSIÓN

Escoge la respuesta correcta.

1. La primera película argentina es del año ___.
   a. 1933   **b.** 1985   **c.** 1897

2. La industria cinematográfica argentina comienza con fuerza en el año ___ .
   a. 1985   **b.** 1933   **c.** 2000

3. La película argentina que gana el premio Óscar en 1985 es ___.
   a. *El exilio de Gardel*   **b.** *Camila*   **c.** *La historia oficial*

4. La película argentina que gana el Premio Óscar en 2010 es ___ .
   a. *La historia oficial*   **b.** *El secreto de sus ojos*   **c.** *Carancho*

Voces argentinas		Voces uruguayas	
amarrete/a	**tacaño/a**	**tá**	**está bien, de acuerdo**
che	hey; buddy	**estar de tomate**	to be crazy
el bife/bistec	steak	**una pila de**	**mucho**
la campera	**la chaqueta**	**el bondi**	**el autobús**
ni a ganchos	**¡No!**	**el/la pibe**	**el/la chico/a**

CONEXIÓN CULTURAL

DEPORTES TODO EL AÑO

¿Te gustan los deportes? ¿Cuáles te gustan más, los deportes de verano o los de invierno? En Argentina y Uruguay hay un deporte que se juega especialmente en el verano y otro que es muy popular en el invierno. Lee la lectura «Deportes todo el año» en el *Cuaderno de actividades* o en Connect Spanish y ¡descubre cuáles son!

Videoteca

Amigos sin Fronteras
Episodio 3: Una noche de juegos

Resumen

Claudia invita a algunos amigos del club Amigos sin Fronteras a una reunión en casa de Sebastián Saldívar, estudiante de Perú. Allí están Claudia, Ana Sofía y Radamés Fernández, estudiante cubanoamericano. Estos cuatro amigos juegan al Cranium. Después… ¡Sebastián ordena pizza para todos!

Preparación para el video

A. ¡Comencemos! Mira la foto y responde a estas preguntas antes de ver el video.
1. ¿Cómo se llaman estos estudiantes?
2. ¿Qué ropa llevan los chicos en la foto?
3. ¿Qué hacen los chicos en la foto?

Comprensión del video

B. La idea principal. Indica la idea principal del video.
1. A estos chicos les gusta pasar tiempo juntos.
2. Sebastián no sabe cocinar.
3. A Radamés no le gusta el café instantáneo.

Vocabulario de consulta	
prácticas de laboratorio	lab practical (exam)
Nos quedamos aquí	We'll stay here
es la verdad	it's true
refrescos	soft drinks
taza	cup
contra	against
lo opuesto	the opposite
Tiren el dado.	Throw the die.
¡Socorro!	Help!
tranquilos	relax
queso	cheese
lo máximo	the best

C. ¿Cierto (C) o falso (F)?

1. Eloy no está con sus amigos porque está en la universidad.
2. Claudia y Ana Sofía quieren salir a bailar; los chicos no quieren.
3. Ana Sofía y Radamés dicen que Claudia es muy mandona.
4. A Radamés le gusta mucho el café cubano que Sebastián prepara.
5. Según Radamés, Sebastián cocina muy bien.

D. Detalles. Usa el **Vocabulario útil** para completar las oraciones. **OJO:** No se usan todas las palabras.

1. Para comunicarse con sus amigos, Claudia manda (*sends*) mensajes de _____.
2. Los chicos van a casa de Sebastián el viernes a las _____.
3. Ana Sofía prefiere ir a _____.
4. Se quedan en casa de Sebastián porque afuera _____.
5. Sebastián les ofrece _____, refrescos y _____ cubano a sus amigos.
6. Según Radamés, _____ no sabe cocinar bien.

Vocabulario útil	
bailar	hace frío
café	jugar al fútbol
cinco	limonada
cuatro	Sebastián
Eloy	texto
hace calor	

Mi país ARGENTINA Y URUGUAY

Comprensión

1. Selecciona las características comunes que tienen Argentina y Uruguay.
   - **a.** el mate
   - **b.** el tango
   - **c.** los gauchos
   - **d.** el fútbol
2. ¿Qué recomienda Camila hacer en el Café Tortoni de Buenos Aires?
   - **a.** ver espectáculos de gauchos
   - **b.** tomar café
   - **c.** ver espectáculos de tango
3. ¿De qué comidas típicas argentinas habla Camila?
   - **a.** empanadas **b.** choripanes **c.** tamales **d.** parrillada
4. ¿Cómo se llama la avenida muy grande en el centro de Buenos Aires?
5. ¿Cómo se llama el lugar donde trabaja el presidente de Argentina, que está al lado de la Plaza de Mayo?
6. ¿Qué tienen en común el Barrio de La Boca de Buenos Aires (Argentina) y el Barrio Reus, de Montevideo (Uruguay)?
7. A Camila y a su familia les gusta ir de vacaciones a estos lugares de Argentina.
8. ¿Dónde prefiere ir Camila de vacaciones?

Glaciar Perito Moreno, Patagonia, Argentina

Punta del Este, Uruguay

Infórmate

3.1 Using **gustar** to Express Likes and Dislikes

A. *Gustar* + infinitive

The Spanish verb **gustar** expresses the meaning of the English verb *to like*. Its direct translation is *to be pleasing*. Just as in English, you can express liking a thing (noun) or an activity (verbal form). The verb form that follows **gustar** is always an infinitive, such as **hablar, aprender** (*to learn*), or **vivir** (*to live*).

Me gusta estudiar español.	*I like to study Spanish. (Studying Spanish is pleasing to me.)*

You may have noticed that in this structure with **gustar** the subject is the person, object, or action, that is pleasing to someone. **Gustar** requires a pronoun so we can tell *to whom* something is pleasing. Here are the pronouns which always precede **gusta(n)**.

me	*to me*	nos	*to us*
te	*to you* (**tú; vos**)	os	*to you* (**vosotros**, Sp.)
le	*to you* (**usted**), to him/her	les	*to you* (**ustedes**); *to them*

—¿Qué **te** gusta hacer en el verano?	*What do you* (inf. sing.) *like to do in the summer?*
—**Me** gusta nadar en el mar.	*I like to swim in the ocean.*
—¿Qué **les** gusta hacer por la noche?	*What do you* (pl.) *like to do at night?*
—**Nos** gusta mucho leer.	*We really like to read.*

Since the pronouns **le** and **les** can have multiple meanings, where **le** can refer to *you* (**usted**), *him,* or *her,* and **les** can refer to *you* (**ustedes**) or *them,* it is often necessary to specify the person the pronouns are referring to. In order to specify the person or persons being referred to, use phrases with the preposition **a** (*to*) (**a mi papá, a Juan, a los estudiantes, a ellos**) in addition to the pronoun **le** or **les**.

A Omar le gusta pasar tiempo con la familia.	*Omar likes to spend time with his family.*
—¿**A usted le** gusta ver telenovelas?	*Do you like to watch soap operas?*
—No, no me gusta.	*No, I don't like to.*
—¿**Les** gusta escuchar música a los estudiantes?	*Do students like to listen to music?*
—Sí, **a ellos les** gusta mucho.	*Yes, they like it very much.*

B. *Gustar* + **noun**

Gustar can also be used with nouns to express likes and dislikes when referring to people, places, or things.

Me gusta el té pero no me gusta el café.	*I like tea, but I don't like coffee.*
A mis hijos les gustan mucho los perros.	*My sons like dogs a lot.*
A ellos no les gustan los gatos.	*They don't like cats.*
Me gusta mucho esta piscina.	*I really like this (swimming) pool.*
¿Te gusta la música de Shakira?	*Do you like Shakira's music?*

When **gustar** is used with nouns, if the noun (the grammatical subject of the sentence) is plural, the verb has to be plural as well (**gustan**).

Me gusta esa bicicleta roja.	*I like that red bicycle.* (Lit., *That red bicycle is pleasing to me.*)
Me gusta**n** esas dos bicicletas.	*I like those two bicycles.* (Lit., *Those two bicycles are pleasing to me.*)
A Omar le gusta el té verde.	*Omar likes green tea.* (Lit., *Green tea is pleasing to Omar.*)
A Camila le gusta**n** los vinos argentinos.	*Camila likes Argentinean wines.* (Lit., *Argentinean wines are pleasing to Camila.*)

Ejercicio 1

Completa estas oraciones con los pronombres **me, te, le, nos** o **les.**

> **MODELO:** —Omar, ¿qué <u>les</u> gusta hacer **a tu esposa y a ti**?
>
> —<u>Nos</u> gusta mucho jugar con nuestros hijos.

1. —Camila, ¿_____ gusta jugar al ráquetbol?
   —No, Radamés. No _____ gusta mucho.

2. —Xiomara, ¿_____ gusta viajar?
   —Sí, Jorge. _____ gusta mucho pero no tengo dinero.

3. —Eloy y Claudia, a ustedes ¿_____ gusta dar fiestas?
   —Sí, _____ gusta mucho dar fiestas para el club Amigos sin Fronteras.

4. —Omar, ¿a tu esposa _____ gusta cocinar?
   —Sí, a ella _____ gusta cocinar pero solamente para la familia.

5. —Claudia, ¿qué _____ gusta hacer a tus amigos y a ti (a ustedes)?
   —A nosotros _____ gusta mucho bailar y escuchar música.

6. —Ángela, ¿a tus hijos _____ gusta jugar al fútbol americano?
   —A ellos _____ gusta jugar un poco.

A. Mira los dibujos y di qué (no) les gusta hacer a los amigos del club Amigos sin Fronteras.

1. A Eloy _____ mucho _____ blogs.
2. A Claudia y a su amigo _____.
3. A los hijos de Omar _____ con su perro Jefe.
4. A Camila no _____ los platos.
5. A Xiomara _____ novelas.

B. Ahora completa las oraciones para decir qué cosas les gustan a estos amigos. Usa **le gusta(n)** o **les gusta(n)**.

1. A Claudia _____ mucho las canciones de Lady Gaga.
2. A Omar y a Eloy _____ el gimnasio de la universidad.
3. A Camila _____ las películas de Gael García Bernal.
4. ¿_____ el fútbol a Eloy?
5. A Ángela _____ mucho todas sus clases.

3.2   Telling Time: **¿Qué hora es? ¿A qué hora?**

A. The phrase **¿Qué hora es?** is often used in Spanish to ask what time it is.*
In both cases, the answer usually begins with **son.**

—¿Qué hora es?   *What time is it?*
—Son las tres.   *It's three o'clock.*

---

*Another common way to ask the time is: **¿Qué hora tiene usted?** or **¿Qué hora tienes?** (*What time do you have?*)

Es (not **son**) is used to tell the time with one o'clock, depending on whether it is before or after one-thirty (1:30).

—¿**Es** la una? *Is it one o'clock?*

—No, **es** la una y veinte. *No, it's one twenty.*

Use **y** (*and*) to express minutes (up to 29) after the hour.

—¿Son las seis **y** diez? *Is it ten after six (six ten)?*

—No, son las seis **y** veinte. *No, it's twenty after six (six twenty).*

Use **menos** (*less*), **para** (*to, till*) or **faltan... para** (. . . [*minutes left*] *before*) to express minutes before the hour.

Son las siete **menos** veinte. *It's twenty to seven. (Lit., It's seven less/minus twenty.)*

Son veinte **para** las siete. *It's twenty to seven.*

Faltan veinte **para** las siete. *It's twenty to seven. (Lit., There are twenty [minutes] missing before seven.)*

Use **cuarto** (*quarter*) and **media** (*half*) for fifteen and thirty minutes, respectively.

—¿Son las ocho y **cuarto**? *Is it (a) quarter past eight (eight fifteen)?*

—No, ya son las ocho y **media**. *No, it's eight thirty already.*

—¿Qué hora tiene usted? *What time do you have?*

—Las tres y **media**. *Half past three.*

Son las cuatro menos **cuarto** y Claudia toma un café. *It's (a) quarter till four and Claudia is drinking a cup of coffee.*

Use **a** to express *when* (*at what time*) an event occurs: **a** la una (*at one o'clock*), **a** las cuatro y media (*at four thirty*).

Tengo clase **a** las nueve. *I have a class at nine.*

El concierto es **a** las ocho. *The concert is at eight.*

B. Many Hispanic countries use the 24-hour clock to tell time after the noon hour, especially for television programs, movies, and events. The 24-hour clock is also the standard system for telling time in the United States Armed Forces and in many world organizations. Using this system, noon is **12:00 (las doce [horas])**, 1:00 p.m. is **13:00 (las trece [horas])**, 2:00 p.m. is **14:00 (las catorce [horas])**, 3:00 p.m. is **15:00 (las quince [horas])**, and so on, with midnight being **00:00 (las cero cero [horas])** or **24:00 (las veinticuatro [horas])**, depending on whether the speaker is making reference to the beginning or the end of a day. To refer to times using the 24-hour clock, speakers don't use **y/menos** or **cuarto/media**, and the use of **a.m.** or **p.m.** is redundant: 8:30 p.m. = **las veinte treinta**; 7:40 p.m. = **las diecinueve cuarenta**. While speakers also don't use **de la noche/tarde**, as this information is clear by the use of the 24-hour clock hour, a speaker might clarify that an event takes place in the morning by including **de la mañana**. In addition, the word **horas** is often used after the hour, especially with times that don't include minutes: **las trece horas**.

—¿A qué hora es la película? *What time is the movie?*

—A las **dieciocho treinta**. *At six thirty p.m.*

—¿Cuándo llega el autobús?   *When does the bus arrive?*
—A las **veinte cuarenta y cinco.**   *At eight forty-five p.m.*

—¿A qué hora es la fiesta de tu hija?   *What time is your daughter's party?*
—Es a las **diez** de la mañana / a   *It's at ten in the morning.*
las **diez** horas.

Ejercicio 3

¿Qué hora es?

> **MODELOS:**   2:20 → Son las dos y veinte.
>   2:15 → Son las dos y cuarto. / Son las dos y quince.
>   2:40 → Son las tres menos veinte. / Son veinte para las tres. / Faltan veinte para las tres.

1. 4:20
2. 6:15
3. 8:13
4. 1:10
5. 7:07
6. 5:30
7. 3:35
8. 1:49
9. 12:30
10. 5:15

Ejercicio 4

¿A qué hora es… ?

> **MODELO:**   ¿A qué hora es *el concierto*? (8:30) →
>   El concierto es *a las ocho y media.*

1. ¿A qué hora es la clase de español? (11:00)
2. ¿A qué hora es el baile? (9:30)
3. ¿A qué hora es la conferencia? (10:00)
4. ¿A qué hora es la clase de álgebra? (1:00)
5. ¿A qué hora es la fiesta del club Amigos sin Fronteras? (7:30)

Ejercicio 5

Expresa estas horas con el reloj de 24 horas.

> **MODELOS:**   7:15 p.m. → Son las diecinueve quince.
>   6:00 a.m. → Son las seis (de la mañana).

1. 5:05 p.m.
2. 3:12 p.m.
3. 7:30 a.m.
4. 1:15 p.m.
5. 2:50 a.m.
6. 4:00 p.m.

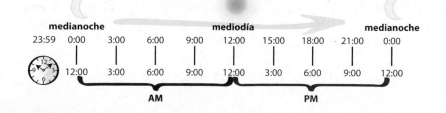

3.3 Present Tense of Regular -ar, -er, and -ir Verbs

infinitive = verb form ending in -ar, -er, -ir

You will not find the conjugated forms of a verb (hablo, hablas, habla, and so forth) as main entries in the dictionary. You must know the infinitive in order to look up a verb.

A. The verb form listed in the dictionary and in most vocabulary lists is the *infinitive*. In Spanish many infinitives end in **-ar** (**llamar, llevar**), but some end in **-er** (**tener**) or in **-ir** (**vivir**). The forms of the verb in a particular verb tense (such as present, future, and so on) are its *conjugation*. Below is the present-tense conjugation of the regular **-ar** verb **hablar**. Regular verbs are classified as such because their stem (the infinitive minus the endings **-ar**, **-er**, or **-ir**) remains the same in all forms. The only change is in the endings, which are added to the stem.

hablar (*to speak*)		
(yo)	habl**o**	*I speak*
(tú)	habl**as***	*you (inf. sing.) speak*
usted, él, ella	habl**a**	*you (pol. sing.) speak; he/she speaks*
(nosotros/as)	habl**amos**	*we speak*
(vosotros/as)	habl**áis**	*you (inf. pl., Sp.) speak*
ustedes, ellos/ellas	habl**an**	*you (pl.) speak; they speak*

*Alternative form for recognition only: **vos hablás**

¿Recuerdas?

In Spanish, the forms of a verb change to show who is performing the action. You have already seen conjugated forms of many verbs, including **llevar (Capítulo 1)**, **ser (Infórmate 1.1)**, **estar (Infórmate 2.2)**, and **tener (Infórmate 2.1)**.

Note that in many cases Spanish verb endings indicate who or what the subject is, so it is not always necessary to mention the subject explicitly. That is why most of the pronouns are in parentheses in the verb tables in this text.

—¿Hablas español?　　　*Do you (inf. sing.) speak Spanish?*
—Sí, y hablo inglés también.　　*Yes, and I speak English too.*

These endings take time to acquire. You can understand and communicate having an incomplete knowledge of them, but they are important. Make sure you use them properly when you write.

B. Following are the present-tense conjugations of the regular **-er** and **-ir** verbs **leer** and **vivir**.

leer (*to read*)		
(yo)	le**o**	*I read*
(tú)	le**es***	*you (inf. sing.) read*
usted, él, ella	le**e**	*you (pol. sing.) read; he/she reads*
(nosotros/as)	le**emos**	*we read*
(vosotros/as)	le**éis**	*you (inf. pl., Sp.) read*
ustedes, ellos/ellas	le**en**	*you (pl.) read; they read*

*Alternative form for recognition only: **vos leés.**

vivir (*to live*)		
(yo)	viv**o**	*I live*
(tú)	viv**es***	*you (inf. sing.) live*
usted, él, ella	viv**e**	*you (pol. sing.) live; he/she lives*
(nosotros/as)	viv**imos**	*we live*
(vosotros/as)	viv**ís**	*you (inf. pl., Sp.) live*
ustedes, ellos/ellas	viv**en**	*you (pl.) live; they live*

*Alternative form for recognition only: **vos vivís.**

By now, you must have noticed that there are two pronouns (**tú, usted**) that both mean *you* and they have different verb forms.

> **Usted** habla inglés. / **Tú** hablas inglés.
>
> **Usted** lee. / **Tú** lees.
>
> **Usted** vive aquí en Berkeley. / **Tú** vives aquí en Berkeley.

Use the pronoun **usted** (when necessary for clarification or emphasis) and the verb form that corresponds to it when addressing professionals (doctors, lawyers, professors), older people, strangers, or people you don't know well. This form shows respect. Use the pronoun **tú** (when necessary for clarification or emphasis) and its corresponding forms when addressing children, young people, your family, friends, and classmates. Remember to use **él** or **ella** (and the corresponding verb forms) to speak *about* someone else and **ellos** or **ellas** (and the corresponding verb forms) to speak *about* other people.

Use **tú** and its corresponding verb forms only when speaking *to* someone, *not* when speaking *about* someone.

Omar, ¿(tú) vives en Ecuador?

but: **Omar vive en Ecuador.**

> You have already seen the familiar pronoun **tú** in activities and exercises. In some Spanish-speaking countries speakers use a different pronoun and verb form to interact with friends and family: **vos. Vos** is used in Argentina, Uruguay, Paraguay, and Costa Rica, so when speakers from those countries talk with friends you will hear them use **vos** forms. For example, Claudia Cuéllar from the **Amigos sin Fronteras** club uses **vos** in the **Amigos sin Fronteras** video, since she is Paraguayan. This same verb form is also used in Guatemala, Honduras, El Salvador, and Nicaragua, although speakers in these countries may also use **tú** and usually do so when talking with their friends from other Spanish-speaking countries. Do not worry about learning the forms for **vos** since in conversation the context will make the meaning clear, and Spanish speakers from countries that use **vos** always understand **tú** verb forms. For more on the forms of **tú** and **vos** see the **¿Sabías que... ?** reading in the *Cuaderno de actividades* and in Connect Spanish.

Ejercicio 6

Estamos en una fiesta del club Amigos sin Fronteras. Completa estas oraciones con la forma correcta del verbo **hablar.**

1. **RADAMÉS:** Eloy, las dos chicas rubias _____ alemán, ¿verdad?
2. **CLAUDIA:** Camila, ¿_____ italiano tu padre?
3. **ANA SOFÍA:** Xiomara y Lucía, ¿vosotras _____ francés?
4. **SEBASTIÁN:** Juan Fernando, ¿tú _____ chino y español?
5. **JUAN FERNANDO:** Sí, yo _____ bien los dos idiomas.
6. **ELOY:** Ángela, ¡usted _____ español muy bien!

Ejercicio 7

Completa estas oraciones con la forma correcta de los verbos indicados.

leer

1. Muchos españoles _____ el periódico *El País*.
2. ¿_____ (tú) muchas novelas?
3. Mi amigo _____ la Biblia todos los días.
4. (Yo) _____ revistas en español.
5. Profesora, ¿_____ usted todas las composiciones de los estudiantes? ¿Es aburrido?

vivir

6. —Juan Fernando, ¿(tú) _____ en México?
   ¿_____ con tus padres?
7. —No, mis padres y yo _____ en Costa Rica. ¿Y tú?
8. Omar, su esposa y sus hijos _____ en Quito, la capital de Ecuador.
9. (Yo) _____ en casa, con mis padres.
10. ¿Ustedes son primos de Xiomara? ¿_____ ustedes en El Salvador?

E n t é r a t e

En los países hispanos, es común que los jóvenes (*young people*) vivan con sus padres mientras (*while*) asisten a la universidad y hasta que (*until*) se casen (*they get married*).

Ejercicio 8

Estas son las actividades de Lucía y algunos miembros del club Amigos sin Fronteras. Escribe las formas correctas del verbo que está entre paréntesis.

1. Estefanía y yo _____ (escribir) muchos mensajes electrónicos.
2. La novia de Eloy siempre _____ (llevar) ropa muy bonita.
3. Mi mamá y yo _____ (limpiar) la casa los sábados.
4. Mis padres _____ (desayunar) juntos por la mañana.
5. Antonella, la hermanita de Camila, _____ (leer) las tiras cómicas todos los domingos.
6. Omar y Marcela no _____ (comer) juntos al mediodía.
7. Yo _____ (hablar) por teléfono con mis padres en Chile. ¡Uso Skype!
8. Carlitos y Maritza _____ (andar) en bicicleta los sábados.
9. Eloy, Camila y Ángela _____ (asistir) a clases de lunes a jueves.
10. Mis amigos, Eloy y Franklin, y yo _____ (escuchar) música hispana en la radio.

3.4 Demonstratives

A. Demonstrative adjectives are normally used to point out nouns (persons, places, or things).

Prefiero terminar **esta tarea** primero.	*I prefer to (I'd rather) finish this homework first.*
Mi hijo quiere leer **estos** dos **libros**.	*My son wants to read these two books.*

Demonstrative adjectives are placed before the noun that they modify and must agree in gender (masculine or feminine) and number (singular or plural) with the noun. They are frequently used with words like **aquí/acá** (*here,* close to the person speaking), **allí** (*there,* at a short distance from the person speaking), and **allá** (*over there,* further from the person speaking and the person listening).

DEMONSTRATIVE ADJECTIVES			
Singular		**Plural**	
aquí/acá (*here* [close to the speaker])			
este libro	*this book*	est**os** libros	*these books*
esta chica	*this girl*	est**as** chicas	*these girls*
allí (*there* [at a short distance from the speaker])			
ese libro	*that book*	es**os** libros	*those books*
esa chica	*that girl*	es**as** chicas	*those girls*
allá (*over there* [further from the speaker and the listener])			
aquel libro	*that book*	**aquellos** libros	*those books*
aquella chica	*that girl*	**aquellas** chicas	*those girls*

B. These demonstrative forms can be used as pronouns as well. They are considered pronouns when they are used instead of the noun. The equivalents of the demonstrative pronouns in English are: *this one, that one* (*there*), *that one* (*over there*); *these, those* (*there*), and *those* (*over there*).

Adjective: Mira, **este** vestido es mi favorito.

Look, this dress is my favorite.

Pronoun: **Este** (or **Éste***) me gusta mucho también, pero no me gustan **aquellos** (or **aquéllos***) de allá.

I like this one a lot too, but I don't like those over there.

Ejercicio 9

En la fiesta del club Amigos sin Fronteras, los miembros preguntan sobre las otras personas que están en la fiesta. Llena los espacios en blanco con adjetivos y pronombres demostrativos.

Singular: **este, ese, aquel; esta, esa, aquella**

Plural: **estos, esos, aquellos; estas, esas, aquellas**

1. —Claudia, ¿cómo se llama _____ chica que está allí con Camila?
   —¿_____ del vestido rojo? Se llama Xiomara y es de El Salvador.

2. —Oye, Eloy, ¿quién es _____ chica tan bonita que está allá en la puerta?
   —¿La chica de pantalones negros? Es mi amiga Claudia. Es muy inteligente. Estudia economía.

3. —¿Y _____ chico que está aquí al lado de los refrescos?
   —Mmm… _____ es Rodrigo, un colombiano que quiere ser miembro del club.

---

*In the past a demonstrative pronoun could be easily recognized because it had a written accent and was not followed by a noun. Today an accent mark is not necessary, and the style of *Tu mundo* is not to include accents on demonstrative pronouns. However, be aware that you will still see accents on these pronouns in many reading sources.

4. —¿Y_____ chicos que están allá en el jardín?

—¿_____ de pelo rubio? No sé, tal vez son amigos de Camila.

5. —Mira _____ chicas que están allí con Eloy. Son bonitas, ¿no?

—¿Cuáles? ¿_____ que llevan pantalones cortos o _____ que llevan vestido?

6. —¿Es amiga de Claudia o de Eloy _____ señora que está aquí con Rodrigo?

—¿_____ de aquí? Es amiga de los dos. Se llama Ángela.

Ejercicio 10

Mira el dibujo y completa las oraciones usando los adjetivos demostrativos correctos, según el dibujo.

1. _____ zapatos son buenos para una mujer que trabaja en una oficina.

2. _____ sandalias son muy cómodas (confortables).

3. _____ zapatos son para un señor que trabaja en una oficina.

4. _____ zapatos son bonitos y muy elegantes.

5. _____ botas son para la lluvia.

6. _____ zapatos de tenis son buenos para caminar y para correr.

Lo que aprendí

After completing this chapter, I can:

☐ ask and answer questions regarding likes and dislikes, as well as various activities.

☐ tell time and say at what time events are scheduled.

☐ find information in schedules and TV guides, and ask or answer questions about this information.

☐ narrate and converse (formally and informally) about daily activities (in the present) and incorporate expressions of frequency.

☐ discuss weather, temperature, and seasons.

☐ name some sports.

Now I also know more about:

☐ Argentina and Uruguay.

☐ the members of the **Amigos sin Fronteras** club.

☐ the 24-hour clock system used in some Hispanic countries.

☐ the use of **vos** instead of **tú** in some Hispanic countries.

☐ the different seasons around the world.

☐ Argentinean cinema.

Vocabulario

Los deportes — Sports

el balón	ball
el casco	helmet
el equipo	team
el fútbol	soccer
el fútbol americano	football
la gimnasia	gymnastics
la gorra	cap
la natación	swimming
el partido	game (*in sports*); match
el patín (*pl.* los patines)	skate(s)
la patineta	skateboard
la pelota	ball
el senderismo	backpacking, hiking
la temporada	sports season

Palabras semejantes: el básquetbol, el bate, el béisbol, el boxeo, el campeón, el ciclismo, la competición, el ejercicio (aeróbico), el maratón, la raqueta, el tenis, el voleibol, el yoga

Las actividades favoritas — Favorite Activities

andar en bicicleta/patineta	to ride a bicycle/skateboard
bailar	to dance
cantar	to sing
comprar	to buy
correr	to run
dar (*irreg.*) un paseo	to go for a walk/stroll
escribir	to write
escuchar (música)	to listen (to music)
hacer (*irreg.*)	to do; to make
hacer ejercicio	to exercise
hacer snowboard	to snowboard
ir (*irreg.*)	to go
ir a casa	to go home
ir a fiestas	to go to parties
ir al cine	to go to the movies
ir de compras	to go shopping
jugar (ue)*	to play
jugar al tenis	to play tennis
jugar (a) videojuegos	to play video games
levantar pesas	to lift weights
nadar	to swim
pasar tiempo	to spend time
pasear	to go for a walk/ride
patinar	to skate
practicar un deporte	to play a sport
salir (*irreg.*) (a bailar)	to go out (dancing)
tocar la guitarra	to play the guitar
tomar el sol	to sunbathe
tomar una siesta	to take a nap
ver (*irreg.*) la televisión / una película	to see; to watch television / a movie
viajar	to travel

Palabras semejantes: acampar, esquiar, surfear

La hora — Time; Hour

¿Qué hora es?	What time is it?
Es la una y media.	It's one thirty.
Son las nueve menos cuarto.	It's eight forty-five / (a) quarter to nine.
Son diez para las siete.	It's ten to seven.
de la mañana/tarde/ noche	in the morning/afternoon/evening
Es medianoche.	It's midnight.
Es mediodía.	It's noon.
y cuarto / menos cuarto	quarter after / quarter till
y media	half past
¿A qué hora (es)?	At what time (is it)?
Es a las once (en punto).	It's at eleven o'clock (sharp).

Palabras semejantes: el minuto

Las actividades diarias — Daily Activities

almorzar (ue)*	to have lunch
asistir (a clases)	to attend (classes)
beber	to drink
caminar	to walk
cenar	to have dinner
charlar	to chat
cocinar	to cook
comer	to eat
desayunar	to have breakfast
descansar	to rest
dormir (ue)*	to sleep
estudiar	to study
lavar (los platos)	to wash (dishes)
leer (el periódico)	to read (the newspaper)
limpiar	to clean
llegar	to arrive
manejar	to drive
mirar (videos)	to look at; to watch (videos)
tomar	to take; to drink
tomar apuntes	to take notes

Las estaciones — Seasons

el invierno	winter
el otoño	fall
la primavera	spring
el verano	summer

El tiempo	Weather
¿Qué tiempo hace?	What is the weather like?
Hace buen/mal tiempo.	The weather is nice/bad.
Hace calor.	It's hot.
Hace fresco.	It's cool.
Hace frío.	It's cold.
Hace sol.	It's sunny.
Hace viento.	It's windy.
Está nublado.	It's overcast (cloudy)
bajo cero	below zero, minus
grado centígrado	degree centigrade
Llueve.	It rains. / It's raining.
Nieva.	It snows. / It's snowing.
la nieve	snow

Palabras semejantes: el clima, la temperatura

¿Cuándo?	When?
después	after
durante	during
los domingos/lunes/martes…	on Sundays/Mondays/Tuesdays …
mientras	while
por la mañana/tarde/noche	in the morning/afternoon/evening
por último	lastly
¿Con qué frecuencia? ¿Cuántas veces?	How often? How many times?
a veces	sometimes
(casi) nunca	(almost) never
con frecuencia	frequently
de vez en cuando	once in a while
diario	daily
siempre	always
todos los días	every day

Las personas	People
el esposo / la esposa	husband/wife
la gente	people
el hijo / la hija	son/daughter
el novio / la novia	boyfriend/girlfriend

Palabras semejantes: el/la detective

La descripción	Description
aquel/aquella	that (over there)
aquellos/as	those (over there)
ese/a	that (there)
esos/as	those (there)
juntos/as	together
loco/a	crazy
peligroso/a	dangerous
primero/a	first
relacionado/a	related
varios/as	several

Palabras semejantes: clásico/a, delicioso/a, diferente, folclórico/a, latinoamericano/a, máximo/a, mínimo/a, musical, nacional, olímpico/a, panamericano/a, popular, posible, típico/a

Repaso: este/a, estos/as

Los verbos	Verbs
buscar	to look for
cambiar	to change
empezar (ie)*	to begin
esperar	to wait
ganar	to win
narrar	to tell a story; to narrate
perder (ie)*	to lose
recoger (recojo)	to pick up
regresar	to return; to come back
saludar	to greet
terminar	to finish
trabajar	to work
ver (irreg.)	to see; to watch

Palabras semejantes: considerar, corresponder, mencionar, practicar, preparar, presentar, representar, textear, visitar

Los adverbios	Adverbs
alrededor	around
especialmente	especially
finalmente	finally
generalmente	generally
normalmente	normally
posiblemente	possibly
rápido	fast
también	also
tarde	late

---

*Verbs marked with vowels in parentheses indicate that these verbs have stem vowel changes when conjugated. You will learn more about stem-changing verbs in **Infórmate 5.2.**

Los lugares	Places
allí/allá	there
aquí/acá	here
la biblioteca	library
la ciudad	city
el gimnasio	gymnasium; gym
el jardín	garden
la librería	bookstore
la montaña	mountain
la parada del autobús	bus stop
la playa	beach
la piscina	pool
la taquería	taco stand
el teatro	theater
la tienda	store

Los sustantivos	Nouns
el agua	water
el árbol	tree
la arroba	@, "at" sign
el canal	channel
la cena	dinner
la comida	food
la dirección (electrónica)	(e-mail) address
la flor	flower
el francés	French
la horchata	rice drink
la jamaica	tropical drink made from hibiscus petals
el juego	game
las noticias	news
la serie	series
la tabla de snowboard	snowboard
la tarea	homework
el tiempo libre	free time
el tipo	type
la vida	life

Palabras semejantes: la acción, el apartamento, el arte, la aventura, la bicicleta (bici), el carro, la conversación, la diferencia, la foto, el hemisferio, la información, el jazz, el kilómetro, la lista, el misterio, la motocicleta (moto), la novela, el parque, la planta, el programa, la programación, el restaurante, el rock, el sándwich, el sitio Web, la transmisión, la universidad, las vacaciones

Los mandatos	Commands
haz	make; do
recuerda	remember

Palabras y expresiones del texto	Words and Expressions from the Text
emparejar	to pair up, match
hacer (*irreg.*) **preguntas**	to ask questions
Háganse preguntas.	Ask each other questions.
por ejemplo	for example

Palabras y expresiones útiles	Words and Useful Expressions
¿adónde?	where to?
algo	something
en casa	at home
en línea	online
para nada	not at all
pero	but
¿por qué?	why?
por teléfono	on the phone
porque	because
pues	well
¿Qué te gusta hacer?	What do you (*inf. sing.*) like to do?
me/nos/les gusta (+ *infin.*)	I/we/they like to (*do something*)
¿Qué le gusta hacer?	What do you (*pol. sing.*) / does he/she like to do?
le gusta (+ *infin.*)	you (*pol. sing.*)/ he/she likes to (*do something*)
según	according to
ya es tarde	it's already late

La familia y los amigos

4

Una familia ecuatoriana en Quito, Ecuador

Upon successful completion of **Capítulo 4,** you will be able to converse about your family, things you own, your daily activities, languages and nationalities of the world, and your plans for the future. You will also be able to express dates and personal information, such as birthdays, addresses, and phone numbers. Additionally, you will have learned about some interesting places and people from Ecuador.

Comunícate

En familia

Las preferencias y los deseos

Hablando de las preferencias y las actividades Hispanos famosos y en forma

Datos personales

Los planes

Actividad integral De vacaciones en Ecuador

Exprésate

Escríbelo tú Planes para el verano próximo

Cuéntanos Mi familia

Entérate

Mundopedia Quito y Mitad del Mundo

Voces ecuatorianas

Conexión cultural Las islas Galápagos, tesoro de la naturaleza

Videoteca
Amigos sin Fronteras, Episodio 4: El nuevo equipo de fútbol

Mi pais: Ecuador

Infórmate

4.1 Possession: **tener, ser de,** and Possessive Adjectives

4.2 The Verbs **preferir** and **querer** + Infinitive

4.3 Question Formation

4.4 Making Plans: **pensar, tener ganas de,** and **ir a** with Activities and Places

www.connectspanish.com

ECUADOR

Amigos sin Fronteras

www.connectspanish.com

In this episode, our friends enjoy some of their favorite activities. They also receive a surprise from another member of the club, one who lives far away.

una calle colonial

el Teatro Nacional Sucre

la Iglesia de San Francisco

QUITO

ECUADOR

el Malecón

Guayaquil

Cuenca

la Catedral de la Inmaculada Concepción

las islas Galápagos

Conócenos

Omar Acosta Luna es ecuatoriano, tiene veintinueve años y estudia en Ecuador. Le gusta escuchar música, pasar tiempo con la familia y jugar al fútbol. Su esposa se llama Marcela Arellano Macías y sus hijos se llaman Carlos Antonio (Carlitos) y Maritza.

Mi país

Omar Acosta Luna

Comunícate

En familia

Lee *Infórmate 4.1–4.3*

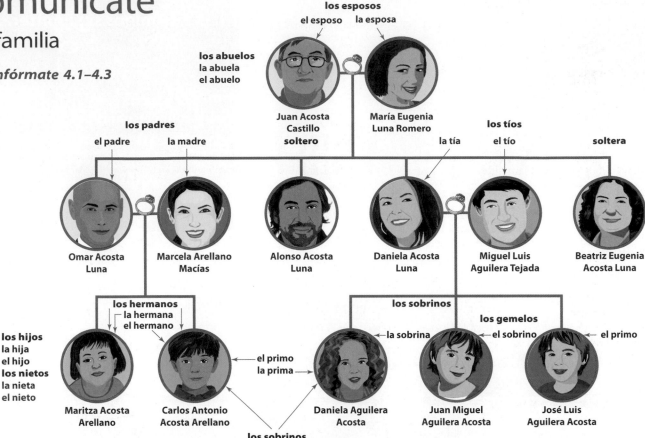

La familia Acosta

los esposos
el esposo   la esposa

los abuelos
la abuela
el abuelo

Juan Acosta Castillo **soltero**

María Eugenia Luna Romero

los padres
el padre   la madre

los tíos
la tía   el tío   soltera

Omar Acosta Luna

Marcela Arellano Macías

Alonso Acosta Luna

Daniela Acosta Luna

Miguel Luis Aguilera Tejada

Beatriz Eugenia Acosta Luna

los hermanos
la hermana
el hermano

los sobrinos
los gemelos
la sobrina   el sobrino   el primo

los hijos
la hija
el hijo
los nietos
la nieta
el nieto

el primo
la prima

Maritza Acosta Arellano

Carlos Antonio Acosta Arellano

Daniela Aguilera Acosta

Juan Miguel Aguilera Acosta

José Luis Aguilera Acosta

los sobrinos

💍 = casados

Infórmate

The plural **hermanos** can include sisters as well. It is the same with all members of the family: **padres** (padre/papá, madre/mamá), abuelos (abuelo, abuela), tíos (tío, tía), primos (primo, prima), sobrinos (sobrino, sobrina).

Actividades de comunicación

Actividad 1 La familia Acosta

A. ¿Cierto o falso? Contesta según el dibujo.

1. La esposa de Miguel Luis se llama Daniela.
2. Juan y María Eugenia tienen cuatro hijos: tres hijos y una hija.
3. Marcela es hermana de Omar.
4. Alonso es soltero, pero su hermano Omar es casado.
5. Daniela y Juan Miguel Aguilera Acosta son idénticos porque son hermanos gemelos.
6. Beatriz Eugenia y Alonso son tíos; tienen cinco sobrinos.
7. María Eugenia tiene cinco nietos en total, tres nietos y dos nietas.
8. Maritza no tiene primas.
9. Omar y Marcela son los padres de Maritza y Carlos Antonio.
10. Los abuelos de Juan Miguel se llaman Juan Acosta Castillo y Daniela Aguilera Acosta.

Entérate

¿Recuerdas la información sobre los nombres hispanos en **Mundopedia, Capítulo 1?** Muchos hispanos usan dos nombres y también usan dos apellidos, el de su padre primero y después el de su madre. En los documentos legales, es necesario usar los dos apellidos.

B. Con tu compañero/a, hagan y contesten preguntas según el dibujo de la familia Acosta Luna.

MODELO: E1: ¿Cómo se llama *el hermano de Omar, Daniela y Beatriz Eugenia*?

E2: Se llama *Alonso*.

E1: ¿Cuántos *hermanos* tiene *Maritza*?

E2: Tiene *uno*.

La familia es muy importante en Ecuador.

Actividad 2 Una conversación sobre tu familia

Habla con tu compañero/a sobre tu familia.

1. —¿Cómo te llamas?
   —Me llamo _____.

2. —¿Cómo se llama tu padre (madre, hermano/a, abuelo/a)?
   —Mi _____ se llama _____.

3. —¿Cuántos hermanos (primos, tíos, abuelos, nietos) tienes?
   —Tengo _____ hermano(s) (primo[s], abuelo[s], nieto[s]).

4. —¿Eres casado/a o soltero/a? ¿Tienes hijos?
   —Soy _____. Tengo _____ hijos. (No tengo hijos.)

Actividad 3 ¿De quién es... ?

Contesta las preguntas según los dibujos.

Andrés

Ángela

Nayeli

MODELOS: ¿De quién es *el libro*?
Es de *Ángela*.

¿Quién tiene *dos gatos*? ¿Cómo son?
Andrés. Un gato es anaranjado y perezoso, uno es gris y negro y simpático.

Franklin

Eloy

Pecas

Chulis

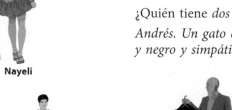

$300,00
$45,00
$499,99

Omar

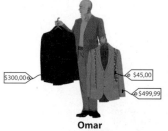

Carlitos   Maritza

$49,49

Lucía

1. ¿De quién son los trajes nuevos? ¿De qué color son?
2. ¿Quién tiene dos libros? ¿Cómo son (los libros)?
3. ¿Quiénes tienen bicicletas nuevas?
4. ¿De quién son los perros? ¿Cómo son?
5. ¿De quién es el coche nuevo? Descríbelo.
6. ¿Quién tiene un vestido de fiesta? ¿Cómo es?

Actividad 4 ¿Qué tengo?

Charla con tu compañero/a sobre tus mascotas, tu carro y otras cosas que tienes.

1. —¿Tienes mascota(s)?

   —Sí, tengo un(a) _____ perro (gato, pájaro, pez, tortuga). (No, no tengo mascota.)

2. —¿Cómo se llama(n) tu(s) mascota(s)?

   —Se llama(n) _____.

3. —¿Cómo es? (¿Cómo son?)

   —Mi _____ es _____. (Mis _____ son _____.)

4. —¿Tienes carro? (*motocicleta, bicicleta, patineta*)

   —Sí, tengo un _____ (*Ford, Toyota, Volvo*). / No, no tengo *carro*.

   Tengo una _____. (*motocicleta, bicicleta*)

5. —¿Cómo es tu *carro*? (*motocicleta, bicicleta*)

   —Mi *carro* (*motocicleta, bicicleta*) es _____.

Las preferencias y los deseos

Lee *Infórmate 4.2*

Los planes para el sábado

Eloy quiere salir a cenar, pero Susan, su novia, prefiere ir a un concierto.

Claudia quiere ir al cine, pero Xiomara prefiere ver videos en YouTube.

Omar y su esposa quieren descansar, pero sus hijos prefieren jugar en el parque.

Actividad 5 Mis preferencias

A. Escribe tus preferencias en la siguiente tabla.

¿Prefieres...?	NINGUNA ACTIVIDAD No me gusta... *ninguna de las dos actividades.*	UNA ACTIVIDAD Prefiero... *nadar en el mar.*	LAS DOS ACTIVIDADES Me gustan mucho... *las dos actividades* pero prefiero *nadar en el mar.*
1. ¿hacer ejercicio en un gimnasio o correr al aire libre?			
2. ¿pasear o estar en casa?			
3. ¿textear o tuitear (*tweet*)?			
4. ¿leer el periódico en línea o ver las noticias en televisión?			
5. ¿escuchar música en tu iPod o ir a un concierto?			
6. ¿salir de vacaciones en tu país o en otro?			
7. ¿leer un libro electrónico o uno tradicional?			
8. ¿cocinar o salir a cenar?			
9. ¿ir al cine o ver películas en casa?			
10. ¿ver fotos en tu iPhone o en una página de Facebook?			

B. Ahora conversa con tu compañero/a sobre tus preferencias.

> **MODELO:** **E1:** ¿Prefieres *nadar en la piscina o en el mar?* →
>
> **E2:** Prefiero *nadar en el mar.* (Me gustan mucho las dos actividades pero prefiero *nadar en el mar.* / No me gusta ninguna de las dos actividades.)

Actividad 6 Situaciones

¿Qué quieres hacer en las siguientes situaciones? Conecta cada situación con una actividad o inventa una actividad original.

SITUACIONES

1. Esta noche hay una fiesta del club Amigos sin Fronteras.
2. Hay una nueva película de mi actor favorito.
3. Mañana hay un examen muy difícil en mi clase de español.
4. El fin de semana próximo es el cumpleaños de mi mamá.
5. ¡Necesito unas vacaciones!
6. Hoy es mi cumpleaños.
7. Necesito hacer un poco de ejercicio.
8. Hay mucha tarea en mis clases.
9. ¡Mi (teléfono) móvil es muy viejo!
10. Hoy es un día muy bonito y estoy con mis amigos en el parque.

QUIERO...

a. comprar un regalo especial para ella.
b. celebrarlo con mi familia.
c. nadar en el mar (la piscina).
d. ir al gimnasio.
e. comprar ropa nueva para la fiesta.
f. ir al cine para ver su película.
g. hacer mi tarea todos los días.
h. comprar un modelo nuevo.
i. hacer un picnic (tener una merienda).
j. viajar a Argentina.
k. estudiar mucho esta noche.
l. ¿ ?

> **Infórmate**
>
> In Spanish, **este** and **esta** are used with upcoming time periods.
>
> **este fin de semana**
> this (coming) weekend
>
> **esta primavera**
> this (coming) spring
>
> To say *tonight* in Spanish, follow the same rule: **esta noche.** See section B of **Infórmate 4.4** for more examples.

Infórmate

Numbers that tell order are called *ordinal numbers.*

primero/a first

segundo/a second

tercero/a third

cuarto/a fourth

quinto/a fifth

sexto/a sixth

séptimo/a seventh

octavo/a eighth

noveno/a ninth

décimo/a tenth

Ordinal numbers are adjectives. In Spanish they typically precede the noun they modify and they must agree with the noun.

el segund**o** grupo / la primer**a** preferencia

Note that **primero** and **tercero** drop the final **-o** when they are in front of a masculine noun.

el **primer** chico / el **tercer** lugar

Actividad 7 Los gustos diarios

A. Conversa con tu compañero/a sobre los gustos diarios de los adolescentes y los adultos en Ecuador.

> **MODELO:**   **E1:** ¿Cuál es la *cuarta* preferencia de los *jóvenes* ecuatorianos?
>
>   **E2:** *Textear a los amigos.*
>
>   **E1:** ¿Y de los *adultos?*
>
>   **E2:** Los adultos *prefieren leer libros y revistas.*

LOS GUSTOS DIARIOS DE LOS ADOLESCENTES ECUATORIANOS
Por orden de preferencia

1° Pasar tiempo con los amigos · 2° Escuchar música en su iPod · 3° Jugar un deporte · 4° Textear a los amigos · 5° Usar el Internet en un cibercafé · 6° Ir al cine · 7° Tomar un refresco en un café · 8° Salir a bailar

LOS GUSTOS DIARIOS DE LOS ADULTOS ECUATORIANOS
Por orden de preferencia

Pasar tiempo con la familia · Pasear en la plaza · Salir de vacaciones · Leer libros y revistas · Ver la televisión · Ir de compras · Ir de visita · Comer pizza en casa con amigos

B. Ahora, decide qué actividades prefieres tú. En una hoja de papel, escribe seis actividades o más que te gusta hacer **en casa,** seis o más que te gusta hacer **fuera de casa,** y otras seis o más que te gusta hacer **en línea.** Escribe **primera, segunda, tercera,** etcétera, para indicar el orden de tus preferencias. Luego, conversa con tu compañero/a y pregúntale cuáles son sus preferencias en cada situación.

> **MODELO:**   **E1:** ¿Qué prefieres hacer *en casa (fuera de casa / en línea): cocinar, hablar por teléfono, leer libros, tocar la guitarra, pasar tiempo con tus amigos o ver la televisión?*
>
>   **E2:** Prefiero *ver la televisión.*
>
>   **E1:** ¿Es tu primera preferencia?
>
>   **E2:** Sí.
>
>   **E1:** ¡Es mi primera preferencia también! / Yo prefiero leer libros. ¿Y tu segunda preferencia?

ACTIVIDADES

andar en bicicleta/monopatín/ motocicleta	hacer ejercicio	subir fotos a mi Instagram
	ir al cine	textear
bailar	ir de compras	tocar la guitarra / el piano
cocinar	leer el correo electrónico	tuitear
comentar en Facebook	leer el periódico	ver fotos
correr al aire libre	leer libros	ver la televisión
dormir	leer revistas y blogs	ver videos
escuchar música	mandar mensajes	¿ ?
hablar por teléfono	pasar tiempo con los amigos	

Actividad 8 Una invitación

Conecta frases de las cuatro columnas para formar preguntas. Luego conversa con tu compañero/a.

> **MODELO:**   **E1:** ¿Te gusta *nadar*?
>
> **E2:** Sí, me gusta mucho.
>
> **E1:** ¿Quieres *nadar* en la piscina pública *el domingo*?
>
> **E2:** ¿A qué hora?
>
> **E1:** A *las cuatro de la tarde.*
>
> **E2:** Perfecto. Nos vemos *el domingo* a *las cuatro de la tarde.*

Actividades	¿Dónde?	Día	Hora
acampar	en el centro		a las 9:00 de la mañana
correr	en el Cine Ocho y Medio		a las 10:00 de la mañana
ir a conciertos (ir a un concierto)	en el club Seseribó	el lunes	a las 2:00 de la tarde
ir a fiestas	en el parque Alameda	el martes	a las 4:00 de la tarde
ir de compras	en el restaurante Hasta la Vuelta Señor	el miércoles	a las 7:30 de la tarde
nadar	en el Teatro Nacional Sucre	el jueves	a las 8:00 de la noche
salir a bailar	en la casa de un amigo	el viernes	a las 8:30 de la noche
salir a cenar	en la montaña	el sábado	a las 10:00 de la noche
ver una película	en la piscina pública	el domingo	¿ ?
¿ ?	¿ ?		

Actividad 9 El fin de semana

A.   Conversa con tu compañero/a.

GENERALMENTE LOS FINES DE SEMANA…

1. ¿Sales con tus amigos? ¿Prefieres ir al cine o ir a un club?
2. ¿Trabajas? ¿Hasta qué hora?
3. ¿Cenas en un restaurante? ¿Prefieres cenar en un restaurante familiar o en uno elegante? ¿Cuál es tu favorito?
4. ¿Lees un libro o prefieres visitar páginas de Facebook? ¿Juegas a las cartas?
5. ¿Te gusta ir a fiestas o dar fiestas? ¿Por qué?

ESTE FIN DE SEMANA…

1. ¿Quieres practicar algún deporte? ¿Cuál prefieres?
2. ¿Quieres ver la televisión? ¿Qué programas te gustan?
3. ¿Quieres ir de compras? ¿Adónde? ¿Qué quieres comprar?
4. ¿Quieres ir a una fiesta? ¿Con quién(es)?
5. ¿Quieres estudiar? ¿Dónde prefieres estudiar? ¿Con quién(es)?

B.   Ahora… ¡conversa con tu profe!

1. ¿Quiere usted practicar algún deporte este fin de semana? ¿Cuál prefiere?
2. ¿Quiere ver la televisión? ¿Qué programas le gustan?
3. ¿Quiere ir de compras? ¿Adónde?
4. ¿Prefiere salir a cenar o comer en casa? ¿Cuál es su restaurante favorito?
5. ¿Prefiere leer o ver una película? ¿Qué tipo de libros prefiere leer? ¿Qué tipo de películas le gustan?

Hablando de las preferencias y las actividades

HISPANOS FAMOSOS Y EN FORMA[a]

Muchos tenemos curiosidad cuando vemos a la gente famosa en la televisión y en el cine. ¿Cómo se mantiene delgada y en buena forma? ¿Qué hace todos los días? ¿Hace ejercicio? ¿Qué prefiere comer? ¿Tienes curiosidad por saber la respuesta? Entre los hispanos de fama internacional, algunos —como Jennifer López, Penélope Cruz y Shakira— tienen un régimen bastante estricto que obviamente da buenos resultados. ¡Lee y entérate!

Jennifer López es famosa por su figura… y por estar en tan[b] buena forma pocos meses después de tener gemelos. ¿Cuál es su secreto? Es una mujer muy atlética: baila, corre, boxea, levanta pesas y hace ciclismo[c] casi todos los días. En el gimnasio prefiere hacer ejercicios específicos para cada parte del cuerpo y hace cada uno solamente por cinco minutos. Claro que tiene una dieta balanceada de fruta fresca, verduras,[d] proteínas magras[e] y grasas saludables;[f] también come otras cosas pero con moderación y bebe ocho vasos de agua todos los días. Dice que parte de su secreto es que no fuma,[g] no bebe alcohol ni consume drogas.

La cantante colombiana Shakira

Shakira también tiene un cuerpo muy bien formado pero su rutina es muy diferente: tiene sesiones de entrenamiento[h] seis días por semana: sesenta minutos de pesas y cuarenta de danza cardio, con una nueva rutina cada diez días. También es aficionada[i] a la danza del vientre,[j] que es parte de su cultura libanesa. Su entrenadora[k] dice que no es suficiente hacer ejercicio; es necesario comer bien. Shakira prefiere comer proteínas magras, frutas y legumbres. Muy importante, come porciones pequeñas durante todo el día para mantener el metabolismo activo. Y, finalmente, en su dieta no está permitido beber alcohol ni café con cafeína, ni fumar, ni comer dulces.

Penélope Cruz es otra actriz famosa que vemos delgada meses después de tener un hijo. Ella dice que prefiere comer comida[l] saludable y hacer ejercicio, que ese es su secreto. En su opinión, es suficiente comer con prudencia; no cree en[m] las dietas para nada. Recomienda, sí, comidas bajas en (con pocas) calorías y, al igual que otras estrellas de Hollywood, no cocina; prefiere pedir los alimentos al servicio de provisión de comida[n] *NutriFit*. Este servicio provee tres comidas balanceadas y tres tentempiés[ñ] saludables al día. Penélope también tiene una rutina de ejercicio muy similar a la de Shakira: pesas y baile cardio. Es más, cuando es posible, Cruz prefiere entrenarse con baile porque es su pasión. Hay días que no pasa tiempo en el gimnasio pero asiste a clases de pilates y yoga.

¿Qué opinas tú? ¿Prefieres hacer ejercicio o tener una dieta saludable o las dos cosas?

---

[a]*shape* [b]*such* [c]*cycling* [d]*vegetables* [e]*lean* [f]*grasas… healthy fats* [g]*smoke* [h]*training* [i]*fan* [j]*la… belly dancing* [k]*trainer* [l]*food* [m]*no… she doesn't believe in* [n]*provisión… catering* [ñ]*snacks*

Datos personales

Lee *Infórmate 4.3*

Red estrella | Inicio | Perfil | Mensajes | Gente | Juegos   Buscar 🔍   Subir fotos

Omar Acosta Luna

Información

Mis sitios

www.teatrosucre.org
www.ochoymedio.net
www.in-quito.com

Mis páginas ▽

Blog de Jorge
Blog de Eloy

Mis redes ▽

Pontífica
Universidad
Católica del Ecuador

Club Amigos sin
Fronteras

Información   Editar perfil ✎

Personal

Estudios: Pontífica Universidad Católica del Ecuador (MBA), Colegio Americano de Quito

Cumpleaños: 31 de octubre

Edad: 29

Lugar de nacimiento: Quito, Ecuador

Nacionalidad: ecuatoriano

Estado civil: casado con Marcela Arellano Macías, dos hijos

Idiomas: español e inglés

Empleo: Seguros Pichincha, S. A.

Contacto

Dirección: Barrio González Suárez, Quito, Ecuador

Número de teléfono: (móvil) (593 9) 8705312

Dirección electrónica: oacostal@puce.edu.ec

Fotos ▽   Mis álbumes ▽ (4)

Ver todas (128)
Subir foto

Mis amigos

Xiomara   Ana Sofía   Sebastián   Claudia

Posibles amigos
Verlas todas

Infórmate

100 cien	600 seiscientos
101 ciento uno	700 s**e**tecientos
133 ciento treinta y tres	800 ochocientos
200 doscientos	900 n**o**vecientos
300 trescientos	1.000 mil
400 cuatrocientos	2.000 dos mil
500 **qui**nientos	2.014 dos mil catorce

Los famosos del mundo

Di cuál es la nacionalidad de estas personas famosas y qué idioma(s) hablan.

MODELO: Antonio Valencia / Ecuador →
Antonio Valencia es ecuatoriano y habla español.

PERSONA	PAÍS
1. Mariela Castro	Cuba
2. Dilma Rousseff	Brasil
3. David Beckham	Inglaterra
4. Vladimir Putin	Rusia
5. François Hollande	Francia
6. Salma Hayek	México
7. Helen Caldicott	Australia
8. Heidi Klum	Alemania
9. Yao Ming	China
10. Shirin Ebadi	Irán
11. El rey Juan Carlos de Borbón	España

Dieter Schmidt es alemán y habla alemán.

Gina Magnani es italiana y habla italiano.

Masato Yamaguchi y Sadao Nakamura son japoneses y hablan japonés.

País	Nacionalidad	Idioma
Alemania	alemán, alemana	alemán
Australia	australiano/a	inglés
Brasil	brasileño/a	portugués
Canadá	canadiense	inglés, francés
China	chino/a	chino
Estados Unidos	estadounidense	inglés
Francia	francés, francesa	francés
Inglaterra	inglés, inglesa	inglés
Irak	iraquí	árabe
Irán	iraní	persa
Italia	italiano/a	italiano
Japón	japonés, japonesa	japonés
Rusia	ruso/a	ruso

Entérate

En español los nombres de los países llevan mayúscula (**I**talia, **R**usia), pero las nacionalidades y los idiomas no (**i**taliano/a, **i**taliano; **r**uso/a, **r**uso).

Actividad 11 El pasaporte

A. Mira el pasaporte de Omar y contesta las preguntas de tu profesor(a).

B. Eres turista y tu compañero/a es agente de inmigración. Contesta las preguntas que el «agente» te hace. **OJO:** En el aeropuerto, el agente usa las formas de **usted** por respeto.

1. ¿Cómo se llama usted?
2. ¿De qué país es?
3. ¿Qué idioma(s) habla usted? (inglés, español, etcétera)
4. ¿Cuál es su fecha de nacimiento? (¿Cuándo nació?)
5. ¿Cuál es su lugar de nacimiento? (¿Dónde nació?)
6. ¿Cuál es su estado civil? (¿Es usted soltero/a, casado/a, divorciado/a o viudo/a?)
7. ¿Cuál es su dirección? (¿Dónde vive?)
8. ¿Cuál es su número de teléfono móvil?

COMUNIDAD ANDINA
REPUBLICA DEL ECUADOR

PASAPORTE
PASSPORT
PASSEPORT

República del Ecuador
L84 55816 18359

PASAPORTE

Apellido: _Acosta Luna_
Nombre: _Omar_
Estado civil: _casado_
soltero/a, casado/a, viudo/a, divorciado/a
Fecha de nacimiento: ___31___ _octubre_ _1985_
                 día   mes   año
Lugar de nacimiento: ___Quito, Ecuador___
                   ciudad país
Ciudadanía: ___ecuatoriana___
Fecha de expedición: ___10___ _diciembre_ _2014_
               día   mes   año
Fecha de vencimiento: ___10___ _diciembre_ _2024_
               día   mes   año
Firma: _Omar Acosta Luna_

E<Ecuador<<<<ACOSTA LUNA <<<<<<<<<<<<<<L84558168359<<<<<<<<<<<<<

Actividad 12 Las fechas de nacimiento

Di cuándo y dónde nacieron estas personas.

MODELO: **E1:** ¿Cuándo nació *Nayeli Rivas Orozco*?

E2: Nació *el veintiséis de julio de 1996* (*mil novecientos noventa y seis*).

E1: ¿Dónde nació?

E2: Nació en *México, D.F., México.*

Vocabulario útil

año

década

siglo

Infórmate

Remember that the date in Spanish is ordered as follows: day-month-year.

2-1-1971 / 2-I-1971 = **el dos de enero de 1971 (mil novecientos setenta y uno)**

12-10-2009 / 12-X-2009 = **el doce de octubre de 2009 (dos mil nueve)**

NOMBRE	FECHA DE NACIMIENTO	LUGAR DE NACIMIENTO
Eloy Ramírez Ovando	el quince de enero de 1993	Los Ángeles, California
Franklin Sotomayor Sosa	el dos de mayo de 1986	Quebradillas, Puerto Rico
Nayeli Rivas Orozco	el veintiséis de julio de 1996	México D.F., México
Lucía Molina Serrano	el trece de junio de 1991	Valparaíso, Chile
Xiomara Asencio Elías	el dieciséis de septiembre de 1994	Langley Park, Maryland, EE.UU.
Jorge Navón Rojas	el quince de abril de 1993	Mérida, Venezuela

Actividad 13 Los datos personales

Conversa con tu compañero/a sobre sus datos personales.

E1: Hola, _____ ¿cómo estás?

E2: Muy bien, ¿y tú?

E1: Bien, bien. Oye, necesito tu dirección y otros datos personales.

E2: Sí, claro. Yo también.

E1: ¿Dónde vives?

E2: Vivo en la calle _____, número _____. ¿Y tú?

E1: Vivo en la calle _____, número _____. ¿Cuál es tu dirección electrónica?

E2: Es _____ @ _____. ¿Y la tuya (tu dirección electrónica)?

E1: Es _____ @ _____. ¿Y tu número de móvil (teléfono celular)?

E2: Es el _____. ¿Y el tuyo (tu número)?

E1: Es el _____.

E2: ¿Estás en Facebook?

E1: Claro, más tarde te invito. Prefiero estar en contacto así.

> **Entérate**
>
> En el mundo hispano las palabras para *e-mail* varían: **correo electrónico, correo e, email, mail, emilio.**
> El símbolo @ es **arroba** en español, y el « . » es **punto.**

> **Infórmate**
>
> tuyo/a(s) *yours*
> mío/a(s) *mine*

Los planes

Lee *Infórmate 4.4*

> **Entérate**
>
> Gabriela Alemán (1968–) es una escritora (*writer*) ecuatoriana, autora de varios libros de cuentos y de la novela *Poso Wells* (2007).

Marcela habla de los planes de su familia para el fin de semana

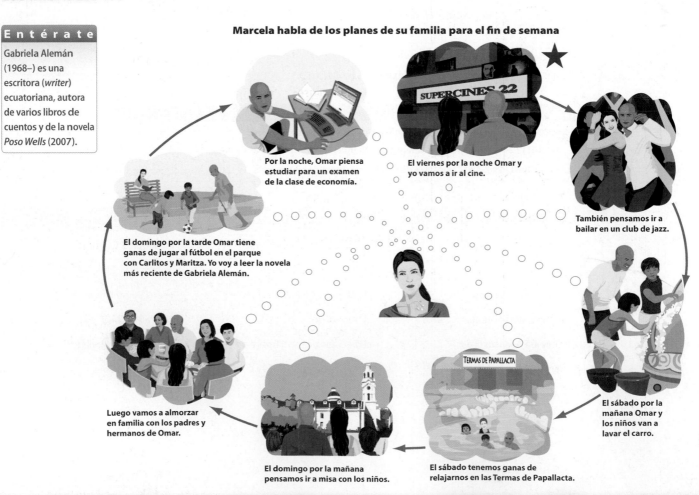

Por la noche, Omar piensa estudiar para un examen de la clase de economía.

El viernes por la noche Omar y yo vamos a ir al cine.

También pensamos ir a bailar en un club de jazz.

El domingo por la tarde Omar tiene ganas de jugar al fútbol en el parque con Carlitos y Maritza. Yo voy a leer la novela más reciente de Gabriela Alemán.

El sábado por la mañana Omar y los niños van a lavar el carro.

Luego vamos a almorzar en familia con los padres y hermanos de Omar.

El domingo por la mañana pensamos ir a misa con los niños.

El sábado tenemos ganas de relajarnos en las Termas de Papallacta.

Actividad 14 Conversación sobre los planes

Conversa con tu compañero/a sobre lo que ustedes van a hacer en las siguientes ocasiones.

> MODELO: E1: ¿Qué vas a hacer *en tu próximo cumpleaños*?
>
> E2: Voy a *salir a cenar con mi familia.* ¿Y tú?
>
> E1: ¿Yo? Pienso / Tengo ganas de / Voy a…

Ocasiones	Actividades	
durante las próximas vacaciones	acampar	ir de compras
el próximo fin de semana	bucear	leer un buen libro
el próximo verano/mes/año	descansar	nadar en un lago/río
el viernes por la noche	dormir	salir a cenar
en tu próximo cumpleaños	escribir emails	subir fotos a Facebook
hoy, después de clase,	estudiar	trabajar
mañana por la noche	ir a la playa	ver la televisión
	ir al cine	¿ ?
	ir a muchas fiestas	

¿Recuerdas?

mañana	tomorrow
la mañana	(the) morning
por la mañana	in the morning
mañana por la mañana	tomorrow morning

Actividad 15 Los planes

Habla con tu compañero/a de tus planes, los planes de tus amigos y los de tu familia. Usa las frases de **Y tú, ¿qué dices?** para reaccionar.

> MODELO: E1: Durante las vacaciones, pienso *viajar*.
>
> E2: ¿Con quién?
>
> E1: Con mi mejor amiga.
>
> E2: ¡Qué divertido! Yo voy a *pasar tiempo con mis abuelos.*

1. Mañana por la mañana (yo) voy a…
2. El viernes por la noche mis amigos y yo pensamos…
3. El domingo por la tarde (yo) tengo ganas de…
4. La semana próxima mis hermanos van a…
5. Durante las vacaciones (yo) pienso…
6. El día de su cumpleaños mi madre tiene ganas de…
7. Este invierno/verano mi novio/a va a…
8. Hoy después de clase los estudiantes tienen ganas de…

Y tú, ¿qué dices?

¿A qué hora?	¿Dónde?	¡Qué divertido!
¿Con quién?	¡Qué aburrido!	Yo también.
¿Cuándo?	¡Qué buena idea!	Yo no.

Vocabulario útil

- **bailar en un club**
- **bucear**
- **dar una fiesta**
- **descansar**
- **dormir**
- **esquiar/hacer snowboard**
- **estudiar mucho**
- **ir al cine**
- **jugar a las cartas**
- **jugar al tenis**
- **leer una novela**
- **levantar pesas**
- **limpiar la casa**
- **pasar tiempo con…**
- **patinar en el hielo**
- **practicar un deporte**
- **reparar el carro**
- **salir a cenar**
- **salir de vacaciones**
- **trabajar en el jardín**
- **viajar**
- **¿ ?**

Actividad integral

De vacaciones en Ecuador

Imagínate que tú y tu compañero/a están de vacaciones en Ecuador. Omar les manda algunas recomendaciones de una guía turística. Mira las recomendaciones y el modelo y luego conversa con tu compañero sobre lo que quieren hacer.

MODELO: **E1:** ¿Qué vas a hacer hoy?

E2: *Esta mañana* pienso visitar *el Museo de Ciencias Naturales.*

E1: Tal vez voy a ir también. *¿Cuánto cuesta la entrada?*

E2: Cuesta *cuatro dólares solamente.*

E1: *¿Cuál es la dirección?*

E2: *Rumipamba sin número, Parque La Carolina.*

<table>
<tr><td>PREGUNTAS</td><td>RESPUESTAS</td></tr>
<tr><td>¿Dónde?</td><td>En el Parque El Ejido. / En el restaurante Marcus.</td></tr>
<tr><td>¿Cuánto cuesta la entrada?</td><td>Cuesta cuatro dólares. / No dice.</td></tr>
<tr><td>¿Cuál es el precio promedio?</td><td>Es veinticuatro dólares. / No dice.</td></tr>
<tr><td>¿Cuál es la dirección?</td><td>Calle/Avenida…</td></tr>
<tr><td>¿Cuál es la especialidad?</td><td>Es el ceviche arcoiris.</td></tr>
<tr><td>¿Cuál es la fecha de su fundación/ construcción?</td><td>Se funda/construye en el 2008.</td></tr>
<tr><td>¿Cuándo es?</td><td>Es en marzo o en abril. / Es del veintidós al veinticinco de junio.</td></tr>
<tr><td>¿Qué cosas interesantes hay?</td><td>Hay música, danza, poesía, comedia y artesanía.</td></tr>
</table>

Actividades posibles

almorzar (en), andar en bicicleta, cenar (en)…, comprar artesanías, escuchar la música de, ir al carnaval, ir al parque, ver el desfile de… (la Mama Negra, Inti Raymi), ver un volcán activo, visitar un museo / la catedral

La catedral y los museos

La Catedral de Quito: Construida entre 1562 y 1572, es la catedral más antigua de Sudamérica pero tiene muchas reparaciones a causa de los terremotos.

Museo Convento de San Diego: Escuela quiteña del siglo XVIII; arte religioso
Dirección: Calicuchima 117 y Farfán
Horario: todos los días de 9:30 a 13:00
Teléfono: 2 95 25 16
Costo: Gratuito

Museo de Ciencias Naturales: Investiga la diversidad de la flora y la fauna para su conservación.
Dirección: Rumipamba s/n* Parque La Carolina
Horario: lunes a viernes de 9:00 a 13:00 y de 14:00 a 16:30 horas
Sábados: De 9:00 a 13:00 horas
Teléfono: 244 98 24
Costo: USD 4

Festivales

Carnaval en Quito: desfile con danzantes, música, poetas. Es tiempo para festividades y diversión (y una dosis de descontrol). Festividades en marzo y abril; va con el calendario religioso católico.

La Mama Negra: en Latacunga a ochenta kilómetros de Quito, a veinticinco kilómetros del volcán Cotopaxi. Fiesta de influencias indígenas (maya, inca y aymara), españolas y africanas en homenaje a la Virgen de las Mercedes. Desfiles, música, danza, poesía, comedia y artesanía.

Inti Raymi: en quechua (idioma de los incas); es la resurrección del sol (en español): tres días de fiesta en junio (22–24), durante el solsticio de invierno. La gente celebra con desfiles, música tradicional y lleva ropa de colores vivos, tradicional de los incas. Se celebra en la provincia de Imbabura.

*Read **s/n** as **sin número:** the building does not have a street number.

Parques y giras (*tours*)	Restaurantes
Valle de Guayllabamba: Tiene especies animales de las diversas zonas del Ecuador: por ejemplo, una variedad de pájaros como el cóndor, símbolo de la nacionalidad ecuatoriana.	**Hasta la Vuelta Señor… Fonda quiteña:** Fundado en 2003. Especialidades: churrasco del padre, gallo de la catedral
Parque La Carolina: juegos infantiles, botes y pistas de *bicicross*	*Dirección:* Calle Chile OE-422 y Venezuela, en el centro histórico. *Horario:* lunes a jueves y sábado: 11:00 a 23:00; viernes 11:00 a 24:00; domingo 11:00 a 16:00 *Teléfonos:* 290 12 14, 223 64 47 *Precio promedio:* USD 15
Parque El Ejido: Los fines de semana: exposición artesanal y mercado de artesanías. Está en el centro de la ciudad.	
Volcán Cotopaxi con Giras Mágicas: gira de un día al volcán activo más alto del mundo, 5.897 metros (19.347 pies) sobre el nivel del mar. Sale de Quito.	**Marcus:** Fundado en 2008. Comida fusión e internacional; especialidades: ensalada del Che, ceviche arcoiris, carpaccio de portobello, wonton Marcus
Costo: USD 225, incluye transporte, guía y dos comidas *Teléfono:* 293 19 47	*Dirección:* Diego de Robles y Pampite s/n* *Horario:* lunes a sábado 12:00 a 23:00; domingo 12:30 a 15:30 *Teléfonos:* 297 18 48, 297 18 47 *Precio promedio:* USD 24

Exprésate

ESCRÍBELO TÚ

Planes para el verano próximo

Escribe sobre tus preferencias y planes para el verano próximo. Primero, haz una lista de las actividades que vas a hacer. Luego, escoge las dos actividades más importantes o más divertidas. Tu composición va a tener cuatro párrafos (*paragraphs*). El primer párrafo va a ser una introducción general con todas las actividades que quieres hacer. Al final de este párrafo, menciona las dos más importantes o divertidas. Los próximos dos párrafos van a tener una descripción de esas dos actividades. Después, el cuarto párrafo va a ser tu conclusión: un resumen (*summary*) de tus planes. Lee y completa la actividad entera en el *Cuaderno de actividades* o en Connect Spanish.

CUÉNTANOS

Mi familia

Cuéntanos sobre dos de tus hermanos, primos o amigos. Di brevemente cómo son (su físico y su personalidad). ¿Estudian? ¿Tienen muchos amigos? Luego habla de lo que hace cada uno todos los días o los fines de semana para divertirse. ¿Va(n) al cine? ¿Juega(n) al tenis/fútbol/béisbol? ¿Actualiza(n) su página de Facebook? Finalmente, cuéntanos sobre sus planes. ¿Qué va(n) a hacer el verano próximo? ¡A conversar!

Entérate

Mundopedia

Quito y Mitad del Mundo°

Mitad... *Middle of the World*

En Ecuador hay **lugares** muy hermosos. Hay varios volcanes —el Pichincha, el Chimborazo y el Cotopaxi— entre ellos, todos cerca de la capital. También hay lugares naturales en la costa y en las montañas donde hay una gran biodiversidad. Las ciudades de Ecuador son **bellas** e interesantes. Dos de ellas son ahora sitios que la UNESCO declara Patrimonio Cultural de la Humanidad[a]: Quito en 1978 y Cuenca en 1999.[b]

QUITO, LA CAPITAL

Quito, la capital, es una ciudad colonial. Los españoles la fundan en el siglo XVI en las ruinas de una ciudad inca. Está en los Andes, a una altitud de 2.850 metros (9.200 pies) **sobre el nivel del mar**. Tiene solamente dos **estaciones**, una **seca** y una **lluviosa**. Su clima es agradable, no hace ni mucho frío ni mucho calor.

La UNESCO nombra a Quito Patrimonio de la Humanidad porque su arquitectura es la mejor conservada de las Américas. **A pesar de** un fuerte **terremoto** en 1917 y otros más recientes, esta ciudad tiene el centro histórico menos alterado de toda Latinoamérica. También ofrece un gran número de atractivos turísticos: naturaleza, cultura, gastronomía muy variada y, sobre todo, la **calidez** de su gente.

EL TELEFÉRICO

Para apreciar la ciudad y sus alrededores, Quito tiene un teleférico que sube **desde** la falda del volcán Pichincha, a 2.950 metros sobre el nivel del mar, **hasta** Cruz Loma a 4.050 metros. Durante el viaje de aproximadamente diez minutos, se pueden ver la ciudad, los valles y los

Vista de Quito desde el TelefériQo (combinación de **teleférico** y **Quito**)

volcanes cubiertos de nieve. En las **estaciones** del teleférico hay restaurantes, artesanías, áreas para el arte y la cultura, un parque de atracciones y mucho más.

Vocabulario de consulta	
lugares	places
bellas	**bonitas**
sobre el nivel del mar	above sea level
estaciones	seasons; stations
seca	dry
lluviosa	rainy
A pesar de	In spite of
terremoto	earthquake
calidez	warmth
desde... hasta	from . . . to
alrededores	outskirts
sentir	to feel

[a]Patrimonio... *World Heritage* [b]En Ecuador, además de Quito y Cuenca, otros dos lugares son declarados también Patrimonio Cultural de la Humanidad: el Parque Nacional Sangay (1983) y las islas Galápagos (1978 y 2001).

MITAD DEL MUNDO

Muy cerca de Quito, al norte, está la ciudad Mitad del Mundo. Ecuador, como su nombre lo indica, está sobre la línea del ecuador, que cruza al norte de Quito. En Mitad del Mundo puedes poner un pie en el hemisferio norte y otro en el hemisferio sur. Fantástico, ¿no?

Vale la pena visitar Quito y sus **alrededores**. En esa bella ciudad hay muchas cosas que hacer y lugares que visitar. Además, como dice la UNESCO, la comida es excelente y los ecuatorianos son personas cálidas y amistosas. En Ecuador te vas a **sentir** como en tu casa.

COMPRENSIÓN

¿Cierto o falso?

1. En Quito hay dos estaciones, la estación seca y la estación lluviosa.
2. No hay atractivos turísticos en Quito.
3. No es posible comer en las estaciones del TeléféricQo.
4. Mitad del Mundo está cerca de la capital de Ecuador.
5. Mitad del Mundo está en el hemisferio sur.

Voces ecuatorianas

andar chiro/a = no tener dinero	**un(a) guambra* = un(a) joven**
la caleta = la casa	**shunsho* = tonto/a**
camellar = trabajar	**el taita* = el padre**
un(a) gato/a = una persona de ojos verdes o azules	**la tutuma = la cabeza**

*palabras de origen quechua

CONEXIÓN CULTURAL

LAS ISLAS GALÁPAGOS, TESORO DE LA NATURALEZA

Las islas Galápagos, la inspiración para la teoría de la evolución de Charles Darwin y para su famoso libro *El origen de las especies,* forman un archipiélago de islas volcánicas a 972 kilómetros al oeste de Ecuador. Son parte de este país sudamericano desde 1832. Están sobre el ecuador y en la zona hay una gran variedad de flora y fauna terrestre y marina. Lee la lectura «Las Galápagos, tesoro de la naturaleza» en el *Cuaderno* de *actividades* o en Connect Spanish y ¡descubre mucho más sobre este fascinante lugar!

Videoteca

Amigos sin Fronteras
Episodio 4: El nuevo equipo de fútbol

Resumen

En el centro estudiantil, Ana Sofía y Eloy juegan al tenis con el programa Wii. Radamés y Claudia animan a (*cheer*) los jugadores. Reciben una llamada de Omar Acosta, nuevo miembro del club, por Skype. Omar es de Ecuador y les anuncia que va a viajar a Berkeley en marzo. Al final, los cuatro amigos del club deciden jugar al fútbol.

Preparación para el video

A. ¡Comencemos! Mira la foto y contesta las preguntas.
1. ¿Cómo se llaman las personas que juegan al tenis con el Wii?
2. ¿Cómo se llaman las otras dos personas?
3. ¿Son jóvenes todas estas personas?

Comprensión del video

B. La idea principal Indica la idea principal del video.
a. Claudia es dominante.
b. Eloy es un buen tenista.
c. Los amigos del club hacen muchas actividades juntos: juegan al Wii y al fútbol, y hablan por Skype con otros miembros.

Vocabulario de consulta	
¡Dale!	*Go on!*
¡Fuera de aquí!	*Get out of here!*
Piensa	*She thinks*
dominante	*domineering*
¡Ándale, chamaca!	*Go for it, girl!*
buena gente	*a good person*
¡Por fin voy a conocerlo!	*I'm finally going to meet him!*
ciudad	*city*
va ganando	*(she) is winning*
asistir a un congreso	*attend a conference*
Se fue la luz	*The lights went out*
perdimos	*we lost*

C. ¿Cierto (C) o falso (F)?

1. Para Eloy y Ana Sofía es divertido jugar al tenis con el Wii.
2. Claudia dice que Radamés distrae a los tenistas.
3. Radamés dice que Claudia es mandona (*bossy*).
4. A Carlitos, el hijo de Omar, le gusta jugar con el Wii en la casa de sus amigos.
5. Ana Sofía dice que ella es excelente en el fútbol.
6. Los chicos van a formar un equipo de fútbol con los otros miembros del club.

D. Detalles Contesta las preguntas según el video.

1. ¿De qué país son los padres de Radamés?
2. ¿Cómo se llama el hijo de Omar?
3. ¿Qué deporte prefiere jugar Ana Sofía en el Wii?
4. Cuando se apagan las luces, ¿los chicos siguen charlando (*keep talking*) con Omar o salen del centro estudiantil?
5. ¿Qué van a hacer los miembros del club los viernes por la tarde, antes de cenar en Picante?

Mi país ECUADOR

lo

Comprensión

Las islas Galápagos

1. ¿En qué ciudad vive Omar?
2. ¿Qué país está al sur y al este de Ecuador?
3. ¿Cuántos grupos indígenas viven en Ecuador?
4. ¿En qué ciudad hay un mercado indígena, que a Marcela le gusta visitar?
5. ¿Cuál es la ciudad favorita de Carlitos, el hijo de Omar?
6. ¿Qué son Quilotoa y Cotopaxi?
7. ¿Adónde piensa llevar a sus hijos en octubre?
8. ¿Qué deporte le gusta mucho a Omar?

Infórmate

4.1 Possession: **tener, ser de,** and Possessive Adjectives

Just like English, Spanish has several ways of expressing possession. Unlike English, however, Spanish does not add an apostrophe + -s to words.

A. The simplest way of expressing possession is to use the verb **tener** (*to have*). Like the verb **ser, tener** is classified as an irregular verb because of changes in its stem.* The endings that attach to the stem, however, are regular. The forms of **tener** are: **tengo, tienes, tiene, tenemos, tenéis, tienen.**** See **Infórmate 2.1** for a chart of the verb **tener.**

| —Profesor Sotomayor, ¿**tiene** usted un automóvil nuevo? | *Professor Sotomayor, do you have a new automobile?* |
| —Sí, **tengo** un Prius verde. | *Yes, I have a green Prius.* |

B. The verb **ser** (*to be*) followed by the preposition **de** (*of*) can also be used to express possession. The equivalent of the English word *whose* is **¿de quién?** (literally, *of whom?* or *to whom?*)

| —**¿De quién es** el cuaderno? | *To whom does the notebook belong?* |
| —**Es de** Claudia. | *It's Claudia's. / It belongs to Claudia.* |

> English: 's
> Miguel**'s** new car
> Juana**'s** friends
> Spanish: **de** + *person*
> el carro nuevo **de Miguel**
> los amigos **de Juana**
>
> *Mary's father*
> (El) padre **de** Mary

C. The preposition **de** (*of*) followed by the masculine article **el** (*the*) contracts to **del** (*of the*).

> **de + el = del**
> **de + la** remains **de la**

| —**¿De quién es** el suéter? | *Whose sweater is this?* |
| —**Es del** profesor. | *It's the professor's.* |

The other combinations of **de** + article do not contract: **de la, de los, de las.**

| Los ojos **de la** niña son bonitos. | *The girl's eyes are pretty.* |
| Los libros **de los** estudiantes son nuevos. | *The students' books are new.* |

D. Possession can also be indicated by using possessive adjectives. The particular adjective you choose depends on the owner. However the adjective itself, like other Spanish adjectives, agrees in gender and number with the word it describes, that is, with the *object owned*, not with the owner.

> Remember that you will acquire much of this material in time as you listen to and read Spanish.

¿**Mi** padre? Tiene los ojos castaños.	*My father? He has brown eyes.*
Camila, **tu** hermana pequeña es bonita.	*Camila, your little sister is pretty.*
Nuestra casa nueva es muy grande.	*Our new house is very large.*
Mi falda es vieja, pero **mis** zapatos son nuevos.	*My skirt is old but my shoes are new.*
Carlitos y Maritza tienen una casa grande. **Su** casa es grande.	*Carlitos and Maritza have a big house. Their house is big.*
Eloy, ¿**tus** hermanos son gemelos?	*Eloy, are your siblings twins?*
Carlitos y Maritza tienen dos tías y un tío. **Sus** tías son muy divertidas.	*Carlitos y Maritza have two aunts and one uncle. Their aunts are a lot of fun.*

---

*See **Infórmate 3.3** for more information on verb stems.
Alternative form for recognition only: **vos tenés.

SINGULAR POSSESSION (One Item)					PLURAL POSSESSION (Multiple Items)				
Singular Owner		**Plural Owner**			**Singular Owner**		**Plural Owner**		
mi	abrigo	nuestro	abrigo		mis	abrigos	nuestros	abrigos	
	camisa	nuestra	camisa			camisas	nuestras	camisas	
tu	abrigo	vuestro	abrigo		tus	abrigos	vuestros	abrigos	
	camisa	vuestra	camisa			camisas	vuestras	camisas	
su	abrigo	su	abrigo		sus	abrigos	sus	abrigos	
	camisa		camisa			camisas		camisas	

su = *his, her, your, their* (one item/person)

sus = *his, her, your, their* (multiple items/people)

Keep in mind that the pronoun **su(s)** can have various meanings: *your* (polite, singular or plural), *his, her, its,* or *their.* The context normally clarifies to whom **su(s)** refers.

Camila no vive con **sus** padres.   *Camila doesn't live with her parents.*

In Spanish, when we say **(los) señores** plus a last name it usually means *Mr. and Mrs.* Use **los** when talking *about* the couple.

Buenos días, señores Acosta.   *Good morning, Mr. and Mrs. Acosta.*

Los señores Acosta van a la fiesta.   *Mr. and Mrs. Acosta are going to the party.*

Los señores Acosta no tienen **su** carro aquí.   *Mr. and Mrs. Acosta don't have their car here.*

Generally speaking, use **usted** and **su(s)** when addressing a person by his or her last name.

Señor Rodríguez, ¿es usted mexicano? ¿Y **sus** padres?   *Mr. Rodríguez, are you Mexican? And your parents?*

When using a first name to address someone, use **tú** and **tu(s).**

Omar, **tu** amiga es chilena, pero **tú** y **tus** padres son ecuatorianos, ¿no?   *Omar, your friend is Chilean but you and your parents are Ecuadorian, aren't you?*

Ejercicio 1

Di qué tienen estas personas. Usa las formas del verbo **tener.**

MODELO: Omar **tiene** un traje negro muy elegante.

1. Mi esposo y yo _____ un coche viejo.
2. Camila _____ una falda blanca muy bonita.
3. Claudia, tú no _____ hermanos, ¿verdad?
4. (Yo) _____ muchos amigos generosos.
5. Eloy y Claudia no _____ hijos, ¿verdad?

Ejercicio 2

Di de quién son estas cosas.

    MODELO: Eloy / sombrero → El sombrero *es de* Eloy.

1. Franklin / carro
2. Marcela / blusa
3. Eloy / perros
4. Xiomara / lentes
5. Rodrigo / saco
6. Carlitos y Maritza / bicicletas

Ejercicio 3

Completa estas oraciones con la forma apropiada del adjetivo posesivo: **mis(s)**, **tu(s)**, **su(s)** o **nuestro(s)/nuestra(s)**.

    MODELO: Omar, ¿dónde están *tus* hijos ahora?

1. **MARITZA:** Carlitos, esa es mi bicicleta. ¿Dónde está _____ bicicleta?
   CARLITOS: ¿_____ bicicleta? Está en casa de los abuelos.
2. —Señores Piatelli, ¿dónde están _____ hijas?
   —_____ hijas, Camila y Antonella, están en casa.
3. **ELOY:** Sebastián, _____ reloj es muy elegante. ¿Es nuevo?
   SEBASTIÁN: Sí es nuevo pero es de Daniel. _____ reloj es muy viejo y feo.
4. Un amigo de mis padres trabaja en _____ jardín los sábados porque ¡nosotros somos muy perezosos!
5. **ÁNGELA:** Claudia, ¿no tienes _____ móvil aquí? ¿Quieres usar mi iPhone?
   CLAUDIA: Gracias, Ángela, eres muy generosa. _____ móvil está en casa de Eloy.
6. Mírame los pies, ¿te gustan _____ nuevos zapatos de tenis?
7. Claudia, me gustan mucho _____ ojos; son grandes y bonitos.
8. Cuando necesita más espacio, papá usa el coche de mamá porque _____ carro es pequeño.
9. Franklin, quiero conocer a _____ amigos del club Amigos sin Fronteras.
10. Mi hermano menor prefiere jugar conmigo y con _____ amigos pero a nosotros no nos gusta porque (él) es muy joven.

conmigo	with me
contigo	with you

Ejercicio 4

Completa los diálogos con la forma apropiada del adjetivo posesivo.

    MODELO: **RODRIGO:** Eloy, ¡qué bonita es *tu* amiga!
              ELOY: Sí, y es muy inteligente también.

1. **RODRIGO:** Eloy, _____ perro, Popi, es muy inteligente.
   ELOY: Gracias, pero no es mi perro. Es el perro de mi primo. _____ perros se llaman Chulis y Pecas y son muy inteligentes también.

2. ESTEFANÍA: Ana Sofía, ¿tienen auto _____ padres?

ANA SOFÍA: Sí, _____ padres tienen un Seat rojo.

3. ELOY: ¿Cómo se llama _____ esposa?

OMAR: _____ esposa se llama Marcela.

4. ABUELA: Camila y Antonella, ¡qué bonitas son _____ faldas! ¿Son nuevas?

CAMILA: Sí, abuelita. Y _____ blusas son nuevas también.

4.2 The Verbs **preferir** and **querer** + Infinitive

The verbs **preferir** (*to prefer*) and **querer** (*to want*) are used to express preferences and desires. When used to express a preference or desire to do something, they are followed by an infinitive, that is, a verb form that ends in **-ar** (for example, **hablar**), **-er** (**comer**), or **-ir** (**vivir**). As in English, infinitives tell you what the action is but not who does it or when. When **preferir** is followed by an infinitive, the meaning is often *would rather*.

Omar quiere hablar por teléfono pero yo prefiero textear.	*Omar wants to talk on the phone but I would rather text.*

preferir (*to prefer*) STEMS: **prefer-, prefier-***			querer (*to want*) STEMS: **quer-, quier-***		
(yo)	**prefiero**	*I prefer*	(yo)	**quiero**	*I want*
(tú)	**prefieres****	*you (inf. sing.) prefer*	(tú)	**quieres†**	*you (inf. sing.) want*
usted, él/ella	**prefiere**	*you (pol. sing.) prefer; he/she prefers*	usted, él/ella	**quiere**	*you (pol. sing.) want; he/she wants*
nosotros	**preferimos**	*we prefer*	(nosotros/as)	**queremos**	*we want*
vosotros	**preferís**	*you (inf. pl., Spain) prefer*	(vosotros/as)	**queréis**	*you (inf. pl., Spain) want*
ustedes, ellos/ellas	**prefieren**	*you (pl.) prefer; they prefer*	ustedes, ellos/ellas	**quieren**	*you (pl.) want; they want*

*Note that these verbs have two stems. (Recall that the stem of the verb is what is left after you remove the endings **-ar, -er,** and **-ir.**) One stem, **quier-/prefier-,** is used for four forms (**yo, tú, usted/él/ella,** and **ustedes/ellos/ellas**) and the other one, **quer-/prefer-,** for two (**nosotros** and **vosotros**).

Alternative form for recognition only: **vos preferís.

†Alternative form for recognition only: **vos querés.**

You can also use **querer** and **preferir** followed by infinitives to talk about future actions in Spanish.

Quiero ir a casa de mi abuela.	*I want to go to my grandma's house.*
Prefiero ir mañana por la tarde.	*I prefer to go tomorrow afternoon.*

Ejercicio 5

Di qué quieren o prefieren hacer estas personas. Sigue el modelo.

MODELO: En las fiestas Claudia y Lucía *prefieren* bailar, pero esta noche Lucía *quiere* escuchar música.

1. Mis amigos _____ jugar al golf los fines de semana, pero yo _____ jugar al fútbol ahora.

2. Los estudiantes _____ escuchar música en clase y no estudiar, pero la profesora _____ mostrar (*show*) un video sobre Manuela Cañizares, una heroina de la independencia de Ecuador.

3. Omar _____ descansar después de trabajar un día largo, pero sus hijos y su esposa _____ ir al parque La Carolina.

4. ¡Qué problema! Tú _____ ver una película pero yo _____ dormir porque estoy cansado.

5. Xiomara y Camila _____ salir a cenar esta noche pero Eloy y Rodrigo _____ quedarse en casa para ver un partido de fútbol.

Ejercicio 6

Completa los deseos y preferencias que expresan estas personas en las siguientes oraciones. Usa las formas correctas de los verbos **querer** y **preferir**. Usa primero el verbo **querer** y luego el verbo **preferir**.

1. CLAUDIA Y CAMILA: Nosotras _____ ir al cine esta noche, ¿y ustedes?

   ELOY Y RODRIGO: No, nosotros _____ salir a bailar salsa.

2. EL ABUELO DE XIOMARA: Nieta querida, yo _____ viajar a Berkeley para visitarte.

   XIOMARA: Ay, no abuelo, yo _____ viajar a El Salvador para estar con la familia.

3. —Camila, ¿_____ (tú) hacer la tarea de matemáticas en mi casa esta noche?

   —No, gracias, Claudia, (yo) _____ quedarme en casa porque hace mal tiempo.

4. —Omar, ¿qué _____ hacer el domingo, ver la televisión o jugar al golf?

   —Pues no me gusta ninguna de las dos actividades. _____ dormir hasta las nueve.

5. —Chicos, ¿_____ ustedes tener el examen hoy o el lunes?

   —Profesora, (nosotros) _____ tener el examen el lunes, gracias.

4.3 Question Formation

You have already seen and heard many questions in Spanish.

¿Cómo se llama usted?	¿Es alto Eloy?
¿Dónde vives?	¿Habla usted español?
¿Cuándo nació Lucía?	¿Tienes hijos?
¿Eres (tú) sincera?	¿Qué día es hoy?
¿Cuánto cuesta el vestido?	¿Cuántos años tienes?

A. As you learned in **Capítulo 1**, statements in Spanish are normally formed by using a subject, then the verb, and then an object and/or description.

Omar tiene dos hijos muy activos.

subject verb   object   adjective

Camila es   rubia.

subject verb adjective

Negative statements are formed by using a negative immediately before the verb.

Ana Sofía **no** tiene hijos.   *Ana Sofía doesn't have kids.*

Juan Fernando **no** es muy alto.   *Juan Fernando isn't very tall.*

B. Questions are usually formed by placing the subject after the verb. The object and/or any description can either follow or precede the subject.*

¿Es joven Jorge?	*Is Jorge young?*
¿Eres (tú) trabajadora, Estefanía?	*Estefanía, are you (a) hardworking (person)?*
¿Tienes (tú) hermanos, Ana Sofía?	*Ana Sofía, do you have brothers and sisters?*
¿Quieres (tú) un nuevo móvil para el día de tu cumpleaños?	*Do you want a new cell phone for your birthday?*
¿Nació en julio Radamés?	*Was Radamés born in July?*

¿Recuerdas?

When asking a question of a friend, family member or classmate, use the corresponding verb form for **tú.**

Xiomara, **¿tienes** los ojos castaños **(tú)**?

When asking a question of an older person, a person of respect such as a doctor, professor, lawyer, or a stranger, use **usted** and the corresponding verb form.

Profesora Johnson-Muñoz, **¿es usted** casada?

C. Another way to ask questions is to use interrogative words: **¿Qué?, ¿Cuándo?, ¿(De) Quién?, ¿Dónde?, ¿Cuántos/as?, ¿Cómo?, ¿Cuál?, ¿Por qué?** These words are placed before the verb to create questions.

¿Cuántos hermanos tienes, Eloy?	*How many brothers and sisters do you have, Eloy?*
¿Dónde vive Ana Sofía?	*Where does Ana Sofía live?*
¿Cuándo nació usted?	*When were you born?*
¿Por qué no hablamos inglés en clase?	*Why don't we speak English in class?*
¿Qué prefieres hacer esta noche?	*What do you prefer to do tonight?*
¿Cuál es más bonito?	*Which one is prettier?*
¿De quién es este libro?	*Whose book is this?*

> **¿Qué?** = *What?*
>
> **¿Cuándo?** = *When?*
>
> **¿Quién(es)?** = *Who?*
>
> **¿De quién?** = *Whose?*
>
> **¿Dónde?** = *Where?*
>
> **¿Cuánto/a/os/as?** = *How much? / How many?*
>
> **¿Cómo?** = *How?/What?*
>
> **¿Cuál(es)?** = *Which?/What?*
>
> **¿Por qué?** = *Why?*
>
> Note that question words always have a written accent.

Note that additional words, such as *does* or *do,* are not used when turning a statement into a question in Spanish.

D. As you learned in **Capítulo 1 (Infórmate 1.4),** answers to yes/no questions are regular statements preceded by the word **sí** or the word **no.** A negative answer can have one or two negative words, depending on whether you are simply answering the question or offering the correct information as well.

Q: ¿Vive Omar en Ecuador?	*Does Omar live in Ecuador?*
A: **Sí,** Omar vive en Ecuador.	*Yes, Omar lives in Ecuador.*
Q: ¿Tiene un Prius negro Franklin?	*Does Franklin have a black Prius?*
A: **No,** Franklin **no** tiene un Prius negro. / **No,** tiene un Prius verde.	*No, Franklin does not have a black Prius. / No, he has a green Prius.*

---

*Questions with the verb **gustar** (see **Infórmate 3.1**) are slightly different. The question starts with a pronoun and then the verb **gustar** and places a phrase at the end: **A Lucía le gusta cantar.** → **¿Le gusta cantar a Lucía?; A los estudiantes les gustan las fiestas.** → **¿Les gustan las fiestas a los estudiantes?**

Q: ¿Es delgada Lucía?	*Is Lucía thin?*
A: **Sí,** Lucía es delgada.	*Yes, Lucía is thin.*
Q: ¿Hablan español ellas?	*Do they speak Spanish?*
A: **No,** (ellas) **no** hablan español. /	*No, they do not speak Spanish. /*
No, (ellas) hablan portugués.	*No, they speak Portuguese.*

Ejercicio 7

Convierte las siguientes oraciones en preguntas de **sí** o **no.**

> **MODELO:** Claudia y Camila son amigas. → ¿Son amigas Claudia y Camila?

1. Ángela es una estudiante muy buena.
2. Juan Fernando Chen Gallegos habla chino.
3. Estefanía y Ana Sofía son amigas.
4. Eloy tiene dos perros.
5. Nosotros somos amigos en Facebook.

Entérate

En español, para indicar respeto para una persona mayor, con frecuencia se usan los títulos **don** y **doña** delante de su nombre.

Don Antonio y **doña** Estela son los padres de Eloy.

Doña Estela es la madre y **don** Antonio es el padre.

Ejercicio 8

Imagínate que vas a conocer a algunos miembros del club Amigos sin Fronteras y a sus padres, pero no sabes qué preguntarles. Usa las sugerencias de Omar para formar preguntas. Usa las formas correctas de **tú, usted** o **ustedes.**

> **MODELOS:** Pregúntale a don Antonio Ramírez si *va en coche al trabajo.* →
> Don Antonio, ¿va (usted) en coche al trabajo?
> Pregúntales a Juan Fernando y a Eloy si *estudian medicina.* →
> Juan Fernando, Eloy, ¿estudian medicina ustedes? / ¿estudian ustedes medicina?

1. Pregúntales a Claudia y Camila si toman mucho café cuando estudian.
2. Pregúntale a doña Estela Ovando Hernández si cocina todos los días.
3. Pregúntale a Jorge si hace ejercicio en un gimnasio.
4. Pregúntale a Franklin si trabaja por la noche.
5. Pregúntale al señor Calvo (el padre de Sebastián) si ve la televisión durante el día.

Remember to place the question words before the verb and the object.

Ejercicio 9

Convierte las siguientes oraciones en preguntas. Usa **¿Qué?, ¿Cuándo?, ¿Dónde?, ¿Cuántos/as?,** o **¿Cómo?**

> **MODELO:** Jorge tiene veintiún años. → ¿Cuántos años tiene Jorge?

1. Juan Fernando y su familia viven en Costa Rica.
2. Juan Fernando habla chino y español. (idiomas)
3. La fiesta es el viernes.
4. Omar y Marcela tienen dos hijos.
5. Radamés nació el veintiséis de julio de 1990.
6. El padre de Eloy se llama Antonio Ramírez del Valle.

¿Recuerdas?

You already know that the verbs **querer** and **preferir**, followed by infinitives, are commonly used to talk about future actions in Spanish (**Infórmate 4.2**).

4.4 Making Plans: **pensar, tener ganas de,** and **ir a** with Activities and Places

A. The most common way of expressing future plans is to use the verb **ir** (*to go*) plus the preposition **a** (*to*) followed by an infinitive (for example, **hablar, leer, vivir**). **Pensar** and **tener ganas de,** followed by an infinitive, are also used to express plans. These constructions are commonly referred to as the *informal future*, because Spanish has another future tense, generally reserved for talking about longer-term future plans.*

—¿Qué **vas a hacer** (tú) mañana?	*What are you going to do tomorrow?*
—**Voy a esquiar.**	*I am going to ski.*
—¿Qué **piensan hacer** ustedes este fin de semana?	*What are you planning to do this weekend?*
—**Pensamos ir** al cine.	*We're planning to go to the movies.*
—¿Qué **tienen ganas de hacer** Rodrigo y Sebastián después de la clase?	*What do Rodrigo and Sebastián feel like doing after class?*
—**Tienen ganas de jugar** al básquetbol.	*They feel like playing basketball.*

---

tener ganas de + infinitivo = *to feel like* (*doing something*)

—¿Qué tienes ganas de hacer el viernes por la noche?	*What do you feel like doing Friday night?*
—Tengo ganas de ir al cine contigo.	*I feel like going to the movies with you.*

You have already seen the forms of the verb **tener (Infórmate 2.1).** Here are the forms of the verbs **pensar** and **ir.**

pensar (*to think about, plan on doing something*)		
(yo)	pienso	*I am planning to*
(tú)	piensas**	*you* (inf. sing) *are planning to*
usted, él/ella	piensa	*you* (pol. sing.) *are planning to; he/she is planning to*
(nosotros/as)	pensamos	*we are planning to*
(vosotros/as)	pensáis	*you* (inf. pl., Sp.) *are planning to*
ustedes, ellos/ellas	piensan	*you* (pl.) *are planning to; they are planning to*

---

pensar = *to think*

pensar + *infinitive* = *to think about, plan on doing* (*something*)

¿Qué piensas hacer después de clases?	*What are you planning to do after school?*
Pienso ir a la biblioteca y luego voy a trabajar.	*I'm planning to go to the library, and then I'm going to work.*

---

*You will learn how to form the future tense in **Infórmate 15.1.**

Alternative form for recognition only: **vos pensás.

ir (*to go*)		
(yo)	**voy**	*I am going, I go*
(tú)	**vas***	*you (inf. sing.) are going, you go*
usted, él/ella	**va**	*you (pol. sing.) are going, you go; he/she is going, he/she goes*
(nosotros/as)	**vamos**	*we are going, we go*
(vosotros/as)	**vais**	*you (inf. pl., Sp.) are going, you go*
ustedes, ellos/ellas	**van**	*you (pl.) are going, you go; they are going, they go*

> **ir** = *to go*
>
> **ir a** + *infinitivo* = *to be going to do something* (*in the future*)
>
> **¿Qué vas a hacer esta noche?**   *What are you going to do tonight?*
>
> **Voy a estudiar.**   *I'm going to study.*

> The present-tense forms of **ir** are: **voy, vas, va, vamos, vais, van.** These verb forms can mean *going* or simply *go(es)*.

B. **¿Adónde?** ([*To*] *Where?*) is used to ask where someone is going. The verb **ir** (*to go*), followed by the preposition **a** (*to*), is used to express the idea of movement toward a location. Note that **a** + **el** contracts to **al** (*to the*). There is no similar contraction with the other articles: **a la, a los, a las.**

—**¿Adónde vas?**   *Where are you going?*

—**Voy a la** piscina.   *I am going to the (swimming) pool.*

—**¿Adónde van** ustedes los sábados?   *Where do you go on Saturdays?*

—**Vamos al** trabajo y luego **vamos a la** biblioteca para estudiar.   *We go to work and then we go to the library to study.*

The expression **ir** + **a** + location, when used with an expression of time, which indicates when you are going. Here are some ways to express future time. (Remember that the days of the week are masculine.)

esta noche	*tonight*	**el sábado próximo**	*next Saturday*
este viernes	*this Friday*	**la semana próxima**	*next week*
este fin de semana	*this weekend*	**el mes próximo**	*next month*
esta primavera	*this spring*	**el año próximo**	*next year*

Vamos al restaurante Hasta la Vuelta Señor **la semana próxima.**   *We're going to the restaurant Hasta la Vuelta Señor next week.*

Ellas **van a** Europa **esta primavera.**   *They are going to Europe this spring.*

Ejercicio 10

Lee las conversaciones de algunos miembros del club Amigos sin Fronteras y completa las oraciones con las formas correctas del verbo **ir** + la preposición **a.**

MODELO: —¿Qué *va a* hacer Sebastián mañana?

—Sebastián *va a* hacer ejercicio en el parque.

---

*Alternative form for recognition only: **vos vas.**

When using **ir** to refer to future events, don't forget to include the preposition **a.**

1. —Ángela, ¿qué _____ hacer tú después de la clase?
   —(Yo) _____ ir de compras con una amiga.

2. —¿Y qué _____ hacer Franklin y Estefanía?
   —Franklin _____ trabajar y Estefanía _____ estudiar.

3. —¿Y qué _____ hacer ustedes?
   —Nosotros _____ ir al cine.

4. —Jorge, ¿cuándo _____ estudiar tú?
   —¿Yo? _____ estudiar más tarde, probablemente esta noche.

5. —Y tú Eloy, ¿cuándo _____ hacer la tarea para la clase de biología?
   —(Yo) _____ hacer mi tarea mañana por la mañana.

Ejercicio 11

Completa las oraciones con las formas correctas de **pensar** y **tener ganas de.**

pensar

1. Juan Fernando _____ viajar a México este verano.

2. Xiomara y Lucía _____ asistir a clases durante la mañana y trabajar durante la tarde.

3. —¿Qué _____ hacer tú esta noche?

4. —Yo _____ ir al cine con mi novio.

tener ganas de

5. Eloy y su novia _____ salir a bailar este fin de semana.

6. —En Año Nuevo, ¿_____ dar una fiesta tú?

7. —Sí, mi familia y yo _____ dar una fiesta muy grande. ¿Y tú?

8. —¿Yo? ¡ _____ ir a una fiesta! No me gusta dar fiestas; soy perezosa.

ir a + *infinitivo*	Voy a esquiar.
pensar + *infinitivo*	Pensamos ir al cine.
tener ganas de + *infinitivo*	Tienen ganas de jugar al básquetbol.

Ejercicio 12

¿Adónde van estas personas? Completa las oraciones con la forma apropiada del verbo **ir** + **al** o **a la.**

MODELO: (Tú) *vas al* trabajo después de las clases.

1. Mis hermanos siempre _____ cine los sábados.

2. (Yo) Siempre _____ biblioteca a estudiar.

3. Claudia, (tú) ¿_____ playa para tomar el sol y nadar?

4. Juan Fernando y sus amigos siempre _____ restaurante que está cerca de su casa a cenar.

5. (Nosotros) _____ librería para comprar el nuevo Kindle.

6. Ángela _____ supermercado a comprar fruta todos los días.

7. Mi abuelo _____ discoteca para bailar los sábados por la noche.

8. El profesor Sotomayor _____ oficina de su amigo a trabajar.

Lo que aprendí

After completing this chapter, I can:

☐ ask and answer questions to express the date and personal information.

☐ describe family relationships.

☐ express ownership in different ways.

☐ ask and answer questions regarding preferences and desires.

☐ list the order of things using ordinal numbers.

☐ express numbers up to 2,000 and beyond.

☐ talk about future plans.

Now I also know more about:

☐ Ecuador

☐ some famous Hispanics.

Vocabulario

La familia	Family
el abuelo / la abuela	grandfather/grandmother
el gemelo / la gemela	twin
el hermano / la hermana	brother/sister
la madre	mother
el nieto / la nieta	grandson/granddaughter
el padre	father
los padres	parents
el primo / la prima	cousin
el sobrino / la sobrina	nephew/niece
el tío / la tía	uncle/aunt
Repaso: la mamá, el papá	

La posesión	Possession
¿De quién(es)?	Whose?
mi (s)	my
nuestro/a, nuestros/as	our
su(s)	his/her; your (*sing pol.; plural*)
tu(s)	your (*inf. sing.*)
vuestro/a, vuestros/as	your (*inf. plural, Spain*)

Los datos personales	Personal Data
casado/a	married
¿Dónde vives?	Where do you live?
Vivo en la Calle Quinta, número 856.	I live at 856 Fifth Street.
soltero/a	single, unmarried
viudo/a	widowed
¿Cuál es su dirección?	What is your address?
¿Cuál es tu dirección electrónica?	What is your e-mail address?
Es eramo arroba berkeley punto edu.	It's eramo@berkeley.edu.
el estado civil	marital status
la fecha de nacimiento	date of birth
el lugar de nacimiento	place of birth
Palabras semejantes: divorciado/a, el pasaporte	

Repaso: ¿Cuándo es su/tu cumpleaños?, Mi cumpleaños es el (*número*) de (*mes*), ¿Cuándo nació usted? ¿Cuándo naciste?, Nací el (*número*) de (*mes*), ¿De dónde es usted? ¿De dónde eres? Soy de...

Los países	Countries
Alemania	Germany
Inglaterra	England

Palabras semejantes: Australia, Canadá, China, Francia, Irak, Irán, Italia, Japón, Rusia

Las nacionalidades	Nationalities
canadiense	Canadian
chino/a	Chinese
español(a)	Spaniard
estadounidense	American (U.S. citizen)
inglés/inglesa	English

Palabras semejantes: alemán/alemana, árabe, australiano/a, iraní, iraquí, italiano/a, japonés/japonesa, ruso/a

Los idiomas	Languages
el alemán	German
el chino	Chinese
el francés	French
el inglés	English
la lengua	language
el persa	Persian
el ruso	Russian

Palabras semejantes: el árabe, el italiano, el japonés, el portugués

¿Cuándo?	When?
mañana por la mañana	tomorrow morning
reciente	recently
la semana próxima	next week

La descripción	Description
cierto/a	certain; true
ninguno/a	none, neither
próximo/a	next

Palabras semejantes: especial, falso/a, familiar, idéntico/a, perfecto/a, tradicional

Repaso: mejor

Los verbos	Verbs
bucear	to skin/scuba dive
comentar	to talk about; to discuss
dar (*irreg.*)	to give
indicar	to point out
ir (*irreg.*) a + infinitive	to be going to (*do something*)
voy a	I'm going to
vas	you're (*inf. sing.*) going to
va a	you (*pol. sing*) are going to; he/she is going to
van	they are going to

Los verbos	Verbs
ir (*irreg.*) **de visita**	to visit
jugar a las cartas	to play cards
mandar	to send
necesitar	to need
pensar (ie)	to think
preferir (ie)	to prefer
prefiero	I prefer
prefieres	you (*inf. sing.*) prefer
querer (ie)	to want
quiero	I want
quieres	you (*inf. sing.*) want
reaccionar	to react
relajarse	to relax
subir fotos	to upload pictures
tener (*irreg.*) **ganas de** + infinitive	to feel like (*doing something*)
tomar	to drink
vivir	to live

Palabras semejantes: celebrar, conectar, decidir, describir, formar, indicar, invitar, marcar, reparar, tuitear, usar

Los lugares	Places
el centro	center, downtown
el lago	lake
el río	river

Palabras semejantes: el aeropuerto, el cibercafé

Los sustantivos	Nouns
la artesanía	handicrafts
el coche	car
el deseo	wish
el desfile	parade
la entrada	ticket, entrance
el fin	end
el hielo	ice
el horario	schedule
el mensaje	message
la merienda	snack
la misa	Mass (*religious*)
el refresco	soft drink
el regalo	present, gift
la revista	magazine
el siglo	century
la tabla	table; graph

Palabras semejantes: el actor / la actriz, el/la adolescente, el adulto, el/la agente, el calendario, la columna, el concierto, la economía, la década, el dólar, el examen, la forma, la idea, la inmigración, la invitación, la ocasión, el picnic, el plan, la preferencia, el público, el respeto, la situación, el total, el/la turista

Las mascotas	Pets
el gato	cat
el pájaro	bird
el perro	dog
el pez (*pl.* **los peces**)	fish; fish (*plural*)
la tortuga	turtle

Palabras y expresiones útiles	Words and Useful Expressions
al aire libre	outdoors
así	thus, so, this way
claro	of course
en familia	as a family
en línea	online
estar (*irreg.*) **de vacaciones**	to be on vacation
estar (*irreg.*) **en contacto**	to be in touch
fuera de	outside of
el gusto	pleasure
los dos	both
ninguno de los dos	neither one
¡Qué aburrido!	How boring!
¡Qué buena idea!	What a good idea!
¿Qué dices?	What do you say?
¡Qué divertido!	How fun!
solamente	only
tal vez	perhaps
yo también	me too

Los números ordinales	Ordinal Numbers
primer, primero/a	first
segundo/a	second
tercer, tercero/a	third
cuarto/a	fourth
quinto/a	fifth
sexto/a	sixth
séptimo/a	seventh
octavo/a	eighth
noveno/a	ninth
décimo/a	tenth

Los números del 100 al 2.000	Numbers from 100 to 2,000

cien, ciento cincuenta, doscientos/as, trescientos/as, cuatrocientos/as, quinientos/as, seiscientos/as, setecientos/as, ochocientos/as, novecientos/as, mil, dos mil

el deseo - wish

(de) Quién - who
Cómo - how
Qué - what

La rutina diaria

Estas niñas salvadoreñas llevan uniforme para ir a la escuela.

Upon successful completion of **Capítulo 5** you will be able to discuss daily activities, the three daily meals, important holidays in the Hispanic world, and your own family's holiday traditions. You will also be able to express how you feel in certain situations. Additionally, you will have learned about some interesting places and people from El Salvador, Honduras, and Nicaragua.

Comunícate

La rutina

Las tres comidas

Los días feriados

Hablando de los días feriados El Día de los Muertos

Los estados físicos y anímicos

Actividad integral: Los días especiales de Xiomara

Exprésate

Escríbelo tú Tu presentación para el club

Cuéntanos Mi día feriado favorito

Entérate

Mundopedia ¡Grandes fiestas!

Voces salvadoreñas, nicaragüenses y hondureñas

Conexión cultural Círculo de amigas

Videoteca Amigos sin Fronteras, Episodio 5: ¡Música, maestro!

Mi país: El Salvador, Honduras y Nicaragua

Infórmate

5.1 Present Tense of Reflexive Verbs

5.2 Verbs with Stem Vowel Changes (**ie, ue**) in the Present Tense

5.3 Impersonal Direct Object Pronouns: **lo, la, los, las**

5.4 Irregular Verbs

EL SALVADOR, NICARAGUA Y HONDURAS

Amigos sin Fronteras

www.connectspanish.com

Hoy hay una fiesta sorpresa para Nayeli Rivas Orozco. Claudia, Eloy y Radamés conversan sobre (*about*) las cosas que van a llevar a la fiesta.

La Ceiba

el Puerto de Amapala

HONDURAS

el Carnaval de La Ceiba

las ruinas mayas de Tazumal

SAN SALVADOR

TEGUCIGALPA

EL SALVADOR

Amapala

NICARAGUA

la Catedral de San Salvador

el lago de Managua

MANAGUA

Granada

el monumento a Sandino, Managua

el lago de Nicaragua

la Catedral de Granada

Conócenos

Xiomara Asencio Elías es estadounidense de padres salvadoreños y nació en Maryland. Su cumpleaños es el dieciséis de septiembre y tiene veinte años. Estudia literatura latinoamericana. Sus actividades favoritas son leer novelas, viajar por Latinoamérica, bailar y jugar al tenis.

Xiomara Asencio Elías

Mi país

Comunícate

La rutina

Lee *Infórmate 5.1–5.2*

Esta noche hay una fiesta del club Amigos sin Fronteras. Los estudiantes se preparan...

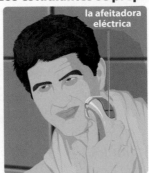

Eloy se ducha, se seca y después se afeita.

Jorge se acuesta para descansar antes de la fiesta. / ¡Por fin se despierta!

Estefanía se lava el pelo con agua tibia, champú y acondicionador. Después se seca el pelo.

Camila se maquilla y después se cepilla el pelo. ¡Le gusta arreglarse bien!

Xiomara se pone ropa elegante pero cómoda.

Entérate

¿Notas el pájaro en el cuadro (*picture*) del cuarto de Xiomara? Pues es el **torogoz** (*turquoise-browed Motmot*), el pájaro nacional de El Salvador.

Franklin se lava (se cepilla) los dientes.

Radamés se viste rápidamente. ¡Ya es muy tarde!

Actividades de comunicación

Actividad 1 Mi rutina

¿Es así tu rutina? Responde usando **siempre, nunca** o **a veces**. Luego conversa con tu compañero/a sobre su rutina.

1. Por la mañana…
   a. me baño con agua tibia.   **b.** desayuno mucho.   **c.** me visto rápidamente.

2. Cuando voy a una fiesta…
   a. me ducho y me lavo el pelo.   **b.** me pongo ropa elegante.
   c. me maquillo.

3. Los fines de semana…
   a. me levanto temprano.   **b.** me acuesto tarde.   **c.** me afeito.

4. Por la noche, antes de acostarme…
   a. me cepillo los dientes.   **b.** escucho música.   **c.** me pongo el pijama.

5. De lunes a viernes…
   a. me levanto tarde.   **b.** me pongo ropa cómoda.   **d.** me ducho con agua fría.

Entérate

Las palabras para referirse a la rutina diaria pueden variar entre hablantes (*speakers*).

cepillarse los dientes = lavarse los dientes, lavarse la boca

la pasta dental = la pasta dentífrica, la pasta de dientes

lavarse el pelo = lavarse la cabeza

el secador = la secadora

la afeitadora = la rasuradora

la maquinilla de afeitar = navaja

Actividad 2 El orden lógico

Di el orden en que tú haces estas acciones. Usa las palabras **primero, luego** y **después**.

MODELO: **a.** Me lavo el pelo.   **b.** Me quito la ropa.   **c.** Me seco el pelo. →
Primero *me quito la ropa,* luego *me lavo el pelo* y después
me seco el pelo.

1. **a.** Me seco.   **b.** Me lavo los dientes.   **c.** Me baño.
2. **a.** Me maquillo.   **b.** Me levanto.   **c.** Me pongo la ropa.
3. **a.** Me peino.   **b.** Me afeito.   **c.** Me ducho.
4. **a.** Me baño.   **b.** Me levanto.   **c.** Me despierto.
5. **a.** Me lavo los dientes.   **b.** Desayuno.   **c.** Preparo el desayuno.
6. **a.** Me pongo el pijama.   **b.** Me acuesto.   **c.** Me quito la ropa.

Vocabulario útil

primero

luego

después

por último

Actividad 3 Un sábado en la vida de Xiomara

En grupos, describan las actividades de Xiomara durante un sábado típico.

 08:00 AM
 08:10 AM
 08:15 AM
 08:20 AM

 08:30 AM
 08:35 AM
 08:50 AM
 09:00 AM

 09:10 AM
 09:25 AM → A la cancha de tenis
 09:40 AM → 11:00 AM
 12:10 PM

 12:30 PM → 03:30 PM
 04:30 PM
 05:00 PM
 11:15 PM

Infórmate

To express *before/after* (*doing something*), Spanish speakers use **antes/después de** + infinitive.

Después de levantarse, Xiomara se ducha. *After getting up, Xiomara takes a shower.*

Se pone los lentes antes de maquillarse. *She puts on her glasses before putting on her makeup.*

If the infinitive that follows **antes de** or **después de** is reflexive, then the reflexive pronoun must agree with the subject of the sentence.

Antes de acostar**me**, me cepillo los dientes.

¿Te bañas antes de afeitar**te**?

Después de levantar**nos**, corremos en el parque.

Vocabulario útil

antes de

después de

más tarde

a la(s)…

desde la(s)… hasta la(s)

finalmente

Actividad 4 De lunes a domingo

A. Escucha mientras tu profesor(a) describe cada uno de los dibujos. Luego di el número del dibujo que corresponde a la descripción.

1.

Un lunes a las seis y media con la familia de Omar Acosta Luna

Maritza — Carlitos — Marcela Omar — Omar

2.

Un jueves a las seis y media con la familia de Omar Acosta Luna

Carlitos — Omar — Marcela — ¡Noticias del momento! Omar

Maritza

3.

Un sábado a las nueve de la mañana con los estudiantes

Jorge — Claudia y Xiomara — Radamés — Nayeli

4.

Un domingo a las nueve de la mañana con los estudiantes

Jorge — Claudia y Eloy — Radamés — Nayeli la iglesia

B. Ahora con tu compañero/a, describan las diferencias entre los dibujos.

E n t é r a t e

Para el desayuno, la familia Acosta Luna y muchos ecuatorianos comen empanadas (*small, deep-fried pastries stuffed with cheese, meat, or potatoes*), un plato típico de Ecuador.

Las tres comidas

Lee *Infórmate 5.3*

Las bebidas

la leche el agua el jugo de naranja el té el café

los refrescos la cerveza el vino tinto

¿Los refrescos? No los bebo con frecuencia.

El desayuno

los huevos revueltos y el tocino

el cereal

el yogur

¿El cereal? Lo como todas las mañanas.

el pan tostado con mantequilla la fruta

El almuerzo

la sopa de tomate la hamburguesa las papas fritas

¿Las papas fritas? No las como casi nunca.

los tacos

las galletas

el sándwich de jamón y queso

La cena

el pollo frito

el puré de papas

la ensalada de lechuga y tomate

la papa al horno — el bistec

las verduras

el pescado

los espaguetis

el pan

¿La ensalada? Siempre la comemos en la cena.

El postre

las galletitas   el pastel de chocolate   el helado de fresa

Entérate

Hay diferentes horas para las comidas en los países del mundo hispano. Por ejemplo, en Centroamérica, el desayuno es entre las siete y las nueve de la mañana, como en Estados Unidos. El almuerzo es al mediodía y la cena se sirve entre las cinco y media y las siete. Pero en México, el almuerzo normalmente es a las dos de la tarde y es la comida más grande del día. Los argentinos desayunan algo ligero (*light*) a media mañana (*midmorning*) y almuerzan a la una o una y media; su cena es abundante, a las nueve de la noche. En España, la hora de cenar también es a las nueve, un poco tarde en comparación con Estados Unidos, ¿verdad?

Actividad 5 Las comidas y las bebidas

Di si te gustan estas comidas y bebidas. Luego di con qué frecuencia las comes o las bebes.

MODELOS: la leche → Sí, me gusta. La bebo todos los días (en la cena).

No, no me gusta. No la bebo (casi) nunca.

¿Te gusta(n)… ? ¿Con qué frecuencia lo/la/los/las comes/bebes?

1. el café/té
2. los huevos fritos
3. la fruta
4. las hamburguesas
5. las papas fritas
6. el pollo (frito)
7. los tacos
8. la ensalada
9. el pescado
10. las verduras

Vocabulario útil

nunca	a veces	con frecuencia
casi nunca	de vez en cuando	casi todos los días
raras veces	siempre	todos los días

Actividad 6 · La dieta diaria

Mira las ilustraciones en las páginas 138–139 y conversa con tu compañero/a para decir con qué frecuencia comen esas comidas o beben esas bebidas y por qué.

MODELO: E1: ¿Comes las verduras con frecuencia?

E2: Sí, las como todos los días *porque son muy saludables.*

E1: ¿Te gusta el pollo frito?

E2: Sí pero no lo como casi nunca porque *tiene mucha grasa.*

Vocabulario útil

es/son (muy/poco) saludable(s)

(no) engorda(n) mucho

(no) me llena(n) mucho

tiene(n) (mucho/a / poco/a) grasa/azúcar/fibra/colesterol

tiene(n) (muchas/pocas) calorías/vitaminas

Actividad 7 · Tus preferencias

A. Conversa con tu compañero/a sobre sus preferencias con respecto a las comidas.

1. ¿Prefieres desayunar yogur o cereal? ¿Qué desayunas todos los días? ¿Desayunas algo diferente los fines de semana? ¿Qué?

2. ¿Qué te gusta almorzar? ¿Dónde almuerzas de lunes a viernes: en la universidad, en un restaurante, en tu trabajo o en casa? ¿Con quién almuerzas?

3. ¿Dónde almuerzas los fines de semana? ¿Almuerzas solo/a o con tus amigos? ¿A qué hora almuerzas?

4. ¿Qué prefieres para la cena: bistec, pescado o sopa de verduras? ¿Cuál es el más saludable? ¿Sales a cenar los fines de semana? ¿Con quién sales a cenar?

5. ¿Prefieres cenar en familia, solo/a o con tus amigos? ¿Por qué?

6. ¿Te gusta cocinar o prefieres salir a cenar? ¿Cuál es tu restaurante favorito? ¿Por qué te gusta?

B. Ahora… ¡conversa con tu profe!

1. ¿Qué desayuna usted todos los días? ¿Desayuna algo diferente los fines de semana? ¿Qué?

2. ¿Qué le gusta almorzar? ¿Dónde almuerza de lunes a viernes, en la universidad o en su casa?

3. ¿Dónde almuerza los fines de semana? ¿Con quién? ¿Solo/a? ¿A qué hora?

4. ¿Sale usted a cenar los fines de semana? ¿Con quién?

5. ¿Prefiere cenar en familia, solo/a o con sus amigos? ¿Por qué?

6. ¿Le gusta cocinar o prefiere salir a comer? ¿Cuál es su restaurante favorito? ¿Por qué?

Vamos a Ver es un restaurante muy popular en Copán, Honduras.

Los días feriados

Lee *Infórmate 5.4*

la Semana Santa

la Pascua
el domingo de Pascua

La Pascua y la Semana Santa son días feriados muy importantes en el mundo hispano.

el disfraz de fantasma

los dulces

En Estados Unidos, muchos niños se ponen disfraces y piden dulces el Día de las Brujas.

Es el dos de noviembre, Día de los Muertos en México y América Central

la tumba

la calavera

El dos de noviembre muchos mexicanos y centroamericanos visitan las tumbas de sus familiares difuntos en el cementerio. Les llevan comida, flores y dulces.

En los países hispanos, los Reyes Magos les traen regalos a los niños el seis de enero.

En El Salvador, Honduras y Nicaragua se celebra el Día de la Independencia el quince de septiembre. Los centroamericanos celebran este día con desfiles y muchos otros eventos.

el nacimiento

la Nochebuena   la Navidad

el arbolito de Navidad

Muchas familias hispanas celebran la Navidad con un arbolito. Otras celebran este día con un nacimiento.

las velas

el candelabro

Jorge Navón Rojas es judío y celebra el Jánuca durante ocho días en diciembre.

Entérate

- **El Día de la Independencia** se celebra en la misma fecha en El Salvador, Honduras y Nicaragua porque todos los países centroamericanos eran (*used to be*) un solo país: la República Federal de Centroamérica.

- Hay diferentes fechas para **el Día de la Madre** en América Central. Este día se celebra el segundo domingo de mayo en Honduras, el diez de mayo en El Salvador, y el treinta de mayo en Nicaragua. Para **el Día del Padre** también hay varias fechas: el diecinueve de marzo en Honduras, el diecisiete de junio en El Salvador, y el veintitrés de junio en Nicaragua.

- **El Día de Acción de Gracias** no se celebra en los países hispanos, pero sí en las comunidades (*communities*) hispanas de Estados Unidos.

- En Guatemala, España y otros países hispanos, muchas personas celebran **la Nochevieja** (*New Year's Eve*) comiendo doce uvas (*grapes*) a medianoche. Además, los guatemaltecos se ponen ropa nueva. Buena idea, ¿no? ¡Año nuevo, ropa nueva!

Actividad 8   ¿Qué día es?

Con tu compañero/a, lea la descripción y escoja el día feriado que corresponde a la descripción.

1. ___ Una persona celebra el día en que nació con un pastel y regalos.
   a. el cumpleaños   **b.** el Año Nuevo   **c.** el Día de los Enamorados (♥)

2. ___ Tres hombres en camellos les traen regalos a los niños el seis de enero.
   a. la Navidad   **b.** el Jánuca   **c.** el Día de Reyes (los Reyes Magos)

3. ___ La gente celebra el fin de un año y el comienzo de otro año.
   a. la Nochevieja   **b.** el Día de la Independencia
   c. el Día de los Muertos

4. ___ Los niños se visten de Drácula o de Frankestein y piden dulces.
   a. el Día de la Madre   **b.** el cumpleaños   **c.** el Día de las Brujas

5. ___ Se celebra durante ocho días en diciembre. Cada día se enciende una vela más y a veces los niños reciben pequeños regalos.
   a. el Día (de Acción) de Gracias   **b.** el Jánuca   **c.** la Semana Santa

6. ___ Este día es para recordar a los parientes difuntos.
   a. el Año Nuevo   **b.** el Día del Padre   **c.** el Día de los Muertos

Actividad 9   En las fiestas

Conversa con tu compañero/a sobre tus preferencias durante las fiestas.

MODELO: **E1:** ¿Qué prefieres hacer para celebrar *tu cumpleaños*?

E2: Durante el día, prefiero *quedarme en casa y actualizar mi página de Facebook*. Por la noche, me gusta *salir a cenar con mis amigos*.

¿Qué prefieres hacer para celebrar…

1. tu cumpleaños?
2. el Día de la Independencia?
3. la Navidad u otro día feriado? (el Jánuca, la Pascua, la Pascua Judía, el Ramadán)
4. tu aniversario de boda u otro aniversario importante?
5. el Día de la Madre o el Día del Padre?
6. la Nochevieja o el Año Nuevo?

Vocabulario útil

Actividades posibles: celebrar con mi familia, cenar en casa, cocinar comida rica, comer pastel, conversar con mis amigos, dar una fiesta, ir a la iglesia, ir a la playa (para nadar), ir a un club para bailar, ir de compras, leer/actualizar mi página de Facebook, merendar en el parque, mirar videos en YouTube, quedarme en casa, recibir regalos, salir a cenar en un restaurante, textear a mis amigos, tomar algo en un café, ver la televisión

Actividad 10 Los días feriados en Estados Unidos

Empareja el día feriado con la descripción que corresponde. Luego di en qué mes se celebran estos días feriados en Estados Unidos. ¿Hay otros días feriados nacionales que celebras tú? ¿Cuáles?

DÍAS FERIADOS

___ **1.** el Día de San Valentín
Se celebra en *febrero*.

___ **2.** el Día de las Brujas
Se celebra en…

___ **3.** el Día de Acción de Gracias
Se celebra en…

___ **4.** el Día del Trabajo
Se celebra en…

___ **5.** la Nochevieja y el Año Nuevo
Se celebran en…

___ **6.** el Día de los Presidentes
Se celebra en…

___ **7.** el Día de la Independencia
Se celebra en…

___ **8.** ¿ ?
Se celebra en…

DESCRIPCIÓN

a. Los niños van de casa en casa y piden dulces.

b. La gente hace picnics.

c. Celebramos los cumpleaños de Lincoln y Washington.

d. Mucha gente cena pavo este día y lo pasa con parientes y amigos.

e. Les damos flores y tarjetas a las personas que queremos.

f. Es una celebración de verano con fuegos artificiales.

g. Muchas personas van a fiestas y toman champaña. Al día siguiente ven partidos de fútbol en televisión.

h. ¿ ?

> **Meses:** enero, febrero, marzo, abril, mayo, junio, julio, agosto, septiembre, octubre, noviembre, diciembre.

Actividad 11 Tus celebraciones

A. Conversa con tu compañero/a sobre cómo celebra los días de fiesta.

1. ¿Cómo te gusta celebrar tu cumpleaños?

2. ¿Qué haces el Día de Acción de Gracias? ¿Celebras esta fiesta en casa con tu familia o vas a la casa de otros parientes o amigos? ¿Qué comen?

3. ¿Qué aspecto de la Navidad o Jánuca te gusta más? ¿Qué aspecto te gusta menos?

4. ¿Celebras el Año Nuevo con tu familia o con tus amigos? ¿Qué hacen ustedes para celebrarlo?

5. ¿Con quién celebras el Día de la Independencia: con tu familia o con tus amigos? ¿Van a un parque o se quedan en casa? ¿Miran los fuegos artificiales?

6. ¿Qué otras fiestas celebras con tu familia o tus amigos? ¿Qué hacen para celebrar estas fiestas? ¿Dan muchos regalos? ¿Ponen decoraciones en casa?

B. Ahora… ¡conversa con tu profe!

1. ¿Cómo celebra usted su cumpleaños?

2. ¿Qué hace el Día de Acción de Gracias?

3. ¿Qué aspecto de la Navidad o Jánuca le gusta más? ¿Qué aspecto le gusta menos?

4. ¿Qué fiestas celebra con su familia o sus amigos? ¿Qué hacen ustedes para celebrar esas fiestas?

Hablando de los días feriados

EL DÍA DE LOS MUERTOS

La celebración del Día de los Muertos en Oaxaca, México

¿Una fiesta que celebra la muerte[a]? ¡Así es! En México y América Central, el primero y el segundo día de noviembre son días dedicados al recuerdo[b] de los familiares[c] y amigos fallecidos.[d] El primero de noviembre es el Día de Todos los Santos y se dedica a los niños muertos. El dos de noviembre es el Día de los Muertos y ese día la gente honra[e] a sus familiares.

Los mexicanos hacen muchos preparativos para el Día de los Muertos: compran calaveras y ataúdes de azúcar,[f] esqueletos de papel maché y un pan especial que se llama «pan de muerto». En las casas y edificios públicos, la gente construye ofrendas[g] para los amigos y familiares muertos. Las ofrendas se adornan con velas,[h] papel picado,[i] flores de cempasúchil,[j] pan de muerto y algún objeto especial —un libro, una foto, alguna ropa— del difunto. En muchos pueblos,[k] por la mañana las familias van al cementerio y limpian las tumbas de sus seres queridos[l] en preparación para la celebración de esa noche. De noche encienden[m] velas y comen comidas tradicionales en honor a los difuntos. Y por las calles hay muchos desfiles.

Como puedes ver, el Día de los Muertos es un día especial para honrar a las personas que ya no están con nosotros pero que existen en el recuerdo.

[a]death [b]memory [c]family members [d]deceased [e]la… people honor [f]calaveras… skulls and coffins made of sugar
[g]construye… build altars [h]candles [i]decorative cut paper [j]flores… marigold flowers [k]towns [l]seres… loved ones [m]they light

Los estados físicos y anímicos

Después de correr, Juan Fernando siempre **está cansado** y **tiene sed**.

Maritza **está triste.** ¡Su pobre muñeca!

Radamés **está enojado.** ¡Su guitarra no funciona!

Franklin y Estefanía **tienen hambre.** Pero van a comer pronto.

De lunes a viernes, Jorge siempre **está ocupado.**

Omar y Marcela van a salir de vacaciones. ¡**Están contentos**!

Durante el invierno en Maryland, Xiomara siempre **tiene frío.**

A Lucía y Claudia les gusta trabajar en el jardín de la universidad. Pero ahora **tienen calor.**

¡Ay, no! Carlitos y Maritza **tienen miedo.**

Ana Sofía **tiene prisa.** ¡Va a llegar tarde a su clase!

Camila **tiene sueño.**

Infórmate

Estar (*To be*) and **tener** (*to have*) can be used to describe states: how someone is at a particular time.

Estoy contento/a.	*I am happy.*
Estoy enojado/a.	*I am angry.*
Tengo hambre.	*I am hungry.* (Literally, *I have hunger.*)
Tengo prisa.	*I am in a hurry.* (Literally, *I have a rush/hurry.*)

Note that **tener** always takes a noun as an object. Thus English *to be* + adjective often corresponds to Spanish **tener** + noun. Look at the expressions literally: **tener calor/frío** = *to have heat/coldness,* **tener miedo** = *to have fear,* **tener sed** = *to have thirst,* and **tener sueño** = *to have sleep.*

Actividad 12 Situaciones

Conversa con tu compañero/a. ¿Qué hacen ustedes en estas situaciones?
Expresen una reacción con las frases de **Y tú, ¿qué dices?**

MODELO: E1: Cuando tengo calor, tomo café caliente.

E2: Yo no. ¡Qué ocurrencia!

1. Cuando estoy triste…	(no) actualizo/leo mi página de Facebook.
2. Cuando estoy contento/a…	(no) camino rápidamente.
3. Cuando estoy cansado/a…	(no) como hamburguesas y papas fritas.
4. Cuando estoy aburrido/a…	(no) doy un paseo.
5. Cuando estoy enojado/a…	(no) duermo una siesta.
6. Cuando tengo hambre…	(no) escucho música.
7. Cuando tengo frío…	(no) leo un libro.
8. Cuando tengo calor…	(no) me baño (con agua caliente/tibia/fría).
9. Cuando tengo prisa…	(no) me pongo un suéter.
10. Cuando tengo miedo…	(no) prefiero estar solo/a.
	(no) salgo a pasear en el carro.
	(no) texteo a un(a) amigo/a.
	(no) tomo un vaso de leche.
	(no) tomo café (chocolate, té) caliente.
	(no) voy de compras.
	¿ ?

Y tú, ¿qué dices?

¡Ni pensarlo!	¡Qué divertido!	Yo tampoco.
¡Qué aburrido!	¡Qué ocurrencia!	Yo sí. / Yo no.
¡Qué buena/mala idea!	Sí, yo también.	

Actividad 13 Los estados anímicos

Di cómo están o qué tienen las personas en estas situaciones.

1. Es medianoche y Marcela ve a una persona extraña en el patio de su casa.
2. Juan Fernando tiene un examen muy difícil en cinco minutos.
3. Es un sábado de verano y hace calor. Sebastián y su amigo Daniel quieren ir a la playa, pero tienen mucha tarea.
4. Es la Nochevieja y Xiomara está en una fiesta con sus amigos.
5. Claudia tiene una entrevista para un trabajo en diez minutos y recibe una llamada de su mamá.
6. Rodrigo recibe una mala nota en un examen de su clase más difícil.
7. Es la una de la tarde y Omar está en una reunión de trabajo.
8. Ana Sofía está enferma y piensa en su familia, que está muy lejos… ¡en España!
9. Es muy tarde en la noche y Estefanía quiere acostarse.
10. Radamés corre por el campus porque su clase empieza en tres minutos.

> **¿Recuerdas?**
>
> Recall from **Infórmate 2.1** the forms of **tener: tengo, tienes, tiene, tenemos, tenéis, tienen.**
>
> Recall from **Infórmate 2.2** the forms of **estar: estoy, estás, está, estamos, estáis, están.**

Actividad 14 Acciones, deseos y preferencias

Conecta las tres columnas con flechas: los dibujos de la columna **A** con las descripciones de la columna **B** y con las acciones o deseos de la columna **C.**

A   B   C

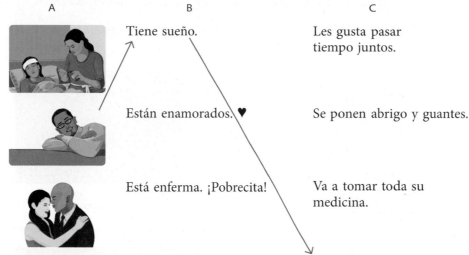

Tiene sueño.

Les gusta pasar
tiempo juntos.

Están enamorados. ♥

Se ponen abrigo y guantes.

Está enferma. ¡Pobrecita!

Va a tomar toda su
medicina.

Tienen mucho calor porque
hace calor en julio.

Quiere acostarse y dormir
muchas horas.

Están aburridos.

Prefieren jugar con sus
juguetes.

Tienen frío porque hace
mucho frío en invierno.

Van a nadar en una
piscina.

Infórmate

With the words
calor, frío (*heat, cold*), and **caliente** (*hot*), several combinations are possible.

To describe people, use **tener + calor/ frío.**

Xiomara **tiene frío.**
Xiomara is (feels) cold.

To describe things, use **estar + caliente/frío.**

La estufa **está caliente.**
The stove is hot.

To describe the weather, use **hacer + calor/frío.**

Hoy **hace mucho frío.**
It's really cold today.

Actividad 15 ¿Qué haces?

Conversa con tu compañero/a sobre lo que haces en estas situaciones.

1. ¿Qué haces cuando estás *triste (nervioso/a, de buen/mal humor, enamorado/a, preocupado/a, contento/a, deprimido/a)*?

2. ¿Qué haces cuando tienes *frío (calor, miedo, sueño, sed, prisa, hambre)*?

Comunicación en línea
:-] alegre, contento/a
:-e desilusionado/a
>:-<. enojado/a
:-I indiferente
:-D me da risa
:-O sorprendido/a
:-(triste

Vocabulario útil

beber: bebo	dormir: duermo	ponerse: me pongo
bostezar: bostezo	esconderse: me escondo	sonreír: sonrío
comerse las uñas: me como las uñas	gritar: grito	soñar (despierto): sueño (despierto)
	llorar: lloro	

Actividad integral

Los días especiales de Xiomara

Xiomara escribe en el blog Amigos sin Fronteras sobre sus días especiales.

A. Mira los dibujos y lee las descripciones. Decide qué descripción corresponde a cada dibujo.

1.

_____

2.

_____

3.

_____

4.

_____

5.

_____

6.

_____

7.

_____

8.

_____

DESCRIPCIONES

a. Bebo un poquito de champaña y espero impaciente para luego decir... ¡feliz Año Nuevo!

b. El Día de Acción de Gracias en el apartamento de Camila. ¡Pero no hay pavo!

c. Este es uno de mis días favoritos. Me gusta mucho vestirme de bruja y gritar «¡¡BUUUU!!»

d. Es el día de mi cumpleaños. Pero no estoy muy contenta porque extraño a mis abuelos. Ellos viven en El Salvador y están lejos.

e. ¡Hay una fiesta del club! Quiero ponerme un vestido bonito.

f. Siempre le doy un regalo a mi hermanita Leticia este día. Pero solamente uno porque... ¡los Reyes Magos también le dan muchos regalos!

g. El cuatro de julio en Berkeley. ¡Me fascinan los fuegos artificiales!

h. Es el cinco de agosto. Aquí estoy con mi familia en la fiesta religiosa del santo patrono de mi país, San Salvador del Mundo. Casi todos los veranos mis padres, mi hermana y yo viajamos a El Salvador para celebrar este día especial con mis abuelos.

B. Ahora trabaja con tu compañero/a. Describan los dibujos. (¿Cómo está Xiomara y por qué? ¿Qué hace? ¿Qué celebra? ¿Con quién está? ¿Qué come?) Usen su imaginación y... ¡den muchos detalles!

MODELO: E1: En el primer dibujo Xiomara está triste.

E2: ¡Pero es su cumpleaños! ¿Por qué está triste?

E1: Porque está sola y sus abuelos están lejos.

E2: Sí, es verdad. Están en El Salvador.

Exprésate

ESCRÍBELO TÚ

Tu presentación para el club

Imagínate que vas a ser miembro del club Amigos sin Fronteras. Escribe una descripción de ti mismo/a (*yourself*) como presentación para los miembros del club. La descripción debe incluir algunos datos personales, como por ejemplo: ¿Cómo te llamas? ¿Cuántos años tienes? ¿Dónde vives? Habla también de tus gustos y preferencias y de tu rutina diaria: ¿A qué hora te levantas todos los días y durante el fin de semana? ¿Qué haces después de tus clases / del trabajo? ¿Qué haces cuando estás aburrido/a? ¿Qué prefieres hacer para celebrar un día feriado favorito? ¿Qué te gusta hacer los sábados por la noche? Usa la tabla en el *Cuaderno de actividades* o en Connect Spanish para organizar tus ideas y escribe allí tu composición.

CUÉNTANOS

Mi día feriado favorito

Cuéntanos sobre tu día feriado favorito. ¿Cómo se llama esta celebración? ¿Es un día feriado religioso para ti? ¿Lo celebras con amigos o familiares? ¿Viajas durante este día feriado? ¿Esta fiesta se celebra de día, de noche o durante varios días? ¿Se celebra con comidas típicas o tradicionales? Y tú, ¿comes estas comidas? ¿Cocinas o sales a cenar? ¡Los detalles son importantes! ¡A conversar!

Entérate

Mundopedia

¡Grandes fiestas!

El Carnaval de La Ceiba

Los días feriados más importantes de El Salvador, Honduras y Nicaragua representan diferentes culturas y tradiciones. Algunas tienen su origen en la religión católica, otras en tradiciones indígenas y otras más celebran eventos históricos. Pero todas estas grandes fiestas tienen varios elementos en común: la **alegría**, la música y la comida.

EL SALVADOR

Uno de los días feriados que se celebra con mucho entusiasmo en El Salvador es el Día del Niño, el primero de octubre. Los salvadoreños también celebran su **plato** nacional, la pupusa, del siete al trece de noviembre. La pupusa es una tortilla **gruesa** y **rellena** de **queso** o **carne**. Durante el Festival de la Pupusa hay muchas celebraciones y **concursos**: ¡el **ganador** de uno de estos concursos es la persona que come más pupusas!

Muchas de las fiestas salvadoreñas son religiosas. La más popular es la del **santo patrono** del país, El Salvador del Mundo, que se celebra en la capital con eventos religiosos y muchas actividades divertidas. El cinco de agosto hay un **desfile** que representa el comienzo de la festividad. En este desfile los salvadoreños **cargan** una **efigie** de su santo patrono para expresar su devoción.

Vocabulario de consulta

alegría	joy
plato	dish
gruesa	thick
rellena	filled
queso	cheese
carne	meat
concursos	contests
ganador	winner
santo patrono	patron saint
desfile	parade
cargan	they carry
efigie	effigy
tiene lugar	(it) takes place
mar	sea
comienzan	begin
duran	they last
carrozas	floats
reina	queen
poesía	poetry
lago	lake
ferias de artesanía	craft fairs
obras de teatro	plays

HONDURAS

El evento más grande de Honduras —¡y de toda América Central!— es el Carnaval de La Ceiba, que **tiene lugar** en La Ceiba, una hermosa ciudad del **mar** Caribe. Este carnaval se celebra en honor a San Isidro, el santo patrono de La Ceiba. El día oficial de San Isidro es el catorce de mayo, pero las celebraciones **comienzan** antes del día catorce y **duran** varias semanas. Hay un desfile, lindas **carrozas** y una **reina**. Además, hay muchos carnavales pequeños o «carnavalitos» en los barrios de esta ciudad caribeña.

NICARAGUA

Una celebración nicaragüense muy popular es el Festival Internacional de **Poesía**, que se celebra en la ciudad de Granada durante una semana de febrero todos los años. Granada está cerca de la costa del océano Pacífico y al lado del **lago** de Nicaragua. Durante el festival, los nicaragüenses leen poesía en los parques, las escuelas, las plazas y otros lugares públicos. Hay muchos eventos: **ferias de artesanía**, presentaciones de libros, conciertos, danzas y **obras de teatro**. ¡Toda la ciudad de Granada participa!

COMPRENSIÓN

Empareja la descripción de la fiesta con el nombre de la fiesta a la que corresponde.

1. ___ Muchas personas comen el plato típico del país.
2. ___ Se celebra este día el primero de octubre.
3. ___ Esta celebración comienza con un desfile.
4. ___ Es el evento más grande de toda América Central.
5. ___ Durante esta fiesta hay ferias, conciertos y danzas.

a. el Día del Niño
b. el Festival Internacional de Poesía
c. el Festival de la Pupusa
d. Fiestas de El Salvador del Mundo
e. el Carnaval de La Ceiba

Voces salvadoreñas	Voces nicaragüenses	Voces hondureñas
agüitado/a sad, depressed	**el bojazo** smack, blow (*hitting*)	**azorrar** to frighten, scare
la broza group of friends	**hacer la guatusa** to pretend	**de fay** in vain
fufurufo/a vain, conceited	**íngrimo/a** alone	**fúrico/a** angry, furious
la lica movie	**la jupa = la cabeza** (de una persona)	**el pipirín** food, meal
el tata padre, papá	**roco/a = viejo/a** (*para personas*)	**el tanate** pile, lots

CONEXIÓN CULTURAL

CÍRCULO DE AMIGAS

En Jinotega, un pequeño pueblo nicaragüense, hay una organización que se llama Círculo de Amigas. El objetivo de este grupo es ayudar a las personas pobres de Nicaragua. El grupo construye casas modestas, consigue agua limpia y hace mucho más. Lee la lectura «Círculo de Amigas» en el *Cuaderno de actividades* o en Connect Spanish y ¡descubre esta importante organización!

Videoteca

Amigos sin Fronteras
Episodio 5: ¡Música, maestro!

Resumen

Claudia le dice a Radamés que hoy hay una fiesta sorpresa de cumpleaños para Nayeli Rivas Orozco, estudiante mexicana que ahora es miembro del club Amigos sin Fronteras. Más tarde, Claudia, Eloy y Radamés conversan sobre su familia y sobre las cosas que van a llevar a la fiesta. Finalmente, todos le dan una sorpresa muy divertida a Nayeli y le cantan «Las mañanitas».

Preparación para el video

A. ¡Comencemos! Mira la foto y marca la respuesta correcta.

1. ¿Qué hace Radamés en la foto?
   a. Se afeita.   **b.** Limpia su casa.   **c.** Toca la guitarra.
2. ¿Dónde están Claudia y Radamés? Probablemente están…
   a. en la universidad.   **b.** en casa de Radamés.
   c. en una cafetería.

Comprensión del video

B. La idea principal. Indica la idea principal del video.

1. Radamés invita a Claudia a escuchar su nueva canción.
2. Por la tarde los chicos le van a dar una fiesta de cumpleaños a Nayeli.
3. Cumbancha tiene un concierto el sábado.

Vocabulario de consulta	
te podemos pasar a buscar	we can come get you
juntos	together
regalo	gift
listo	ready
llaves	keys
extraña	(she) misses
Es la costumbre	It's the custom
de vez en cuando	once in a while
la joven festejada	the party girl
«Las mañanitas»	*popular birthday song in Mexico*

C. ¿Cierto o falso?

1. Claudia va a cantar una canción para Nayeli por la tarde.
2. La fiesta es para Radamés.
3. Claudia quiere escuchar la nueva canción pero Radamés dice: «mejor en la fiesta».
4. Los chicos van a llevar pastel y comida a la fiesta.
5. La mamá de Radamés lo llama casi todos los días.

D. Detalles. Contesta las preguntas correctamente.

1. ¿Para quién es la fiesta? ¿Por qué?
2. ¿Por qué necesita practicar con la guitarra Radamés?
3. ¿Quién es la compañera de Radamés cuando hay fiesta?
4. ¿Sabe Nayeli que hay una fiesta para ella por la tarde? ¿Por qué?
5. ¿Quién ve a sus padres con más frecuencia, Radamés o Eloy? ¿Por qué?

Mi país EL SALVADOR, HONDURAS Y NICARAGUA

Comprensión

1. ¿Cómo se llama el volcán más joven de El Salvador?
2. ¿Qué lugar es perfecto para hacer surf?
3. ¿Quién cocina atol, tamales y pupusas?
4. ¿Qué lago hay cerca de Granada?
5. ¿En qué costa de Nicaragua hablan inglés por la influencia británica?
6. ¿Qué país de Centroamérica no tiene volcanes?
7. ¿Dónde se encuentra una famosa escalinata jeroglífica?
8. ¿Qué comunidad indígena vive en la Isla de Roatán?
   a. maya-quiché
   b. garífuna
   c. kuna
   d. bribri

En el océano Pacífico, cerca de la costa de El Salvador

Las ruinas mayas de Copán, Honduras

Infórmate

5.1 Present Tense of Reflexive Verbs

A. You have already seen verb conjugations in Spanish. Reflexive verbs follow the same pattern as those conjugations with one small difference. Look at the following examples.

Lucía **lava** la ropa.

Lucía **se lava** las manos.

Sebastián **pone** el libro en la mesa.

Sebastián **se pone** la ropa.

Actions done to oneself are expressed using reflexive words.

Me afeito.	*I shave (myself).*
Nos ponemos la ropa.	*We put on our clothes.*

Note that in Spanish possessives generally are not used with clothing or body parts.

Me lavo **las** manos.	*I wash my hands.*
Te cepillas **los** dientes.	*You (fam. sing.) brush your teeth.*

The conjugation of **lavar** and **poner** is exactly like those you learned about in **Capítulo 4.** However, **lavarse** and **ponerse** have the pronoun **se** at the end, which indicates that they are reflexive verbs. Reflexive verbs usually refer to actions a person does to himself/herself. When conjugating a verb with **se** (*self*) at the end, you will need to add a reflexive pronoun before the conjugated form.

English also has reflexive pronouns that indicate that the subject of a sentence does something to himself or herself; these pronouns end in *-self* or *-selves.*

He cut *himself.*   Babies often talk to *themselves.*

She looked at *herself* in the mirror.   We didn't blame *ourselves.*

Note that some actions that are expressed as reflexive in Spanish are not expressed with *-self* or *-selves* in English.

Yo **me levanto** a las siete. **Me baño**   *I get up at 7:00. I take a bath*
y luego **me pongo** la ropa.   *and then get dressed.*

B. Here is the present tense of the verb **levantarse** (*to get up*) with reflexive pronouns.

levantarse (*to get up*)	
(yo) me levanto	*I get up*
(tú) te levantas*	*you (inf. sing.) get up*
(usted, él/ella) se levanta	*you (pol. sing.) get up; he/she gets up*
(nosotros/as) nos levantamos	*we get up*
(vosotros/as) os levantáis	*you (inf. pl., Sp.) get up*
(ustedes, ellos/ellas) se levantan	*you (pl.) get up; they get up*

*Alternative form for recognition only: **vos te levantás.**

C. Following is a list of verbs with the reflexive pronouns **me** (*myself*), **te** (*yourself* [*inf. sing*]), and **se** (*yourself* [*pol. sing.*], *himself/herself*) that you can use to describe your daily routine or that of someone else. Notice that reflexive infinitives end in -**se.**

Infinitives	Conjugated Verb Forms	Translation
acostarse*	Me acuesto.	*I go to bed.*
afeitarse	Te afeitas.	*You (inf. sing.) shave.*
bañarse	Se baña.	*You (pol. sing.) take a bath. / He/She takes a bath.*
despertarse*	Me despierto.	*I wake up.*
ducharse	Te duchas.	*You (inf. sing.) take a shower.*
lavarse el pelo	Se lava el pelo.	*You (pol. sing.) wash your hair. / He/She washes his/her hair.*
lavarse los dientes	Me lavo los dientes.	*I brush my teeth.*
levantarse	Te levantas.	*You (inf. sing.) get up.*
maquillarse	Se maquilla.	*You (pol. sing.) put on makeup. / He/She puts on makeup.*
peinarse	Me peino.	*I comb my hair.*
ponerse*	Te pones la ropa.	*You (inf. sing.) put on your clothes.*
quitarse	Se quita la ropa.	*You (pol. sing.) take off your clothes. / He/She takes off his/her clothes.*
secarse	Me seco.	*I dry off.*
(des)vestirse*	Te (des)vistes.	*You (inf. sing.) get (un)dressed.*

Me levanto temprano y **me ducho** enseguida. Generalmente **me lavo** el pelo. Luego **me seco** y **me peino.**

I get up early, and I take a shower right away. Generally I wash my hair. Afterward I dry off and comb my hair.

---

*Acostarse, despertarse, ponerse, vestirse,** and **desvestirse** are all stem-changing verbs. In **acostarse,** the stem vowel **o** changes to **ue** in all but the **nosotros/as** and **vosotros/as** forms. In **despertarse,** the stem vowel **e** changes to **ie** in all but the **nosotros/as** and **vosotros/as** forms. The verb **ponerse** is irregular only in the **yo** form, adding a **g: pongo.** And **vestirse** and **desvestirse** change the stem vowel **e** to **i** in all but the **nosotros/as** and **vosotros/as** forms. You will learn more about stem-changing verbs in **Infórmate 5.2** and irregular verbs in **Infórmate 5.4.**

| Eloy, ¿tú **te afeitas** todos los días? | *Eloy, do you shave everyday?* |
| Jorge **se levanta** tarde. **Se ducha** rápidamente, pero no **se afeita**. **Se pone la ropa** y **se peina**. | *Jorge gets up late. He showers quickly, but he doesn't shave. He gets dressed and combs his hair.* |

D. Reflexive pronouns are normally placed directly before the conjugated verb (**me seco**), but they may be attached to the end of infinitives (**secarme**) and present participles (**secándome**).*

Me gusta **afeitarme** primero y luego **bañarme.**	*I like to shave first and then take a bath.*
Omar va a **levantarse** y **bañarse** inmediatamente.	*Omar is going to get up and take a bath immediately.*
—Estefanía, ¿qué estás haciendo?	*Estefanía, what are you doing?*
—Estoy **lavándome** los dientes.	*I'm brushing my teeth.*

Ejercicio 1

¿Cuál es la oración que mejor describe cada dibujo?

1. _____ 4. _____

2. _____ 5. _____

3. _____ 6. _____

a. A él no le gusta bañarse, pero le gusta bañar al perro.
b. Él se quita la camisa, pero ella se pone los zapatos de tenis.
c. La muchacha se maquilla y después se cepilla el pelo.
d. Este hombre se ducha por la mañana, pero la niña se baña por la noche.
e. Él se afeita la cara, pero su esposa se afeita las piernas.
f. Se acuesta a las once y media y se levanta a las seis.

---

*You will learn about the present participle (or present progressive) verb forms in **Infórmate 6.2**.

Ejercicio 2

Mira los dibujos y decide qué hace la persona en cada dibujo.

1.

a. Marcela se baña por la mañana.

b. Marcela baña a su hija por la noche.

2.

a. Maritza se viste sola todos los días.

b. Maritza viste a su muñeca.

3.

a. Eloy pone sus libros en el escritorio.

b. Eloy se pone el pijama para dormir.

4.

a. Xiomara se maquilla un poco por la mañana.

b. La asistente maquilla a la diva.

5.

a. A veces Omar peina a Carlitos.

b. A Carlitos le gusta peinarse solo.

Ejercicio 3

Imagínate que tu hermanito de tres años te hace estas preguntas. Contéstale correctamente.

> **MODELO:** ¿Te lavas los dientes con jabón? →
> No, me lavo los dientes con pasta dental.

1. ¿Te bañas a las cuatro de la mañana?

2. ¿Te lavas el pelo con detergente?

3. ¿Te afeitas en tu clase de español?

4. ¿Te levantas temprano los domingos?

5. ¿Te duchas en el patio de la casa?

6. ¿Te acuestas tarde de lunes a viernes?

7. ¿Te cepillas el pelo con una afeitadora eléctrica?

5.2 Verbs with Stem Vowel Changes (**ie, ue**) in the Present Tense

A. Here are the present-tense forms of several commonly used verbs that follow the same pattern of stem vowel changes as **preferir** and **querer** (from -e- to -ie-): **cerrar** (*to close*), **empezar** (*to begin*), **encender** (*to light; to turn on*), **pensar** (*to think*), and **perder** (*to lose*). Note that the change does not occur in the **nosotros** and **vosotros** forms.

¿Recuerdas?

Recall from **Infórmate 4.2** that the verbs **preferir** (**prefiero, prefieres, prefiere, preferimos, preferís, prefieren**) and **querer** (**quiero, quieres, quiere, queremos, queréis, quieren**) use two stems in their present-tense conjugations. The stem containing the vowel **-e-** appears only in the infinitive and in the **nosotros/as** and **vosotros/as** forms. The stem containing **ie** occurs in the rest of the forms.

	cerrar	pensar	empezar	perder	encender
(yo)	cierro	pienso	empiezo	pierdo	enciendo
(tú)	cierras*	piensas*	empiezas*	pierdes*	enciendes*
usted, él/ella	cierra	piensa	empieza	pierde	enciende
(nosotros/as)	cerramos	pensamos	empezamos	perdemos	encendemos
(vosotros/as)	cerráis	pensáis	empezáis	perdéis	encendéis
ustedes, ellos/ellas	cierran	piensan	empiezan	pierden	encienden

*Alternative forms for recognition only: **vos cerrás, vos empezás, vos encendés, vos pensás, vos perdés.**

—¿A qué hora **cierran** ustedes el fin de semana? *What time do you close on the weekend?*

—**Cerramos** a las cinco de la tarde. *We close at 5:00 p.m.*

—¿Qué **piensan** hacer este verano? *What are you planning to do (thinking of doing) this summer?*

—**Pensamos** viajar y descansar. *We're planning to travel and rest. (We're thinking of traveling and resting.)*

B. The verbs **almorzar** (*to have lunch*), **jugar** (*to play*), **dormir** (*to sleep*), and **volver** (*to return / go back*) follow a similar pattern. In this case, the change is from -**o**- or -**u**- to -**ue**-. Note that this change does not occur in the **nosotros** and **vosotros** forms.

	almorzar	jugar	dormir	volver
(yo)	almuerzo	juego	duermo	vuelvo
(tú)	almuerzas*	juegas*	duermes*	vuelves*
usted, él/ella	almuerza	juega	duerme	vuelve
(nosotros/as)	almorzamos	jugamos	dormimos	volvemos
(vosotros/as)	almorzáis	jugáis	dormís	volvéis
ustedes, ellos/ellas	almuerzan	juegan	duermen	vuelven

*Alternative form for recognition only: **vos jugás, dormís, volvés, almorzás.**

Ejercicio 4

Vocabulario útil	
el deseo	wish
las campanadas	chimes (*clock*)
las uvas	grapes

Estefanía comenta cómo celebra la Nochevieja y el Año Nuevo con su familia. Ordena las actividades de la forma más lógica.

a. _____ En la Nochevieja, toda la familia cena en la casa de mis abuelos.

b. _____ Antes de comer mis uvas, pienso en un deseo.

c. _____ Después de cenar, juego a las cartas con mi familia.

d. _____ Después de comer las doce uvas, ¡empieza el Año Nuevo!

e. _____ El Día de Año Nuevo almuerzo con mi familia.

f. _____ Esa noche yo duermo dos horas y me levanto temprano.

g. _____ Mis padres se duermen a la una, pero yo no.

h. _____ Luego, todos miramos la televisión y esperamos oír las doce campanadas para comer las doce uvas.

Ejercicio 5

¿Qué hacen tú y tus amigos? Completa estas oraciones con la forma correcta del verbo entre paréntesis.

¿MODELO: —¿*Cierran* ustedes los ojos en clase? (cerrar) →
      —No, no *cerramos* los ojos en clase.

1. —¿_____ ustedes en su clase de español? (dormir)
   —¡Claro que no! Nunca _____ en clase, porque la clase es divertida.

2. —¿_____ ustedes en casa o en el trabajo? (almorzar)
   —Generalmente _____ en casa con la familia.

3. —¿_____ ustedes al trabajo después de almorzar? (volver)
   —Sí, _____ a las 2:00.

4. —¿_____ ustedes al tenis los fines de semana? (jugar)
   —A veces _____, a veces no.

5. —Antes de un examen, ¿_____ ustedes los libros? (cerrar)
   —Claro. Siempre _____ los libros cuando hay un examen.

6. —¿_____ ustedes frecuentemente cuando _____ al básquetbol? (perder, jugar)
   —No, casi nunca _____ cuando _____ al básquetbol.

7. —¿_____ ustedes ir al cine por la tarde? (preferir)
   —No, _____ ir por la mañana con los niños.

8. —¿_____ ustedes las vacaciones en mayo o en junio? (empezar)
   —Normalmente _____ las vacaciones en junio.

cierro = *I close*
cerramos = *we close*
cierran = *you (pl.) / they close*
empiezo = *I begin*
empezamos = *we begin*
empiezan = *you (pl.) / they begin*
juego = *I play*
jugamos = *we play*
juegan = *you (pl.) / they play*
vuelvo = *I return*
volvemos = *we return*
vuelven = *you (pl.) / they return*

5.3 Impersonal Direct Object Pronouns: **lo, la, los, las**

When referring to things already mentioned, Spanish speakers use the direct object pronouns **lo** and **la,** which correspond to the English object pronoun *it.* The pronoun **lo** refers to masculine words and **la** refers to feminine words. In Spanish, **los** and **las** correspond to the English *them.* The pronoun **los** refers to plural masculine words and **las** refers to plural feminine words.

—Profesor Sotomayor, ¿toma usted **café**?	*Professor Sotomayor, do you drink coffee?*
—Sí, **lo** tomo todas las mañanas.	*Yes, I drink it every morning.*
—Claudia, ¿quién prepara **la comida** en tu casa?	*Claudia, who prepares the food at your house?*
—Yo **la** preparo.	*I prepare it.*
—Eloy, ¿te gustan **los huevos fritos**?	*Eloy, do you like fried eggs?*
—No, y no **los** como nunca.	*No, and I never eat them.*
—¿Quién quiere estas **papas fritas**?	*Who wants these french fries?*
—Yo **las** quiero. Me gustan mucho.	*I want them. I like them a lot.*

DIRECT OBJECT PRONOUNS		
	Singular (*it*)	**Plural (*them*)**
Masculino	lo	los
Femenino	la	las

Like other pronouns in Spanish, direct object pronouns are usually placed before the verb.

—¿**La leche**? Mis hijos **la** beben todos los días.	*Milk? My children drink it every day.*

You will learn more about direct object pronouns in **Infórmate 9.1** and **14.2,** and **14.3.**

Ejercicio 6

Algunos miembros del club Amigos sin Fronteras van a tener una fiesta. ¿Qué va a preparar cada miembro? Llena los espacios en blanco con el pronombre apropiado: **lo, la, los** o **las.**

1. —¿Quién va a preparar la ensalada?
   —Xiomara _____ va a preparar.

2. —Y las hamburguesas, ¿_____ va a preparar Eloy?
   —No, a Eloy no le gustan. _____ va a preparar Claudia.

3. —¿Y las papas fritas y la salsa?
   —Las papas fritas, _____ va a preparar Camila pero la salsa, _____ va a preparar Eloy.

4. —¿Eloy va a preparar los tacos también?
   —Sí, él _____ va a preparar.

5. —¿Vamos a servir café y refrescos?
   —Sí. El café, _____ va a preparar Rodrigo. ¡Café de Colombia! Los refrescos, _____ vas a comprar tú.

Los miembros del club Amigos sin Fronteras quieren conocerse bien. Tienen muchas preguntas. Completa sus respuestas con el pronombre apropiado: **lo, la, los** o **las.**

1. —¿Te gustan los huevos revueltos para el desayuno?
   —No, no me gustan y no _____ como nunca.

2. —¿Bebes té con el desayuno?
   —Ay, sí, _____ bebo todas las mañanas. El té verde me gusta mucho y es muy saludable.

3. —Xiomara, ¿en tu casa comen fruta con el desayuno?
   —No, pero _____ comemos en la cena porque a todos nos gusta mucho.

4. —Omar, ¿les gustan las galletitas a tus hijos?
   —Sí, les gustan mucho. _____ quieren comer todo el día.

5. —¿Desayunas cereal, Eloy?
   —No, el cereal no me gusta mucho. Casi nunca _____ como.

5.4   Irregular Verbs

A. As you know, an irregular verb is one that uses more than one stem to form its conjugation. In many cases verbs are only irregular in the **yo** form; other verbs might have an irregular **yo** form and a stem vowel change (such as **e → ie**) as well. Here are some common verbs that add a -**g**- in the **yo** form: **poner** (*to put*), **salir** (*to leave; to go out*), **tener** (*to have*), and **venir** (*to come*).

	poner	**salir**	**tener**	**venir**
(yo)	pongo	salgo	tengo	vengo
(tú)	pones*	sales*	tienes*	vienes*
usted, él/ella	pone	sale	tiene	viene
(nosotros/as)	ponemos	salimos	tenemos	venimos
(vosotros/as)	ponéis	salís	tenéis	venís
ustedes, ellos/ellas	ponen	salen	tienen	vienen

*Alternative forms for recognition only: **vos ponés, vos salís, vos tenés, vos venís.**

vengo = *I come*
viene = *you (pol. sing.) come; he/she comes*
venimos = *we come*

—¿Siempre **viene** usted temprano?   *Do you always come early?*
—Sí, casi siempre **vengo** a las ocho.   *Yes, I almost always come at 8:00.*

—¿Dónde **pongo** mi ropa?   *Where do I put my clothes?*
—Aquí mismo, encima de esta silla.   *Right here, on this chair.*

B. The verbs **traer** (*to bring*) and **oír** (*to hear*) insert **ig** in the **yo** form. In addition, **oír** adds a **y** in all but the **yo, nosotros/as,** and **vosotros/as** forms. The verbs **hacer** (*to do; to make*) and **decir** (*to say; to tell*) change the **c** to **g** in the **yo** form. **Decir** also changes the stem vowel **e** to **i** in all but the **nosotros/as** and **vosotros/as** forms.

	hacer	**traer**	**oír**	**decir**
(yo)	hago	traigo	oigo	digo
(tú)	haces*	traes*	oyes*	dices*
usted, él/ella	hace	trae	oye	dice
(nosotros/as)	hacemos	traemos	oímos	decimos
(vosotros/as)	hacéis	traéis	oís	decís
ustedes, ellos/ellas	hacen	traen	oyen	dicen

> **digo** = *I say*
> **dice** = *you* (pol. sing.) *say;* he/she says
> **decimos** = *we say*

*Alternative forms for recognition only: **vos hacés, vos traés, vos oís, vos decís.**

—¿Qué **traes** a la universidad?   *What do you bring to the university?*
—**Traigo** mis libros y mi almuerzo.   *I bring my books and my lunch.*

—¿No **oyes** un ruido extraño?   *Don't you hear a strange noise?*
—No, no **oigo** nada.   *No, I don't hear anything.*

Ejercicio 8

Contesta las preguntas que un amigo te hace sobre tu clase de español.

MODELO: —En general, ¿vienes temprano a la clase de español?
    —Sí, *vengo* temprano todos los días.

1. —¿Traes tu perro a la clase de español?
   —¡Claro que no! _____ solamente el libro y el cuaderno.

2. —¿Pones tu libro de español debajo de la mesa?
   —No, lo _____ encima de la mesa.

3. —¿Le dices «Buenos días» en español al profesor / a la profesora?
   —¡Qué va! A las dos de la tarde le _____ «Buenas tardes».

4. —¿Oyes música en tu clase?
   —Sí, _____ canciones en español, naturalmente.

5. —¿Sales de tu clase a las tres?
   —No, _____ a las tres menos diez.

6. —¿Siempre vienes a la clase preparado/a?
   —Sí, casi siempre _____ preparado/a.

7. —¿Tienes mucha tarea?
   —Sí, _____ tarea todos los días, excepto el domingo.

8. —¿Qué haces en tu clase?
   —_____ un poco de todo: converso, leo, escribo. ¡Pero no texteo!

Lo que aprendí

After completing this chapter, I can. . .

☐ describe my daily activities.

☐ talk about basic foods and the three daily meals.

☐ discuss my food preferences.

☐ identify and describe important holidays in Hispanic countries and in the U.S.

☐ express my feelings and talk about activities associated with those feelings.

Now I also know more about. . .

☐ El Salvador, Honduras, and Nicaragua.

Vocabulario

La rutina diaria — Daily Routine

acostarse (ue) me acuesto / se acuesta	to go to bed
afeitarse	to shave
arreglarse	to get ready
bañarse	to bathe
cepillarse el pelo / los dientes	to brush one's hair/teeth
despertarse (ie) me despierto / se despierta	to wake up
ducharse	to take a shower
lavarse el pelo / la cara	to wash one's hair/face
lavarse los dientes	to brush one's teeth
levantarse	to get up
maquillarse	to put on makeup
peinarse	to comb one's hair
ponerse (irreg.) (la ropa) me pongo / se pone	to put on (clothes)
quitarse (la ropa)	to take off (clothes)
secarse	to dry
vestirse (i) me visto / se viste	to get dressed

Repaso: almorzar (ue), cenar, cocinar, comer, desayunar, descansar, dormir (ue)

Las comidas — Foods

el almuerzo	lunch
el azúcar	sugar
la cena	dinner
la comida	food; meal
el desayuno	breakfast
los dulces	candy
la ensalada	salad
la fibra	fiber
la galleta	cracker, cookie
la galletita	cookie
la grasa	fat
el helado (de fresa)	(strawberry) ice cream
el huevo	egg
los huevos fritos	fried eggs
los huevos revueltos	scrambled eggs
el jamón	ham
la lechuga	lettuce
la mantequilla	butter
el pan	bread
el pan tostado	toast

Las comidas — Foods

la papa	potato
la papa al horno	baked potato
las papas fritas	french fries
el pastel	pastry; cake
el pavo	turkey
el pescado	fish
el pollo	chicken
el pollo frito	fried chicken
el postre	dessert
el puré de papas	mashed potatoes
el queso	cheese
el tocino	bacon
las verduras	vegetables

Palabras semejantes: el bistec, el cereal, el chocolate, el colesterol, la dieta, los espaguetis, la fruta, la hamburguesa, la sopa, el taco, el tomate, la vitamina, el yogur

Las bebidas — Drinks

la cerveza	beer
la champaña	champagne
el chocolate caliente	hot chocolate
el jugo de naranja	orange juice
la leche	milk
el vino (tinto)	(red) wine

Palabras semejantes: el café, el té

Los días feriados — Holidays

el Año Nuevo	New Year's Day
¡Feliz Año Nuevo!	Happy New Year!
el arbolito de Navidad	Christmas tree
el Día de Acción de Gracias	Thanksgiving
el Día de la Independencia	Independence Day
el Día de la Madre	Mother's Day
el Día de las Brujas	Halloween
el Día de los Enamorados	Valentine's Day
el Día de los Muertos	Day of the Dead (All Souls' Day)
el Día de Reyes / de los Reyes Magos	Day of the Magi (Epiphany)
el Día de San Valentín	Valentine's Day
el Día del Padre	Father's Day
la Navidad	Christmas
¡Feliz Navidad!	Merry Christmas!
la Nochebuena	Christmas Eve
la Nochevieja	New Year's Eve
la Pascua	Easter
la Pascua Judía	Passover
los Reyes Magos	Wise Men, Magi
la Semana Santa	Holy Week (Easter Week)

Palabras semejantes: el Jánuca, el Ramadán

Los estados físicos y anímicos	Physical and Mental States
estar (irreg.) de buen (mal) humor	to be in a good (bad) mood
estar (irreg.)...	to be ...
cómodo/a	comfortable
contento/a	happy
deprimido/a	depressed
enamorado/a	in love
enfermo/a	sick
enojado/a	angry
ocupado/a	busy
preocupado/a	worried
triste	sad
tener (irreg.)...	to be ...
calor	hot
frío	cold
hambre	hungry
miedo	afraid
prisa	in a hurry
sed	thirsty
sueño	sleepy

Palabras semejantes: (estar) nervioso/a

¿Cuándo?	When?
al día siguiente	the next day, the following day
antes (de)	before
esta mañana	this morning
pronto	soon
raras veces	rarely
temprano	early

Repaso: a veces, con frecuencia, de vez en cuando, después (de), (casi) nunca, siempre, todos los días

La descripción	Description
caliente	hot
centroamericano/a	Central American
diario/a	daily
difunto/a	deceased
extraño/a	strange, odd
frito/a	fried
judío/a	Jewish
malo/a	bad
pobre	poor
pobrecito/a	poor thing
poquito/a	small amount
querido/a	dear
rico/a	rich (tasty)
saludable	healthy
seco/a	dry
solo/a	alone
tibio/a	(luke)warm
todos/as	all

Palabras semejantes: físico/a, impaciente, importante, lógico/a, religioso/a

Los verbos	Verbs
actualizar	to update
bostezar	to yawn
comerse las uñas	to bite one's nails
decir (irreg.)	to say
encender (ie)	to light
encontrarse (ue) con	to meet (with)
engordar	to gain weight
esconderse	to hide (oneself)
extrañar	to miss (someone or something)
funcionar	to function, work
gritar	to shout
llenar	to fill
llorar	to cry
llevar	to take
merendar (ie)	to have a snack; to picnic
pedir (i)	to ask for
poner (irreg.)	to put
ponerse (irreg.)	to put on (clothing)
preparar(se)	to prepare (yourself)
quedarse	to stay
querer (irreg.)	to love
recibir	to receive
recordar (ue)	to remember
responder	to answer, to respond
soñar (ue) (despierto/a)	to (day)dream
sonreír (i)	to smile
traer (irreg.)	to bring
volver (ue)	to come back

Los mandatos	Commands
Mandatos formales (ustedes)	
den	give
escojan	pick
expresen	express
lean	read
Mandatos informales (tú)	
pon	put
responde	answer
une	connect

Las personas	People
el brujo / la bruja	wizard / witch
el/la familiar	relative
el fantasma	ghost
el hermanito	little brother
el/la pariente	relative

Palabras semejantes: el presidente

Capítulo 5 La rutina diaria

Los sustantivos	Nouns
el acondicionador	conditioner
la afeitadora eléctrica	electric razor
la boda	wedding
la calavera	skull
el camello	camel
la cancha	court, field (*sports*)
el candelabro	candelabra; menorah
el cepillo (de dientes)	(tooth)brush
el comienzo	beginning
el detalle	detail
el disfraz (*pl.* los disfraces)	costume
la entrevista	interview
el espejo	mirror
la flecha	arrow
los fuegos artificiales	fireworks
la iglesia	church
el jabón	soap
el juguete	toy
la llamada	call
la muñeca	doll
la navaja	razor
la nota	grade; note
la pasta dental	toothpaste
el secador	hairdryer
la tarjeta	card
la toalla	towel
el trabajo	work
la tumba	grave; tomb
el vaso	drinking glass
la vela	candle

Palabras semejantes: el aniversario, el aspecto, la avenida, la caloría, el campus, la celebración, el cementerio, el champú, la decoración, el evento, la ilustración, la imaginación, la medicina, el patio, el pijama, la reacción, la reunión

Palabras y expresiones útiles	Useful Words and Expressions
de casa en casa	from house to house
de lunes a viernes	from Monday to Friday
desde	from; since
desde la(s)… hasta la(s)…	from (*time*) to (*time*)
después de	after
menos	less
¡Ni pensarlo!	Don't even think about it!
¡Qué ocurrencia!	What a silly idea!
rápidamente	quickly, rapidly
tampoco	neither, not either
Ya es (muy) tarde.	It's already (very) late.
¡Yo no!	I don't! / Not me!
¡Yo sí!	I do! / Me too!

Vocabulario

Las carreras y los oficios 6

Nicanor Parra, poeta, matemático y físico chileno

Upon successful completion of **Capítulo 6** you will be able to talk about school subjects, classroom activities, careers, and duties and obligations at work, to express what people are doing at a particular moment, and to discuss peoples' abilities, likes, and dislikes. Additionally, you will have learned about some interesting places and people from Chile.

Comunícate

Las materias

Hablando de la educación El importante trabajo de los voluntarios

Las actividades en la clase

Las habilidades

El empleo

Actividad integral La profesión ideal

Exprésate

Escríbelo tú Tu empleo

Cuéntanos Un día típico en tus clases favoritas

Entérate

Mundopedia La escritora chilena Isabel Allende

Voces chilenas

Conexión cultural Las peñas chilenas

Videoteca
Amigos sin Fronteras, Episodio 6: Un disfraz para Halloween

Mi país: Chile

Infórmate

6.1 Indirect Object Pronouns

6.2 Present Progressive

6.3 **Saber** and **poder** + Infinitive

6.4 Obligations: **tener que, deber, necesitar; hay que, es necesario** + Infinitive

CHILE

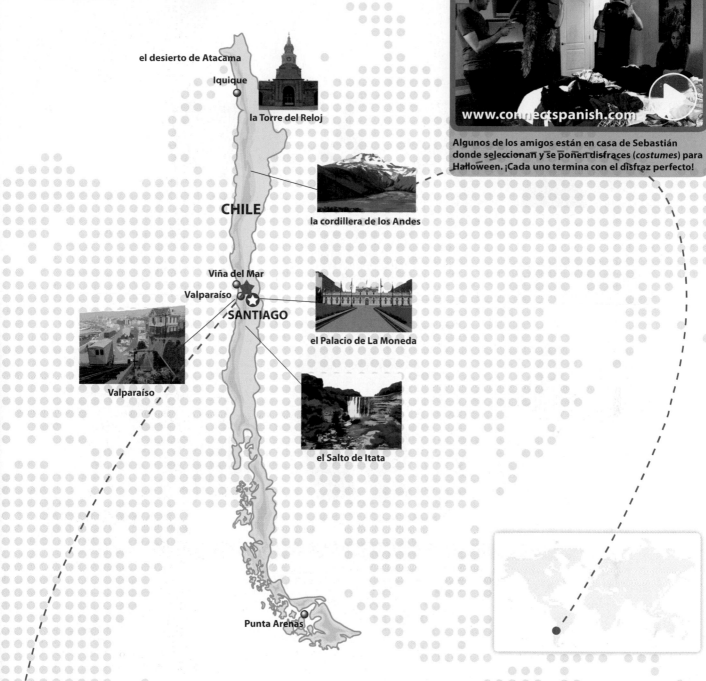

el desierto de Atacama

Iquique

la Torre del Reloj

CHILE

la cordillera de los Andes

Viña del Mar

Valparaíso

SANTIAGO

Valparaíso

el Palacio de La Moneda

el Salto de Itata

Punta Arenas

Amigos sin Fronteras

www.connectspanish.com

Algunos de los amigos están en casa de Sebastián donde seleccionan y se ponen disfraces (*costumes*) para Halloween. ¡Cada uno termina con el disfraz perfecto!

Conócenos

Lucía Molina Serrano es chilena. Tiene veintitrés años y estudia mercadotecnia. Nació el trece de junio en Valparaíso, Chile. Le gusta viajar, ir al cine, jugar al Monopolio con sus amigos y leer revistas de mercadotecnia en inglés.

Lucía Molina
Serrano

Mi país

Comunícate

Las materias

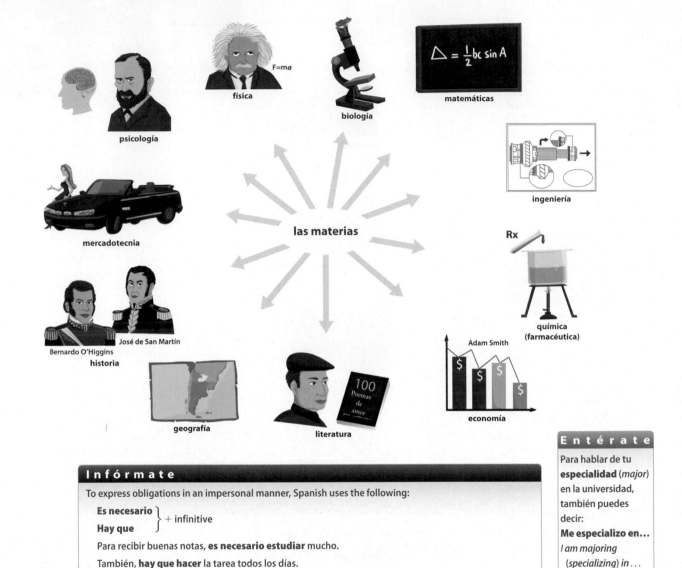

psicología

física

biología

matemáticas

mercadotecnia

ingeniería

las materias

Rx

Bernardo O'Higgins   José de San Martín

historia

química
(farmacéutica)

geografía

literatura

Adam Smith

economía

Infórmate

To express obligations in an impersonal manner, Spanish uses the following:

Es necesario
Hay que } + infinitive

Para recibir buenas notas, **es necesario estudiar** mucho.

También, **hay que hacer** la tarea todos los días.

Entérate

Para hablar de tu **especialidad** (*major*) en la universidad, también puedes decir:

Me especializo en...
I am majoring (specializing) in . . .

Actividades de comunicación

Actividad 1   El horario de Pablo

Este es el horario de Pablo Molina Serrano, el hermano menor de Lucía. Pablo tiene dieciocho años y este semestre está en el cuarto año de Educación Media* en el Colegio de los Sagrados Corazones. Charla con tu compañero/a sobre las clases de Pablo. Háganse preguntas sobre las horas de clase, el número del salón de clase y sus profesores.

---

*See **Actividad 3** for an explanation of the education system in Chile.

¿Recuerdas?

Necesitas usar los números ordinales en esta actividad. Repásalos en el **Capítulo 4, Actividad 7.**

MODELO: **E1:** ¿Cuál es la *primera* clase de Pablo?

E2: Su primera clase es la clase de *inglés*.

E1: ¿A qué hora es?

E2: Es de *las siete y media* a *las ocho y cuarto*.

E1: ¿En qué salón de clase es y quién es su profesor(a)?

E2: Es en *el salón 505* y su profesor se llama *Juan Ahumada Villa*.

Vocabulario útil

de la(s)... a la(s)...

último/a

Entérate

Hay escuelas y colegios que les permiten a los estudiantes salir para almorzar en casa. En otras instituciones, los estudiantes no salen a almorzar. En las escuelas públicas, el almuerzo es gratuito. En los colegios existe la opción de llevar la comida o pagar en la cafetería, que en Chile se llama «el casino».

LICEO DE VALPARAÍSO			
NOMBRE: PABLO MOLINA SERRANO		**GRADO: CUARTO MEDIO**	
Asignatura	**L–V: hora**	**Salón**	**Profesor(a)**
inglés	7:30–8:15	505	Juan Ahumada Villa
matemáticas	8:25–9:10	101	Claudia Díaz Aguilar
ciencias sociales	9:20–10:05	220	Pedro Alonso Jiménez
psicología	10:15–11:00	345	Verónica Roldán Sosa
biología	11:10–11:55	110	Rosa Vázquez Rojo
almuerzo	11:55–13:00		
artes musicales	13:00–13:45	400	Miguel Bravo Lepe
educación física	13:55–14:40	gimnasio	Patricia Ortega Brito
lenguaje y comunicación	14:50–15:35	515	Luis Cornejo Cruz

Entérate

La palabra **colegio** no es lo mismo (*same*) que *college* en inglés. El significado (*meaning*) de esta palabra depende de la región, en muchas partes es el equivalente de *high school* en los Estados Unidos pero en otras equivale a *private school*. Para hablar de *college*, usa la palabra **universidad**. Y para *school* usa las palabras **escuela** o **liceo**.

Actividad 2 Tus asignaturas

A. Completa la tabla con tus asignaturas de este semestre/trimestre/cuatrimestre y la hora y el día de cada asignatura. Si quieres, incluye el almuerzo también. Luego habla con tu compañero/a sobre tu horario en la universidad.

MODELO: **E1:** ¿Cuál es tu *primera* asignatura?

E2: Es *historia de los Estados Unidos*.

E1: ¿Qué días es y a qué hora?

E2: Es los *martes* y los *jueves* a *las once*.

UNIVERSIDAD: _____		ALUMNO/A: _____			
Asignatura	**lunes**	**martes**	**miércoles**	**jueves**	**viernes**

B. Ahora conversa con tu compañero/a usando estas preguntas.

1. **E1:** ¿Cuál es tu asignatura más fácil/difícil?

   E2: Mi asignatura más fácil/difícil es _____.

2. **E1:** ¿Cuál es tu asignatura más interesante? ¿Por qué es interesante?

   E2: Mi asignatura más interesante es _____.
   Es interesante porque…

3. **E1:** ¿Tienes una asignatura favorita este semestre? ¿Cuál es? ¿Por qué?

   E2: Mi asignatura favorita es _____ porque…

4. **E1:** ¿Tienes buenas notas en tu asignatura favorita? ¿Y en las otras?

   E2: En mi asignatura favorita tengo _____ (A, B, C, …). En las otras tengo (muy) buenas/malas notas. / Tengo buenas/malas notas, más o menos.

5. **E1:** ¿Es importante para ti tener buenas notas en todas las asignaturas?

   E2: Sí, (No, no) es importante porque…

6. **E1:** ¿Es este tu primer año en la universidad?

   E2: Sí, es el primero. / No, es el _____ (segundo, tercero, cuarto, último).

7. **E1:** ¿Cuál es tu especialidad en la universidad? ¿Por qué te gusta?

   E2: (Mi especialidad) Es _____. Me gusta porque… / No sé todavía.

Entérate

En muchos países hispanos, las notas no son A, B, C, D, o F como en los Estados Unidos. Se usan notas de 10 a 0 y frecuentemente son más exactas porque se usan decimales (con coma), por ejemplo, 9,3 en vez de (*instead of*) A-.

Actividad 3 La educación en Chile

Lee la información sobre la educación en Chile. Luego contesta las preguntas con tu profesor(a) y/o con tu compañero/a.

Vocabulario útil

enseñanza básica/	nivel	se imparte
media/superior	gratuito	en adelante
formación		

LA EDUCACIÓN EN CHILE		
Niveles	**Edades**	**Comentarios**
Preescolar/Parvulario	de los tres meses a los cinco o seis años	No es obligatorio; gratuito en las escuelas públicas pero no en las escuelas privadas
Enseñanza básica	de los seis a los catorce años	Gratuito y obligatorio dos ciclos de cuatro años cada uno
Enseñanza media	de los quince a los dieciocho años	Gratuito y obligatorio dos años de educación general + dos años de educación especializada, que se imparte en liceos o colegios especializados
Educación superior	de los dieciocho años en adelante	Se imparte en: * centros de formación técnica * institutos profesionales * universidades

1. ¿Tenemos en los Estados Unidos algo semejante (similar) al nivel parvulario en Chile? ¿Crees que es una buena idea? ¿Por qué?

2. ¿Qué niveles de educación son obligatorios en Chile? ¿Son los mismos en los Estados Unidos?

3. ¿Qué niveles de educación son gratuitos en Chile? ¿Son los mismos en los Estados Unidos?

4. ¿De cuántos años es el nivel secundario (enseñanza media)? ¿Ves diferencias entre este nivel (enseñanza media) en Chile y el de los Estados Unidos (*high school*)?

5. Describe la educación superior en Chile.

Entérate

Casi el 99,7 por ciento (*percent*) de los niños chilenos entre los seis y catorce años termina la enseñanza básica. El 87,7 por ciento termina la enseñanza media.

Entérate

En la educación superior en Chile los títulos (*degrees*) que se otorgan (*they give out*) dependen del lugar donde se estudia.

- en los centros de formación técnica: solamente títulos de Técnico de Nivel Superior

- en los institutos profesionales: títulos de Técnico de Nivel Superior y títulos profesionales (Licenciatura)

- en las universidades: títulos profesionales y los grados académicos de Licenciatura/Licenciado (*bachelor's degree*), Maestría/Magíster (*master's*) y Doctorado/Doctor

La enseñanza básica en Chile es gratuita y obligatoria.

Hablando de la educación

EL IMPORTANTE TRABAJO DE LOS VOLUNTARIOS

Hannah Kelley, becaria[a] de La Fundación Rotary y voluntaria en Chile del grupo Scholars for Schools

La educación es importante para conseguir[b] un buen trabajo. Desafortunadamente,[c] hay niños en todos los países del mundo que no tienen esa oportunidad por muchas razones.[d] Algunas de ellas son la economía del país y la pobreza[e] de su familia y de su comunidad, otras son una falta de[f] escuelas, maestros[g] o libros.

Hay muchos grupos que se dedican a construir escuelas,[h] a proveer[i] libros y a darles a los niños acceso a la educación primaria y secundaria. Además del Cuerpo de Paz,[j] hay muchas organizaciones formadas totalmente por voluntarios. Los grupos trabajan para promover[k] la educación en regiones de América Latina. La misión de Círculo de Amigas es proveer fondos[l] para educar a las niñas de Jinotega, un pequeño pueblo[m] de Nicaragua, pero también ayuda[n] con otras necesidades de la comunidad. Construye viviendas,[ñ] provee tanques para el agua, estufas y máquinas de coser.[o] La misión del grupo Scholars for Schools, fundado por[p] tres personas jóvenes, es construir bibliotecas y conseguir computadoras y así asegurarles a todos los niños de la región central de Chile acceso a los libros que necesitan. Hay otros grupos, como International Student Volunteers, que combinan el trabajo de voluntarios en Costa Rica con eventos divertidos. Los participantes pagan por la casa, la comida, las excursiones y el entrenamiento[q] que necesitan para trabajar en los proyectos del

[a]scholarship recipient [b]obtain, get [c]Unfortunately [d]reasons [e]poverty [f]falta… lack of [g]teachers [h]construir… building schools
[i]providing [j]Cuerpo… Peace Corps [k]para… in order to promote [l]funds [m]town, village [n]it helps [ñ]Construye… It builds housing
[o]estufas… stoves and sewing machines [p]fundado… founded by [q]training

grupo. Escalera[r] es otro grupo interesante. Su nombre es simbólico: una escalera nos ayuda a subir,[s] como la educación ayuda a los niños a salir de[t] la pobreza. Escalera se dedica a construir escuelas primarias y a ofrecer becas[u] para la educación secundaria en Chiapas, uno de los estados más pobres[v] de México.

Estos grupos utilizan la energía, los talentos y la preparación profesional de sus voluntarios. Carpinteros, pintores, maestros, expertos en informática, ingenieros, arquitectos, médicos, enfermeras… ¡todos podemos contribuir algo!

[r]*Ladder, Step*   [s]*climb, go up*   [t]*salir… get out of*   [u]*scholarships*   [v]*estados… poorest states*

Las actividades en la clase

Lee *Infórmate 6.1–6.2*

El profesor les dice «Buenos días» a mis compañeros.

El profesor nos habla en español siempre.

Le ponemos atención al profesor.

El profesor me hace preguntas (a mí).

Le contestamos al profesor.

Tomamos apuntes cuando el profesor nos explica el examen.

Yo te hago una pregunta y tú me contestas.

Actividad 4 En la clase de español

¿Con qué frecuencia hacen tus compañeros y tú estas actividades en la clase de español?

MODELOS: Escribimos las palabras nuevas en el cuaderno *todos los días*.

El profesor *siempre* nos hace preguntas y nosotros *siempre* le contestamos en español.

1. Le decimos «Hola» al profesor / a la profesora.
2. Dormimos una siesta.
3. Tomamos apuntes cuando el profesor / la profesora nos explica algo.
4. Entendemos casi todo cuando el profesor / la profesora nos habla en español.
5. Le contestamos al profesor / a la profesora cuando nos hace preguntas.
6. Le ponemos atención al profesor / a la profesora.
7. Usamos el celular.
8. Aprendemos muchas palabras nuevas.
9. Le hacemos preguntas al profesor / a la profesora.
10. Hacemos la tarea en clase.
11. Les decimos «Hasta mañana» a los compañeros de clase.
12. Terminamos la clase temprano.

Vocabulario útil

(casi) nunca

raras veces

de vez en cuando

a veces

muchas veces

con frecuencia

(casi) siempre

todos los días

Actividad 5 Mis preferencias

Pon las actividades de cada situación en orden del número 1 (¡**Me gusta mucho!**) al número 7 (¡**No me gusta para nada!**). Después, compara tus respuestas con las de tus compañeros de clase.

1. **En el salón de clase**

   _____ tomar exámenes

   _____ trabajar en grupo

   _____ escuchar al profesor / a la profesora cuando nos habla en español

   _____ hablarles a mis compañeros / participar en conversaciones en español

   _____ ver videos en español

   _____ escuchar canciones hispanas o cantar en español

   _____ escuchar explicaciones de gramática en inglés

2. **Fuera del salón de clase**

   _____ estudiar para los exámenes

   _____ escribir composiciones en el *Cuaderno*/Connect Spanish

   _____ hacer la tarea en Connect Spanish

   _____ contestar las preguntas del segmento de video **Amigos sin Fronteras**

   _____ charlar con mis amigos hispanos en español

   _____ visitar sitios Web en español

   _____ leer las lecturas en el libro de texto / en Connect Spanish

Vocabulario útil

las canciones

las explicaciones

las lecturas

fuera (de)

Actividad 6　¡A conversar!

A. Habla con tu compañero/a sobre la clase de español.

1. En tu opinión, ¿es interesante o aburrida la clase de español?

2. ¿Crees que nuestro/a profesor(a) nos asigna mucha tarea? ¿Haces toda la tarea? ¿Dónde y cuándo la haces? ¿Te gusta hacer la tarea en Connect Spanish? ¿Por qué?

3. ¿Haces la tarea del **Enlace auditivo** en tu casa o en el laboratorio de idiomas? ¿Qué sección de la **Videoteca** te gusta más: el segmento de **Mi país** o el video de **Amigos sin Fronteras?** ¿Por qué?

4. ¿Quién te explica la gramática cuando no la comprendes, tu profesor(a) o uno de tus compañeros? ¿Te hacen preguntas a ti los compañeros?

5. En tu opinión, ¿nos hace muchas preguntas nuestro/a profesor(a)? ¿Te gusta contestar las preguntas? ¿Por qué? ¿Siempre le contestas en español al profesor / a la profesora? ¿Piensas en español cuando hablas español?

6. ¿Te gusta la clase de español? ¿Qué cosas te gusta hacer en la clase? ¿Qué cosas no te gusta hacer?

B. Ahora… ¡conversa con tu profe!

1. ¿Le gusta corregir (hacer correcciones en) nuestras tareas? ¿Es aburrido? ¿Por qué?

2. ¿Cree usted que le hacemos muchas preguntas tontas? ¿Le gusta contestar nuestras preguntas?

3. ¿Es divertido para usted leer las cosas que escribimos?

4. Cuando nos hace preguntas, ¿prefiere las respuestas en español o en inglés? ¿Por qué?

5. ¿Qué parte de la clase de español le gusta más a usted?

¿Prefiere usted las preguntas en español o en inglés?

Ralph A. Burrido

Elena

Dora

Alba

Andrés

Claudio

Felipe

Actividad 7 La clase del profesor Ralph A. Burrido

El profesor Ralph A. Burrido y sus estudiantes

A. Escucha las descripciones de tu profesor(a) sobre las actividades de los estudiantes en la clase del profesor Ralph A. Burrido. Di el número del dibujo que corresponde a cada descripción.

En la clase del profesor Ralph A. Burrido

1.

2.

El último día de clase

3.

4.

B. Ahora trabaja con tu compañero/a para comparar los dibujos 1 y 2 y luego los dibujos 3 y 4. ¿Qué está haciendo el profesor? ¿Qué están haciendo los estudiantes? Di qué diferencias hay entre lo que están haciendo. También puedes mencionar las diferencias en su ropa: **En el dibujo número 1 Elena lleva… , pero en el dibujo 2 lleva…** ¡Sé creativo/a!

Vocabulario útil

bailar

beber

cantar

charlar

comer

decir

descansar

devolverle(s) el examen a

dibujar

dormir

escribir

hablar por el móvil

leer en voz alta

llorar

maquillarse

mostrar

ponerse perfume

repetir

saltar

tocar la guitarra

Las habilidades

Lee *Infórmate 6.3*

XIOMARA: Lucía, **¿sabes** cocinar?

LUCÍA: Sí, sí **sé,** pero prefiero no hacerlo todos los días. **Sé** preparar algunos platos chilenos típicos como paila marina y asado chileno que a todos les gustan. ¡Mmm! ¿Y tú?

XIOMARA: Pues sí **sé** cocinar pero no lo hago con frecuencia. No tengo tiempo. Ya **sabes,** estudio y trabajo.

ELOY: Nayeli, Claudia y yo vamos a ir a Tahoe a esquiar mañana. **¿Sabes** esquiar? ¿Quieres ir con nosotros?

NAYELI: Eloy, lo siento, no **sé** esquiar en la nieve. Y otra mala noticia: ¡Claudia no **puede** esquiar ahora porque tiene la pierna derecha fracturada! Un pequeño accidente en su bicicleta anoche…

Actividad 8 ¿Qué saben hacer estas personas?

Escucha las descripciones de tu profesor(a) sobre los talentos de los estudiantes del club Amigos sin Fronteras y di el nombre de la persona a la que describe. Luego, pregúntale a tu compañero/a qué sabe hacer cada persona.

Eloy

Lucía Rodrigo

Radamés

Daniel, el compañero de Sebastián

Nayeli

Ana Sofía

Carlitos, el hijo de Omar

Camila

Actividad 9 ¿Qué sabes hacer? ¿Qué puedes hacer?

A. Charla con tu compañero/a sobre las habilidades de cada uno.

MODELO: E1: ¿Sabes *bailar*?

E2: Sí, sé *bailar* muy bien. / No, no sé *bailar*. / Sí sé, pero solamente un poco. ¿Y tú?

1. cocinar
2. hablar otro idioma (¿Cuál?)
3. crear sitios Web
4. bucear con tanque
5. nadar
6. andar en patineta
7. componer música
8. tomar buenas fotos
9. jugar al póker
10. pintar acuarelas
11. montar a caballo
12. reparar carros o motocicletas

El chileno Humberto Suazo sabe jugar muy bien al fútbol. ¡Es un goleador impresionante!

B. Di si puedes hacer estas actividades sin problema en tu casa o en la residencia estudiantil.

MODELO: E1: ¿Puedes *tener perro* donde vives? ¿Puedes *tener gato*?

E2: No, no puedo *tener mascotas*. Vivo en una residencia estudiantil.

1. regresar muy tarde en la noche, como a las dos o tres de la mañana
2. invitar a tus amigos a cenar
3. dormir hasta las once de la mañana los domingos
4. ver la televisión o escuchar música a todo volumen a cualquier hora del día o de la noche
5. hacer fiestas ruidosas y con licor

Actividad 10 ¡Quiero bañar a Chulis!

Ricky, el hermano menor de Eloy, quiere bañar a Chulis, uno de los perros de Eloy. Lee el diálogo entre los hermanos y trabaja con tu compañero/a para ponerlo en orden lógico con los números del 1 al 9. Después, léanlo en voz alta.

Vocabulario útil

todo lo que necesitas

lo necesario

_____ ELOY: Bueno, sí, pero también tienes que…

_____ ELOY: Claro, Ricky, pero primero debes preparar todo lo que necesitas.

_____ RICKY: Sí, Eloy, ya lo tengo todo, todo, todo.

_____ RICKY: ¡Ay Eloy! Sé bañar perros muy bien; ¡no soy un bebé!

_____ RICKY: Sí, ya tengo todo lo necesario aquí; ahora voy a traer a Chulis.

_____ RICKY: Ya sé, hermano, ya sé.

_____ RICKY: Oye Eloy, ¿puedo bañar a Chulis? ¡Tiene muchas pulgas!

_____ ELOY: Perfecto. Recuerda que debes secarlo muy bien después de…

_____ ELOY: ¿Seguro? ¿Tienes ya el champú para pulgas? ¿El agua, el cepillo y una toalla?

El empleo

Lee *Infórmate 6.2* y *6.4*

El plomero necesita reparar la tubería del fregadero.

El mecánico debe reparar el coche híbrido con cuidado.

Los peluqueros (el peluquero y la peluquera) les cortan el pelo a los clientes.

El mesero sirve la comida en el restaurante.

Los obreros tienen que trabajar muchas horas en la fábrica.

Los bomberos están apagando el incendio en un edificio de varios pisos.

El electricista debe tener mucho cuidado con los cables eléctricos.

La enfermera le está tomando la presión al paciente.

El terapeuta necesita ayudar al paciente a caminar.

El abogado debe defender a su cliente en el tribunal.

La juez está dictando la sentencia.

El dependiente debe arreglar la ropa.

Actividad 11 Profesiones y oficios

Completa las oraciones para crear una lista completa de profesiones y oficios con información sobre cada uno.

> **MODELO:** ¿ ? canta en un club nocturno →
> Un cantante canta en un club nocturno.

1. ¿ ? corta el pelo y peina en una peluquería
2. Un(a) cajero/a cambia cheques y recibe dinero ¿ ?
3. ¿ ? atiende a los clientes en una tienda de ropa
4. Un(a) (mujer) bombero ¿ ? en cualquier lugar
5. Un(a) maestro/a enseña a los niños ¿ ?
6. Un(a) chofer maneja (conduce) ¿ ?
7. ¿ ? dicta sentencias en los tribunales (juzgados)
8. Un(a) mesero/a sirve la comida ¿ ?
9. ¿ ? da masajes y enseña a caminar a clientes en un hospital o una clínica
10. ¿ ? repara coches en un taller de reparaciones
11. Una(a) obrero(a) industrial trabaja ¿ ?
12. Un(a) (mujer) plomero ¿ ? en una oficina o residencia
13. ¿ ? prepara los impuestos en un negocio o en su oficina
14. ¿ ? resuelve problemas con los clientes o los empleados en una tienda o un restaurante
15. ¿ ? aconseja a la gente que tiene problemas familiares en una oficina particular o en la casa de los clientes

Actividad 12 ¡Cuántas obligaciones!

Mira los dibujos y habla sobre las obligaciones de cada persona. Si necesitas, usa la lista de obligaciones que aparece abajo.

> **MODELO:** La abogada tiene que escuchar a su cliente y tomar apuntes. También debe…

Vocabulario útil
debe
necesita
tiene que

El ama de casa...

La abogada...

El enfermero...

El asistente de veterinario...

OBLIGACIONES

atender a los pacientes cuando llaman	lavar y secar la ropa
bañar a los perros	pasar la aspiradora
darle la medicina a una paciente	pasear a los perros
escoger el jurado	preparar el desayuno
escuchar al cliente y tomar apuntes	preparar la defensa
informar al médico	presentarle el caso al jurado
lavar los platos	tomarle la presión al paciente

Infórmate

El ama de casa (*homemaker, housewife*) literally means *mistress of the house.* Just like **el agua,** it takes the definite article **el,** although it is a feminine noun and refers to a woman (because **ama** begins with a stressed **a** sound). Note that because housework has been traditionally considered a woman's job, the phrase **amo de casa** is very rare, just like *househusband* in English.

Actividad 13 Anuncios de Craigslist

Imagínate que vas a pasar un año en Chile, estudiando. Decides que quieres un empleo para tener un poco de dinero extra. Ve a Craigslist de Chile y busca uno o dos empleos buenos para ti. Copia la información para hablar con tus compañeros en clase. Deben hacerse preguntas como: ¿Qué tipo de empleo es? ¿Es un empleo de jornada completa o de media jornada? ¿Cuántas horas vas a trabajar por día/semana? ¿Cuál es el sueldo por hora/día/semana? ¿Qué tipo de persona buscan? (¿Cómo debe ser la persona?) ¿Cuáles son las responsabilidades? ¿Qué debes hacer para contestar el anuncio? ¿Por qué te gusta?

Vocabulario útil

los anuncios

el sueldo

(de) jornada completa

(de) media jornada

por hora/día/semana

Actividad 14 Una encuesta

A. Lee la lista de profesiones y oficios y contesta las preguntas con varios compañeros.

_____ el abogado / la abogada

_____ el/la agente de seguros

_____ el ama (*f.*) de casa

_____ el bombero / la mujer bombero

_____ el contador / la contadora

_____ el/la electricista

_____ el hombre de negocios / la mujer de negocios

_____ el médico / la médica

_____ el cocinero / la cocinera

_____ el policía / la mujer policía

_____ el/la gerente de una tienda

_____ el/la periodista

_____ el/la terapeuta

_____ el trabajador social / la trabajadora social

1. ¿Para qué profesión se necesitan más años de estudio? ¿Para cuál se necesitan menos?

2. ¿Para qué oficio se necesita ser muy paciente? ¿Para cuál se necesita ser agresivo/a? ¿Para cuál se necesita ser muy valiente?

3. De todos estos oficios y profesiones, ¿cuál exige más horas de trabajo? ¿Cuántas, más o menos?

4. ¿Cuál de todos, profesiones y oficios, es el empleo ideal para una mujer? ¿Y para un hombre? En el siglo veintiuno, ¿hay profesiones u oficios que son solamente para hombres? ¿para mujeres? ¿Cuál(es)? ¿Qué es mejor, tener jefe o jefa? Expliquen su opinión en todos los casos.

5. ¿Qué profesión u oficio de la lista tiene la peor reputación de todos? ¿Por qué? ¿Cuál tiene la mejor reputación? ¿Por qué?

B. Ahora lee la lista de nuevo y, con tu grupo, determina qué profesión u oficio es: el más peligroso de todos (= 1); el más necesario (= 2); el más interesante (= 3); el más aburrido (= 4); o el más prestigioso (= 5). **OJO:** Escojan solamente cinco profesiones y expliquen por qué tienen esa opinión.

Infórmate

el/la + más/ menos + adj. = *the most/least + adj.*

el (oficio) más peligroso de todos = *the most dangerous (trade) of them all*

la (profesión) menos prestigiosa = *the least prestigious profession*

See section **B** of **Infórmate 7.2** for more examples.

Actividad integral

La profesión ideal

A. Lee los perfiles (descripciones personales) de algunos miembros del club Amigos sin Fronteras y di qué profesión o carrera es ideal para cada uno.

1. La química es la asignatura favorita de Juan Fernando. Sabe mucho sobre las medicinas que hay en las farmacias, su fórmula y para qué se debe tomar cada una. Le gusta hacer experimentos e inventar remedios.

2. Lucía es muy sociable; tiene muchos amigos. Le gusta mucho ver los anuncios comerciales de la televisión y analizarlos. Su materia favorita desde la escuela secundaria es psicología. Este semestre tiene dos asignaturas que le fascinan, Comunicación y Análisis de Mercados.

Juan Fernando Chen Gallegos

Lucía Molina Serrano

Vocabulario útil

no ser nada + adj.

ser bueno/a para

los anuncios

los deportistas

la gente

los remedios

los síntomas

relacionado con

bastante

Eloy Ramírez Ovando

Rodrigo Yassín Lara

Ana Sofía Torroja
Méndez

3. Eloy tiene varias asignaturas favoritas: la biología, la anatomía y la psicología. Le gusta ayudar a la gente enferma. Le tiene mucha paciencia y escucha bien sus síntomas. Es muy activo y no necesita dormir más de cuatro o cinco horas. Ahora es voluntario en una clínica para niños.

4. Rodrigo no es nada tímido. Sabe expresarse muy bien. Nunca está nervioso cuando habla en público. Tiene un gran interés por la justicia. Su especialidad es ciencias sociales y le gustan mucho todas sus asignaturas. En clase, les hace muchas preguntas a sus profesores y fuera de clase a sus amigos. También es bueno para los debates.

5. Ana Sofía no quiere ser médica pero quiere estudiar algo relacionado con la medicina. Sabe usar las manos para dar masajes y tiene mucha experiencia. Le gusta ayudar a los deportistas con la rehabilitación después de un accidente; les tiene mucha paciencia. También, tiene muy buenas notas en anatomía.

B. **Un juego:** Usa las pistas (la información) para adivinar las profesiones de estas seis personas: los Castillo (Isabel y Gabriel), los Delgado (Alejandra y Andrés), los Rivera (Marina y Javier). Las posibilidades son **abogado/a, dentista, doctor(a), ingeniero/a, maestro/a,** y **secretario/a. OJO:** ¡Es necesario leer todas las pistas antes de adivinar!

1. Isabel trabaja en un hospital, pero no es doctora.

2. El esposo de la abogada es ingeniero.

3. La secretaria está casada con un doctor.

4. El esposo de la dentista trabaja en una escuela.

5. Gabriel trabaja con enfermeras.

6. Javier enseña matemáticas.

Exprésate

ESCRÍBELO TÚ

Tu empleo

Ahora vas a escribir una composición sobre tu empleo. Si no tienes empleo ahora, describe tu empleo ideal. Usa la tabla en el *Cuaderno de actividades* o en Connect Spanish para organizar tus ideas y escribe allí tu composición.

CUÉNTANOS

Un día típico en tus clases favoritas

Cuéntanos sobre dos o tres de tus asignaturas favoritas en la universidad. ¿Cuáles son? ¿Por qué te gustan? ¿Tienes buenas notas en cada una? ¿Por qué? ¿Te asignan mucha tarea los profesores? ¿Cuáles asignan más tarea y cuáles asignan menos? ¿Estudias mucho o son asignaturas fáciles para ti? Describe un día típico en cada clase. ¿Cómo empieza la clase? ¿Qué hace el profesor durante la clase? ¿Y los estudiantes? ¿Cómo termina la clase? ¡Los detalles son importantes! ¡A conversar!

Entérate

Mundopedia

La escritora chilena Isabel Allende

Vocabulario de consulta	
pasa de	goes from
morir	to die
las mentiras	lies
sugiere	suggests
virtudes	virtues
cuentos	stories
consejo	advice
publica	publishes
a través de	through
rencores	grudges, resentment
venganzas	revenge
exitosa	successful
isla	island
enfrentarse a	to confront
sí misma	herself
golpe de estado	coup d'état
temas	topics
fiebre del oro	gold fever
selva	jungle

Esta famosa escritora **pasa de** periodista a novelista después de una conversación con el gran poeta chileno, Pablo Neruda.* En 1973, poco antes de **morir**, Neruda invita a Allende a almorzar en su casa. Durante el almuerzo, Neruda le dice que es una periodista mala, que dice **mentiras** siempre y que si no tiene la historia, ella la inventa. Luego, como amigo, le **sugiere** escribir literatura, pues en la literatura esos defectos de periodista son **virtudes**.

LA TRILOGÍA Y OTRAS NOVELAS

Aunque desde muy niña le gusta inventar **cuentos**, Allende no acepta el **consejo** de Pablo Neruda por mucho tiempo. **Publica** su primera novela, *La casa de los espíritus,* en 1982. La novela narra la vida de la familia Trueba **a través de** cuatro generaciones. Es una historia complicada de **rencores** y **venganzas**, con muchos elementos de realismo mágico.† Después de esa primera obra **exitosa**, publica dieciocho más. Algunas, como *La ciudad de las bestias* y *El reino del dragón de oro,* son libros para jóvenes. *Hija de la fortuna* (1999) y *Retrato en sepia* (2000) vienen mucho después y son parte de una trilogía, pero la primera novela de

*Pablo Neruda (1904–1973) was the pen name of Chilean poet Neftalí Ricardo Reyes Basoalto, which he later changed legally. His poetry is famous throughout the world; in 1971 he received the Nobel Prize in Literature.

†**Realismo mágico** is a term used to describe an "altered reality," a setting where strange, magical elements blend in subtly, especially in some works of Latin American literature of the twentieth century, such as those of the Colombian Gabriel García Márquez and the Mexican Laura Esquivel.

Allende, *La casa de los espíritus,* es realmente el final de la trilogía. Una de las publicaciones más interesantes de Allende, *La isla bajo el mar* (2009), es una novela histórica sobre la revolución en Haití. Otro libro reciente, *El cuaderno de Maya* (2011), cuenta una historia muy contemporánea para un público joven. En este libro, Maya, una chica drogadicta de diecinueve años, encuentra en la **isla** chilena de Chiloé la oportunidad de **enfrentarse a** su pasado y a **sí misma**.

DATOS BIOGRÁFICOS

Allende nació en Perú y vivió en Chile desde los tres años hasta 1974, un año después del **golpe de estado** de Augusto Pinochet. Esta prolífica autora escribe sobre **temas** muy variados: una mujer en la conquista española, la vida en California durante la **fiebre del oro**, narrativas personales sobre la muerte de su hija Paula y ficciones en la **selva** del Amazonas. Ahora vive y escribe en el norte de California.

COMPRENSIÓN

Contesta las preguntas.

1. ¿Por qué dice Pablo Neruda que Isabel Allende es una periodista muy mala?
2. ¿Qué cosas son defectos en el periodismo pero son una virtud en la ficción?
3. ¿Qué novelas mencionadas aquí son para adolescentes?
4. ¿Cuáles son los títulos de las novelas que forman una trilogía? ¿Qué es extraño (*strange*) en esta trilogía? Mira las fechas de publicación.
5. ¿Cuáles son tres temas de las novelas de Allende que te gustan?

Voces chilenas

bacán (bacana)	cool, great	**la guagua**	**el/la bebé**
choro/a	cool	**el/la pololo/a**	**el/la novio/a**
estar chocho/a	to be proud (*of something*)	**el taco**	traffic jam

CONEXIÓN CULTURAL

LAS PEÑAS CHILENAS

Una peña es una reunión social que incluye un público, cantantes, poetas, bailarines y orquestas folclóricas. Las peñas chilenas todavía existen dentro y fuera de Chile, pero fueron muy comunes e importantes en los turbulentos años sesenta y setenta. Lee la lectura «Las peñas chilenas» en el *Cuaderno de actividades* o en Connect Spanish y ¡descubre la fuerza social de estas reuniones!

Videoteca

Amigos sin Fronteras
Episodio 6: Un disfraz° para Halloween

°costume

Resumen

Ana Sofía, Radamés y Claudia están de visita en casa de Sebastián. Allí seleccionan y se ponen disfraces para Halloween. Los disfraces son de Daniel, el compañero de Sebastián. Hay varios disfraces de profesiones y oficios: policía, deportista, cocinero, enfermera… ¡y también de Elvis Presley! Al final, cada uno termina con el disfraz perfecto.

Preparación para el video

A. ¡Comencemos! Mira la foto y marca la respuesta correcta.

1. Los chicos están en __.
   a. la casa de uno de sus amigos
   b. el teatro de la universidad
   c. una tienda de disfraces
2. __ les está mostrando los disfraces a sus amigos.
   a. Sebastián
   b. Claudia
   c. Radamés
3. ¿Cuándo te pones disfraces tú? Selecciona todas las respuestas ciertas.
   a. para ir a clase
   b. para ir a una fiesta de carnaval
   c. para celebrar Halloween

Vocabulario de consulta

¿Estás seguro… ?	Are you sure . . . ?
disfrazarse	to dress up (in a costume/ disguise)
chévere	great, cool (*Cuba*)
recuerden	remember
¿Dónde tengo la cabeza?	What was I thinking? (*lit.* Where is my head?)
aprendiendo	learning
loco	crazy
voy / vas de	I'm / you're going (dressed) as (a)
acha	girlfriend (*Sp., short for* **muchacha**)
culpable	guilty
¡Qué guay!	That's cool! (*Sp.*)
te queda genial	it looks fantastic on you
misión cumplida	mission accomplished
darle las gracias	to thank him

Comprensión del video

B. La idea principal. Indica la idea principal del video.
1. Según Claudia, el disfraz de enfermera no es creativo.
2. Gracias a la generosidad de Daniel, todos tienen disfraces que les gustan.
3. Sebastián quiere ir de *Iron Chef* pero no sabe cocinar.

C. ¿Cierto o falso?
1. Los disfraces están en la tienda del tío de Daniel, el compañero de Sebastián.
2. No van a ir de hawaianos porque a Radamés no le gusta la idea.
3. Sebastián dice que está aprendiendo a ser un buen cocinero.
4. Ana Sofía no quiere ir de princesa porque princesa no es una profesión.
5. Claudia va a ir de abogada y todos dicen que es buena idea porque ella tiene personalidad de abogada.

D. Detalles. Contesta las preguntas.
1. ¿Qué disfraz va a llevar Radamés a la fiesta?
2. ¿Va de policía Claudia? Si no va de policía, ¿de qué va?
3. Y Sebastián, ¿qué disfraz prefiere? ¿por qué?
4. ¿Por qué dice Claudia que el disfraz de Elvis es perfecto para Radamés? ¿Qué sabe hacer él?
5. ¿Por qué dice Claudia que hay un problema con el disfraz de *Iron Chef* que quiere Sebastián?

Mi país CHILE

la Isla de Pascua

Comprensión

1. ¿En qué parte de Chile están San Pedro de Atacama y el Valle de la Luna?
2. ¿A qué hora quiere Lucía visitar el Valle de la Luna?
3. ¿De qué baile, música tradicional y folklore habla Lucía?
4. ¿Qué ciudad celebra el Festival Internacional de la Canción más famoso del mundo hispano?
5. ¿Qué ciudad dice Lucía que tienen que visitar Brian y ella? ¿Por qué?
6. ¿Qué actividad le gusta hacer al papá de Lucía?
7. ¿En qué isla se encuentran los moáis?
8. ¿Cuál es la mejor estación para visitar la Patagonia o la Antártica Chilena, según Lucía?

el Valle de la Luna

Infórmate

6.1 Indirect Object Pronouns

Indirect object pronouns (**los pronombres de complemento indirecto**) are used to tell *to whom* something is said, explained, given, sent, and so on.

me	to me		**nos**	to us
te*	to you (*inf. sing.*)		**os**	to you (*inf. pl., Sp.*)
le	to you (*pol. sing.*); to him/her		**les**	to you (*pl.*); to them

¿Recuerdas?

In **Infórmate 3.1,** you learned to use indirect object pronouns with the verb **gustar** to say to whom something is pleasing (who likes something). Review that construction now, if necessary.

—¿Qué **les** explica el profesor Sotomayor?

—**Nos** explica la pronunciación en español.

Mi novio ya no **me** da flores.

¡Pobre Carlitos! Su mamá siempre **le** dice que no.

What does Professor Sotomayor explain to you?

He explains Spanish pronunciation to us.

My boyfriend doesn't give me flowers anymore.

Poor Carlitos! His mother always says no to him.

As you read and listen to more Spanish, you will get a feel for these pronouns and how to use them.

---

*For recognition only: The indirect object pronoun for **vos** is **te**.

Indirect object pronouns	Indirect object pronouns are placed before the conjugated verb or attached to the infinitive or present participle.
me, te, le, nos, os, les	

Mi novia ya no { **me** puede ayudar con la tarea. / puede ayudar**me** con la tarea. }

(*My girlfriend can't help me with my homework anymore.*)

Mi novia ya no { **me** está ayudando con la tarea. / está ayudándo**me** con la tarea. }

(*My girlfriend is not helping me with my homework anymore.*)

Ejercicio 1

Mira los dibujos y completa las siguientes oraciones con **me, te, le, nos** o **les.**

Hola, chicos.

MODELO: Estefanía *les* dice «¡Hola!» **a tres estudiantes.**

1. El profesor Sotomayor _____ va a explicar (va a explicar_____) la lección **a los estudiantes.**

2. Nosotros _____ hacemos muchas preguntas **al profesor.** El profesor _____ contesta (**a nosotros**).

¿ ?

3. La novia del profesor _____ habla **a los estudiantes** sobre Guatemala, su país.

4. —Lucía, ¿puedes decir_____ qué tenemos de tarea? —Sí, Martín, ahora _____ digo cuál es la tarea para mañana.

5. Estefanía _____ escribe un correo electrónico **a sus padres.**

Es el lunes.

Gracias.

6. El profesor Sotomayor _____ dice qué día va a ser el examen y nosotros _____ decimos «Gracias».

¿7?

Sí...

7. —Martín, ¿_____ dices la respuesta número 7, por favor? —Sí, Lucía, en un momento voy a decir_____ (_____ voy a decir) todas las respuestas.

Hasta mañana.

Adiós, profesor.

8. _____ decimos «Adiós» **al profesor** y él _____ dice «Hasta mañana».

Completa este diálogo entre Rosa, una chica muy tonta y egoísta, y Lola, una chica muy inteligente y lógica. Usa **me, te, le, nos** o **les**.

Lola, ¿_____¹ prestas tu libro de química?

Ay, Rosa, si _____² presto el libro, yo no estudio. ¿Dónde está tu libro?

Mmm, eh, no sé; creo que mi novio lo tiene.

Pues... ¿por qué no _____³ preguntas (a él) si lo tiene?

¡Excelente, Lola! ¿Por qué no vas tú a su casa y _____⁴ preguntas?

¿YO? ¿Por qué yo? ¿Por qué no vas tú y _____⁵ haces tú la pregunta? ¡Es tu novio!

No, yo no; él lo está usando ahora.

Ah, comprendo. Yo _____⁶ digo (a él) que tú necesitas tu libro y él _____⁷ dice (a mí) que él también lo necesita... y luego ¿qué?

Pues tú esperas allí unas horas y mientras... ¡yo estudio aquí con tu libro!

Perdón, Rosa, yo solamente tengo dos horas libres hoy... ¡para estudiar aquí con MI libro!

Bien, entonces... ¡yo estudio aquí contigo! El profe siempre _____⁸ dice (a nosotros) que es bueno estudiar con otros.

¡No! Tú vas a estudiar en casa de tu novio, con tu libro.

6.2 Present Progressive

To describe an action that is taking place at the moment, Spanish uses a form of the verb **estar** (*to be*) and an **-ndo** form called a present participle. This combination is called the present progressive.

prestar	to lend
si	if
esperas	wait
mientras	while
contigo	with you

The present progressive (**estar** + verb ending in **-ndo**) is used to express actions in progress.

Estoy comiendo una empanada. *I am eating an empanada.*

estar + -ndo		
(yo) estoy	+	jug**ando** (*playing*)
(tú) estás*		camin**ando** (*walking*)
usted, él/ella está		fum**ando** (*smoking*)
(nosotros) estamos		escuch**ando** (*listening*)
(vosotros) estáis		com**iendo** (*eating*)
ustedes, ellos/ellas están		escrib**iendo** (*writing*)

—¿Qué **está haciendo** el médico? *What is the doctor doing?*
—**Está examinando** a un paciente. *He is examining a patient.*

—Camila, ¿qué **estás haciendo**? *Camila, what are you doing?*
—**Estoy escribiendo.** *I am writing.*

The present participle is formed by removing the **-ar, -er,** or **-ir** from the end of the infinitive and replacing it with **-ando** for **-ar** infinitives and **-iendo** for **-er** and **-ir** infinitives.

jug**ar**: jug**ando** | com**er**: com**iendo**

habl**ar**: habl**ando** | viv**ir**: viv**iendo**

ar → **-ando**
habl**ar** habl**ando**
er/-ir → **-iendo** (or -yendo)
com**er** com**iendo**
escrib**ir** escrib**iendo**
le**er** le**yendo**

In some cases, the present participle is irregular. In this book, irregular present participles will be noted in parentheses in vocabulary lists, as follows: **dormir (durmiendo), leer (leyendo).**

—¿**Está durmiendo** el juez ahora? *Is the judge sleeping now?*
—¡Claro que no! **Está hablando** con un abogado. *Of course not! He's speaking with a lawyer.*

—Xiomara, ¿qué **estás haciendo**? *Xiomara, what are you doing?*
—**Estoy leyendo** una novela. *I'm reading a novel.*

*Alternative form for recognition only: **vos estás (hablando, comiendo)**

Ejercicio 3

Mira los dibujos y contesta las preguntas.

1. ¿Qué está haciendo Claudia?

2. ¿Qué están haciendo los estudiantes?

3. ¿Qué está haciendo el profesor?

4. ¿Qué está haciendo Marcela?

5. ¿Qué están haciendo Marcela y Omar?

6. ¿Qué están haciendo Eloy y Ricky?

Ejercicio 4

Lee las situaciones y luego completa las frases para decir qué están haciendo las personas mencionadas. Usa los siguientes verbos: **ayudar, calificar** (*to grade*), **estudiar, explicar, hablar, lavar.**

    MODELO: —Carlitos, tengo hambre. ¿Dónde está mamá?

                  —Está en la cocina; nos *está preparando* el almuerzo.

1. —¿Dónde está el profesor Sotomayor?

    —Está en el salón de clase; _____ los exámenes.

2. —¿Qué está haciendo Estefanía?

    — _____ de Guatemala en la clase de Franklin Sotomayor, su novio.

3. —Quiero hablar con el profesor.

    —Pues está ocupado. Les _____ la gramática a dos estudiantes.

4. —¿Qué están haciendo tu mamá y tu hermana es este momento, Ricky?

    — _____ la ropa sucia.

5. —¿Y Eloy dónde está?

    —Eloy está en su dormitorio. _____ para un examen de su clase de química.

6. —¿Quiénes son esas muchachas que están en la sala?

    —Son amigas de Patricia, mi hermana. Me _____ con mi tarea de ciencias naturales.

6.3 Saber and poder + Infinitive

A. In the present tense, the verb **saber** (to know facts, information) is irregular only in the *yo* form: **sé, sabes,* sabe, sabemos, sabéis, saben.**

—¿**Sabes** cuándo va a llegar Eloy?	*Do you know when Eloy is going to arrive?*
—No, no lo **sé.**	*No, I don't know.*

Saber followed by an infinitive means to know how to do something. Note that there is no separate word added to convey the English *how to.*

—¿Sabes hablar italiano, Rodrigo?	*Do you know how to speak Italian, Rodrigo?*
—No, pero sé hablar un poco de árabe.	*No, but I know how to speak a little Arabic.*
—¿Quién sabe jugar al ajedrez?	*Who knows how to play chess?*
—Yo no sé jugar al ajedrez pero Estefanía sí sabe.	*I don't know how to play chess, but Estefanía does know.*

<aside>
saber = *to know (facts, information)*

saber + infinitive = *to know how (to do something)*

¿Sabes bucear, Jorge?

Do you know how to scuba dive, Jorge?

No, no sé bucear, pero sé nadar.

No, I don't know how to scuba dive, but I know how to swim.
</aside>

B. The verb **poder** followed by an infinitive usually indicates potential (*can, to be able to do something*) or permission (*may*). **Poder** is a stem-changing verb, so it uses two stems: **pod-** for the infinitive and the **nosotros/as** and **vosotros/as** forms, and **pued-** for all other present-tense forms: **puedo, puedes,† puede, podemos, podéis, pueden.**

—¿Van a dar una vuelta más Lucía y Xiomara?	*Are Lucía and Xiomara going to run another lap?*
—No, no **pueden.** Ya están cansadas.	*No, they can't. They are tired already.*
—Omar, ¿vas a jugar al fútbol el domingo?	*Omar, are you going to play soccer on Sunday?*
—No **puedo.** Tengo un examen el lunes.	*I can't. I have an exam on Monday.*

poder = *can, to be able to*	
¿Puedes salir esta noche, Lucía?	*Can you go out tonight, Lucía?*
No, no puedo. Mañana tengo un examen de matemáticas.	*No, I can't. Tomorrow I have a math test.*

<aside>
¿Recuerdas?

In **Infórmate 5.2** you learned that a verb that uses more than one stem in its conjugation is considered irregular. Some verbs, such as **hacer** (*to do; to make*), use a different stem only in the **yo** form; other verbs, such as **jugar** (*to play*), use the different stem in all but the infinitive and the **nosotros/as** and the **vosotros/as** forms. Review those conjugations now, if necessary.
</aside>

Ejercicio 5

Los miembros del club Amigos sin Fronteras hablan de lo que saben hacer o no. Completa las oraciones con la forma apropiada de **saber.**

1. Juan Fernando Chen dice: —Yo _____ hablar chino.
2. Lucía le pregunta a Estefanía: —¿_____ montar a caballo?
3. Maritza, la hija de Omar no _____ andar en bicicleta todavía porque es muy pequeña.
4. Franklin y Estefanía dicen: —No _____ esquiar pero queremos aprender.
5. Jorge y sus amigos _____ escribir programas muy buenos para las computadoras.

---

*Alternative form for recognition only: **vos sabés.**
†Alternative form for recognition only: **vos podés.**

Ejercicio 6

El club Amigos sin Fronteras va a tener una fiesta. Completa las oraciones con la forma apropiada de **poder.**

1. Ana Sofía le pregunta a Estefanía: «¿ _____ tú y Franklin asistir a la fiesta del club mañana?»

2. Radamés no _____ asistir a la fiesta del club porque su banda, Cumbancha, va a tocar en otra fiesta.

3. Sebastián dice: «Yo sí _____ ir a la fiesta y voy a llevar mucha comida. Daniel prepara comida deliciosa.»

4. Sebastián le pregunta a Nayeli: «¿_____ tú comprar bebidas para la fiesta?»

5. Eloy y su novia quieren asistir a la fiesta pero ella dice: «No _____ porque Ricky, el hermanito de Eloy, está en el hospital. Estamos muy preocupados.»

6.4 Obligations: **tener que, deber, necesitar; hay que, es necesario** + Infinitive

The verbs **tener que** (*to have to*), **deber** (*should, ought to*), and **necesitar** (*to need to*), as well as the impersonal expressions **hay que** (*one must*) and **es necesario** (*it is necessary to*), are always followed by infinitives.

—¿A qué hora **tenemos que estar** en el teatro?

—A las ocho. **Hay que llegar** un poco antes para recoger los boletos.

—¡Pero **necesito** estudiar una hora más!

—Está bien, pero **debemos** salir pronto.

What time do we have to be at the theater?

At 8:00. We have to (One must) get there a little early to pick up the tickets.

But I need to study one more hour!

OK, but we should leave soon.

Ejercicio 7

Lucía cuenta lo que ella y sus amigos del club Amigos sin Fronteras tienen que hacer hoy. Completa las oraciones con la forma apropiada de **tener que.**

1. Eloy _____ trabajar hasta las doce.

2. Estefanía y Franklin _____ preparar la cena para una reunión familiar.

3. Yo _____ hacer mi tarea para la clase de matemáticas.

4. Claudia y yo _____ hablar con nuestros profesores.

5. Xiomara, ¿qué _____ hacer tú esta noche?

Ejercicio 8

Marcela Arellano, la esposa de Omar, está hablando de lo que ella y su familia deben hacer mañana. Completa las oraciones con la forma apropiada de **deber.**

1. Omar _____ llevar el auto al mecánico.

2. Yo _____ limpiar la cocina pero ¡no me gusta!

3. Carlitos y Maritza, ustedes _____ recoger sus libros y sus juguetes.

4. Carlitos, tú _____ hacer la tarea para la escuela.

5. Omar, más tarde tú y yo _____ llevar a los niños al parque a jugar.

Vocabulario

Las materias	School Subjects
las artes musicales	music appreciation
la asignatura	subject, class
la educación física	physical education, P.E.
la especialidad	major
la formación	education, training
la mercadotecnia	marketing
la química	chemistry

Palabras semejantes: la anatomía, la antropología, la biología, las ciencias, las ciencias sociales, la geografía, la historia, la ingeniería, el lenguaje, la literatura, las matemáticas, la psicología, la sociología

Las actividades en clase	Class Activities
aprender	to learn
calificar	to grade
contestar	to answer
corregir (i) (corrigiendo)	to correct
dictar	to dictate
enseñar	to teach; to show
entender (ie)	to understand
especializarse en	to specialize (major) in
impartir clases	to teach
poner (irreg.) atención	pay attention
preguntar	to ask
repetir (i) (repitiendo)	to repeat
tener (irreg.) buenas/malas notas	to have good/bad grades

Palabras semejantes: asignar, comparar, completar, comprender, determinar, explicar, participar, resolver

Repaso: charlar, conversar, hacer (irreg.) preguntas, tomar apuntes

Las habilidades	Abilities
componer (irreg.) música	to compose music
dibujar	to draw
montar a caballo	to ride a horse
pintar	to paint
poder (ue) + infinitive	to be able to (do something)
saber (irreg.) + infinitive	to know how to (do something)
tomar fotos	to take pictures

Las profesiones y los oficios	Professions and Jobs
el abogado / la abogada	lawyer
el/la agente de seguros	insurance agent
el ama (f.) de casa	housewife
el bombero, la mujer bombero	firefighter
el cajero / la cajera	cashier
el/la cantante	singer
la carrera	career
el cocinero / la cocinera	cook
el contador / la contadora	accountant
el dependiente / la dependienta	salesclerk
el/la electricista	electrician
el empleado / la empleada	employee
el empleo de jornada completa / de media jornada	full-time / part-time employment
el enfermero / la enfermera	nurse
el farmacéutico / la farmacéutica	pharmacist
el/la gerente	business manager
el hombre (la mujer) de negocios	businessman (businesswoman)
el/la ingeniero	engineer
el/la jefe	boss
el/la juez	judge
el jurado	jury
el maestro / la maestra	teacher
el médico / la médica	doctor
el mesero / la mesera	waiter/waitress
el obrero / la obrera	worker
el peluquero / la peluquera	hairdresser, hair stylist
el/la periodista	reporter
el/la piloto	pilot
el plomero, la mujer plomero	plumber
el policía, la mujer policía	police officer
el sueldo	salary
el trabajador / la trabajadora social	social worker

Palabras semejantes: el/la asistente, el/la chofer, el/la cliente, el/la dentista, el/la doctor(a), el/la mecánico, el/la secretario/a, el/la terapeuta, el/la veterinario/a

Los lugares del trabajo	Workplaces
el club nocturno	nightclub
el colegio	private school; high school
la escuela	school
la fábrica	factory
el juzgado	court
el negocio	business
la oficina (particular)	(private) office
el parvulario	nursery school
la peluquería	hair salon, hairdresser's
el salón de clase	classroom
el taller de reparaciones	repair shop
el tribunal	court
Palabras semejantes: el banco, la clínica, el hospital, el laboratorio	

Las actividades en el trabajo	Work Activities
apagar	to turn off
apagar incendios	to put out fires
arreglar	to fix, to arrange
atender (ie) a	to attend to
ayudar	to help
conducir (conduzco)	to drive
cortar	to cut
dar (*irreg.*) masajes	to give massages
pasar la aspiradora	to vacuum
servir (i) (sirviendo)	to serve
Palabras semejantes: defender (ie)	
Repaso: reparar	

¿Cuándo?	When?
anoche	last night
de ahora en adelante	from now on
Repaso: a veces, casi nunca, con frecuencia, de vez en cuando, muchas veces, nunca, raras veces, siempre, todos los días	

La descripción	Description
extranjero/a	foreign
fracturado/a	fractured
gratuito/a	free
particular	individual
peor	worse
ruidoso/a	noisy
último/a	last
valiente	brave
Palabras semejantes: básico/a, completo/a, eléctrico/a, experto/a, físico/a, futuro/a, híbrido/a, ideal, industrial, obligatorio/a, paciente, prestigioso/a, principal, privado/a, secundario/a, similar, superior	

Las obligaciones	Obligations
deber + infinitive	must, ought to (*do something*)
es necesario + infinitive	it's necessary to (*do something*)
hay que + infinitive	one has to (*do something*)
tener (*irreg.*) que + infinitive	to have to (*do something*)
Repaso: necesitar + infinitive	

Los verbos / Verbs

Los verbos	Verbs
aconsejar	to advise
actuar (actúo)	to act
crear	to create
creer (creyendo)	to believe
devolver (ue)	to return (*something*)
enviar (envío)	to send
escoger	to choose
exigir	to demand
graduarse (me gradúo)	to graduate
hacer (*irreg.*) la compra	to do the (grocery) shopping
incluir (incluyendo)	to include
llamar	to call
mostrar (ue)	to show
saltar	to jump
subir	to go up, to upload

Palabras semejantes: copiar, decidir, informar

Repaso: bañar, peinar, secar

Las cosas	Things
la acuarela	watercolor
el anuncio	announcement
la canción	song
el caso	case
la encuesta	survey
el enlace (auditivo)	(listening) link
el espacio en blanco	blank space
el estudio	(a course of) study
el fregadero	kitchen sink
el gobierno	government
los impuestos	taxes
la lectura	reading
el mensaje electrónico	e-mail

Las cosas	Things
el nivel	level
la presión	pressure
la pulga	flea
la residencia estudiantil	dormitory
la sentencia	ruling, judgment
la tubería	plumbing

Palabras semejantes: el accidente, el bebé, el cable, el cheque, la composición, la comunicación, la corrección, el curso, la defensa, la educación, la explicación, la gramática, el licor, el/la paciente, el perfume, el póker, el problema, la reputación, la responsabilidad, la sección, el segmento, el semestre, el talento, el tanque, el trimestre

Palabras y expresiones útiles	Useful Words and Expressions
a todo volumen	at full volume
¡ay!	ouch! oh!
bueno…	well . . .
con cuidado	carefully
cualquier	any
a cualquier hora	at any time
en cualquier parte	any place
¡cuidado!	be careful!
de nuevo	again, once more
en voz alta	aloud, out loud
fuera	outside
imagínate	imagine
lo que	that which
por día/hora/semana	per day/hour/week
¿seguro/a?	are you sure?
todavía	still

Los lugares y la residencia 7

Una calle residencial en el Casco Viejo, Ciudad de Panamá, Panamá

Upon successful completion of **Capítulo 7** you will be able to talk about places in the city, including where you live and activities you do there; household chores and recreational activities; and activities in the past. Additionally, you will have learned about some interesting places and people from Colombia and Panama.

Comunícate

Los lugares en la ciudad

La casa y el vecindario

Hablando de la casa y el vecindario «Cuadrados y ángulos» de Alfonsina Storni

Las actividades domésticas

Actividades en casa y en otros lugares

Actividad integral El lugar donde vives y la casa ideal

Exprésate

Escríbelo tú Eres agente de bienes raíces

Cuéntanos Tu cuarto o lugar favorito

Entérate

Mundopedia El Carnaval de Barranquilla

Voces colombianas y panameñas

Conexión cultural Los kuna

Videoteca
Amigos sin Fronteras, Episodio 7: Hogar, dulce hogar

Mi país: Colombia y Panamá

Infórmate

7.1 Knowing People, Places, and Facts: **conocer** and **saber**

7.2 Comparisons of Inequality: **más/menos**

7.3 Comparisons of Equality: **tan/tanto**

7.4 The Preterite Tense of Regular Verbs

connect
| SPANISH
www.connectspanish.com

COLOMBIA Y PANAMÁ

Amigos sin Fronteras

www.connectspanish.com

Claudia y Nayeli dan un largo paseo en bicicleta. Seis horas después, cuando Claudia regresa a su casa, ¡descubre que no tiene las llaves! ¿Qué debe hacer?

el Carnaval de Panamá

Barranquilla

PANAMÁ

Balboa

CIUDAD DE PANAMÁ

la Universidad de Antioquia

el canal Interamericano de Panamá

Medellín

el río Pance

BOGOTÁ

COLOMBIA

Cali

el Palacio de Nariño, Bogotá

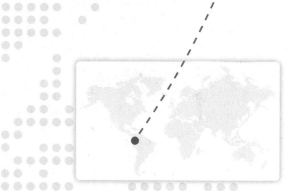

Conócenos

Rodrigo Yassín Lara

Rodrigo Yassín Lara es colombiano. Tiene veintisiete años y estudia ciencias políticas. Nació en Cali, Colombia, y su cumpleaños es el treinta de septiembre. Sus actividades favoritas son acampar, jugar al fútbol y al ráquetbol, leer y pasar tiempo con los buenos amigos. Rodrigo es divorciado. Su hijo Ricardito tiene seis años y vive en Cali con su mamá. Los hermanos de Rodrigo (Leyton, de veintiún años e Isabel, de dieciséis) y sus padres también viven en Colombia.

Mi país

Comunícate

Los lugares en la ciudad

Lee Infórmate 7.1

el museo

la iglesia

la escuela

la playa

el aeropuerto
(de vuelos nacionales
e internacionales)

el mercado

las casas

la piscina

la discoteca

el cine

la gasolinera

el centro
comercial

la parada
del autobús

la panadería

HOSPITAL

el edificio de
apartamentos

la planta baja

el correo

When talking about buildings, use **el** + ordinal number + **piso.**

el primer piso   *the first floor*

In Spanish-speaking countries, the first (or ground) floor is called **la planta baja,** the second floor is **el primer piso,** the third floor is **el segundo piso,** and so on. (You may want to review **Capítulo 4, Actividad 7** for a presentation of ordinal numbers.)

＊

Remember to use the verb **estar** when talking about where things are located. (Review **Infórmate 2.2.**) Here are some useful words for saying where things are located.

a la derecha de	to the right of	**delante de**	in front of
a la izquierda de	to the left of	**detrás de**	behind
adentro de	inside of	**en medio de**	in the middle of
afuera de	outside of	**encima de**	on top of
al lado de	next to	**enfrente de**	opposite, across from
alrededor de	around, surrounding	**entre**	between
arriba de	on top of, above	**lejos de**	far from
cerca de	near		

Actividad 1 Las actividades y los lugares

¿Para qué vamos a estos lugares? Empareja el lugar con las actividades.

MODELOS: el parque →
          Vamos al parque *para pasear y merendar con nuestros amigos.*
          la biblioteca →
          Vamos a la biblioteca *para leer, sacar libros y estudiar.*

LUGAR

1. _____ el cine
2. _____ la playa
3. _____ el mercado
4. _____ la panadería
5. _____ el museo
6. _____ la iglesia
7. _____ el correo
8. _____ el hospital
9. _____ el centro comercial
10. _____ el aeropuerto
11. _____ el gimnasio
12. _____ la discoteca
13. _____ la gasolinera
14. _____ el restaurante
15. _____ el banco

ACTIVIDADES

a. bailar y conversar
b. sacar o depositar dinero
c. comprar estampillas y mandar cartas o paquetes
d. participar en una ceremonia religiosa
e. ver una película
f. tomar el sol y nadar
g. desayunar, almorzar o cenar
h. ponerle gasolina al carro
i. recibir atención médica
j. comprar pan o pasteles
k. pasear o ir de compras
l. salir de viaje o recibir a alguna persona
m. hacer ejercicio
n. comprar comida y bebidas
ñ. ver las exhibiciones de arte

Actividad 2 Lugares en el centro

Escucha a tu profesor(a) y di el número del plano que corresponde a estos lugares en el centro de Cartagena, una ciudad caribeña en Colombia.

Gasolinera ColGas   Edificio del Gobierno
Hotel Cartagena de Indias   Farmacia Familiar
CiberCafé   Museo Nacional
Peluquería La Estrella   Biblioteca Municipal

Entérate

Vas a ver estas abreviaturas en muchas ciudades hispanas y también en las direcciones.

Avda.	avenida
No./ nº / Núm.	número
apto.	apartamento
dpto.	departamento (*Méx.*)
ZP	zona postal
CP	código postal

El centro de Cartagena

El centro de Cartagena

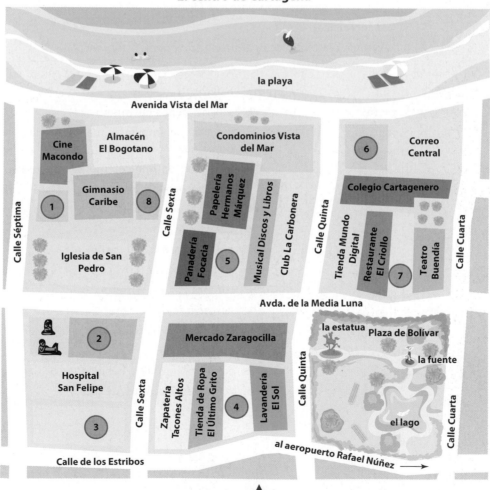

Estás aquí

Conversa con tu compañero/a.

1. ¿Hay un parque en tu ciudad o pueblo? ¿Sabes cómo se llama?

2. ¿Sabes nadar? ¿Nadas bien o mal? ¿Hay una piscina pública cerca de tu casa o apartamento? ¿Nadas allí con frecuencia?

3. ¿Hay buenos restaurantes en el centro de tu ciudad o pueblo? ¿Hay uno cerca de tu casa? ¿Sabes si preparan buena comida? ¿Conoces a los meseros?

4. ¿Sabes el nombre de una escuela cerca de tu casa o apartamento? ¿Conoces a un maestro o una maestra de esa escuela? ¿Conoces a alguien que se graduó de esa escuela?

5. ¿Sabes dónde hay un hospital cerca de tu barrio?

6. ¿Sabes si hay cines donde ponen películas hispanas o extranjeras en tu ciudad o pueblo? ¿Te gustan las películas extranjeras o prefieres las estadounidenses?

7. ¿Hay un aeropuerto en tu ciudad o pueblo? ¿Es grande o pequeño? ¿Sabes si tiene vuelos internacionales?

La casa y el vecindario

Lee *Infórmate 7.2–7.3*

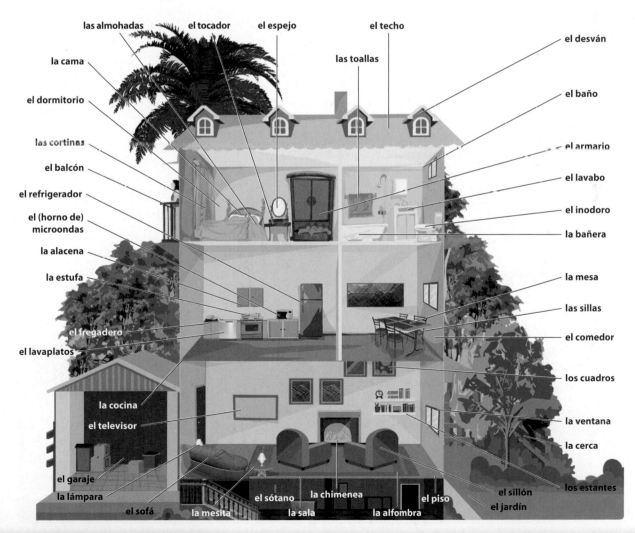

las almohadas · el tocador · el espejo · el techo · el desván · la cama · las toallas · el baño · el dormitorio · el armario · las cortinas · el lavabo · el balcón · el refrigerador · el inodoro · el (horno de) microondas · la bañera · la alacena · la estufa · la mesa · las sillas · el fregadero · el comedor · el lavaplatos · los cuadros · la cocina · la ventana · el televisor · la cerca · el garaje · los estantes · la lámpara · el sillón · el sofá · el sótano · la chimenea · el piso · el jardín · la mesita · la sala · la alfombra

Labels on image: la terraza, el ascensor, los árboles, la piscina, los condominios, los pisos, el banco, el parque, el edificio de apartamentos, los arbustos

Entérate

En español hay varias palabras para algunas cosas. Por ejemplo, **apartamento** es **departamento** en México y **piso** en España. Y la palabra que se usa para **dormitorio** es **alcoba** en Colombia, **recámara** en México, y también se usan **cuarto** y **cuarto de dormir** en algunos lugares. La **ducha** para los mexicanos es la **regadera.** Y la **piscina** es **pileta** en Argentina y **alberca** en México. ¡Todo depende del país!

Actividad 4 Mi casa y mi vecindario

Selecciona las respuestas apropiadas según tu experiencia.

1. Vivo en…
   a. una casa   **b.** un edificio de apartamentos   **c.** un condominio   **d.** ¿ ?

2. Mi casa/edificio tiene…
   a. un solo piso   **b.** dos pisos   **c.** varios pisos   **d.** ¿ ?

3. Mi casa/apartamento tiene…
   a. dos dormitorios   **b.** un patio   **c.** un jardín   **d.** ¿ ?

4. En la sala de mi casa hay…
   a. una mesa   **b.** un televisor   **c.** un sofá   **d.** ¿ ?

5. En la cocina de mi casa hay…
   a. una estufa   **b.** un lavaplatos   **c.** un microondas   **d.** ¿ ?

6. En mi dormitorio hay…
   a. muchas almohadas   **b.** una cómoda
   c. una cama matrimonial (para dos personas)   **d.** ¿ ?

7. En mi vecindario hay…
   a. una biblioteca   **b.** edificios altos
   c. un parque con árboles y bancos   **d.** ¿ ?

8. Mi casa está cerca de…
   a. una piscina   **b.** un restaurante   **c.** una gasolinera   **d.** ¿ ?

Entérate

- Los botones en los ascensores de los países hispanos con frecuencia indican el piso a nivel (*level*) de calle con la letra **B** (**bajo**) o **PB** (**planta baja**).

- En muchas casas hispanas hay una **despensa** (*pantry*) en la cocina.

Actividad 5 Comparación de casas

A. Escucha las preguntas que te hace tu profesor(a) y contéstalas según los dibujos.

la casa de los Rozo   la casa de los Londoño   la casa de los Yassín

la casa de los Rozo	la casa de los Londoño	la casa de los Yassín
tres dormitorios	dos dormitorios	cinco dormitorios
dos baños	un baño	tres baños
dos balcones	un patio	una biblioteca
dos patios		tres balcones
		un garaje

B. Conversa con tu compañero/a para comparar las tres casas. Hazle preguntas sobre el número de **árboles, arbustos, balcones, baños, bibliotecas, dormitorios, patios, pisos, puertas o ventanas.**

MODELOS: **E1:** ¿Cuántos *balcones* tiene la casa de los *Rozo*?

E2: Tiene *dos*. Tiene *menos* (balcones) *que* la casa de los *Yassín*.

E1: ¿Cuántos *árboles* tiene la casa de los *Londoño*?

E2: Tiene *cuatro*. Tiene *tantos* (árboles) *como* la casa de los *Rozo*. Tiene *más* (árboles) *que* la casa de los *Yassín*.

Hablando de la casa y el vecindario

«CUADRADOS Y ÁNGULOS°» DE ALFONSINA STORNI

Cuadrados… *Squares and Angles*

Alfonsina Storni (1892–1938) es una poeta argentina muy famosa. En «Cuadrados y ángulos», poema de su libro *El dulce daño*[a] (1918), Storni critica un lugar donde todo —las casas, la gente— tiene la misma forma. ¿Es así el barrio donde tú vives? ¿O hay edificios y personas diferentes?

Alfonsina Storni

Cuadrados y ángulos

Casas enfiladas,[b] casas enfiladas,
casas enfiladas.
Cuadrados, cuadrados, cuadrados.
Casas enfiladas.
Las gentes ya tienen el alma cuadrada,[c]
ideas en fila[d]
y ángulos en la espalda.
Yo misma he vertido ayer una lágrima,[e]
Dios mío, cuadrada.[f]

Ahora escribe tú un poema sobre las casas de tu barrio. Por ejemplo, ¿son grandes, pequeñas, feas, bonitas, nuevas, viejas? Describe también otros lugares en tu vecindario.

---

[a]*dulce…Sweet Injury* [b]*in a row* [c]*el… square souls* [d]*en… in a line* [e]*Yo… I myself shed a tear yesterday*
[f]*Dios… my God, (my tear was) square*

Actividad 6 Los aparatos domésticos

Compara los precios de estos aparatos.

MODELOS: E1: ¿Cuál cuesta más, *el cepillo de dientes eléctrico* o *el secador de pelo*?

E2: *El secador de pelo* cuesta más (que *el cepillo de dientes*).

E1: ¿Cuál de estas cosas es la más cara, *el cepillo de dientes eléctrico, el secador de pelo* o *la afeitadora eléctrica*?

E2: *La afeitadora eléctrica* es la (cosa) más cara.

el microondas — $149,89

la tostadora — $36,99

la cafetera — $21,59

la tetera — $18,94

el ventilador — $27,99

el cepillo de dientes eléctrico — $16,69

el secador de pelo — $19,88

la aspiradora — $229,99

la afeitadora eléctrica — $42,89

el lavaplatos — $459,95

el calentador — $68,89

la lavadora — $459,64

la secadora — $464,88

1. ¿Cuál cuesta más, el microondas o la cafetera? ¿el ventilador o el secador de pelo?

2. ¿Cuál cuesta menos, la cafetera o el cepillo de dientes eléctrico? ¿la aspiradora o la tostadora?

3. ¿Cuál de estos objetos es el más caro: la tostadora, la tetera o la cafetera?

4. ¿Cuál de estas cosas es la más cara: el lavaplatos, la afeitadora eléctrica o la aspiradora?

5. ¿Cuál de estas cosas cuesta menos: el secador de pelo, el calentador o el cepillo de dientes?

6. ¿Cuál cuesta más, el ventilador o la tostadora?

7. ¿Cuál cuesta menos, la afeitadora eléctrica o el cepillo de dientes eléctrico?

8. ¿Cuál es más cara, la lavadora o la secadora?

9. ¿Cuáles de estos aparatos tienes en tu casa o apartamento? ¿Cuáles consideras más utiles?

Actividad 7 Apartamentos en Bogotá

Leyton, el hermano de Rodrigo, va a estudiar en la Universidad Nacional de Bogotá por un semestre. Quiere alquilar un apartamento o un cuarto y estas son sus preferencias. Primero mira los anuncios y contesta las preguntas. Luego conversa con tu compañero/a. Decidan cuál de estos lugares les gustaría más a ustedes y por qué.

Entérate

El Espectador es el periódico más antiguo (*oldest*) de Colombia. Se fundó (*It was founded*) en 1887.

EL ESPECTADOR
www.elespectador.com

SE ARRIENDA habitación grande, amueblada, en el centro de Bogotá, cerca a la Universidad Nacional. Con todos los servicios: internet, parabólica, administración, tel. local limitado.
Celular de contacto 3003876562

1

SE ALQUILA apartaestudio en el norte de Bogotá, cerca de parada de transmilenio, edificio camino de Santa Helena 2, Barrio Prado Pinzón. Tiene cocina, estudio, una habitación, salacomedor. Incluye garaje. Excelente ventilación e iluminación natural, cuarto piso. Informes 3005585262.

2

ARRIENDO apartamento en Bogotá, cerca al Centro Comercial Mazurén, amplio y cómodo. Tiene 2 alcobas con closet, 1 baño, cocina integral, patio de lavandería, parqueadero. Muy bien ubicado. El barrio es residencial, tranquilo y seguro. Hay varios parques alrededor y fácil acceso por la Calle 150. Edificio Limonar Piso 6º. Por favor concertar cita previa al número celular 3005555235 o al número fijo 8010337.

3

MAGNÍFICO apartamento con balcón en el exclusivo barrio de La Calleja, en el norte de Bogotá. Tiene "club house" con gimnasio, senderos peatonales, zonas verdes, seguridad 24 horas y garaje cubierto. El apartamento es de una habitación con baño y vista espectacular de la naturaleza.
Contacto: Carlos Suárez 3003610792

4

1. ¿Qué ventajas tiene la primera preferencia de Leyton?
2. De estas cuatro preferencias, ¿cuál describe un barrio muy tranquilo?
3. Para vivir en un lugar donde puedes hacer ejercicio y estar cerca de la naturaleza, ¿a quién debes contactar?
4. Si prefieres vivir cerca de los medios de transporte, ¿a qué número hay que llamar?
5. ¿Qué lugar ofrece servicio telefónico y de Internet?
6. ¿Cuál es el número de contacto si quieres alquilar una habitación amueblada?

Las actividades domésticas

Rodrigo **tiene que** lavar los platos. ¡Hay muchos porque no le gusta hacer este trabajo doméstico!

Lucía **va a** sacar la basura.

Sebastián **tiene que** pasar la aspiradora. ¡El piso está muy sucio! Y Daniel, su compañero de casa, **va a** desempolvar los muebles.

Nayeli **debe** limpiar el piso. Pero eso no es un problema para ella porque… ¡le gusta hacerlo!

Jorge **debe** apagar el televisor para estudiar.

Radamés **no tiene ganas de** limpiar el inodoro. ¡Pero es muy necesario!

Entérate

Todos los idiomas tienen expresiones coloquiales (*sayings*). En español, se llaman **refranes** (*sing.* **refrán**). Mira el siguiente refrán, que habla de una escoba (*broom*):

Escoba nueva siempre barre bien.

¿Qué significa (*means*) este refrán, posiblemente? ¿Hay una expresión similar en inglés?

Actividad 8 Actividades en casa

¿Qué hacemos en la casa? Pregúntale a tu compañero/a.

MODELO: E1: ¿Qué hacemos en *la cocina*?

E2: En la cocina *cocinamos*.

E1: Sí, y a veces *comemos y conversamos*.

Vocabulario útil

LUGARES POSIBLES

el baño, la cocina, el comedor, el dormitorio, el garaje, el jardín, el patio, la sala

Actividades posibles

barrer, cenar, comer, conversar con amigos, darles de comer a las mascotas, desempolvar, dormir, ducharse, estudiar, hacer la tarea, jugar a las cartas, jugar juegos de mesa, guardar los objetos y muebles viejos, lavar los platos, lavarse el pelo, leer, limpiar, mirar la televisión, planchar, poner la mesa, pasar la aspiradora, preparar la cena, regar las plantas, tender las camas, trabajar en línea

¿Recuerdas?

In **Capítulo 6** you learned about verbs that express obligation: **tener que, necesitar,** and **deber.** Try using those verbs with some of the **Actividades posibles.**

E1: ¿Qué **tenemos que** hacer en la cocina?

E2: En la cocina **tenemos que** lavar los platos.

Actividad 9 ¡Qué desorden!

Este es el cuarto de Radamés Fernández Saborit. ¡El lugar está muy desordenado! Con tu compañero/a, decidan qué debe hacer Radamés para arreglar su cuarto.

MODELO: Él debe guardar la ropa y necesita apagar el televisor.
También tiene que…

Actividad 10 Los quehaceres y las actividades divertidas

A. Conversa con tu compañero/a.

1. ¿Vives en una residencia estudiantil (de estudiantes), en una casa o en un apartamento? ¿Tienes tu propio dormitorio o compartes tu dormitorio con alguien? ¿Con quién?

2. ¿Cuáles son tus obligaciones en el lugar donde vives? ¿Hay quehaceres que son tu responsabilidad? ¿Cuáles? Por ejemplo, ¿tienes que cocinar, lavar los platos, barrer o pasar la aspiradora? ¿Debes darles de comer a las mascotas o cortar el césped?

3. ¿Tienes lavadora en tu casa o vas a una lavandería automática para lavar tu ropa?

4. De todos los quehaceres, ¿cuál te gusta más y cuál te gusta menos?

5. Si tienes compañero/a de cuarto/casa/apartamento, ¿cuáles son sus quehaceres? ¿Haces actividades divertidas con esta persona? ¿Son amigos o amigas ustedes?

6. ¿Qué aspecto de tu casa o apartamento (por ejemplo, el tamaño del lugar [grande/pequeño], el color, los cuartos, el jardín, si tiene buena iluminación, si tiene piscina, etcétera) te gusta más? ¿Por qué?

7. ¿Qué te gusta hacer en tu casa o apartamento para divertirte? ¿Te gusta leer? ¿jugar a las cartas? ¿surfear en línea? ¿actualizar tu página de Facebook? ¿invitar a tus amigos a comer o escuchar música? ¿mirar la televisión? ¿dar fiestas?

B. Ahora… ¡conversa con tu profe!

1. ¿Cuáles son sus obligaciones en su casa o apartamento?

2. De todos sus quehaceres, ¿cuál le gusta más y cuál le gusta menos?

3. ¿Qué aspecto de su casa o apartamento le gusta más? ¿Por qué?

4. ¿Hace actividades divertidas en su casa o apartamento? Dé algunos ejemplos.

Actividades en casa y en otros lugares

Lee *Infórmate 7.4*

Claudia y la profesora Johnson-Muñoz hablan del fin de semana

Claudia   Profesora Johnson-Muñoz

1. —¿**Vio** usted la televisión este fin de semana?
—Sí, **vi** las noticias con mi esposo.

2. —¿**Escribió** muchos exámenes?
—Bueno, ¡no muchos! **Escribí** dos anoche.

3. —¿**Visitó** a sus amigos este fin de semana?
—Sí, **visité** a mis nuevos vecinos, que son muy simpáticos.

Eloy y Caludia hablan del fin de semana

Claudia   Eloy

1. —¿**Estudiaste** mucho el fin de semana?
—¡Claro que sí! **Estudié** para un examen de economía.

2. —¿**Limpiaste** tu apartamento el sábado?
—Pues sí, **limpié** la sala y mi cuarto.

3. —¿**Saliste** a comer en algún restaurante?
—¡Sí! **Almorcé** en un restaurante cerca de mi apartamento.

Actividad 11 Las actividades recientes

Pon las siguientes actividades en orden cronológico. Usa **primero, luego, más tarde, después** y **por último.**

1. Esta mañana (yo)…
   a. me lavé el pelo. **b.** desayuné. **c.** me desperté.
   d. corrí dos millas. **e.** ¿ ?

2. Ayer por la tarde (yo)…
   a. volví a casa. **b.** asistí a una clase. **c.** preparé el almuerzo.
   d. salí para el trabajo. **e.** ¿ ?

3. Anoche, antes de acostarme, (yo)…
   a. vi la televisión. **b.** cené. **c.** lavé los platos.
   d. cociné. **e.** ¿ ?

4. El sábado pasado (yo)…
   a. invité a mis vecinos a cenar. **b.** cené con mis amigos.
   c. limpié la casa. **d.** preparé la cena. **e.** ¿ ?

5. Anoche…
   a. me acosté. **b.** preparé la cena. **c.** lavé los platos. **d.** cené. **e.** ¿ ?

Actividad 12 El fin de semana

Aquí tienes algunas de las actividades del fin de semana pasado de Radamés, Marcela, Sebastián, don Rafael y Rodrigo. Coméntalas con tu compañero/a.

MODELOS: E1: ¿Quién *compró comida el domingo*?
E2: *Sebastián.*
E1: ¿Cuándo *sacó fotos don Rafael*?
E2: *El domingo.*
E1: ¿Qué hizo *Marcela el sábado*?
E2: *Desayunó con su familia y charló con su esposo.*

Nombre	el viernes	el sábado	el domingo
Radamés Fernández Saborit	Practicó la guitarra y escribió una canción. Estudió un poco y leyó sus e-mails.	Almorzó con su novia. Tocó la guitarra con su grupo Cumbancha en una fiesta. Se acostó tarde.	Habló con sus padres por teléfono. Salió a cenar con su novia y los miembros de su grupo.
Marcela Arellano Macías	Nadó en una piscina. Jugó con sus hijos. Miró la televisión.	Desayunó con su familia. Charló con su esposo.	Visitó a sus vecinos. Vio a sus amigos por Skype. Descansó toda la tarde.
Sebastián Saldívar Calvo	Leyó las páginas de sus amigos en Facebook. Preparó la cena para él y su compañero de casa, Daniel.	Se levantó tarde. Salió a bailar con Daniel y un grupo de amigos.	Texteó a su madre. Compró comida. Lavó la ropa.
don Rafael Sotomayor (abuelo de Franklin)	Le escribió una carta a su amigo don Carlos. Cenó con su esposa, doña Ignacia.	Barrió el patio y regó las plantas del jardín. Jugó al dominó con su amigo don Luis.	Asistió a misa con su esposa. Sacó unas fotos en el parque.
Rodrigo Yassín Lara	Fue al cine con una amiga. Le compró un regalo de cumpleaños a su hijo.	Llamó a su hijo por teléfono y conversó con él por una hora. Estudió un poco.	Durmió la mañana. Jugó al ráquetbol con su amigo Jorge por la tarde.

Esto es lo que hizo Rodrigo Yassín Lara el fin de semana pasado. ¡Narra sus actividades!

El viernes

El sábado

El domingo

Actividad 14 El verano pasado

A. Estas son las actividades de Rodrigo con sus familiares y amigos un fin de semana del verano pasado en Cali, donde vive la familia Yassín. Indica el orden más lógico de las actividades.

El sábado por la noche, ¿qué hicieron Rodrigo, su hermano Leyton y varios amigos?

_____ Volvieron a casa en un autobús de MIO.*

_____ Bailaron salsa en la discoteca Agapito.†

_____ Después de bailar, poco antes de regresar a casa, pasearon por la Plaza de Cayzedo.

_____ Conversaron durante el viaje de regreso a casa.

El domingo, ¿qué hicieron Rodrigo, su hijo y sus hermanos?

_____ Almorzaron en Pance y después manejaron a un estadio para ver un partido de fútbol.§

_____ Después de comer cholado, manejaron al Cerro (*Hill*) de las Tres Cruces para hacer un poco de ejercicio. ¡Subieron el cerro a pie!

_____ Después de desayunar, jugaron al fútbol en Pance.

_____ Desayunaron en Pance, lugar de paseo en Cali, cerca de un río.

_____ Comieron cholado en la Plaza de Jamundí después de ver el partido.

_____ En casa cenaron chuleta valluna y bebieron champús.

Muchos caleños (colombianos de Cali) usan el sistema de transporte MIO.

B. Ahora piensa en un fin de semana del verano pasado. ¿Qué actividades hicieron tú y tus amigos o parientes (los miembros de tu familia)? Menciona seis actividades.

MODELO: E1: ¿Qué hicieron tú y tus amigos o parientes?

E2: Mis amigos y yo escuchamos música y almorzamos en un restaurante.

---

*MIO (Masivo Integrado de Oriente) es un sistema de transporte en Cali.
†Esta discoteca está en un distrito de Cali que se llama Juanchito, donde hay muchos lugares para bailar salsa.
§Hay dos equipos (*teams*) de fútbol muy populares en Cali: el Deportivo Cali y el América.

Actividad 15 ¿Qué hiciste?

A. Conversa con tu compañero/a.

El fin de semana pasado…

1. ¿Limpiaste tu cuarto/casa/apartamento?
2. ¿Saliste con amigos? ¿Adónde? (A la discoteca / Al parque, …)
3. ¿Comiste en un restaurante? ¿Cuál? ¿Con quién(es)?
4. ¿Jugaste a algún deporte? ¿Jugaste solo/a o con otras personas? ¿Dónde?
5. ¿Fuiste al cine? ¿Qué película viste? ¿Te gustó? ¿Por qué?

Anoche…

1. ¿Trabajaste? ¿A qué hora volviste a casa?
2. ¿Estudiaste? ¿Qué estudiaste?
3. ¿Actualizaste tu página de Facebook?
4. ¿Hablaste por teléfono con tus amigos?
5. ¿A qué hora te acostaste?

Esta mañana…

1. ¿Surfeaste en línea?
2. ¿A qué hora te levantaste? ¿Te bañaste después de levantarte?
3. ¿Desayunaste? ¿Qué tomaste?
4. ¿A qué hora saliste para la universidad? ¿A qué hora llegaste?
5. ¿A qué clase asististe primero?

B. Ahora… ¡conversa con tu profe!

El fin de semana pasado…

1. ¿Comió en un restaurante? ¿Cuál? ¿Le gustó la comida?
2. ¿Jugó a algún deporte? ¿Jugó solo/a o con otras personas?
3. ¿Fue al cine? ¿Qué película vio? ¿Le gustó? ¿Por qué?

Anoche…

1. ¿Trabajó? ¿A qué hora volvió a casa?
2. ¿Habló por teléfono con alguien?
3. ¿Vio la televisión? ¿Qué programa?

Esta mañana…

1. ¿A qué hora se levantó?
2. ¿Qué desayunó?
3. ¿Leyó el periódico?

Actividad integral

El lugar donde vives y la casa ideal

A. Usa las dos tablas para tomar apuntes y luego conversa con tu compañero/a sobre estos temas.

DESCRIPCIÓN DE MI CASA Y MI VECINDARIO

MI CASA/APARTAMENTO		
Los cuartos de mi casa (¿Qué cuartos hay en tu casa/apartamento? ¿Qué mueble es el más importante en cada cuarto y por qué? ¿Cuántos dormitorios hay? ¿Cuántos baños?)		
Mi cuarto favorito (color, número de ventanas/puertas, qué ves desde la ventana, mueble favorito; ¿por qué es tu cuarto favorito?)		
Los quehaceres en mi casa (limpiar la cocina, limpiar los baños, pasar la aspiradora, sacar la basura, etcétera)		
MI VECINDARIO		
Edificios y lugares interesantes	En mi calle hay…	
	En mi barrio hay…	
MI CIUDAD		
Edificios y lugares interesantes		
Comparación entre mi casa y las otras casas de mi vecindario/ciudad (aspecto exterior, tamaño, color; ¿por qué tu casa es más bonita/más fea/igual que las otras?)		

B. Ahora imagínate que puedes construir tu casa ideal. Dibújala y luego descríbesela a tu compañero/a. ¿Dónde está la casa? ¿Cómo es el vecindario? ¿Cuántos pisos tiene? ¿Cómo es la cocina? ¿Qué aparatos tiene? ¿La sala es grande? ¿pequeña? ¿espaciosa? ¿Tu casa ideal tiene terraza? ¿patio o jardín? ¿una cancha de tenis? ¿una piscina? ¡Sueña en grande!

¿Cómo es tu casa ideal?

Exprésate

ESCRÍBELO TÚ

Eres agente de bienes raíces

Imagínate que eres agente de bienes raíces (*real estate*). Busca una foto como la del ejemplo de abajo o haz un dibujo de una casa. Luego, escribe un anuncio de venta (*sales ad*) para una revista o sitio Web de bienes raíces en el que describes esa casa. Debes incluir muchos detalles en tu descripción. Por ejemplo, ¿la casa tiene un piso, dos o más? ¿Cuántos cuartos tiene? ¿Qué aparatos domésticos se incluyen en la venta? Escribe tu composición en el *Cuaderno de actividades* o en Connect Spanish y recuerda incluir la foto o el dibujo.

Casa en Bogotá - Venta $699.999.999, Area: 192m^2

CUÉNTANOS

Tu cuarto o lugar favorito

Cuéntanos sobre tu cuarto o lugar favorito en tu casa. ¿Cómo es? ¿Es un lugar tranquilo o de mucha actividad? ¿Prefieres estar en ese lugar solo/a, con un amigo / una amiga o con muchas personas? ¿Qué haces cuando estás allí? ¿Duermes? ¿Escuchas música? ¿Lees? ¿Miras la televisión? Si no tienes un lugar favorito en tu casa, imagínate ese lugar y luego descríbelo en detalle. ¡Los detalles son importantes! ¡A conversar!

Entérate

Mundopedia

El Carnaval de Barranquilla

El Carnaval de Barranquilla: ¡Quien lo vive es quien lo goza! (*Whoever lives it, enjoys it!*)

Vocabulario de consulta	
miles	thousands
entera	whole
carrozas	floats
junto con	along with
a lo largo de	throughout
adquiere	acquires
Cuaresma	Lent
descubrir	discover
río	river
vital	lively
se encuentra	is located
transitada	traveled
sin duda	without a doubt
mayor atractivo	major attraction
reina	queen
impresionantes	impressive
barranquilleros	people from Barranquilla
festejo	**celebración**
lema	motto

Imagina una fiesta con **miles** de personas. El lugar de esta fiesta es una ciudad **entera**, sus calles, casas, parques y plazas. Hay música y baile, desfiles y **carrozas**. Así es el carnaval, la festividad más popular en los países del Caribe y América Central. El carnaval de Barranquilla, Colombia, es uno de los más famosos, **junto con** los carnavales de Panamá y de Oruro, en Bolivia.

ORIGEN Y EVOLUCIÓN

La fiesta del carnaval tiene su origen en España y gradualmente, **a lo largo de** su historia, **adquiere** elementos de la cultura africana. Se celebra durante cuatro días en febrero o marzo, cuatro días de total diversión antes de la celebración religiosa de la **Cuaresma**. Si conoces la celebración de Mardi Gras de Nueva Orleans, en Estados Unidos, tienes una buena idea del espíritu festivo del carnaval, pues el Mardi Gras tiene mucho en común con el carnaval latinoamericano. El carnaval se celebra con pasión y entusiasmo en varios países como Venezuela, Puerto Rico, Cuba, Panamá y Colombia.

LA CIUDAD

Barranquilla es una de las cuatro ciudades más grandes de Colombia; las otras tres son Bogotá, Medellín y Cali. La ciudad de Barranquilla está en el norte del país, cerca del mar Caribe. Si te gusta la playa, cerca de Barranquilla vas a encontrar algunas playas muy lindas, como la de Solinilla. También vas a **descubrir** un **río** importante, el río Magdalena.* La ciudad se divide en vecindarios —¡más de 150 barrios!— que están en zonas más grandes. La zona del Centro Histórico es la más **vital** y comercial; allí están los mejores restaurantes, tiendas y clubes de la ciudad. Y allí también **se encuentra** su avenida más **transitada**, el Paseo de Bolívar. En Barranquilla hay plazas bonitas, como la Plaza de Bolívar y la Plaza de la Paz, entre muchas otras. Pero **sin duda** el **mayor atractivo** de Barranquilla es su carnaval, uno de los más grandes del mundo.

CARACTERÍSTICAS PRINCIPALES

Como otros carnavales, esta fiesta colombiana tiene una **reina**, grupos de bailes folclóricos, disfraces **impresionantes** y comida deliciosa. La cumbia, música típica de Colombia, se escucha en todas partes. Los **barranquilleros** celebran este **festejo** nacional con baile, música y diversión. El **lema** del Carnaval de Barranquilla expresa la actitud de las personas que participan en esta festividad: *Quien lo vive es quien lo goza.* Te invitamos a visitar algún día esta maravillosa ciudad colombiana y a participar en su carnaval… ¡Que lo goces!†

---

*El río Magdalena es tema de novelas importantes, como por ejemplo, *El amor en los tiempos del cólera* (1985), del famoso escritor colombiano Gabriel García Márquez.
†¡Que… *Enjoy it!*

COMPRENSIÓN

Contesta las preguntas.

1. ¿En qué país tiene su origen el carnaval?
2. ¿Cuáles son algunos de los países hispanos donde se celebra el carnaval?
3. ¿Cuál es la zona más comercial de Barranquilla?
4. ¿Cómo se llama la avenida más transitada en Barranquilla y dónde está?
5. ¿Cuáles son tres características del Carnaval de Barranquilla?

Voces colombianas		Voces panameñas	
a la guachapanga	carelessly	**acabangado/a**	**triste, nostálgico**
aletoso/a	**agresivo/a**	**las burundangas**	junk food
desplomado/a	distracted	**dar frulo**	to frighten
miti y miti	evenly, fairly	**de adelante-adelante**	**bonito/a, atractivo/a**
pantallar	to show off, to boast	**guapachoso/a**	**alegre**
peye	**de mal gusto**	**la lana**	**dinero**

LOS KUNA

Los kuna (o cuna) son miembros de una población indígena en Panamá y Colombia. Tienen su propio idioma, que ellos llaman *dulegaya* (significa **lengua del pueblo**). Para referirse a sí mismos (*themselves*), los kuna usan la palabra *dule*. Por ejemplo, *andule* quiere decir **yo.** Más de 50.000 personas hablan la lengua kuna. Para estos amerindios* es muy importante la danza y la música. Se consideran *olo tule* (**gente de oro**) y se ven como parte fundamental de la naturaleza (*nature*). Lee la lectura «Los kuna, gente de oro» en el *Cuaderno de actividades* o en Connect Spanish y ¡descubre esta comunidad!

Una mujer kuna toca la zampoña, un tipo de flauta.

*los primeros habitantes de las Américas

Videoteca

Amigos sin Fronteras
Episodio 7: Hogar, dulce hogar

Resumen

Claudia se prepara para andar en bicicleta con Nayeli. Las dos amigas dan un largo paseo. Seis horas después, cuando Claudia regresa a su casa, ¡descubre que no tiene las llaves! Ana Sofía llega y las dos hablan de todos los lugares que Claudia visitó ese día: un parque, el correo, un café. Por fin Ana Sofía encuentra las llaves de Claudia…

Preparación para el video

A. ¡Comencemos! Indica todas las respuestas lógicas.

1. ¿Qué tipo de actividades hacen los estudiantes universitarios los fines de semana, durante el día?
   a. estudian
   b. hacen ejercicio
   c. van a la universidad
   d. se reúnen con sus amigos y almuerzan, toman café, charlan…

2. ¿Qué situaciones producen estrés normalmente?
   a. ver a tus amigos
   b. hacer ejercicio
   c. los exámenes
   d. el trabajo

3. Normalmente, ¿qué les pasa a las personas cuando tienen estrés?
   a. Están enojadas.
   b. Pierden cosas.
   c. No prestan atención.
   d. Duermen bien.

Vocabulario de consulta	
estar de vuelta	to be back
un rato	a while
vida	life
se caen	(they) fall
las patea y se mueven	(one) kicks them and they get moved
llaves	keys
Se me perdieron las llaves.	I lost my keys.
chiflada	nuts, crazy (*col.*)

Comprensión del video

B. La idea principal. Indica la idea principal del video.
1. Hacer ejercicio y andar en bicicleta ayudan a Claudia con el estrés.
2. Limpiar la casa, andar en bicicleta y tomar café con los amigos ayudan con el estrés.
3. Claudia pierde cosas importantes porque tiene mucho estrés.

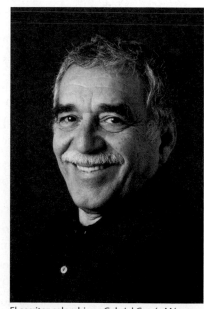

C. ¿Cierto o falso?
1. Nayeli necesita estudiar para un examen que tiene el lunes.
2. La bicicleta de Claudia está en su dormitorio.
3. Claudia fue al correo ese día.
4. Claudia piensa que es una buena idea buscar sus llaves en el patio.
5. Claudia encuentra las llaves en el café donde vio a Sebastián.

D. Detalles. Contesta las preguntas según la información en el video.
1. ¿Dónde encontraron Nayeli y Claudia el libro de Claudia?
2. ¿Qué hizo Nayeli después de pasar un rato en el parque?
3. ¿Qué hizo Claudia en el correo?
4. Según Ana Sofía, ¿por qué perdió Claudia su libro y las llaves?
5. ¿Qué hicieron Ana Sofía y Claudia cuando entraron a la casa?

Mi país COLOMBIA Y PANAMÁ

Comprensión

unos indígenas kuna de Panamá

1. Dos museos importantes de Bogotá son _____
2. Alrededor de _____ están el Palacio de Nariño, el Palacio de Justicia y la Catedral Primada.
3. ¿Qué comercio es importante en Medellín?
4. ¿Qué se cultiva entre Medellín y Bogotá?
5. ¿Qué usa Rodrigo en Berkeley para mostrar que es de Colombia?
6. ¿Cómo se llama la capital de Panamá?
7. ¿Cómo se llama el grupo indígena que vive en las Islas de San Blas y en el Parque Darién?
8. ¿Qué *no* hay en Panamá?
   a. molas
   b. Carnavales de Barranquilla
   c. catorce parques nacionales
   d. un canal

El escritor colombiano Gabriel García Márquez

Infórmate

7.1 Knowing People, Places, and Facts: **conocer** and **saber**

A. **Conocer** (*to know*) is used in the sense of *to be acquainted* or *familiar with*; it is normally used with people and places. **Saber** (*to know*) is used in the sense of *to know facts, information,* or, when followed by an infinitive, *to know how to (do something)*. Here are the present-tense forms of **conocer** and **saber.**

	conocer	saber	
(yo)	conozco	sé	*I know*
(tú*)	conoces	sabes	*you (inf. sing.) know*
usted, él/ella	conoce	sabe	*you (pol. sing.) know; he/she knows*
(nosotros/as)	conocemos	sabemos	*we know*
(vosotros/as)	conocéis	sabéis	*you (inf. pl., Sp.) know*
ustedes, ellos/ellas	conocen	saben	*you (pl.) know; they know*

*Alternative forms for recognition only: **vos conocés, vos sabés.**

—**¿Conoces** muy bien la Ciudad de México?   *Do you know Mexico City well?*

—Todavía no.   *Not yet.*

—**¿Conoces** a Juan Fernando Chen?   *Do you know Juan Fernando Chen?*

—Sí, y **sé** que vive en Costa Rica.   *Yes, and I know that he lives in Costa Rica.*

—**¿Sabes** nadar?   *Do you know how to swim?*

—No, no **sé** nadar.   *No, I don't know how to swim.*

—**¿Sabes** dónde está el restaurante?   *Do you know where the restaurant is?*

—No, no lo **sé.**   *No, I don't know.*

—**¿Sabes** si hay una biblioteca cerca?   *Do you know if there is a library nearby?*

—Sí, **sé** que hay una en esta zona, pero no **sé** dónde.   *Yes, I know there is one in this area, but, I don't know where.*

Note that with **conocer,** the preposition **a** precedes a direct object noun when that noun is a person. This use of **a** is called the *personal **a.***

—**¿Conoces a** Camila Piatelli?   *Do you know Camila Piatelli?*

—Sí, y **conozco** también **a** su hermana.   *Yes, and I also know her sister.*

—¿Y **conoces** también **a** su amigo Eloy?   *And do you also know her friend Eloy?*

—No, **a** él no lo **conozco.**   *No, I don't know him.*

El señor Rafael Londoño llegó la semana pasada a su nueva casa en el Barrio San Fernando de Cali. Completa las preguntas que le hace a su vecino, Imad Yassín, con la forma apropiada de **conocer** o **saber.**

1. ¿_____ usted si hay una farmacia cerca?
2. ¿_____ usted al vecino que se llama Bernardo?
3. ¿_____ usted si hay una piscina pública cerca?
4. ¿_____ usted al director de la escuela que está en la esquina (*corner*)?
5. ¿_____ usted un buen restaurante de comida italiana?
6. ¿_____ usted dónde está el Parque del Perro?
7. ¿_____ usted si hay un cine en el centro comercial?
8. ¿_____ usted cuánto cuesta la entrada al Museo de Arte Moderno?
9. ¿_____ usted a los vecinos del edificio de apartamentos?

7.2 Comparisons of Inequality: **más/menos**

> **más/menos +**
> *adjective/noun +*
> **que**
>
> Radamés es **más alto que** Jorge.
>
> Franklin tiene **menos tiempo que** Estefanía.
>
> *verb +* **más/ menos que**
>
> Camila **viaja más que** Xiomara.

A. Use the words **más… que** (*more . . . than*) and **menos… que** (*less . . . than*) to make unequal comparisons in Spanish. English often uses pairs of adjectives with the ending -*er* (for example, *taller/shorter, bigger/smaller*) in such comparisons, but Spanish uses **más/menos** + adjective.

Radamés es **más** alto **que** Jorge.	*Radamés is taller than Jorge* (*is*).
Nayeli es **menos** seria **que** Ana Sofía.	*Nayeli is less serious than Ana Sofía* (*is*).
La casa de mis padres es **más** grande **que** mi apartamento.	*My parents' house is bigger than my apartment* (*is*).
Estos zapatos son **menos** cómodos **que** los otros.	*These shoes are less comfortable than the other ones* (*are*).

The words **más/menos** can also be followed by a noun.

Yo tengo **más** experiencia **que** Eloy.	*I have more experience than Eloy* (*does*).
Franklin hace **menos** preguntas **que** Estefanía.	*Franklin asks fewer questions than Estefanía* (*does*).

To compare actions (of people or things), you can place **más/menos que** after a verb.

Camila viaja **más que** Xiomara.	*Camila travels more than Xiomara* (*does*).
Este suéter cuesta **menos que** el otro.	*This sweater costs less than the other one* (*does*).

B. To single out a member of a group as *the most* or *the least*, add an article (**el/la/los/las**) to the construction **más/menos** + adjective: **el más gordo** (*the fattest* [*one*]), **las menos caras** (*the least expensive* [*ones*]), This construction is called the superlative (**el superlativo**) and is the equivalent of English expressions using *the least/most* + adjective or adding the ending

-est to an adjective: *the biggest* (*one*) (**la más grande**), *the least useful* (*ones*) (**los menos útiles**). Note that to express *of/in* + group, Spanish uses **de.**

Xiomara es **la más** simpática (**de** las tres que conozco).	*Xiomara is the nicest (of the three I know).*
Estas son **las** casas **más** modernas **del** vecindario.	*These are the most modern houses in the neighborhood.*
Aquí tiene usted **el** cuarto **más** grande **de** la casa.	*Here you have the largest room in the house.*

El superlativo

el/la/los/las (+ *noun*) + **más/menos** + *adjective* + **de**

El dormitorio es **el** (cuarto) **menos** frío **de** la casa.
Ana Sofía es **la** (chica) **más** simpática **de** su familia.
Estos carros son **los** (carros) **menos** viejos **de** su vecindario.
Estas casas son **las** (casas) **más** coloridas **de** la calle.

C. There are special comparative and superlative forms for **bueno** and **malo.**

bueno (*good*) → **mejor** (*better*)	**el/la mejor** (*the best* [*one*]), **los/las mejores** (*the best* [*ones*])
malo (*bad*) → **peor** (*worse*)	**el/la peor** (*the worst* [*one*]), **los/las peores** (*the worst* [*ones*])
No hay nada **peor** que el ruido de los coches cuando uno quiere dormir.	*There is nothing worse than traffic noise when you want to sleep.*
En mi opinión, la cocina es **el mejor** cuarto de la casa.	*In my opinion, the kitchen is the best room in the house.*
Todas las películas de Harry Potter son buenas, pero la última es **la mejor.**	*All of the Harry Potter movies are good, but the last one is the best (one).*

D. There are special forms used to compare ages in Spanish.

joven (*young*) → **menor** (*younger*)	**el/la menor** (*the youngest* [*one*]), **los/las menores** (*the youngest* [*ones*])
viejo (*old*) → **mayor** (*older*)	**el/la mayor** (*the oldest* [*one*]), **los/las mayores** (*the oldest* [*ones*])
Mi hermano **mayor** se llama Eduardo y mi hermana **menor** se llama Patricia.	*My oldest brother's name is Eduardo, and my younger sister's is Patricia.*
Roberto es **el mayor** de todos nuestros primos.	*Roberto is the oldest of all of our cousins.*

Ejercicio 2

Haz comparaciones según las indicaciones. Usa **más/menos que.**

MODELO: El sofá cuesta $150. El sofá-cama cuesta $500. (cuesta) →
El sofá-cama cuesta *más que* el sofá. / El sofá cuesta *menos que* el sofá-cama.

1. La mesa pesa veinticinco kilos. El sillón pesa cuarenta y ocho. (pesa)
2. En mi casa viven ocho personas. En la casa de los vecinos viven cinco. (viven)
3. La casa de los Chen tiene cuatro dormitorios. La casa de los vecinos tiene dos. (tiene)
4. En el patio de mis abuelos hay tres árboles. En nuestro patio hay cinco. (hay)
5. Eloy tiene dos perros. Omar tiene un perro. (tiene)

Ejercicio 3

Expresa tu opinión. Usa **mejor, peor, mayor, menor** o **el/la más... de todos/as.**

> **MODELOS:** el Volkswagen; el Jaguar (mejor) →
> (En mi opinión,) El Jaguar es *mejor que* el Volkswagen.
>
> el Mercedes-Benz; el Porsche; el Lexus (barato) →
> (En mi opinión,) El Lexus es el más barato de todos.

1. vivir en un barrio residencial; vivir en el centro de la ciudad (peor)
2. vivir en una casa; vivir en un apartamento (mejor)
3. un ventilador; un microondas; un refrigerador (útil)
4. Mi hermano Eduardo tiene veinticuatro años. Mi hermana Patricia tiene dieciséis. (mayor)
5. Mi hijo tiene seis meses. Tu hija tiene un año. (menor)
6. un iPad que cuesta $699; un iPhone que cuesta $229.99; un iPod que cuesta $159.59 (caro)

7.3 Comparisons of Equality: **tan/tanto**

A. When stating that qualities are (or are not) equal or identical (*as pretty as / not as pretty as*), use **(no) ser tan** + adjective + **como. Tan** never changes form in comparisons or constrasts of qualities.

Antonella es **tan** inteligente **como** Camila.	*Antonella is as intelligent as Camila.*
Nayeli **no** es **tan** alta **como** Claudia.	*Nayeli is not as tall as Claudia.*

To compare what something or someone does (or doesn't do), always use **(no)** + verb + **tanto como.**

Rodrigo estudia **tanto como** Jorge.	*Rodrigo studies as much as Jorge (does/studies).*
Sebastián **no** come **tanto como** Daniel.	*Sebastián doesn't eat as much as Daniel (does/eats).*

B. When equating quantities (*as much/many as*), use **tanto/a/os/as... como,** where **tanto/a/os/as** agrees with the noun that follows.

Rodrigo no tiene **tanta tarea como** su hermano.	*Rodrigo doesn't have as much homework as his brother.*
Ustedes tienen **tantos amigos** de Facebook **como** nosotros.	*You (pl.) have as many Facebook friends as we do.*

> **tan** + *adjective* + **como**
>
> Antonella es tan inteligente **como** Camila.
>
> **tanto/a/os/as** + *noun* + **como**
>
> Tiene **tantos** amigos **como** nosotros.
>
> *verb* + **tanto como**
>
> Rodrigo estudia **tanto como** Jorge.

Ejercicio 4

Haz comparaciones usando **(no) tan... como,** según las indicaciones.

> **MODELO:** El Parque San Cristóbal es muy grande. El Parque del Perro es pequeño. (grande) →
>
> El Parque del Perro *no* es *tan grande como* el Parque San Cristóbal.

1. La piscina de la familia Montes es muy bonita. La piscina de la familia Lugo es muy bonita también. (bonita)
2. El edificio de la Avenida de la Media Luna tiene seis pisos. El edificio nuevo de la Avenida de Bolívar tiene diez. (alto)
3. La lavandería nueva de la Calle de los Estribos es muy limpia. La lavandería vieja de la Avenida Almendros no es muy limpia. (limpia)
4. Los condominios Vista del Mar son muy modernos. Los condominios La Estrella tienen ya veinte años. (modernos)

Ejercicio 5

Haz comparaciones usando **(no) tantos/as... como.**

> **MODELO:** Mi casa tiene dos dormitorios. Su casa tiene cuatro. →
>
> Mi casa *no* tiene *tantos* dormitorios *como* su casa.

1. La sala de nuestra casa tiene cuatro lámparas. La sala de su casa tiene solo dos lámparas.
2. La casa de los Rozo tiene tres cuartos. La casa de los Londoño tiene dos cuartos.
3. La casa de mis padres tiene dos baños. La casa de los vecinos también tiene dos baños.
4. El patio de la señora Márquez tiene muchas flores y plantas. El patio del señor Londoño tiene pocas flores y plantas.

7.4 The Preterite Tense of Regular Verbs*

A. The Spanish past tense (preterite), like the present tense, is formed by adding a set of endings to the stem. Here are the preterite endings of the regular verbs **cocinar** (*to cook*), **barrer** (*to sweep*), and **abrir** (*to open*). Note the written accent marks. They tell you where to put the stress when you speak. Also note that the preterite endings for -**er** and -**ir** verbs are the same.

	-ar *verbs*: cocinar	-er *verbs*: barrer	-ir *verbs*: abrir
(yo)	cociné	barrí	abrí
(tú)†	cocinaste	barriste	abriste
usted, él/ella	cocinó	barrió	abrió
(nosotros/as)	cocinamos	barrimos	abrimos
(vosotros/as)	cocinasteis	barristeis	abristeis
ustedes, ellos/ellas	cocinaron	barrieron	abrieron

---

*You will learn about the verbs that are irregular in the preterite in **Capítulo 8.**
†Preterite forms for **vos** are the same as for **tú.**

There are time expressions that often act as clues to help us recognize the preterite. You can use them to talk about the past. Some of these expressions are **ya** (*already*), **esta mañana** (*this morning*), **anoche** (*last night*), **ayer** (*yesterday*), **ayer por la mañana/tarde/noche, anteayer** (*day before yesterday*), **la semana pasada** (*last week*), **el lunes (martes, miércoles, …) pasado, el mes/año pasado.**

—¿**Ya comiste?**	*Did you eat already?*
—Sí, **comí** en casa.	*Yes, I ate at home.*
Hablé con la nueva vecina **ayer.**	*I spoke with the new neighbor yesterday.*
Mi esposa **habló** con su mamá **esta mañana.**	*My wife spoke with her mother this morning.*

B. There are some clear differences to help you differentiate present and preterite forms. In regular preterites, for example, the stress is always on the final syllable of the **yo** and **usted/él/ella** forms.

Generalmente me levanto a las ocho, pero **ayer me levanté** a las siete.	*Usually I get up at 8:00, but yesterday I got up at 7:00.*

Tú forms in the preterite do not end in **-s.**

Normalmente me llamas por la noche, pero anoche no me **llamaste.**	*Normally you call me at night, but last night you didn't call me.*

Although both present and preterite third-person plural (**ustedes/ellos/ellas**) forms end in **-n,** it is always **-ron** in the preterite.

Por lo general mis padres **salen** poco, pero la semana pasada **salieron** cinco veces.	*Generally my parents go out very little, but last week they went out five times.*

Notice that the present and preterite **nosotros/as** forms for **-er** verbs are different.

Por lo general **comemos** mucha carne, pero ayer **comimos** pescado.	*Usually we eat a lot of meat, but yesterday we ate fish.*

In **-ar** and **-ir** verbs, however, the **nosotros/as** form is the same in the preterite and the present tense (**hoy hablamos, ayer hablamos; hoy escribimos, ayer escribimos**). The context of the sentence clarifies whether the speaker refers to the present or the past.

Normalmente **salimos** temprano para la universidad, pero ayer **salimos** un poco tarde.	*We normally leave early for the university, but yesterday we left a little late.*

C. If the stem of an **-er/-ir** verb ends in a vowel (such as **le-** from **leer** or **o-** from **oír**), the **i** of the **-ió** and **-ieron** endings changes to **y** in the preterite.

leer: leí, leíste, leyó, leímos, leísteis, leyeron

oír: oí, oíste, oyó, oímos, oísteis, oyeron

Yo **leí** el libro, pero Jorge no lo **leyó.**	*I read the book, but Jorge didn't read it.*

D. Regular verbs that end in **-car, -gar,** and **-zar** change the spelling of the preterite **yo** form in order to preserve the same sound as the infinitive when an **-é** is added.

buscar (qu): busqué, buscaste, buscó, buscamos, buscasteis, buscaron

llegar (gu): llegué, llegaste, llegó, llegamos, llegasteis, llegaron

almorzar (c): almorcé, almorzaste, almorzó, almorzamos, almorzasteis, almorzaron

Llegué al centro a las cuatro.   *I arrived downtown at 4:00.*

Ejercicio 6

¿Hiciste estas actividades ayer? Contesta sí o no.

MODELO: trabajar → Sí, *trabajé* siete horas. (No, *no trabajé*.)

1. comprar un móvil
2. comer en un restaurante
3. hablar por teléfono
4. escribir un e-mail
5. estudiar por cuatro horas

6. abrir la ventana
7. visitar a un amigo / una amiga
8. correr por la mañana
9. tomar un refresco
10. lavar los platos

Ejercicio 7

¿Qué hizo Rodrigo ayer por la mañana? Busca el orden más lógico.

_____ **a.** Lavó los platos del desayuno y leyó las noticias en línea.

_____ **b.** Llegó a la universidad a las ocho y media.

_____ **c.** Desayunó cereal con leche y fruta.

_____ **d.** Antes de desayunar, se bañó.

_____ **e.** Asistió a su primera clase a las diez.

_____ **f.** Estudió para su primera clase en la biblioteca.

_____ **g.** Comió una hamburguesa.

_____ **h.** Se levantó a las siete de la mañana.

_____ **i.** Caminó a un restaurante para almorzar con su amigo Jorge.

Ejercicio 8

Di si cada una de las siguientes personas hizo las actividades indicadas.

MODELO: Taylor Swift / cantar en la ducha esta mañana →
          Taylor Swift (no) *cantó* en la ducha esta mañana.

1. mi madre / charlar con el presidente la semana pasada
2. el presidente de México / comer tacos en la calle ayer
3. la profesora de español / salir con Javier Bardem anoche
4. el rey Juan Carlos / visitar los Estados Unidos el mes pasado
5. yo / cantar con Shakira ayer a medianoche

Ejercicio 9

Lucía conversa con una compañera de su clase de astronomía. Completa los diálogos con formas de **llegar** y **leer.**

CARLA: Hola, Lucía. ¿A qué hora _____¹ (tú) a la universidad esta mañana?

LUCÍA: Hola. _____² a las ocho y media. ¿Y tú?

CARLA: Mi compañera de apartamento y yo no _____³ hasta las nueve y media porque el autobús _____⁴ tarde.

LUCÍA: ¡Ay, qué mala suerte! Oye, ¿(tú) _____⁵ el artículo sobre el nuevo planeta para la clase de astronomía?

CARLA: Sí, lo _____⁶ anoche. (**Lo** *refers to* **el artículo**).

LUCÍA: ¿Lo _____⁷ tus amigos que están en esa clase?

CARLA: No sé si mi amigo Freddie lo _____,⁸ pero lo _____⁹ tú y yo ¿no?

LUCÍA: ¡Claro que sí!

Lo que aprendí

At the end of this chapter I can . . .

☐ talk about places in a city.

☐ describe my house or apartment.

☐ discuss household chores and other activities that take place at home.

☐ narrate some past experiences.

Now I also know more about . . .

☐ many places in Colombia and Panama.

☐ Colombian family activities during a typical summer weekend.

☐ *carnaval* in Barranquilla, Colombia.

Vocabulario

Los lugares en la ciudad — Places in the City

el almacén	department store
el correo	post office
el estadio	stadium
la fuente	fountain
la gasolinera	gas station
la lavandería	laundromat
el mercado	market
la panadería	bakery
la papelería	stationery store
la zapatería	shoe store

Palabras semejantes: el banco, la discoteca, la farmacia, el museo

Repaso: el aeropuerto, la biblioteca, el centro (comercial), el cine, la clínica, la escuela, la fábrica, el gimnasio, el hospital, la iglesia, la librería, la peluquería, la playa, el restaurante, la universidad

El vecindario y la casa — Neighborhood and Home

el arbusto	bush
el barrio	neighborhood
la cerca	fence
el césped	lawn, grass
el compañero / la compañera de cuarto	roommate
el edificio	building
la estatua	statue
los medios de transporte	means of transportation
la planta baja	first floor
el vecino / la vecina	neighbor
Se alquila	For rent
Se arrienda	For rent; For lease

Palabras semejantes: el condominio, el hotel, la plaza

Repaso: el apartamento, el árbol, la avenida, la calle, el jardín, la parada del autobús, el parque, el patio, la piscina, el piso, la residencia estudiantil

Los cuartos y otras dependencias — Rooms and Other Parts of the House

el ascensor	elevator
el balcón	balcony
el baño	bathroom
la chimenea	fireplace
la cocina	kitchen
el comedor	dining room
el desván	attic
el dormitorio	bedroom
la sala	living room
el sótano	basement

Palabras semejantes: el garaje, la terraza

Los muebles y los aparatos domésticos — Furniture and Household Appliances

la alacena	kitchen cupboard
el armario	closet
la aspiradora	vacuum cleaner
la bañera	bathtub
la cafetera	coffeepot; coffee maker
el calentador	heater
la cama (matrimonial)	(double) bed
la cómoda	chest of drawers
la cortina	curtain; *pl.* curtains, drapes
el estante	shelf
la estufa	stove, range
el horno	oven
el (horno de) microondas	microwave (oven)
el inodoro	toilet
el lavabo	bathroom sink
la lavadora	washing machine
el lavaplatos	dishwasher
la mesita	coffee table
el secador de pelo	hair dryer
la secadora	clothes dryer
el sillón	easy chair
el televisor	television (set)
la tetera	teapot
el tocador	dresser
el ventilador	fan

Palabras semejantes: la lámpara, el refrigerador, el sofá, la tostadora

Repaso: la afeitadora (eléctrica), el cepillo de dientes, el espejo, el fregadero, la silla, la toalla

Los quehaceres domésticos — Household Chores

barrer	to sweep
cortar el césped	to cut/mow the grass
dar (*irreg.*) de comer	to feed
desempolvar	to dust
guardar (algo)	to put (something) away
poner (*irreg.*) la mesa	to set the table
regar (ie) (gu)	to water
sacar (qu) la basura	to take out the trash
tender (ie) la cama	to make the bed

Repaso: arreglar, cocinar, hacer (*irreg.*) la compra, lavar los platos, limpiar

La descripción	Description
amueblado/a	furnished
bueno/a	good
caribeño/a	Caribbean
cercano/a	nearby, neighboring
desordenado/a	messy
propio/a	own
sucio/a	dirty
tranquilo/a	quiet
ublcado/a	located

Palabras semejantes: automático/a, central, comercial, cronológico/a, digital, doméstico/a, espacioso/a, internacional, municipal, religioso/a, telefónico/a

Los verbos	Verbs
alquilar	to rent
arrendar (ie)	to rent; to lease
compartir	to share
conocer (conozco)	to meet; to know people or places
construir (y) (construyendo)	to build
costar (ue)	to cost
divertirse (ie, i)* (divirtiéndose)	to have fun
dormir (ue, u)* (durmiendo) la mañana	to sleep in
emparejar	to pair up
gustaría	would like
jugar (ue) juegos de mesa / al dominó	to play board games / dominoes
ofrecer (ofrezco)	to offer
poner (irreg.) (una) película	to show a movie
reunirse (me reúno)	to get together
sacar (qu) fotos	to take pictures

Palabras semejantes: contactar, depositar

Repaso: apagar (gu), encender (ie)

Los sustantivos	Nouns
la alfombra	carpet
la almohada	pillow
el banco	bench
la carta	letter
la cita	appointment; date
el cuadro	picture (on the wall)
el desorden	untidiness, mess
la escoba	broom
la estampilla	stamp

Los sustantivos	Nouns
la milla	mile
la naturaleza	nature
los platos	dishes
el paquete	package
el paseo	walk
el plano	street map
el pueblo	town
el regreso	return
el tamaño	size
el tema	topic; theme
la (des)ventaja	(dis)advantage
el viaje	trip
el vuelo	flight

Palabras semejantes: la ceremonia, el disco, la emergencia, la exhibición, la experiencia, el exterior, la gasolina, la iluminación, el Internet, el proyecto, el ráquetbol, el servicio, el sistema

Las comparaciones	Comparisons
bueno, mejor, el/la mejor	good, better, (the) best
malo, peor, el/la peor	bad, worse, (the) worst
más/menos que	more/less than
tan… como	as … as
tanto/a / tantos/as… como	as much / as many … as

Repaso: mayor (que), menor (que)

Palabras y expresiones útiles	Useful Words and Expressions
adentro (de)	inside
afuera (de)	outside
alguien	someone
allí	there
alrededor de	around
a pie	on (by) foot
don, doña	respectful title used with the first or first and last name of the person: don Rafael, doña Omara Saborit
enfrente (de)	in front (of)
en medio (de)	in the middle (of)
eso	that
esto	this
pasado	past
el sábado (mes, año) pasado	last Saturday (month, year)
la semana pasada	last week
solo	only

---

*You will now begin to see a second vowel change listed with some stem-changing verbs. This indicates third-person vowel changes when conjugated in the preterite tense: **divertirse (-ie, -ie)** and **dormir (-ue, -u)** (**se divierte, se divirtió; duerme la mañana, durmió la mañana**).

Hablando del pasado

8

Un baile folclórico en el Zócalo, México, D.F.

Upon successful completion of **Capítulo 8** you will be able to recognize most regular and irregular preterite (past) verb forms, talk about past experiences, and express how long ago something happened. Additionally, you will have learned about some interesting places and people from Mexico.

Comunícate

Mis experiencias

Las experiencias con los demás

Hablando del pasado
«Cuando salimos de El Salvador» de Jorge Argueta

Hechos memorables

Actividad integral:
¿Quién lo hizo?

Exprésate

Escríbelo tú El fin de semana pasado

Cuéntanos Una noche perfecta

Entérate

Mundopedia El Cinco de Mayo

Voces mexicanas

Conexión cultural
Barrancas del Cobre

Videoteca
Amigos sin Fronteras, Episodio 8: La fiesta de despedida

Mi país: México

Infórmate

8.1 Verbs with Irregular Preterite Forms

8.2 Stem-Changing Verbs in the Preterite

8.3 Verbs with Special Meaning in the Preterite: **conocer, poder, querer, saber, tener**

8.4 Expressing *ago*: **hace** + Time

connect®
|SPANISH
www.connectspanish.com

MÉXICO

Amigos sin Fronteras

www.connectspanish.com

Claudia tiene planes de visitar a su familia en Paraguay. Los amigos del club piensan darle una fiesta de sorpresa para celebrar. Pero Claudia sospecha que algo anda muy mal.

Barrancas del Cobre, Chihuahua

Loreto

MÉXICO

la Pirámide del Sol

la Catedral de la Asunción de María Santísima

Guadalajara

Teotihuacán

⭐ **MÉXICO, D.F.**

el Ángel de la Independencia

Cataratas Agua Azul, Tumbalá, Chiapas

Conócenos

Nayeli Rivas Orozco es mexicana. Tiene dieciocho años y estudia historia. Nació en México, D.F., y su cumpleaños es el veintiséis de julio. Sus actividades favoritas son leer novelas históricas y ver películas basadas en la historia. También le gusta montar a caballo, salir a bailar con sus amigos, jugar al voleibol y nadar.

Nayeli Rivas Orozco

Mi país

Comunícate

Mis experiencias

Lee *Infórmate* 8.1

> ¡Estoy muy cansada! Ayer hice muchas cosas.

Por la mañana...

7:00

Me duché y me lavé el pelo.

7:30

Desayuné y luego leí el periódico.

8:00

Salí del apartamento y caminé a la universidad.

9:00

from the Greek philo = loving + sophia = knowledge, wisdom.

Asistí a la clase de filosofía.

10:15

Tomé café y charlé con Camila y Eloy.

11:00

12:45

Escribí parte de mi informe para la clase de historia. Luego asistí a la clase de química.

Por la tarde...

1:00

Volví a casa con Camila a la una.

1:30

Almorcé en casa con Camila.

3:00 → 7:00

Trabajé en la biblioteca por cuatro horas.

Anoche...

8:00

Cené en un restaurante con Eloy y su novia.

10:30

Leí un poco antes de acostarme.

12:00

Me acosté muy tarde, ¡a medianoche!

Actividad 1   ¡Yo no hice estas actividades!

Di cuál de estas actividades **no** hiciste tú.

> **MODELO:** El viernes pasado asistí a clases y almorcé en la cafetería. Después hice la tarea en la biblioteca. Más tarde, volví a casa y dormí una siesta. Me duché a las ocho de la noche y salí a bailar con mi novio/a. →
>
> Yo no asistí a clases, no almorcé en la cafetería, no hice la tarea en la biblioteca. Me duché por la mañana, no a las ocho de la noche. No salí a bailar.

1. Esta mañana me desperté tarde, me levanté rápido, me bañé, me sequé y me vestí. Desayuné en un restaurante elegante a las ocho de la mañana.

2. Ayer me levanté temprano y estudié para mis clases. Asistí a cuatro clases y después descansé y bebí un poco de agua. Luego manejé a mi trabajo.

3. Anoche volví a mi casa a las once de la noche y cené solo/a. Después me quité la ropa, me puse el pijama, me lavé la cara y los dientes. Antes de dormir, leí el periódico y escuché música. Me acosté a la una.

4. El sábado pasado me levanté temprano. Me puse unos vaqueros, una camisa blanca y unas botas y salí para el establo. Monté a caballo por dos horas y luego volví a casa. Almorcé con mi novio/a. Después, estudié toda la tarde. Hice la tarea de la clase de español.

Actividad 2   La rutina

Lee cada secuencia y complétala lógicamente.

> **MODELO:** Anoche cené, lavé los platos, luego me quité la ropa, _me puse el pijama_, me lavé los dientes y me acosté.

1. Hoy me desperté, me levanté inmediatamente, me duché, me lavé el pelo y _____. Después me puse ropa limpia y salí para la universidad.

2. Anoche llegué del trabajo, me quité la ropa, me puse el pijama, cené y lavé los platos. Luego _____ y me acosté.

3. Esta mañana me desperté tarde, me quité el pijama rápidamente, me duché, me sequé y me peiné. _____. Luego tomé un vaso de leche (no tuve tiempo para desayunar) y salí para el trabajo.

4. El sábado pasado mi novio me invitó al cine. Primero me quité la ropa y entonces _____, me sequé y me puse ropa limpia. Un poco más tarde me maquillé y me peiné. Finalmente, salí para el cine con mi novio.

5. El domingo pasado me desperté, me levanté, desayuné, me quité el pijama, me duché, me sequé, me vestí y _____. Llegué a la cancha de tenis y jugué dos partidos con un amigo.

Actividad 3 Mis actividades de ayer

Ayúdale a Nayeli a narrar lo que hizo el fin de semana pasado. Primero, completa las oraciones con la forma correcta del verbo entre paréntesis. **OJO:** Usa la primera persona (**yo**) para narrar desde el punto de vista de Nayeli. Luego, pon las actividades en un orden lógico.

ORDEN		ACTIVIDAD
_____	_Me vestí_	y me puse los zapatos. (vestirse)
_____	_____	una novela antes de acostarme. (leer)
_____	_____	con agua muy caliente. (ducharse)
_____	_____	y me puse un vestido después de bañarme. (maquillarse)
_____	_____	a varias clases primero. (asistir)
_____	_____	muy tarde, ¡a medianoche! (acostarse)
_____	_____	la tarea de física en la biblioteca. (hacer)
_____	_____	en un restaurante a las siete de la noche. (cenar)
_____	_____	para la universidad. (salir)
1	_____	muy temprano, a las cinco de la mañana. (levantarse)
_____	_____	a casa para almorzar. (volver)
_____	_____	a caballo después de hacer la tarea. (montar)
_____	_____	a las seis antes de salir a cenar con un amigo. (bañarse)
_____	_____	yogur con fruta solamente. (desayunar)
_____	_____	a casa a las once de la noche. (volver)

Actividad 4 ¿Cuándo... ?

Posibilidades

anoche

ayer (por la mañana/tarde/noche)

anteayer

el lunes (martes, ...) pasado

la semana pasada

el mes/año pasado

hace ___ minutos/horas/días

hace ___ semanas/meses/años

A. Lee la lista de posibilidades. Luego conversa con tu compañero/a sobre la última vez que tú hiciste o él/ella hizo las siguientes actividades.

MODELO: **E1:** ¿Cuándo recibiste una multa por manejar a exceso de velocidad?

E2: (Recibí una multa) El año pasado. ¿Y tú?

E1: ¡Nunca! Soy muy responsable. / El verano pasado.

1. ¿Cuándo bajaste una canción de tu cantante favorito a tu iPod?
2. ¿Cuándo tuiteaste en clase?
3. ¿Cuándo actualizaste tu página de Facebook?
4. ¿Cuándo hablaste con tu novio/a?
5. ¿Cuándo estudiaste por más de una hora sin descansar?
6. ¿Cuándo viste una película que te gustó mucho?
7. ¿Cuándo leíste el periódico en línea?
8. ¿Cuándo sacaste (recibiste) una mala nota en una asignatura?
9. ¿Cuándo saliste a bailar con tu novio/a?
10. ¿Cuándo recibiste una multa por manejar a exceso de velocidad?

B. Ahora… ¡conversa con tu profe!

1. ¿Cuándo leyó usted un periódico en línea?
2. ¿Cuándo vio una película que le gustó mucho?
3. ¿Cuándo salió a cenar en un buen restaurante?
4. ¿Cuándo compró ropa nueva para ir a una fiesta?
5. ¿Cuándo recibió una multa por manejar a exceso de velocidad?

Vocabulario útil

primero

luego

más tarde

(poco) después

también

por último

Actividad 5 El sábado pasado

Trabaja con tu compañero/a para narrar el fin de semana de Nayeli.

¿Qué hizo después?

A. Imagínate que tu compañero/a es alguien famoso/a y vas a hacerle una entrevista sobre lo que hizo en Nochevieja (el treinta y uno de diciembre). Primero escojan a la persona famosa (por ejemplo, un actor / una actriz, el presidente, una estrella de la música pop o un(a) deportista profesional) y luego trabajen juntos para leer las preguntas y preparar respuestas apropiadas. ¡Tomen buenos apuntes!

1. ¿Se levantó tarde el treinta y uno de diciembre? ¿A qué hora se levantó?
2. ¿Leyó el periódico? ¿Cuál? ¿Desayunó? ¿Qué desayunó?
3. ¿Hizo ejercicio? ¿Practicó algún deporte?
4. ¿Dónde almorzó? ¿Con quién? ¿Qué almorzó usted?
5. Por la tarde, ¿salió con un amigo / una amiga? ¿Adónde fue/fueron? ¿Se divirtió/divirtieron?
6. Esa noche, ¿dio una fiesta en su casa? ¿Quién asistió?
7. Si no dio una fiesta, ¿salió a algún lugar divertido por la noche?
8. Si no salió ni dio una fiesta, ¿qué hizo? ¿Vio la televisión? ¿Leyó una novela?
9. ¿A qué hora se acostó? ¿Por qué?
10. ¿ ?

B. Ahora, lean sus apuntes y escriban el diálogo entre el entrevistador y la persona famosa para presentarlo en clase. No es necesario usar todas las preguntas y respuestas en el diálogo final.

Las experiencias con los demás

Lee *Infórmate* 8.2–8.3

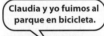

Claudia y yo fuimos al parque en bicicleta.

Primero nos pusimos ropa cómoda y un buen casco.

En el parque anduvimos en bici alrededor de un pequeño lago y saludamos a otros chicos.

De repente Claudia y yo nos caímos. ¡Qué susto! Pero no fue nada serio.

Yo me levanté al momento y ayudé a Claudia. Nosotras dos volvimos a casa después del pequeño accidente.

Rodrigo y Jorge fueron al centro cultural para escuchar a Radamés.

Primero se afeitaron y se vistieron. Se pusieron ropa cómoda.

Llegaron al café, se sentaron y pidieron una cerveza.

Bebieron, cantaron y bailaron con la música de Cumbancha.

Casi a medianoche salieron del centro cultural.

Actividad 7 El fin de semana en varios países

Aquí tienes algunas de las actividades del fin de semana pasado de los Piatelli, los Rivas y los Torroja. Coméntalas con tu compañero/a.

MODELOS: **E1:** ¿Qué hicieron *los Torroja el viernes*?

E2: *Fueron al teatro Romea y vieron una obra dramática.*

E1: ¿Quiénes *limpiaron la casa el sábado*?

E2: *Los Rivas.*

	Los Piatelli, Argentina	**Los Rivas, México**	**Los Torroja, España**
el viernes	Dieron una fiesta y se divirtieron mucho.	Cenaron tlayudas (una comida oaxaqueña).	Fueron al teatro Romea y vieron una obra dramática.
el sábado	Invitaron a un amigo de Camila a bailar tango.	Limpiaron la casa y lavaron el carro.	Viajaron a La Manga y pasaron el día en la playa.
el domingo	Durmieron hasta las diez y luego hicieron churrasco.	Asistieron a misa de once en la catedral.	Visitaron las ruinas romanas en Cartagena.

Actividad 8 Un viaje a Loreto, Baja California Sur

Eloy, Nayeli, Ana Sofía, Franklin y Estefanía pasaron la Semana Santa en la ciudad de Loreto en el estado mexicano de Baja California Sur. Salieron de Berkeley un sábado temprano y llegaron a Loreto el domingo por la noche. Mira los dibujos y di qué hicieron.

Eloy Nayeli **Ana Sofía** Franklin Estefanía

1.

domingo: llegada a Loreto

2.

lunes y martes: Loreto

3.

miércoles y jueves: pinturas rupestres en las cuevas de la Sierra de Guadalupe

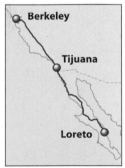

De Berkeley a Loreto en coche

4.

miércoles y jueves: el Museo de las Misiones Jesuitas

5.

viernes: ballenas en el Parque Nacional Bahía de Loreto

6.

sábado y domingo: el regreso

E n t é r a t e

Berkeley está a 1.210 millas de Loreto, o 1.947,3 kilómetros. El viaje toma más o menos veintiuna horas en coche... ¡sin parar!

Actividad 9 El fin de semana pasado

A. Conversa con tu compañero/a sobre sus actividades del fin de semana pasado.

1. ¿A qué hora te levantaste el sábado? ¿Te levantaste temprano el domingo? ¿Por qué?

2. ¿Tuviste que trabajar el sábado o el domingo? ¿Ganas más dinero cuando trabajas los fines de semana?

3. ¿Te gusta limpiar la casa? ¿La limpiaste el sábado? ¿Por qué? ¿Tuviste que hacer algo que no te gusta hacer? ¿Qué tuviste que hacer?

4. ¿Hiciste algo con amigos el sábado por la noche? ¿Qué hicieron? ¿Fueron a una fiesta? ¿Se divirtieron? ¿Fueron al cine? ¿Qué película vieron? ¿Les gustó? ¿Asistieron a un concierto? ¿Cómo se llama(n) el artista (los artistas)? ¿Es/Son tu(s) favorito(s)?

5. ¿Hiciste la tarea el sábado o el domingo? ¿Para qué asignaturas hiciste la tarea? ¿Te gusta hacer la tarea los fines de semana? ¿Por qué?

6. ¿Adónde fuiste el domingo? ¿Con quién fuiste? ¿Qué cosas interesantes o aburridas hicieron? Describe una o dos de esas actividades.

B. Ahora, ¡conversa con tu profe!

1. ¿A qué hora se levantó el sábado? ¿Se levantó temprano el domingo? ¿Por qué?

2. ¿Le gusta limpiar la casa? ¿La limpió el sábado o el domingo? ¿Por qué? ¿Tuvo que hacer algo que no le gusta hacer? ¿Qué tuvo que hacer?

3. ¿Hizo algo con sus amigos el sábado por la noche? ¿Fueron a una fiesta? ¿Se divirtieron? ¿Fueron al cine o al teatro? ¿Qué vieron? ¿Les gustó? ¿Por qué?

4. ¿Preparó sus clases el sábado o el domingo? ¿Le gusta hacerlo los fines de semana? ¿Por qué?

5. ¿Con quién pasó el domingo? ¿Qué cosas interesantes o aburridas hizo? Describa una o dos.

Actividad 10 El tiempo libre

Habla con tu compañero/a sobre las siguientes actividades. ¿Con quién las hiciste? (Si nunca hiciste la actividad con otra persona, di: [*persona*] **y yo nunca** [*actividad*].) Para reaccionar a lo que dice tu compañero/a, usa las frases de **Y tú, ¿qué dices?**

MODELO: E1: *Mi novio y yo esquiamos en el agua* ayer.

E2: ¡Qué divertido! El año pasado, *mi hermano y yo esquiamos en el agua* también, pero nunca *corrimos* un maratón.

E1: ¿De veras? ¿No te gusta correr?

Algunas personas

mi(s) amigo/a(s)

mi(s) compañero/a(s) de cuarto/casa/ apartamento

mi esposo/a

mi familia

mi(s) hermano/a(s)

mi(s) hijo/a(s)

mi novio/a

mi(s) primo/a(s)

ACTIVIDADES

1. acampar en…
2. celebrar (el Año Nuevo, un cumpleaños, el Día de la Independencia, …)
3. comer en un restaurante elegante
4. correr un (medio) maratón
5. esquiar en el agua / la nieve
6. dar una fiesta
7. jugar al (*deporte*)
8. salir a bailar
9. subir una montaña
10. ver una película
11. viajar a (*lugar*)
12. ¿ ?

Y tú, ¿qué dices?

¿Adónde?	¿De veras?
¿Cuándo?	¡Qué aburrido!
¿Cuál?	¡Qué divertido!
¿Dónde?	¡Qué envidia!

Actividad 11 Los héroes y el ladrón

Mira los dibujos que representan la aventura de Eloy y su hermanito Ricky y lee las oraciones que describen los dibujos. Luego, con tu compañero/a, usa los dibujos para poner las oraciones en orden lógico.

_____ Eloy le ató las manos al ladrón y Ricky llamó a la policía.

_____ Los chicos se pusieron rojos pero se sintieron muy bien porque hicieron algo heroico.

_____ Eloy y Ricky oyeron unos gritos desesperados.

_____ Eloy y Ricky corrieron detrás del ladrón.

_____ Miraron por la ventana y vieron a dos hermosas chicas asustadas.

_____ Lo atraparon y le quitaron las bolsas de las chicas.

_____ Ellas les dijeron: «¡Ayúdennos, por favor! ¡Aquel hombre nos robó las bolsas!»

_____ Las chicas les dijeron: «¡Muchísimas gracias!» y les dieron un beso.

_____ El policía arrestó al ladrón.

_____ Salieron y les preguntaron: «¿Qué les pasa?»

Actividad 12 Los recuerdos

Lee la descripción de cada situación y di lo que hiciste. Si nunca te pasó algo similar, invéntalo.

Vocabulario útil

Busqué al dueño.	Lo/La castigué.	Me quejé.
Compré…	Lo(s)/La(s) llamé y…	No pude manejar.
Grité «¡Auxilio!»	Me enfermé.	Pedí otra sopa.
Llamé a la policía.	Me enojé.	Salí sin pagar.
Lloré mucho.	Me puse furioso/a.	Tuve miedo.

1. Un día encontré cincuenta dólares en la calle. (Yo)…
2. Una vez en un restaurante encontré una mosca en la sopa. (Yo)…
3. Una noche bebí mucho en una fiesta.
4. Un día mi perro arruinó uno de mis zapatos más caros.
5. Una noche cuando estaba solo/a en mi casa escuché ruidos y vi a un hombre cerca de la ventana de mi dormitorio.
6. Una vez invité a mis amigos a una fiesta. Todos dijeron que sí pero no asistieron.
7. Un día me caí en un sitio (lugar) público. Muchas personas me miraron.
8. Una vez un amigo / una amiga me eliminó de su grupo de amigos de Facebook.
9. ¿ ?

Hablando del pasado

«CUANDO SALIMOS DE EL SALVADOR» DE JORGE ARGUETA

Jorge Tetl Argueta es un poeta indígena salvadoreño. Pasó su niñez[a] en El Salvador y llegó a Estados Unidos en 1980. Desde entonces[b] vive en San Francisco, California. Es autor de muchos libros bilingües para niños. También escribe poemas y cuentos,[c] y ha recibido[d] muchos premios[e] por sus libros. Es maestro y viaja por este país para leer sus obras[f] y ofrecer[g] clases de escritura[h] creativa para niños y jóvenes.[i] Una de sus muchas publicaciones es *Xóchitl, la niña de las flores* (2003), una tierna[j] historia para niños. El conmovedor[k] poema que aparece abajo es una selección de su libro *Una película en mi almohada* (2001). En esta obra, Argueta describe la traumática experiencia de un niño que abandona su país natal.[l]

---

[a]*childhood*   [b]*Desde… Since then*   [c]*short stories*   [d]*ha… he has received*   [e]*awards*   [f]*works (of art, fiction)*   [g]*offer*   [h]*writing*
[i]*young people*   [j]*tender, sweet*   [k]*moving*   [l]*of birth*

Cuando salimos de El Salvador

Cuando salimos de El Salvador
para venir a los Estados Unidos
mi papá y yo salimos huyendo[m]
una madrugada[n] de diciembre
Salimos sin decirles adiós
a parientes, amigos o vecinos
No me despedí de[ñ] Neto
mi mejor amigo
No me despedí de Koki
mi periquito parlanchín[o]
ni de la señorita
Sha-She-Sha-Sha
mi perrita[p] favorita
Cuando salimos de El Salvador
en el autobús yo no dejaba de llorar[q]
porque allá se habían
quedado[r] mi mamá
mis hermanitos y mi abuela.

A. Comenta con tu compañero/a el poema de Jorge Argueta: ¿Qué quiso hacer el niño del poema, pero no pudo?

B. Ahora, piensa en dos de las siguientes situaciones y conversa con tu compañero/a. ¿Qué quisiste hacer en cada situación, pero no pudiste? ¿Qué otras cosas sí pudiste hacer?

Situaciones:

- Viste a una persona famosa.
- Obtuviste malas notas en una clase / un examen.
- Tuviste un problema en un restaurante (un aeropuerto, una tienda, …).
- Viste una situación de discriminación.
- Viste una situación de abuso de un animal o de una persona.

---

[m]*fleeing* [n]*dawn* [ñ]*No… I didn't say goodbye to* [o]*periquito… talkative parakeet* [p]*little dog* [q]*no… couldn't stop crying*
[r]*allá… had remained behind*

Hechos memorables

Lee *Infórmate 8.4*

20.000 a.C.
Los indígenas que hoy viven en el continente americano llegaron de Asia hace más de 20.000 años.

doce de octubre de 1492
Cristóbal Colón llegó a América hace más de cinco siglos (hace más de 520 años).

verano de 1521
Hernán Cortés conquistó Tenochtitlán hace más de 490 años.

quince de septiembre de 1810
Con el Grito de Dolores, don Miguel Hidalgo declaró la independencia de México hace más de 200 años.

cinco de mayo de 1862
Los mexicanos ganaron la batalla de Puebla contra los franceses hace más de 150 años.

veinte de noviembre de 1910
La Revolución mexicana terminó hace más de un siglo.

primero de diciembre de 2000
El Partido Revolucionario Institucional (PRI) gobernó México por muchos años (desde el año 1929 hasta el año 2000). El Partido Acción Nacional (PAN) triunfó sobre el PRI hace más de diez años.

Actividad 13 Unas vacaciones memorables

Lee sobre los viajes de estas personas y decide cuál de sus actividades no es lógica. Explica tu respuesta.

1. ___ Soy Juan Fernando Chen Gallegos. Hace unos meses fui a México.
   a. Visité el estado de Chiapas en la frontera con Guatemala.
   b. Comí comida mexicana deliciosa.
   c. Vi la Torre Eiffel.
   d. Aprendí mucho sobre la medicina natural en la selva Lacandona.

2. ___ Soy Nayeli Rivas Orozco. Hace un año hice un viaje a Oaxaca.
   a. Practiqué el español en todas partes.
   b. Nadé en el río Misisipí.
   c. Visité algunas ruinas de culturas indígenas de México.
   d. Compré artesanías mexicanas, especialmente las de barro negro.

Barro negro de San Bartolo Coyotepec, Oaxaca

3. ___ Hace unos días Eloy, Nayeli, Claudia y Ángela y su esposo acamparon en Lake Tahoe.

    a. Todos tomaron el sol y se bañaron.

    b. Ángela y su esposo escalaron parte de Mount Rose.

    c. Todos subieron las pirámides de Teotihuacán.

    d. Desayunaron, comieron y cenaron al aire libre todos los días.

4. ___ Hace tres años Rodrigo y su familia fueron a Europa.

    a. Visitaron el Museo del Prado en Madrid.

    b. Pasaron por el Canal de Panamá.

    c. Anduvieron en barco por el río Rhin.

    d. Comieron en restaurantes franceses muy buenos.

Actividad 14 Momentos importantes

Estas son algunas actividades de los amigos del club. Trabaja con tu compañero/a y decidan cuánto tiempo hace que los amigos hicieron estas cosas. Usen la construcción: **Hace** + (días/meses/años) + **que** + (verbo en el pasado).

MODELO: Hace *más de un año* que *Nayeli compitió con Kamal, su caballo favorito.*

el cuatro de octubre de 2012

1.

el treinta y uno de julio de 1999

2.

el diez de julio de 2013

3.

el cinco de enero de 2013

4.

el veinte de septiembre de 2013

5.

del diez al doce de enero de 2013

6.

el trece de octubre del 2012

Actividad 15 Una entrevista indiscreta

A. Tu compañero/a y tú deben usar estas preguntas para entrevistarse. Algunas de las preguntas son indiscretas, pero digan la verdad al contestar si pueden.

> **MODELO:** **E1:** ¿Cuánto (tiempo) hace que empezaste a estudiar español?
>
> **E2:** Hace un año y medio que empecé a estudiar español. ¿Y tú?
>
> **E1:** Hace tres años. Empecé en la escuela secundaria.

1. ¿Cuánto (tiempo) hace que cumpliste años? ¿Cuántos años cumpliste?
2. ¿Cuánto (tiempo) hace que saliste solo/a con tu novio/a por primera vez?
3. ¿Cuánto (tiempo) hace que recibiste tu primer beso romántico?
4. ¿Cuánto (tiempo) hace que te graduaste en la escuela secundaria? ¿Cuánto hace que te matriculaste en la universidad?
5. ¿Cuánto (tiempo) hace que un policía te puso una multa por manejar a exceso de velocidad? ¿De cuánto fue la multa? ¿Quién la pagó?
6. ¿Cuánto (tiempo) hace que tuviste un día fabuloso? ¿Cuánto hace que tuviste un día horrible? Cuéntame sobre uno u otro. ¿Por qué te pareció fabuloso u horrible? ¿Qué pasó?

B. Ahora… ¡conversa con tu profe!

1. ¿Es casado/a? ¿Cuánto (tiempo) hace que usted se casó? ¿Cuánto hace que tuvo su primer hijo / primera hija?
2. ¿Cuánto (tiempo) hace que compró su primera casa? ¿y su primer coche?
3. ¿Cuánto (tiempo) hace que trabaja en esta universidad?
4. ¿Cuánto (tiempo) hace que un policía le puso una multa? ¿Por qué le puso la multa?
5. ¿Cuánto (tiempo) hace que tuvo un día fabuloso? ¿Cuánto hace que tuvo un día horrible? Cuéntenos sobre uno u otro. ¿Por qué le pareció fabuloso u horrible? ¿Qué pasó?

> **Infórmate**
>
> Spanish uses a **u** instead of an **o** to say *or* when the word that follows begins with an **o-** or **ho-**.
>
> Omar **o** Marcela pueden hablarte de Ecuador.
>
> Marcela **u** Omar pueden hablarte de Ecuador.

Actividad integral

¿Quién lo hizo?

A. Lee las oraciones y decide quién hizo estas cosas.

1. _____ Descubrió la penicilina hace más o menos ochenta y cinco años.
2. _____ Ganó la guerra en México contra los franceses en 1867.
3. _____ Escribió *Cien años de soledad* y *El amor en los tiempos del cólera*. Ganó el Premio Nobel de Literatura en 1982, ¡hace más de tres décadas!
4. _____ Invadió Panamá en el año 1989, hace más o menos veinticinco años.
5. _____ Llegó a América en 1492, hace más de 500 años.
6. _____ Ganó el *Tour de Francia* en 2009. ¡Hace varios años!

a. George H. W. Bush
b. Cristóbal Colón
c. Alberto Contador
d. Penélope Cruz
e. Alfonso Cuarón
f. Alexander Fleming
g. Gabriel García Márquez
h. Benito Juárez
i. Evo Morales
j. Pablo Picasso

7. _____ Ganó las elecciones presidenciales de Bolivia en 2005.

8. _____ Nació en México. Dirigió las películas *Y tu mamá también* y *Harry Potter y el prisionero de Azkaban.*

9. _____ Nació en España y vivió muchos años en Francia. Pintó el famoso cuadro *Guernica.*

10. _____ Actuó en las películas *Volver, Vicky Cristina Barcelona, Los piratas del Caribe* y en muchas más.

B. Ahora, vas a hacer una actividad muy divertida. Escucha las instrucciones de tu profesor(a) con cuidado.

Exprésate

ESCRÍBELO TÚ

El fin de semana pasado

Escribe una narración sobre el fin de semana pasado con muchos detalles. ¿Qué hiciste? ¿Adónde fuiste? ¿Qué comiste? ¡OJO! Debes usar la primera persona (**me quedé en casa, descansé, vi televisión...**) y las siguientes palabras: **primero, después, más tarde, finalmente.** Mira la tabla en el *Cuaderno de actividades* o en Connect Spanish, donde hay más preguntas de guía.

CUÉNTANOS

Una noche perfecta

Cuéntanos sobre una noche perfecta. ¿Te quedaste en casa o saliste? ¿Qué hiciste? ¿Fuiste a algún lugar fabuloso? ¿Cómo se llama el lugar? ¿Pasaste tiempo con una persona especial? ¿Con quién? ¿Cómo es esa persona? ¿Qué hicieron? ¿Por qué fue perfecta esa noche? Si nunca tuviste una noche perfecta, imagínate esa noche y describe lo que pasó en detalle. ¡Cuéntanos y explícanos todo lo que hiciste! ¡A conversar!

Entérate

Mundopedia

El Cinco de Mayo

Entre 1867 y 1869, el francés, Edouard Manet, pintó una serie de cuadros sobre la ejecución de Maximiliano, Emperador de México.

El Cinco de Mayo no es el Día de la Independencia en México, pero es una fecha importante. En esta fecha los mexicanos celebran la victoria sobre el **ejército** francés en la **Batalla** de Puebla.

LA SITUACIÓN ECONÓMICA DE MÉXICO

En 1861 México **tenía** problemas económicos muy serios. Para resolverlos, el presidente Benito Juárez suspendió el **pago** de la **deuda externa**. Tres países —Francia, España e Inglaterra— no aceptaron esa decisión y decidieron invadir México. Después de algunas negociaciones, Inglaterra y España **se retiraron** de la alianza. Francia, **por otra parte**, decidió invadir sin esos países. Su idea: establecer un **imperio** controlado por Europa y así **detener** el **poder creciente** de Estados Unidos.

¡VICTORIA!

El cinco de mayo de 1862 el ejército francés atacó la ciudad de Puebla, **esperando** una victoria fácil. Pero no fue así. México, una república nueva con muchos problemas políticos y económicos, **se enfrentó** a Francia, entonces el

Vocabulario de consulta

ejército	army
Batalla	battle
tenía	had
pago	payment
deuda externa	foreign debt
se retiraron	removed themselves
por otra parte	on the other hand
imperio	empire
detener	to stop, detain (*something*)
poder creciente	growing power
esperando	expecting, hoping for
se enfrentó	stood up
sin armas	without weapons
derrotaron	defeated
desafortunadamente	unfortuntely
regresaron	returned
príncipe	prince
triunfalmente	triumphantly
apresó	imprisoned
fusilar	to execute
fieles	loyal
cuadro	painting

país más fuerte y poderoso del mundo. Con el general Ignacio Zaragoza, muchos ciudadanos mexicanos **sin armas** convencionales participaron en la batalla ¡y **derrotaron** a los franceses! La Batalla de Puebla es una batalla histórica, ¡y una buena excusa para celebrar!

¡DERROTA!

Desafortunadamente, un año después los franceses **regresaron** a México y derrotaron a los mexicanos. Victoriosos, y con ayuda de algunos mexicanos reaccionarios (muy conservadores), los franceses pusieron a un **príncipe** del Imperio austrohúngaro, Maximiliano de Habsburgo, como Emperador de México. Maximiliano entró **triunfalmente** a la Ciudad de México el siete de junio de 1863. Gobernó de 1864 a 1867.

BENITO JUÁREZ REGRESA

Benito Juárez, el presidente de México antes de la invasión francesa, volvió a México en 1867. Después de muchas batallas, Juárez, con el pueblo mexicano de su lado, derrotó al ejército de Maximiliano en 1867 e inmediatamente **apresó** a Maximiliano. Una corte militar dictó la sentencia de **fusilar** a Maximiliano y a sus dos **fieles** generales mexicanos* el diecinueve de junio de 1867, como se ve en el famoso **cuadro** de Edouard Manet. Y así terminó esta aventura trágica de Francia en México.

*Tomás Mejía y Miguel Miramón

COMPRENSIÓN

Contesta las preguntas.

1. ¿Por qué suspendió Benito Juárez el pago de la deuda externa?
2. De los tres países que no aceptaron la decisión de Juárez, ¿cuál invadió México?
3. ¿Qué ejército ganó la Batalla de Puebla en 1862?
4. ¿Qué pasó un año después?
5. ¿Quiénes derrotaron a los franceses en 1867?
6. ¿Qué hizo el presidente de México con Maximiliano y sus dos generales?

CONEXIÓN CULTURAL

BARRANCAS DEL COBRE°   Barrancas… *Copper Canyon*

El cañón del Colorado (*Grand Canyon*), en Arizona, es grande y espectacular. ¡Es una maravilla de la naturaleza! ¿Sabes que hay otro muy similar pero más grande y profundo (*deep*)? Pues es cierto; ese cañón se llama Barrancas del Cobre y está en la Sierra Tarahumara del estado mexicano de Chihuahua. ¿Quieres saber más de este fascinante lugar? ¿de la gente *ráramuri* que vive allí? Lee la lectura «Barrancas del Cobre» en el *Cuaderno de actividades* o en Connect Spanish y ¡descubre todo esto y mucho más!

Voces mexicanas

un(a) güero/a	un(a) gringo/a, un(a) rubio/a
el güey	dude, guy
¡Híjole!	Wow! Gosh!
¡Qué chido!	Cool!
¡Qué padre!	Cool!
¡Padrísimo!	Very cool!
¿Qué onda?	¿Qué pasa? ¿Cómo estás?
¡Qué curada!	¡Qué divertido!

Videoteca

Amigos sin Fronteras
Episodio 8: La fiesta de despedida

Resumen

Claudia les informa a Nayeli y a Radamés que va a pasar el verano en Paraguay con sus abuelos. Así que sus amigos deciden darle una fiesta sorpresa de despedida. Ana Sofía invita a Claudia al cine y Claudia cree ver (*thinks she sees*) a varios de sus amigos en la calle con bolsas del supermercado. ¡Piensa que pasa algo raro! Por fin las dos amigas regresan a la casa de Claudia…

Preparación para el video

A. ¡Comencemos! Indica todas las respuestas apropiadas.

    1. Una fiesta para una persona, cuando esa persona no sabe nada, es una fiesta _____.

        a. de cumpleaños   **c.** aburrida

        b. sorpresa   **d.** larga

    2. ¿Qué necesita hacer una persona que quiere dar una fiesta?

        a. decorar el lugar de la fiesta

        b. preparar comida y comprar bebidas

        c. comprar mucha ropa

        d. invitar a los amigos

    3. ¿Qué aspectos son importantes para una buena fiesta sorpresa?

        a. invitar a muy pocos amigos

        b. tener buena música

        c. guardar (*keep*) el secreto

        d. bailar pero no cantar

Vocabulario de consulta	
noticia	news
¡Qué padre!	That's awesome! (*Mex., col.*)
boleto	ticket
bienvenida	welcome (*n.*)
acogedora	cozy, welcoming
reunirnos	to get together
quita	delete
sabrá	(she) will know
caíste del cielo	you're an angel (*lit.*, you fell from heaven)
perderme el principio	to miss the beginning
tenés razón	you're right
algo anda mal	something's not right
me dejaron pensando	you (*pl.*) left me thinking
los perdono	I'll forgive you

Comprensión del video

B. La idea principal. Indica la idea principal del video.

1. Hace más de cinco años que Claudia no ve a sus abuelos en Paraguay.
2. A Claudia le gustan las películas de vampiros y quiere ver una.
3. Los amigos de Claudia quieren darle una fiesta sorpresa.

C. ¿Cierto o falso?

1. Hoy Nayeli textea a los amigos del club pero generalmente Claudia es la que los textea a todos.
2. La fiesta va a ser en casa de Nayeli.
3. Claudia está de mal humor y no acepta la invitación de Ana Sofía.
4. Antes de entrar en el cine, Claudia dice que ve a Nayeli con bolsas.
5. Claudia invita a Ana Sofía a cenar en su apartamento.

D. Detalles. Contesta las preguntas.

1. ¿Qué quiere hacer Claudia esa noche?
2. ¿Qué dicen Nayeli y Radamés para salir del apartamento de Claudia?
3. ¿Para qué es la reunión en casa de Radamés esa tarde?
4. ¿Por qué piensa Claudia que Nayeli hizo otra cosa y que no estudió?
5. ¿Por qué sospecha Claudia que algo anda mal?

Mi país MÉXICO

Comprensión

1. ¿Dónde viven normalmente los jóvenes universitarios mexicanos?
2. ¿Qué pasa los domingos por la mañana en el Paseo de la Reforma?
3. ¿Qué hay en el Parque de Chapultepec?
4. ¿Qué otro nombre le dan las personas a la famosa Piedra del Sol?
5. ¿Cómo se llama la pirámide más grande de Teotihuacán?
6. ¿Cuáles son las ruinas mayas que se encuentran en la Península Yucatán?
7. ¿Dónde se celebra el Festival Internacional Cervantino?
8. ¿Cuáles son los eventos de Oaxaca que menciona Nayeli?

El Teatro Juárez en Guanajuato

Chichén Itzá

Infórmate

For a review of regular forms and uses of the preterite in Spanish see **Infórmate 7.4.**

8.1 Verbs with Irregular Preterite Forms

A. Some verbs have a different stem in the preterite and a slightly different set of endings.

	tener (tuv-)	estar (estuv-)	poder (pud-)	poner (pus-)	saber (sup-)	hacer (hic-)
(yo)	tuve	estuve	pude	puse	supe	hice
(tú)*	tuviste	estuviste	pudiste	pusiste	supiste	hiciste
usted, él/ella	tuvo	estuvo	pudo	puso	supo	hizo
(nosotros/as)	tuvimos	estuvimos	pudimos	pusimos	supimos	hicimos
(vosotros/as)	tuvisteis	estuvisteis	pudisteis	pusisteis	supisteis	hicisteis
ustedes, ellos/ellas	tuvieron	estuvieron	pudieron	pusieron	supieron	hicieron

	venir (vin-)	querer (quis-)	decir (dij-)	traer (traj-)	conducir (conduj-)	traducir (traduj-)
(yo)	vine	quise	dije	traje	conduje	traduje
(tú)*	viniste	quisiste	dijiste	trajiste	condujiste	tradujiste
usted, él/ella	vino	quiso	dijo	trajo	condujo	tradujo
(nosotros/as)	vinimos	quisimos	dijimos	trajimos	condujimos	tradujimos
(vosotros/as)	vinisteis	quisisteis	dijisteis	trajisteis	condujisteis	tradujisteis
ustedes, ellos/ellas	vinieron	quisieron	dijeron	trajeron	condujeron	tradujeron

*Recognition: In the preterite, the **vos** forms (regular and irregular) are identical to the **tú** forms: **vos tuviste, vos estuviste, vos pudiste, vos pusiste,** and so forth.

B. The preceding tables provide the preterite forms of the most common irregular verbs. Look at the tables and you will notice the most important differences between regular and irregular verbs in the preterite.

- Unlike regular preterite verb endings, the endings of the **yo** and **usted/él/ella** forms of verbs that are irregular in the preterite are not stressed in the last syllable.

  —¿Dónde **pusiste** mi chaqueta?   *Where did you put my jacket?*
  —La **puse** encima de la cama.   *I put it on the bed.*

  —¿Quién **vino** contigo?   *Who came with you?*
  —Nadie. **Vine** solo.   *Nobody. I came alone.*

- The verb **hacer** has spelling changes from **c** to **z** in the **usted/él/ella** form.

  Ayer en el gimnasio Ricky **hizo**   *Yesterday at the gym Ricky did*
  su tarea y yo **hice** ejercicio.   *his homework and I exercised.*

- The verbs **conducir, decir, traducir,** and **traer** drop the **i** from the **-ieron** ending in the **ustedes/ellos/ellas** form.

—¿Qué te **dijeron** de mí?	*What did they tell you about me?*
—Me **dijeron** que estás locamente enamorado de Estefanía.	*They told me that you are madly in love with Estefanía.*
—¿Qué **trajeron** ustedes de comer?	*What did you bring to eat?*
—**Trajimos** refrescos y empanadas.	*We brought sodas and empanadas.*

- The verbs **dar** and **ver** take the **-er/-ir** endings, but with no written accents.

—¿Qué te **dieron** para tu cumpleaños?	*What did they give you for your birthday?*
—Mi tío me **dio** dinero; mi madre me **dio** ropa.	*My uncle gave me money; my mother gave me clothes.*
—¿**Viste** una película ayer?	*Did you see a movie yesterday?*
—Sí, **vi** la nueva película de Spielberg, en 3D.	*Yes, I saw the new Spielberg movie, in 3D.*

C. The verbs **ser** and **ir** share the same stem in the past tense. Their forms are thus identical, so the meaning must be inferred from context.

ser/ir (*to be / to go*)		
(yo)	**fui**	*I was/went*
(tú)*	**fuiste**	*you (inf. sing.) were/went*
usted, él/ella	**fue**	*you (pol. sing.) were/went; he/she was/went*
(nosotros/as)	**fuimos**	*we were/went*
(vosotros/as)	**fuisteis**	*you (inf. pl., Sp.) were/went*
ustedes, ellos/ellas	**fueron**	*You (pl.) were/went; they were/went*

*Recognition: In the preterite, the **vos** forms (regular and irregular) are identical to the **tú** forms: **vos fuiste.**

fui = I went/was

fue {
you (*pol. sing.*) went/were
he/she went/was
}

—¿Adónde **fue** Sebastián anoche?	*Where did Sebastián go last night?*
—**Fue** al cine.	*He went to the movies.*
—¿Qué **fue** ese ruido?	*What was that noise?*
—No **fue** nada. ¡Estás imaginando cosas!	*It wasn't anything. You are imagining things!*

Ejercicio 1

Estas son las actividades del sábado pasado de los miembros de club Amigos sin Fronteras. Completa las oraciones con la forma correcta del pretérito de **dar, decir, hacer, ir, poner, traer, venir** o **ver.** Cada verbo se usa solo una vez.

1. Omar y Marcela Acosta _____ aquí a Estados Unidos para visitar a sus amigos; ellos son de Ecuador.
2. Eloy _____ al aeropuerto para recibirlos.
3. En el aeropuerto, Eloy los saludó y les _____ «¡Bienvenidos a California!»
4. Omar y Marcela les _____ unos deliciosos chocolates de la cooperativa Kallari en Ecuador.
5. Los Amigos sin Fronteras _____ una fiesta para Omar y Marcela en el Parque Codornices.
6. El sábado _____ sol y buen tiempo. ¡Un día perfecto para la fiesta!
7. Todos los invitados llevaron diferentes platos de comida y los _____ en la mesa.
8. Todos _____ fotos de la cooperativa Kallari que Omar y Marcela les mostraron.

> traer = *to bring* (*here*)
>
> llevar = *to take* (*there*)
>
> venir = *to come* (*here*)
>
> ir = *to go* (*there*)

Ejercicio 2

Lee sobre las vacaciones de Nayeli y Juan Fernando el verano pasado y luego cambia los verbos de la primera persona (**yo**) a la tercera (**él/ella**) para contar lo que cada uno hizo en su viaje.

MODELO: Me llamo Nayeli. El verano pasado (yo) <u>fui</u> a México para visitar a mis abuelos. <u>Pasé</u> tiempo con toda la familia, <u>comí</u> comida mexicana auténtica y <u>monté</u> a caballo. <u>Descansé</u> y <u>me divertí</u> mucho.

Se llama Nayeli. El verano pasado *ella fue* a México para visitar a sus abuelos. *Pasó* tiempo con toda la familia, *comió* comida mexicana auténtica y *montó* a caballo. *Descansó* y *se divirtió* mucho.

1. Me llamo Nayeli. El año pasado <u>fui</u> a Oaxaca (México) para el Día de los Muertos. <u>Estuve</u> allí una semana… ¡Ay! ¡No <u>asistí</u> a clases por varios días! Pero… ¡<u>hice</u> muchas cosas interesantes y divertidas! <u>Visité</u> varios cementerios y <u>vi</u> muchos altares con ofrendas. <u>Asistí</u> a misa el día dos de noviembre y <u>comí</u> comidas típicas como mole oaxaqueño y tlayudas. Luego <u>compré</u> artesanías. <u>Tomé</u> fotos del Teatro Macedonio Alcalá, de la iglesia de Santo Domingo y de las ruinas de Mitla y Monte Albán. ¡<u>Caminé</u> mucho en Mitla y Monte Albán! <u>Regresé</u> muy contenta.

   Se llama Nayeli. El año pasado (ella)…

2. Me llamo Juan Fernando. El verano pasado, en julio, <u>fui</u> de vacaciones al sur de México. <u>Visité</u> San Cristóbal de las Casas y Tzicao en Chiapas. En San Cristóbal <u>tomé</u> muchas fotos de la catedral y de edificios coloniales. <u>Estuve</u> varias horas en el museo Casa Na Bolom (Casa del Jaguar). Allí <u>vi</u> ropa y artefactos de los lacandones, la gente de la selva (*jungle*) de Chiapas. Luego <u>pasé</u> muchas horas en el Herbario Ecosur y en el Museo de Medicina Maya. ¡Qué emocionante! <u>Llamé a mi familia</u> por Skype para contarles sobre las plantas antes de salir para Tzicao. Por Skype también <u>hablé con mis amigos</u> de UC Berkeley. Dos días después, <u>llegué</u> a Tzicao, un pueblo muy cerca de la frontera con Guatemala. En ese pueblo no <u>hice</u> muchas cosas diferentes. Solamente <u>hablé</u> con varios médicos que curan con medicina tradicional. Los <u>escuché</u> con atención porque ¡es fascinante!

   Se llama Juan Fernando. El verano pasado, en julio, (él)…

Ejercicio 3

Di qué hacen las siguientes personas generalmente (el presente), qué hicieron ayer por la tarde (el pretérito) y qué van a hacer mañana (el futuro: **ir a** + *infinitivo*).

MODELO: Estefanía / despertarse a las diez / levantarse temprano / estudiar toda la mañana.

Generalmente *Estefanía se despierta a las diez,* pero ayer *se levantó temprano* y mañana *va a estudiar toda la mañana.*

	Generalmente	Ayer	Mañana
Lucía	asistir a clase por la tarde	leer en la biblioteca	hacer la tarea en casa
Omar y Marcela	cenar con amigos	estar en casa todo el día	ir al cine
Xiomara	estudiar en la biblioteca	tomar café con Eloy	visitar a una amiga
Ángela	quedarse en casa	salir a almorzar	leer en el parque
Eloy y Ricky	barrer el patio temprano	ir a la playa	lavar el carro

8.2 Stem-Changing Verbs in the Preterite

A. In most cases, the vowels of verbs that have a stem change in the present do not change in the preterite forms. Here is a comparison of present-tense and preterite forms of the verbs **cerrar** (*to close*) and **contar** (*to tell; to count*).

	cerrar (ie)		contar (ue)	
	Present	**Past**	**Present**	**Past**
(yo)	cierro	cerré	cuento	conté
(tú)*	cierras	cerraste	cuentas	contaste
usted, él/ella	cierra	cerró	cuenta	contó
(nosotros/as)	cerramos	cerramos	contamos	contamos
(vosotros/as)	cerráis	cerrasteis	contáis	contasteis
ustedes, ellos/ellas	cierran	cerraron	cuentan	contaron

*Recognition: In the preterite, the **vos** forms (regular and irregular) are identical to the **tú** forms: **vos cerraste, vos contaste.**

B. However, a few verbs in the -**ir** group that have a stem change in the present also change their stem vowel in the **usted/él/ella** and **ustedes/ellos/ellas** forms of the preterite. There are two possible stem changes in the preterite: **e → i** and **o → u.**

The present and preterite forms of the verb **divertirse** (*to have fun*) and **dormir** (*to sleep*) are given below. Other common -**ir** verbs with the **e → i** change in the preterite are **sentir** (*to feel*), **sugerir** (*to suggest*), **preferir** (*to prefer*), and **mentir** (*to lie*). A common -**ir** verb with the **o → u** change in the preterite is **morir** (*to die*).

	divertirse (ie, i)		dormir (ue, u)	
	Present	**Past**	**Present**	**Past**
(yo)	me divierto	me divertí	duermo	dormí
(tú)*	te diviertes	te divertiste	duermes	dormiste
usted, él/ella	se divierte	se divirtió†	duerme	durmió†
(nosotros/as)	nos divertimos	nos divertimos	dormimos	dormimos
(vosotros/as)	os divertís	os divertisteis	dormís	dormisteis
ustedes, ellos/ellas	se divierten	se divirtieron	duermen	durmieron

*Recognition: In the preterite, the **vos** forms (regular and irregular) are identical to the **tú** forms: **vos te divertiste, vos dormiste.**

†The same stem vowel change also occurs in the present participle: **divirtiéndose** (*having fun*), **durmiendo** (*sleeping*).

Yo **dormí** bien. Omar **durmió** mal.　　*I slept well. Omar slept poorly.*

—¿**Se divirtió** usted anoche?　　*Did you have fun (a good time) last night?*

—Sí, **me divertí** mucho.　　*Yes, I had a great time.*

Ejercicio 4

Completa las oraciones con la forma apropiada del pretérito del verbo entre paréntesis.

1. Cuando tengo frío cierro la ventana pero anoche (yo) no la _____ (cerrar) y tuve mucho frío.

2. Estoy enojada con mi novio porque ayer no me dijo la verdad. ¡(Él) Me _____ (mentir)!

3. El lunes pasado Xiomara tuvo dolor de estómago y no asistió a clases; _____ (preferir) quedarse en casa.

4. Después de ir al banco, yo siempre cuento mi dinero pero ayer no lo _____ (contar).

5. Yo dormí muy bien anoche pero mi esposo no _____ (dormir) casi nada. ¡El pobre!

6. Estoy muy triste porque mi actor favorito _____ (morir) la semana pasada.

7. Bebí mucho vino el sábado pasado y <u>me</u> _____ (sentirse) muy mal el domingo.

8. ¿<u>Te</u> _____ (divertirse) tú en la fiesta anoche? ¡Yo <u>me</u> _____ (divertirse) mucho!

Ejercicio 5

Completa los siguientes diálogos con la forma correcta de los verbos, en presente o en pretérito.

dormir

—¿Cuántas horas _____[1] tú anoche?

—_____[2] solamente cinco.

—¿Generalmente _____[3] tan pocas horas?

—No, generalmente _____[4] por lo menos siete horas, a veces ocho.

Present
me div**ie**rto / se
　div**ie**rte
d**ue**rmo / d**ue**rme

PAST
me div**e**rtí / se
　div**i**rtió
d**o**rmí / d**u**rmió

sentir(se)

—¿Tú te _____⁵ mal ahora?
—No, hoy (yo) me _____⁶ bastante bien.
—Pero anoche te _____⁷ muy mal, ¿verdad?
—Sí, anoche me _____⁸ muy mal; tuve dolor de estómago (*stomachache*).

divertir(se)

—¿Te _____⁹ anoche en la fiesta?
—Sí, me _____¹⁰ muchísimo. ¿Se _____¹¹ tu esposa?
—No, ella no se _____¹² porque no le gustó la música.

In time, through listening and reading, you will acquire these preterite forms.

mentir

—Tú me _____¹³ ayer, ¿verdad?
—No, no te _____.¹⁴ Te dije la verdad.
—Pues, alguien me _____.¹⁵
—¡No fui yo!

8.3 Verbs with Special Meaning in the Preterite: conocer, poder, querer, saber, tener

When Spanish speakers use verbs such as **conocer, poder, querer, saber,** and **tener** in the preterite, they do not use them to refer to an action as such but more to a mental state, and they usually do so to convey that a certain state came to an end. English speakers often use completely different verbs to express that meaning. Compare the English equivalents of the following verbs in the preterite.

CHANGES IN MEANING IN THE PRETERITE			
saber	found out	**supimos**	we found out
no saber	never found out	**no supieron**	they never found out
conocer	met (for the first time)	**conoció**	you (*pol. sing.*) / he / she / met
tener	got; received	**tuviste**	you got; you received
querer	wanted to (and tried)	**quisimos**	we wanted to (and tried)
no querer	refused	**no quiso**	you (*pol. sing.*) / he / she / refused
poder	could (and did)	**pudieron**	they could (and did)
no poder	(tried and) couldn't	**no pudo**	you (*pol. sing.*) / he / she (tried and) couldn't

—¿**Supiste** lo que les pasó a Daniel y a Sebastián?   *Did you find out (hear) what happened to Daniel and Sebastián?*

—No, no **supe** nada. ¿Qué les pasó?   *No, I didn't find out (hear) anything. What happened to them?*

—¿Por qué no **pudiste** terminar?   *Why weren't you able to finish?*

—No **quise** terminar porque me cansé mucho.   *I refused to finish because I got really tired.*

The preterite of **conocer (conocí, conociste, conoció, conocimos, conocisteis, conocieron)** expresses the meaning *met (for the first time)* in English.

Conocí a Xiomara la semana pasada.   *I met Xiomara last week.*

Ejercicio 6

tuve visita
ayer = I had
company
yesterday

**tuve un dolor de
estómago** = I
got a stomach-
ache

tuve miedo = I
got scared

Completa las oraciones con la forma apropiada de estos verbos en el pretérito: **conocer, poder, querer, saber** y **tener.**

1. Ayer (yo) _____ que Marcela, la esposa de Omar, tiene una licenciatura en economía.

2. Nayeli no fue a trabajar hoy; _____ dolor de cabeza toda la noche y no _____ dormir.

3. ¡Qué simpática es la novia de Franklin! La _____ el miércoles pasado en la fiesta.

4. Sí, yo fui a la fiesta pero mi novio se quedó en casa. No _____ asistir porque él no habla español.
   —¿Él no _____ asistir? ¡Pero todos hablamos inglés también!

5. Ayer fui al parque con mis hermanos menores; traté de patinar con ellos pero no _____. ¡Me estoy poniendo viejo!
   —¿No _____ patinar tú? Hmm … viejo no, solamente tienes veinte años. ¡Tal vez no sabes patinar!

8.4   Expressing *ago*: **hace** + Time

The verb form **hace** followed by an amount of time is equivalent to English expressions of time with *ago*.

hace cinco minutos	*five minutes ago*
hace una hora	*one hour ago*
hace dos años	*two years ago.*
—¿Cuándo salió Rodrigo?	*When did Rodrigo leave?*
—**Hace una hora.**	*An hour ago.*

There are two ways to formulate the question *How long ago did . . . ?*

¿Cuánto (tiempo) hace que + preterite**? / ¿Hace cuánto (tiempo) que** + preterite**?**

—Srta. Rivas, **¿cuánto (tiempo) hace que** usted **fue** a México?	*Miss Rivas, how long ago did you go to Mexico?*
—Fui hace tres meses.	*I went three months ago.*
—¿Y **hace cuánto (tiempo) que** **viajó** a España?	*And how long ago did you travel to Spain?*
—Hace dos años.	*Two years ago.*

—¿Cuánto
(tiempo) hace
que llegaste?
*How long ago
did you arrive?*
—**Hace una hora.**
An hour ago.
—¿Cuánto
(tiempo) hace
que usted se
graduó?
*How long ago
did you
graduate?*
—**Hace diez
años.**
Ten years ago.

Ejercicio 7

Marcela está de mal humor hoy y acusa a Omar de no hacer nada para ayudarla. ¿Cómo puede defenderse Omar?

MODELO: Omar, ¡tú nunca *lavas los platos*! (una hora)

Pero Marcela, *lavé los platos* hace *una hora.* / Pero Marcela, *los lavé* hace *una hora.*

1. Omar, ¡tú nunca limpias el baño! (hace una semana)
2. Omar, ¡tú nunca barres el patio! (hace un mes)
3. Omar, ¡nunca bañas a los niños! (hace dos horas)
4. Omar, ¡la alfombra está sucia porque tú nunca pasas la aspiradora! (hace cinco minutos)
5. Estoy cansada de cocinar todos los días, Omar. ¡Tú nunca me ayudas! (hace dos días)

¿Sabes mucho de historia? Di cuánto tiempo hace que ocurrieron estos eventos. Usa las frases **casi** o **más/menos de.**

> **MODELO:** ¿Cuánto (tiempo) hace que terminó la Segunda Guerra Mundial? (1945)
>
> Hace más de sesenta años. (Hace casi setenta años.)

La historia de México

1. ¿Cuánto (tiempo) hace que Cortés invadió México? (1521)
2. ¿Cuánto (tiempo) hace que terminó la Revolución mexicana? (1920)
3. ¿Cuánto (tiempo) hace que murió Pancho Villa? (1923)
4. ¿Cuánto (tiempo) hace que el mexicano Alfonso García Robles ganó el Premio Nobel de la Paz? (1982)
5. ¿Cuánto (tiempo) hace que el poeta mexicano Octavio Paz ganó el Premio Nobel de literatura? (1990)
6. ¿Cuánto (tiempo) hace que otro mexicano Mario Molina ganó el Premio Nobel de química? (1995)

La historia mundial

7. ¿Cuánto (tiempo) hace que Alexander G. Bell inventó el teléfono? (1876)
8. ¿Cuánto (tiempo) hace que Gustave Eiffel construyó la Torre Eiffel en París? (1889)
9. ¿Cuánto (tiempo) hace que murió Francisco Franco, el dictador de España? (1975)
10. ¿Cuánto (tiempo) hace que los países de la antigua Unión Soviética se independizaron? (1991)

Lo que aprendí

Al final de este capítulo, ya puedo …

☐ narrar mis experiencias pasadas.

☐ hablar de las experiencias pasadas de otras personas.

☐ hablar de cuánto tiempo hace que pasó algo.

Además, ahora conozco …

☐ muchos lugares bellos de México.

☐ el origen de la celebración del Cinco de Mayo.

☐ algunos hechos históricos (de México y del mundo).

Vocabulario

Los verbos irregulares en el pasado — Irregular Verbs in the Past

almorzar	to eat lunch
almorcé / almorzaste / almorzó	
buscar	to look for
busqué / buscaste / buscó	
caerse	to fall
me caí / te caíste / se cayó	
conducir	to drive
conduje / condujiste / condujo	
decir	to say
dije / dijiste / dijo	
divertirse	to have a good time
me divertí / te divertiste / se divirtió	
dormir	to sleep
dormí / dormiste / durmió	
estar	to be
estuve / estuviste / estuvo	
hacer	to do; to make
hice / hiciste / hizo	
ir	to go
fui / fuiste / fue	
oír	to hear
oí / oíste / oyó	
pedir	to ask (for); to order
pedí / pediste / pidió	
poner	to put
puse / pusiste / puso	
sentir(se)	to feel
(me) sentí / (te) sentiste / (se) sintió	
traducir	to translate
traduje / tradujiste / tradujo	
traer	to bring
traje / trajiste / trajo	
venir	to come
vine / viniste / vino	
ver	to see
vi / viste / vio	

Verbos que cambian de significado en el pasado

conocer	to know
conocí/conociste/conoció	met (for the first time)
poder	to be able, can
pude / pudiste / pudo	could and did
no pude / no pudiste / no pudo	tried and couldn't
querer	to want
quise / quisiste / quiso	wanted to and tried
no quise / no quisiste / no quiso	refused
saber	to know
supe / supiste / supo	found out
no supe / no supiste / no supo	never found out
tener	to have
tuve / tuviste / tuvo	got, received

Más verbos — More Verbs

atar	to tie
atrapar	to catch
bajar	to lower; to download
bañarse	to bathe (*oneself*), take a bath; to go in the water
cambiarse de ropa	to change clothes
casarse	to get married
castigar (gu)	to punish
cumplir años	to have a birthday
dirigir (j)	to direct
encontrar (ue)	to find
enfermarse	to get sick
enojarse	to get angry
ganar (dinero)	to win; to earn (money)
gobernar (ie)	to govern
matricularse	to enroll
pagar (gu)	to pay
pasar	to happen
pescar (qu)	to fish
ponerse (*irreg.*) (+ adjective)	to get; to become
ponerse rojo	to turn red, get embarrassed
ponerle (*irreg.*) **una multa**	to give a traffic ticket to someone
quejarse	to complain
quitar	to take away
robar	to steal
sacar (qu) una nota	to get a grade
sentarse (ie)	to sit (down)

Palabras semejantes: arrestar, arruinar, conquistar, declarar, eliminar, escalar, invadir, inventar, triunfar

Repaso: gustaría, tomar apuntes

Los sustantivos	Nouns
la ballena	whale
el barco	boat
el barro negro	black clay (*Oaxacan pottery*)
la batalla	battle
el beso	kiss
la bienvenida	welcome
la bolsa	purse; bag
el churrasco	barbecued meat
la cueva	cave
el/la deportista	athlete
el dueño / la dueña	owner
el entrevistador / la entrevistadora	interviewer
la (escuela) secundaria	high school
el establo	stable
la estrella	star
la frontera	border; frontier
los gritos	shouts
la guerra	war
el hecho	event
el/la indígena	native, indigenous person
el informe	report
el ladrón / la ladrona	thief
la mosca	fly
el / la músico	musician
la obra dramática	play
la oración	sentence; prayer
el partido	political party
el pasado	past
la pintura (rupestre)	(cave) painting
el punto de vista	point of view
el recuerdo	memory
el ruido	noise
la selva	jungle
la torre	tower
la velocidad	speed

Palabras semejantes: el artefacto, el/la artista, Asia, la banda, la cafetería, la catedral, el continente, la cultura, la elección, el exceso, la filosofía, el final, el héroe, la misión, el paréntesis, la penicilina, la pirámide, la posibilidad, el Premio Nobel, la revolución, la ruina, la secuencia, la sinagoga, el tango

Repaso: la década, el siglo

¿Cuándo?	When?
¿Cuánto (tiempo) hace que... ?	How long has it been since . . . ?
Hace... (+ *time*) que	(*Time*) ago . . .
Hace (mucho) tiempo que...	It's been a long time since . . .

Los adjetivos	Adjectives
asustado/a	scared, frightened
desesperado/a	desperate
hermoso/a	beautiful, lovely
limpio/a	clean
muchísimo/a (muchísimos/as)	very much (very many)

Palabras semejantes: americano/a, arqueológico/a, cristalino/a, cultural, fabuloso/a, famoso/a, furioso/a, heroico/a, histórico/a, horrible, indiscreto/a, institucional, memorable, natural, presidencial, profesional, responsable, revolucionario/a, romano/a

Los adverbios	Adverbs
de repente	suddenly

Palabras semejantes: inmediatamente, lógicamente, realmente

Palabras y expresiones útiles	Useful Words and Expressions
al momento	instantly
¡Auxilio!	Help!
contra	against
¿De veras?	Really?
en todas partes	everywhere
los demás	the others
Me gustó/gustaron...	I liked (+ *sing./pl. noun*).
nada	nothing
otra vez	once more
¡Qué (+ *adjective*)!	How . . . !
¡Qué envidia!	I'm so envious! How lucky!
¿Qué pasa?	What's wrong?
¿Qué le pasa?	What is wrong with you/him/her?
¿Qué pasó?	What happened?
¡Qué susto!	How scary!
¿Te gustó/gustaron... ?	Did you like (+ *sing./pl. noun*)?

¡Buen provecho! 9

Un mercado en Chinchero, Perú

Upon successful completion of **Capítulo 9** you will be able to talk about typical dishes of the Hispanic world. You will be able to use vocabulary to discuss food, nutrition, and to shop for and prepare food. You will also learn to order meals in a restaurant. Additionally, you will have seen photos of places, art, and famous people from Bolivia and Peru and learned interesting information about these places.

Comunícate

La cocina del mundo hispano

Hablando de la cocina hispana Los platos andinos

La nutrición

La preparación de la comida

En el restaurante

Actividad integral ¡Tienes un restaurante!

Exprésate

Escríbelo tú Una cena ideal

Cuéntanos Las comidas que se sirven en tu casa

Entérate

Mundopedia La Diablada de Oruro

Voces bolivianas y peruanas

Conexión cultural El misterio de Machu Picchu

Videoteca
Amigos sin Fronteras, Episodio 9: ¡Buen provecho!

Mi país: Perú y Bolivia

Infórmate

9.1 Personal and Impersonal Direct Object Pronouns: **lo, la, los,** and **las**

9.2 Using Affirmative and Negative Words: **alguien/nadie, algo/nada**

9.3 Expressing *one* or *you*: The Impersonal **se**

9.4 Stem-Changing Verbs: **pedir** and **servir**

Mc Graw Hill **connect**
SPANISH
www.connectspanish.com

PERÚ Y BOLIVIA

Amigos sin Fronteras

www.connectspanish.com

Sebastián invita a Nayeli y Eloy a cenar en un restaurante peruano. Nayeli no conoce la comida peruana pero tiene muchas ganas de probarla. ¿Crees que le va a gustar?

PERÚ

Machu Picchu

La Paz

★ LIMA

Cuzco

Basílica Catedral de Lima

★ La Paz

Oruro

BOLIVIA

✪ SUCRE

el lago Titicaca

la Diablada de Oruro

Conócenos

Sebastián Saldívar Calvo es peruano. Tiene dieciocho años. Sebastián estudia ciencias sociales. Nació el veintitrés de octubre en Lima, Perú, donde todavía vive su familia. Sus actividades favoritas son salir a bailar y a comer, ir de compras, mirar videos musicales y cocinar (¡aunque tiene fama de ser mal cocinero!). Sebastián vive con Daniel Kidman, joven estadounidense de Georgia que estudia gastronomía en Berkeley.

Sebastián Saldívar Calvo

Mi país

Comunícate

La cocina del mundo hispano

el ceviche

SEBASTIÁN: En Perú hay muchos platos ricos que se preparan con papa. A mí me gusta **la papa a la huancaína.** Muchos platos peruanos llevan carne de res, como **el lomo saltado.** Otros se preparan con pollo, como **el ají de gallina.** Mi plato favorito es **el ceviche:** pescado crudo que se cocina en jugo de limón.

la horchata

NAYELI: **El guacamole** es una salsa cremosa típica de México. Se prepara con aguacate, cebolla, tomate y chile y se origina en la cultura azteca. Es muy rico con cualquier plato, especialmente con **totopos.** Pero para mí un almuerzo ideal tiene que incluir unos **tacos de pescado.** Y para beber, me encanta **la horchata,** una bebida dulce que lleva arroz, leche, vainilla, canela y azúcar.

las tapas

ANA SOFÍA: ¿La cocina de España? **La paella valenciana** es un plato típico español que se prepara con arroz, mariscos, pollo y verduras. ¡Mi madre hace unas paellas exquisitas! Y **las tapas** son pequeñas porciones de comida que se sirven en los bares con vino o cerveza. Las tapas pueden ser aceitunas, cacahuetes, calamares, boquerones fritos, tortilla española, ensaladilla y más.

el picadillo con arroz y plátanos fritos

RADAMÉS: Uno de los platos tradicionales de Cuba es **el picadillo,** que se hace con carne molida, pasta de tomate, cebolla y otros ingredientes. Es mi plato cubano favorito. Me gusta comerlo con **arroz blanco** y **plátanos fritos.**

el gallo pinto con yuca frita

JUAN FERNANDO: La comida costarricense no es tan famosa como la peruana o la mexicana, pero para mí… ¡es la mejor del mundo! En mi casa todos los días comemos **gallo pinto.** Es arroz que se cocina con frijoles y muchas especias. Y nos gusta acompañarlo con **yuca frita** y un rico **batido de maracuyá.** ¿Conoces la fruta maracuyá? Alguna gente la llama «fruta de la pasión».

la parrillada

CAMILA: La cocina argentina tiene gran influencia de la italiana. En mi país se comen muchos platos italianos: los ravioles, la lasaña, los espaguetis… ¡Me encantan los espaguetis! También es muy popular **la parrillada,** que es carne —cerdo, cordero, ternera— que se cocina en una parrilla.

probar = *to taste; to try* (*food*)

Debes probar la paella. ¿Quieres probarla? ¡Pruébala! | *You should try paella. Do you want to taste it? Try it!*

pesado/a = *rich, heavy*   **rico/a** = *good, tasty*   **riquísimo/a** = *delicious*

No me gusta la pasta con salsa cremosa; es demasiado pesada. | *I don't like pasta with cream sauce; it's too rich.*

Los tacos de pescado son ricos, ¡pero con guacamole son riquísimos! | *Fish tacos are good (tasty), but with guacamole they are delicious!*

Las **tapas** son **entremeses** (*sing.* **el entremés**) en muchos países hispanos y **botanas** en México. En España, **el bocadillo** es un sándwich, pero en Colombia ¡es **pasta de guayaba** (*guava paste*)!

Actividad 1 Los platos favoritos

Conversa con tu compañero/a sobre los platos favoritos de los estudiantes hispanos.

MODELOS: E1: ¿Qué plato *le gusta* a Camila?
          E2: Le gusta *la lasaña*. ¿Y qué comida *le encanta* a ella?
          E1: A ella le encantan *los espaguetis*.

A...	le gusta(n)...	le encanta(n)...
Claudia	las albóndigas con arroz.	la sopa paraguaya.
Sebastián	la papa a la huancaína.	el ceviche.
Franklin	el flan.	el pudín de pan.
Eloy	los tacos.	las enchiladas.
Ana Sofía	la tortilla española.	la paella.
Rodrigo	el arroz con coco.	las arepas.
Camila	la lasaña.	los espaguetis.
Xiomara	el plátano frito.	las pupusas.

Actividad 2 ¡Una fiesta en clase!

A. El cocinero de un restaurante hispano va a preparar los platos para una fiesta en tu clase de español. ¿Qué quieren servir ustedes en la fiesta? Con tu compañero/a, prepara una carta con cuatro platos y también dos bebidas. Para cada plato/bebida, digan por qué quieren servirlo/la.

es fácil de preparar.   es saludable.

(no) es muy dulce / salado/a.   nos gusta el pescado / la carne / la sopa...

es muy sabroso/a.   tiene poca grasa.

(no) es picante.   tiene verduras.

es rico/a.

As you learned in **Infórmate 3.1,** *gustar* + infinitive is the Spanish equivalent of *to like* (*to do something*). **Gustar** can also be followed by a noun. When **gustar** is followed by a singular noun, use the singular form: **gusta.** When the noun is plural, use **gustan.** The verb **encantar** means *to love / like very much* (*to do something*) and follows the same pattern.

gustar/encantar + infinitive

Me **gusta** cocinar.

(A él) Le **encanta** comer.

gustar/encantar + *sing. noun*

Nos **gusta** la comida peruana.

A Ana Sofía le **encanta** la paella.

gustar/encantar + *pl. noun*

—¿Te **gustan** los platos mexicanos?

—No todos, pero me **encantan** las enchiladas.

EL MENÚ PARA LA FIESTA

cuatro platos   Queremos servir este plato porque...
dos bebidas   Queremos servir esta bebida porque...

B. Ahora tu compañero/a y tú deben hablar sobre sus selecciones con otros dos estudiantes. Digan qué platos y bebidas escogieron y por qué.

Hablando de la cocina hispana

LOS PLATOS ANDINOS

La región andina se refiere a los países en la cordillera de los Andes: Venezuela, Colombia, Ecuador, Perú, Bolivia y Chile. Esa región tiene una rica tradición indígena y allí predomina la cultura de los incas.[a] El maíz, o **choclo** en el idioma quechua, es un ingrediente básico de varios platos de esta región. Los colombianos y los venezolanos lo comen en forma de **arepa**, una masa[b] de maíz tostada o frita y rellena de[c] queso. Y en varios países andinos el **choclo tostado** se vende[d] en muchos puestos[e]. Otra comida muy popular es el **tamal,*** una masa de maíz que puede ser dulce o salada[f] y lleva un relleno[g] de carne de res o pollo; el tamal siempre se cocina envuelto[h] con hojas de mazorca o de plátano.[i]

el anticucho, plato típico de Bolivia

El alimento principal[j] en Perú es la papa, ¡que allí tiene más de 1.000 variedades! Los indígenas andinos han cultivado[k] esta verdura por miles de años. Se prepara de muchas formas, por ejemplo con salsa de queso en el rico plato de **papa a la huancaína.** Pero el plato peruano más conocido[l] es sin duda[m] **el ceviche:** pescado crudo que se cocina en jugo de limón. Al pescado se le pone también cilantro, ajo, cebolla, choclo tostado, ají y camote.[ñ]

Una de las comidas rápidas más populares en Bolivia es **el anticucho:** carne de corazón[ñ] de res al estilo brocheta,[o] a veces con salsa de maní picante[p] que se cocina en parrillas[q] en las esquinas[r] de las ciudades bolivianas. En Ecuador las especialidades son sus deliciosas sopas, como **el locro,** una sopa espesa[s] de papas, pescado y queso. Por último, una especialidad chilena es **el caldillo de congrio,** un plato de pescado fresco, papas, tomate y hierbas.

En la cocina andina, hay gran abundancia de platos deliciosos. ¡Pruébalos todos!

---

[a]predomina… *it is (a) predominantly Incan culture* [b]*dough* [c]*rellena… filled with* [d]*se… is sold* [e]*(food) stands* [f]*savory (not sweet)* [g]*filling* [h]*wrapped* [i]*hojas… corn husks or banana leaves* [j]*alimento… main/staple food* [k]*han… have grown (cultivated)* [l]*más… most well-known* [m]*sin…without a doubt* [n]*ají… chile and sweet potato* [ñ]*heart* [o]*al… kabob-style* [p]*spicy* [q]*grills* [r]*(street) corners* [s]*thick*

***Tamal** is the correct singluar form of **tamales** in Spanish (although English-speakers say *tamale*). A similar food in Ecuador, Bolivia, and Chile is called **humitas,** and in Venezuela and Colombia they are called **hallacas.**

La nutrición

Lee *Infórmate 9.1–9.2*

Las bebidas

- la leche
- el café con leche
- el jugo de naranja
- el té caliente
- el agua

Nadie de mi familia bebe leche. ¡Pero yo sí! Siempre la bebo para el desayuno.

La leche contiene calcio y proteína.
En el jugo de naranja hay mucha vitamina C.
Algunas personas prefieren el té porque tiene menos cafeína que el café.

Las verduras y las legumbres

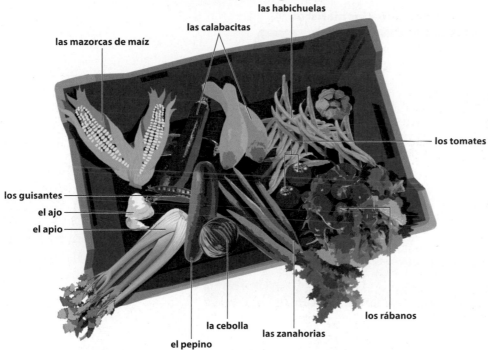

- las habichuelas
- las calabacitas
- las mazorcas de maíz
- los tomates
- los guisantes
- el ajo
- el apio
- la cebolla
- el pepino
- las zanahorias
- los rábanos

los frijoles

Las legumbres son muy nutritivas.
Muchas contienen vitamina A.

el arroz

El arroz y los frijoles contienen muchos carbohidratos, pero los frijoles también tienen proteína y fibra.

Las frutas

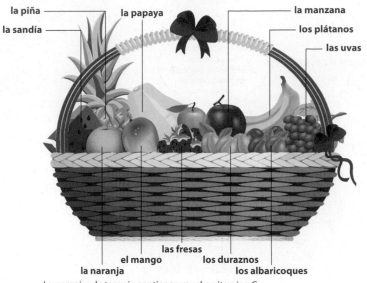

la piña
la sandía
la papaya
la manzana
los plátanos
las uvas
las fresas
el mango
la naranja
los duraznos
los albaricoques

La naranja y la toronja contienen mucha vitamina C.
La sandía y las uvas tienen mucho azúcar.
Los albaricoques y los plátanos tienen potasio y calcio.

¿Los plátanos fritos? Prefiero comerlos con picadillo y arroz blanco.

Las carnes, las aves, el pescado y los mariscos

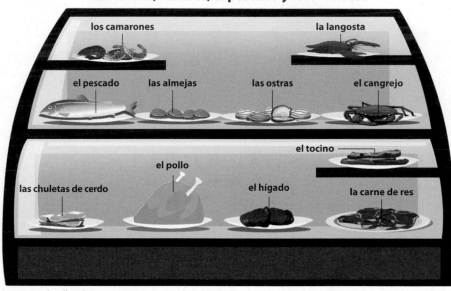

los camarones
la langosta
el pescado
las almejas
las ostras
el cangrejo
el tocino
el pollo
las chuletas de cerdo
el hígado
la carne de res

La carne, el pollo y los mariscos tienen mucha proteína.
El tocino contiene mucha grasa.

¿Las ostras? No las como nunca porque no me gustan.

¡A mí tampoco me gustan!

Entérate

El agua es la bebida más importante en la nutrición del ser humano, ¿verdad? Pues, si quieres ver una película fascinante sobre una crisis de agua que ocurrió en Bolivia en el año 2000, puedes ver *También la lluvia* (2010).

- -

La palabra que se usa en Uruguay y Argentina para la fresa es **frutilla** y en Argentina las habichuelas se llaman **chauchas.** Los españoles llaman **patata** a la papa y **zumo** al jugo de fruta. La palabra **batata** (*sweet potato*) es **camote** en los países andinos y en México, **ñame** en Colombia y **boniato** en Cuba y España.

A. Di si típicamente comemos estas comidas para el desayuno, para el almuerzo o para la cena.

> **MODELOS:** ¿Los huevos fritos? *Los comemos para el desayuno.*
>
> ¿La sopa? *La comemos para el almuerzo o la cena.*

los huevos fritos	el pollo frito	la ensalada de lechuga y tomate
los guisantes	las enchiladas	el tocino
las verduras	la coliflor	el yogur
la sopa	los tacos	las chuletas de cerdo
el pan tostado con jalea	los panqueques	las papas fritas
las hamburguesas	el cereal	el arroz
un sándwich de queso	los espárragos	el maíz
el salmón	el sushi	la pizza con peperoni

B. Ahora mira la lista de comidas otra vez y dile a tu compañero/a con qué frecuencia las comes y si te gustan o no. Para reaccionar a lo que dice tu compañero/a, usa las frases de **Y tú, ¿qué dices?**

> **MODELOS:** **E1:** ¿El yogur? Nunca lo como; no me gusta.
>
> **E2:** A mí tampoco me gusta. Pero las papas fritas ¡me encantan! Siempre las como.
>
> **E1:** A mí no. Casi nunca las como. Prefiero la ensalada.

Y tú, ¿qué dices?

Me encanta(n). / Me gusta(n).	A mí también. / A mí, no.
No me gusta(n).	A mí tampoco. / A mí, sí.
Me cae(n) mal. / Me hace(n) daño.	Prefiero…
Siempre… / (Casi) Nunca…	A veces… / De vez en cuando…

Actividad 4 La nutrición

Mira la lista de comidas en la **Actividad 3.** ¿Qué comidas son más ricas en proteína, en carbohidratos, en calcio y en vitaminas A y C? ¿Cuáles contienen más grasa? Con tu compañero/a, primero ponlas en uno (o más) de los cinco grupos en una tabla como la siguiente. Luego, conversen sobre el contenido nutritivo de las comidas.

> **MODELO:** **E1:** El arroz tiene muchos carbohidratos.
>
> **E2:** Sí, y el tocino contiene proteína y mucha grasa.

la proteína	los carbohidratos	el calcio	las vitaminas A y/o C	la grasa
la carne de res	el arroz			el tocino

Actividad 5 Dos menús

Usa esta lista de comidas para preparar dos menús completos: un menú con comida saludable y otro con tus comidas y bebidas favoritas. Después conversa con tu compañero/a sobre los dos menús.

Desayuno	Almuerzo	Cena
avena	agua mineral	bistec
café/té caliente	ensalada: de tomate, de fruta fresca, verde	camarones
cereal frío		cerveza / vino
donas	hamburguesa	chiles rellenos
fruta: durazno, naranja, piña, toronja, uvas	jugos naturales	enchiladas
	limonada	ensalada verde
huevos: cocidos, fritos, rancheros, revueltos	papas fritas	galletitas de chocolate
	refresco	helado
jugos naturales	sándwich: de atún, de jamón y queso, de pavo, de pollo	langosta
leche (descremada)		verduras y legumbres: brócoli, coliflor, habichuelas
pan tostado (a la francesa)	sopa: de cebolla, de frijoles, de verduras, de pollo, de tomate	
panqueques		pastel o flan
	tacos	pescado: a la parrilla, al horno, empanizado, frito
salchichas/tocino	té caliente/helado	
yogur		tamales

MODELO: E1: ¿Qué comidas saludables escogiste?

E2: Escogí *toronja y yogur* para el desayuno. Para el almuerzo, escogí *ensalada de frutas y agua mineral*. Para la cena, escogí *ensalada verde y pescado a la parrilla*.

E1: ¿Y qué prefieres desayunar/almorzar/cenar?

E2: Prefiero…

Actividad 6 La comida en casa

A. Conversa con tu compañero/a.

1. ¿Qué desayunas por lo general? ¿Qué comiste esta mañana antes de salir de casa? ¿Qué almuerzas normalmente? ¿Qué almorzaste hoy? (¿Qué vas a almorzar hoy?)

2. ¿Qué bebidas prefieres para el desayuno? ¿Y para el almuerzo? ¿Para la cena?

3. ¿Prefieres comer más al mediodía o por la noche? ¿Por qué? ¿Comes entre comidas? ¿Qué comes?

4. ¿Qué prefieres comer de postre? ¿Tienes algún postre favorito que preparas en casa? ¿Cuál?

5. Generalmente, ¿comes mientras miras la televisión? ¿Te gustan las palomitas de maíz? ¿Les pones mantequilla y sal?

6. ¿Eres vegetariano/a o vegano/a? ¿Hay alguien vegetariano o vegano en tu familia?

7. ¿Eres alérgico/a a alguna comida? ¿A cuál?

B. Ahora... ¡conversa con tu profe!

1. ¿Qué desayuna usted por lo general? ¿Qué comió esta mañana antes de salir de casa? ¿Qué almuerza normalmente? ¿Qué almorzó hoy? (¿Qué va a almorzar hoy?)

2. ¿Qué bebidas prefiere para el desayuno? ¿Y para el almuerzo? ¿Para la cena?

3. ¿Prefiere comer más al mediodía o por la noche? ¿Por qué? ¿Come entre comidas?

4. ¿Qué prefiere comer de postre? ¿Tiene algún postre favorito que prepara en casa? ¿Cuál?

5. ¿Es vegetariano/a o vegano/a usted? ¿Hay alguien vegetariano o vegano en su familia?

6. ¿Es usted alérgico/a a alguna comida? ¿A cuál?

E n t é r a t e

En español hay muchos refranes (*sayings*) con el tema de la comida. Aquí tienes uno muy popular: «**Al pan, pan y al vino, vino**». (En inglés, en sentido literal: [*Call*] *The bread "bread" and the wine "wine."*) Hay algunos refranes similares en inglés, como por ejemplo, *Call a spade a spade* y *Don't beat around the bush.*

La preparación de la comida

Lee *Infórmate 9.3*

Las medidas

media cucharadita de bicarbonato de soda

una cucharadita de sal

una cucharada de mantequilla

una pizca de sal

AZÚCAR BLANCA

una taza de harina

media taza de azúcar

Los productos

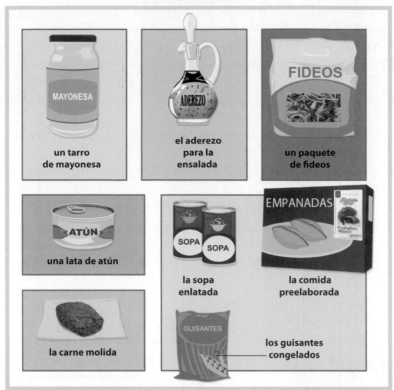

un tarro
de mayonesa

el aderezo
para la
ensalada

un paquete
de fideos

una lata de atún

la sopa
enlatada

la comida
preelaborada

la carne molida

los guisantes
congelados

Muchas comidas preelaboradas contienen conservantes y colorantes.

La preparación

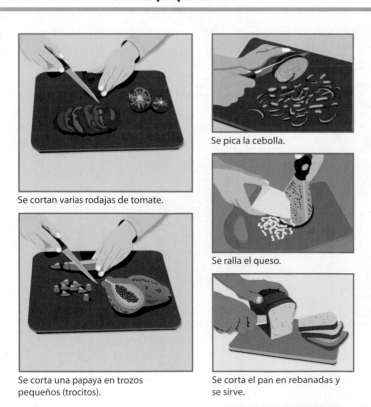

Se cortan varias rodajas de tomate.

Se pica la cebolla.

Se ralla el queso.

Se corta una papaya en trozos
pequeños (trocitos).

Se corta el pan en rebanadas y
se sirve.

¿Cómo se prepara un bistec?

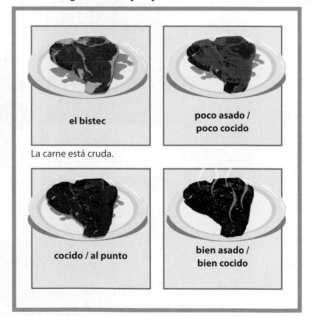

el bistec

poco asado /
poco cocido

La carne está cruda.

cocido / al punto

bien asado /
bien cocido

Actividad 7 La preparación de la comida

Empareja cada descripción con la palabra que describe. **OJO:** Algunas descripciones tienen dos respuestas posibles.

1. Se pone en la ensalada. _____.
2. Para preparar un sándwich con tomate, se corta el pan en _____ y el tomate en _____.
3. Se usa mucho en la preparación de pasteles y galletas. _____
4. En esa tienda no se venden frutas frescas, pero las puedes comprar _____.
5. Es un líquido dulce y muy espeso y que se usa mucho en el té caliente o con el pan tostado. _____
6. La receta pide ¼ de _____ de sal.
7. Muchas personas le ponen _____ a los perros calientes.
8. Es mejor no comer comidas con muchos _____.
9. Algunas personas prefieren la carne del bistec un poco cruda; entonces preparan el bistec _____.

a. el aderezo
b. congeladas
c. conservantes
d. cucharadita
e. la harina
f. ingredientes químicos
g. la miel
h. mostaza
i. poco asado
j. rebanadas
k. rodajas
l. la vainilla

Entérate

Aquí hay otro refrán con el tema de la comida.
«Del plato a la boca, se cae la sopa.» (En inglés, en sentido literal: *From the plate to the mouth, the soup falls.*) En inglés hay un refrán que comunica la misma idea: *There is many a slip between the cup and the lip.*

Actividad 8 Hoy haces la compra

Hoy vas a hacer la compra para la semana. Aquí tienes la lista de los productos que necesitan en tu casa. Con tu compañero/a, calcula el precio total.

Lista para la compra	El precio de los productos
un paquete de tocino	pqte. 12 onzas: **$3.99**
dos latas de sopa de legumbres	lata de 10 onzas: **$1.89**
dos aguacates	4 × **$1.99**
tres libras de carne molida	**$4.15** × lb.
dos libras de limones	**$.99** × lb.
catorce onzas de avena	envase 14 onzas: **$2.49**
un tarro de dieciséis onzas de mayonesa	tarro 16 onzas: **$3.59**
tres libras de cebollas amarillas	**$.69** × lb.
un paquete de zanahorias	pqte. **$.99**
dos libras de manzanas	**$1.60** × lb.
una sandía de ocho libras	**$.24** × lb.
tres libras de chuletas de cerdo	**$4.99** × lb.
dos libras de camarones frescos	**$8.99** × lb.

Infórmate

x = por (*for, per*)

3 manzanas × $1 = tres manzanas por un dólar (*three apples for one dollar*)

manzanas: $2 × lb. = manzanas: dos dólares por libra (*apples: two dollars per pound*)

Actividad 9 Vamos a preparar ceviche

Pon en orden los pasos para la preparación del ceviche, un plato típico de Perú.

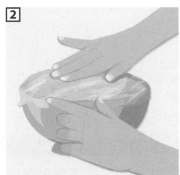

INGREDIENTES

2 libras de filetes de pescado blanco

15 limones

2 cebollas grandes, cortadas en trocitos

2 pimientos (ají verde y ají anaranjado)

1 manojo de cilantro, picado finamente

Sal y aceite al gusto

PREPARACIÓN

_____ Se cubre la fuente.

_____ Se adorna con lechuga o camote antes de servirlo.

_____ Se pone el pescado en una fuente de vidrio y se cubre con jugo de limón y sal.

_____ Se cortan las cebollas, el ají y el cilantro en trozos pequeños y se mezclan con jugo de limón. Se le pone una pizca de sal y se deja reposar por una hora.

_____ Se pone el pescado en el refrigerador durante un mínimo de cuatro horas.

_____ Cuando el pescado esté «cocido» en el jugo de limón, se mezcla con los otros ingredientes y se le añade más sal y aceite al gusto. Se deja reposar por veinte o treinta minutos.

Infórmate

There are other ways to give recipe instructions in Spanish. For example, you can use infinitives.

Añadir dos tazas de agua.

Or you can use a polite command.

Añada dos tazas de agua.

Here are some polite commands that you might see in recipes: **Añada** (*Add*), **Agregue** (*Add*), **Fría** (*Fry*), **Tome** (*Take*), **Baje** (*Lower*), **Corte** (*Cut*), **Saque** (*Take out*).

You will learn more about polite commands in **Infórmate 11.3**.

Actividad 10   La compra

A. Conversa con tu compañero/a.

1. ¿Quién hace la compra en tu casa? ¿La haces tú?
2. En tu casa, ¿compran ustedes los comestibles (las cosas que se comen) en un supermercado o en tiendas pequeñas?
3. ¿Compran muchas verduras y frutas en tu casa? ¿Compran comidas preelaboradas? ¿Leen las etiquetas (la información en los paquetes) de las comidas para determinar si contienen colorantes o conservantes?
4. ¿Quién prepara la comida en tu casa? ¿Te gusta cocinar? ¿Aprendiste a cocinar tú solo/a o alguien te enseñó? ¿Sabes cómo se preparan tus platos favoritos? ¿Qué platos sabes preparar?
5. ¿Compras mucha comida chatarra (no nutritiva: con azúcar, grasa, etcétera)? ¿Qué compras?
6. ¿Comes entre comidas? ¿Bebes algo? ¿Qué comes o bebes entre comidas?

B. Ahora… ¡conversa con tu profe!

1. ¿Quién hace la compra en su casa? ¿La hace usted?
2. ¿Compran muchas verduras y frutas en su casa? ¿Compran comidas preelaboradas? ¿Leen las etiquetas de las comidas para determinar si contienen colorantes o conservantes?
3. ¿Quién prepara la comida en su casa? ¿Le gusta cocinar? ¿Qué platos sabe preparar?
4. ¿Come usted entre comidas? ¿Bebe algo? ¿Qué come o bebe entre comidas?

Información Nutricional Nutrition Facts		
Tamaño de la ración/Serving Size: 200ml. (6.5 Fl. Oz.)		
Raciones por envase/Servings per Container: 1		
Cantidad por ración/Amount per Serving		
Calorías/Calories 112		
	% Valor Recomendado*/ % Daily Value*	
Grasa total/Total Fat 0 g		0%
Sodio/Sodium 19.1 mg		1%
Carbohidratos totales/Total Carbohydrates 28 g		9%
Fibra dietética/Dietetic Fiber 0.3 g		1.4%
Proteínas/Proteins 0.5 g		1%
Vitamina C/Vitamin C 18 mg		30%
Calcio/Calcium 2.3 mg		0.3%
Fierro/Iron 3 mg		18%
Fósforo/Phosphorus 5 mg		1%
* El % del Valor Recomendado para consumo diario se refiere a una dieta de 2000 calorías.		
* Percent Daily Values are based on a 2000 calorie diet.		

En el restaurante

Lee *Infórmate* 9.4

Julia Johnson-Muñoz y su esposo Alberto Muñoz salieron a cenar anoche.

Julia pidió una ensalada, pollo a la parrilla, papas fritas y espárragos. Alberto pidió sopa de verduras, bistec al punto, pan con mantequilla y brócoli.

Alberto tomó una copa de vino tinto, pero Julia decidió tomar agua mineral. ¡Y claro que hicieron un brindis!

¡Salud!

El mesero les sirvió la comida.

¡Buen provecho!

Comieron con gusto y conversaron tranquilamente.

¡Feliz aniversario, querido!

El cocinero les preparó un postre especial, pastel de chocolate con helado.

Los dos pidieron café después del postre. ¡Quedaron muy satisfechos!

Pagaron la cuenta con tarjeta de crédito.

Dejaron una buena propina porque el servicio fue excelente.

Casi siempre pido agua mineral en los restaurantes, ¡especialmente cuando tengo que manejar!

En algunos restaurantes no sirven muy rápido la comida.

Actividad 11 El nuevo restaurante

Sebastián, Daniel y Nayeli cenaron ayer en Perú Andino, un restaurante de comida peruana y andina. Lee las descripciones de su experiencia y ponlas en orden, según los dibujos. Luego trabaja con tu compañero/a para narrar la historia.

_____ Entraron en el restaurante para cenar.

_____ Leyeron el menú y Sebastián le recomendó un plato peruano a Nayeli.

_____ El mesero les sirvió la comida: arroz con pollo para Nayeli, ceviche para Sebastián y camarones al ajo para Daniel.

_____ Se sentaron y el mesero les preguntó si querían (*wanted*) tomar algo.

_____ El mesero les sirvió las bebidas.

_____ Pidieron la cuenta.

_____ El mesero le recomendó a Nayeli una bebida típica de Perú.

_____ Salieron del restaurante hablando del plato que pidió Nayeli.

_____ Nayeli, Sebastián y Daniel pidieron la comida.

_____ Nayeli se sorprendió con el color verde del arroz.

_____ Comieron y conversaron.

_____ Sebastián pagó la cuenta con tarjeta de crédito.

Infórmate

After most prepositions (**a, de, por, para, sin**), the following pronouns are used: **mí, usted, ti, él, ella, nosotros, vosotros, ustedes, ellos, ellas.**

A mí me encanta la comida peruana.	*I love Peruvian food.*
El ceviche es **para él.**	*The ceviche is for him.*
No quiero ir al nuevo restaurante **sin ellos.**	*I don't want to go to the new restaurant without them.*

But note that the preposition **con** and the pronoun **mí** combine to form **conmigo** (*with me*), and the pronoun **ti** after **con** becomes **contigo** (*with you*).

—¿Quieres salir a cenar **conmigo**?	*Do you want to go out to eat with me?*
—Sí, claro. Siempre me gusta salir a cenar **contigo.**	*Yes, of course. I always enjoy going out to eat with you.*

You will learn more about prepositions and pronouns in **Capítulo 10, Infórmate 10.1**

Actividad 12   La mesa en casa y en los restaurantes

A. Di para qué sirven estos objetos de la mesa. Usa el **Vocabulario útil.**

MODELO: *El salero* sirve para *guardar la sal.*

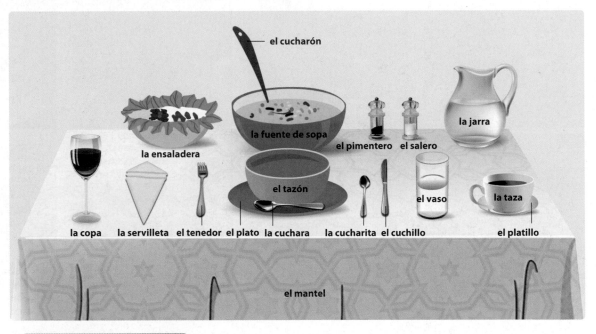

el cucharón · la fuente de sopa · la jarra · la ensaladera · el pimentero · el salero · el tazón · el vaso · la taza · la copa · la servilleta · el tenedor · el plato · la cuchara · la cucharita · el cuchillo · el platillo · el mantel

Vocabulario útil

comer la comida	limpiarse la boca	servir la sopa
cortar la comida	preparar la ensalada	tomar café/té/vino/agua
cubrir la mesa	servir el agua	tomar la sopa
guardar la sal/pimienta		

B. Ahora... ¡hay que poner la mesa! ¿Dónde va cada objeto? Trabaja con tu compañero/a. Miren el dibujo y usen **a la derecha de, a la izquierda de, al lado de, encima de, entre** o **enfrente de.**

MODELO: E1: ¿Dónde va *el tenedor*?
E2: *El tenedor* va *a la izquierda del* plato.

¿Cenas en casa con tu familia con frecuencia?

A. El Restaurante El Sol Inca está en Lima. Lee su carta y luego hazle preguntas a tu compañero/a sobre los precios, que están en nuevos soles (la moneda nacional). Sigan el modelo.

MODELO: E1: ¿Cuánto cuesta *el arroz con mariscos*?

            E2: Cuesta *cuarenta y cuatro nuevos soles*.

Restaurante El Sol Inca
Cocina peruana auténtica

APERITIVOS

Anticuchos
Brochetas de corazón de res adobado en vinagre, aceite, sal, ají, ajo y varias especias. Se sirve con papas hervidas.   22

Papa a la huancaína
Plato peruano tradicional. Papas con salsa cremosa de ají amarillo y queso. Se sirven sobre hojas de lechuga con huevo y aceitunas.   22

Yuca a la huancaína
Yuca frita con salsa cremosa de ají amarillo y queso. Se sirve con rodajas de huevo cocido y aceitunas.   22

Papa rellena de pollo
Bolas de puré de papa, rellenas de pollo y fritas. Se sirven sobre hojas de lechuga con salsa criolla (aderezo de cebolla).   22

A LA PARRILLA

Lomo fino
Filete mignon a la parrilla. Se sirve con vegetales y papas fritas, sazonadas con ají rojo y seco al sol.   52

Lomo con mariscos
Filete mignon a la parrilla, cubierto de mariscos. Se sirve con papas al horno y arroz blanco.   66

Pechuga de pollo
Pollo a la parrilla. Se sirve con ensalada y papa hervida o frita.   38

CARNE Y POLLO

Lomo saltado
Pedacitos de bistec con cebolla, tomate y papa. Se sirve con arroz blanco.   38

Ají de gallina
Pollo desmenuzado y cocinado con ají amarillo seco al sol, nueces, leche y queso. Se sirve con arroz blanco.   38

Tallarín saltado de carne o pollo
Fettuccini al estilo peruano, con carne o pollo, tomate y salsa de soya.   38

Cocido de cordero
Cocido o ajiaco de cordero con ají, cilantro y chicha jora (cerveza de maíz). Se sirve con arroz blanco y frijoles.   44

Arroz con pollo
Pollo, arroz y guisantes que se cocinan con cilantro y cerveza inca.   38

PLATOS VEGETARIANOS

Champiñones saltados
Champiñones sofritos con cebolla, tomate y papas. Se sirve con arroz blanco.   35

Tallarín saltado con champiñones
Fetuccini al estilo peruano, sofrito con champiñones, tomate y salsa de soya.   35

Tallarín verde
Fetuccini en salsa de albahaca con champiñones.   38

ESPECIALIDADES DE LA CASA

Ceviche de pescado
Tilapia en adobo de jugo de limón y ají peruano. Se acompaña con papas, camote, cebolla y maíz.   38

Ceviche de camarones
Camarones en adobo de jugo de limón y ají peruano. Se acompaña con lechuga, papas, camote, cebolla y maíz.   44

SOPAS

Parihuela de mariscos
Sopa de pescado, camarones, cangrejo, pulpo, chicha jora (cerveza de maíz) y una variedad de especias.   44

Chupe de camarones
Sopa espesa de camarones de la costa de Perú. Se prepara con leche, arroz, huevos, guisantes y una variedad de especias.   41

PESCADO Y MARISCOS

Arroz con mariscos
La paella peruana, arroz con mariscos y especias.   44

Sudado de pescado
Pescado blanco que se cocina en una salsa de tomate, cebolla, ajo, vino blanco y otros condimentos. Se sirve con yuca cocida y cancha (choclo tostado).   46

Sudado de mariscos
Surtido de mariscos que se cocinan en vino blanco, cebollas y salsa de tomate. Se sirve con arroz blanco y papas.   44

Camarones al ajo
Camarones sofritos con salsa de ajo. Se sirve con arroz blanco.   41

PLATOS EXTRAS

Puré de papas	13
Arroz blanco	8
Frijoles	8
Yuca frita	13
Plátanos maduros fritos	13
Papas fritas	8
Ensalada pequeña	8

BEBIDAS

Inka Kola	5
Chicha morada *Extracto de maíz con canela.*	6
Jugo de maracuyá	6
Jugo de naranja	5
Té helado	5
Café	5
Té	5

POSTRES

Alfajor
Galletas dulces rellenas de natilla.   9

Arroz con leche
Pudín de arroz con coco y pasas.   13

Flan   13

Torta de chocolate   15

Restaurante El Sol Inca
Av. Rivera Navarrete No. 520, San Isidro
Para reservaciones llamar al (511) 2249454

Se abre de lunes a jueves de las 12 p.m. a las 22 p.m.
Viernes y sábados de las 12 p.m. a las 23 p.m.
Los domingos de las 12 p.m. a las 21 p.m.

(Continúa.)

B. Ahora imagínate que estás en el restaurante con tu compañero/a. Digan qué comida(s) van a pedir y por qué. Sigan el modelo.

MODELO: E1: ¿Qué vas a pedir?

E2: Creo que voy a pedir *papa rellena de pollo* de aperitivo y *sudado de pescado* porque *me encanta el pescado*. De postre voy a pedir *el arroz con leche* porque *parece muy rico y no estoy a dieta*. ¿Y tú, qué vas a pedir?

Vocabulario útil		
Me encanta(n).	(No) Es/Son saludable(s).	(No) Quiero comer carne.
(No) Tengo mucha hambre.	(No) Parece muy rico/a.	(No) Soy vegetariano/a (vegano/a).
(No) Estoy a dieta.	(No) Suena muy sabroso/a.	Esa comida (no) engorda mucho.
(No) Traigo mucho dinero.		

Actividad 14 Hoy salimos a cenar

Lee el siguiente diálogo entre un amigo y una amiga. Luego, en grupos, usen el diálogo como modelo y preparen una escena en un restaurante. Pidan platos hispanos o sus platos favoritos.

MESERO: Buenas noches. ¿Desean algo para tomar?

AMIGA: Sí, **quisiera** *una limonada,* por favor.

AMIGO: A mí **tráigame** *una copa de vino blanco,* por favor.

Minutos más tarde...

MESERO: ¿Están listos para pedir?

AMIGO: Sí, me **gustaría** pedir *enchiladas de pollo* pero estoy a dieta (soy alérgica a ___). Tráigame mejor *una ensalada mixta,* por favor.

AMIGA: A mí **me trae** *el plato del día con sopa de tortillas.*

MESERO: Sí, enseguida les traigo su comida.

Más tarde, el mesero les sirve.

MESERO: La ensalada mixta es para...

AMIGO: Es para mí. Gracias.

MESERO: Muy bien. Y el plato del día es para la señorita.

AMIGA: Sí, gracias.

MESERO: ¡Buen provecho!

Comen con gusto y luego piden postre...

AMIGA: **Tengo ganas de** comer algo *con chocolate.* ¿Qué hay?

MESERO: Hoy ofrecemos *pastel de chocolate con crema.*

AMIGA: ¡Qué rico! **Tráigame** *el pastel,* por favor.

AMIGO: Yo **quisiera** *helado.* Por favor, **sírvame** *el helado de vainilla con fruta fresca.*

Después de comer...

AMIGA: ¿**Nos trae** la cuenta?

MESERO: Sí, claro, enseguida.

AMIGO: Debemos dejar una buena propina.

AMIGA: ¡De acuerdo! El servicio fue excelente.

AMIGO: Sí, es verdad... Oye, y gracias por salir a cenar conmigo.

AMIGA: ¡De nada! ¡Siempre me gusta salir contigo!

Infórmate
Here are some words and phrases you can use with **por favor** to order a meal at a restaurant.
Quisiera... = *I would like...*
Tráigame/Tráiganos... = *Bring me/us...*
Me gustaría... = *I would like...*
(A mí) Me trae... / (A nosotros) Nos trae... = *Will you please bring me/us...*
Sírvame/Sírvanos... = *Will you please serve me/us...*
(A mí) Me sirve... / (A nosotros) Nos sirve... = *Will you please serve me/us...*

Actividad 15 Los restaurantes

Conversa con tu compañero/a.

1. ¿Qué tipo de restaurante te gusta más? (elegante, fino, caro, barato, …)

2. ¿Te gusta la comida mexicana? ¿Y la comida peruana? ¿Qué otro tipo de comida te gusta? (china, japonesa, árabe, coreana, vegetariana, italiana, …)

3. ¿Cuál es el restaurante más elegante cerca de tu casa? ¿Comes allí con frecuencia? ¿Te gusta la comida? ¿Y el ambiente? ¿Son buenos los precios? ¿Es necesario hacer una reservación? ¿Con cuántos días de anticipación? (¿Cuántos días antes?)

4. ¿Cuánto se debe pagar por una comida excelente en un buen restaurante? ¿Cuánto dejas de propina: el quince por ciento (%) o más?

5. ¿Cuántas veces por semana comes fuera de casa? ¿Comes frecuentemente en algún lugar en especial? ¿Dónde?

6. ¿Vas mucho a los restaurantes de «servicio rápido»? ¿Cuál de todos es tu favorito? ¿Por qué?

Actividad integral

¡Tienes un restaurante!

Imagínate que tú y dos compañeros/as de clase van a abrir un restaurante nuevo. Usen la carta del Restaurante El Sol Inca (**Actividad 13**) como modelo para crear su menú. Incluyan algunos platos típicos hispanos y algunos de su país que les gustan mucho, con una breve descripción de cada plato. Deben incluir también las bebidas, los postres y los precios. ¿Cómo se llama el restaurante? Por último, necesitan poner el horario: ¿A qué hora se abre y a qué hora se cierra?

Exprésate

ESCRÍBELO TÚ

Una cena ideal

Describe una cena ideal. ¿Es una cena en casa o en un restaurante? ¿Qué comidas se sirven? ¿Hay algunos platos saludables? ¿Hay sopa o ensalada? ¿Qué se sirve para beber? Menciona los platos principales y el postre. ¿Cuáles de estos platos tienen más proteína, carbohidrato, grasa, calcio, vitaminas, etcétera? Di también quién prepara la comida y con quién cenas. Por último, contesta esta pregunta: ¿Por qué consideras esta cena «ideal»? Lee y completa la actividad entera en el *Cuaderno de actividades* o en Connect Spanish.

CUÉNTANOS

Las comidas que se sirven en tu casa

Conversa con tus compañeros/as sobre las comidas que se sirven en tu casa con frecuencia y explica por qué se sirven frecuentemente. Luego habla de las comidas que nunca se sirven en tu casa y explica por qué.

Entérate

Mundopedia

La Diablada de Oruro

La Diablada de Oruro

LA CIUDAD DE ORURO

La ciudad de Oruro se encuentra al oeste de Bolivia y tiene 200.000 habitantes. Esta ciudad se estableció en 1606 como centro **minero**, primero de la **plata** y luego del **estaño**. Pero los dos **recursos se agotaron**. Hoy en día el recurso principal de Oruro es el turismo: su carnaval es muy famoso y es la celebración folclórica más grande de América Latina. Cada mes de febrero llega a esta ciudad boliviana casi medio millón de personas para celebrar su festividad carnavalesca, que se llama también la **Diablada** de Oruro. En 2001, la **Organización de las Naciones Unidas (ONU)** decidió que el carnaval de Oruro se considera **Patrimonio Oral e Inmaterial de la Humanidad**.

LA TRADICIÓN DE LA DIABLADA

La Diablada de Oruro viene de la mitología de los indígenas y de la interpretación indígena del **cristianismo**. Para recibir protección, los mineros indígenas **le ofrecían coca** y alcohol al Supay, el **dios** de los muertos y del **mundo subterráneo**. Los españoles asociaron este dios de los muertos con el **diablo** de la religión católica. Según la **leyenda**, en 1789 **apareció** una imagen de la Virgen de la Candelaria al pie de una montaña. Los mineros adoptaron esta Virgen como su **santa patrona** y la llamaron Virgen del **Socavón** o Mamita del Socavón. En honor a ella y para calmar al Supay, empezaron a celebrar la Diablada durante el carnaval. Y así comenzó esta tradición.

Vocabulario de consulta

la Diablada	Festival (Dance) of Devils
minero	mining (*adj.*)
plata	silver
estaño	tin
recursos	resources
se agotaron	got used up
Organización de las Naciones Unidas (ONU)	United Nations (UN)
Patrimonio Oral e Inmaterial de la Humanidad	Oral and Intangible Human Heritage
cristianismo	Christianity
ofrecían coca	offered coca leaves
dios	god
mundo subterráneo	underworld
diablo	the devil
leyenda	legend
apareció	appeared
santa patrona	patron saint
socavón	mineshaft
danzantes	dancers
disfrazados	disguised, costumed
mezcla	mixture
lagartos, serpientes y ranas	lizards, snakes, and frogs
cuernos	horns
bien	good, goodness
máscaras	masks

LAS MÁSCARAS Y LOS DISFRACES

En el carnaval de Oruro se presentan muchos tipos de baile, pero el más famoso es el baile de los diablos, la Diablada. Los **danzantes**, **disfrazados** de diablo, bailan por las calles de Oruro durante más de quince horas. Los disfraces de los bailadores representan una **mezcla** de dos religiones: la indígena y la cristiana. Hay **lagartos**, **serpientes y ranas** que son símbolos de la mitología indígena, y hay **cuernos**, un símbolo cristiano del diablo. En la Diablada también se ve el arcángel San Miguel, símbolo cristiano del **bien**. Las **máscaras** y los disfraces son fantásticos; ¡los artesanos trabajan todo el año para hacerlos!

COMPRENSIÓN

Contesta las preguntas.

1. ¿Cuáles fueron los dos primeros recursos de Oruro?
2. ¿Cuál es el recurso más importante de Oruro hoy en día?
3. ¿En qué mes se celebra la Diablada de Oruro?
4. ¿Cómo se llama el dios de los muertos en la cultura de los indígenas andinos?
5. ¿Y cuál es el nombre de la santa patrona de los indígenas de Oruro?
6. En la Diablada, ¿qué disfraces representan la religión indígena?
7. ¿Cuál es el símbolo cristiano del diablo?

Voces bolivianas		Voces peruanas	
el ajayu*	soul, life (e.g., *of a party*)	**a la tela**	elegantly dressed
ajear	**insultar**	**la bicla**	**la bicicleta**
dar bola	pay attention, listen	**estar aguja**	**estar sin dinero**
el plantel	team (*in sports*)	**taypá***	**abundante (*comida*)**
el/la siútico/a	snob	**de yapa***	freebie, bonus (*in sales*)

*palabra de origen quechua

CONEXIÓN CULTURAL

EL MISTERIO DE MACHU PICCHU

Las ruinas de Machu Picchu están en la cresta (*ridge*) de una montaña sobre el Valle Urubamba de Perú, cincuenta millas al nordeste (*northeast*) de Cuzco. Este sitio majestuoso (*majestic*) data del siglo XV y se conoce como la ciudad perdida (*lost*) de los incas. Los expertos tienen varias teorías sobre los misterios de Machu Picchu, pero no hay respuestas definitivas a muchas de sus preguntas: Lee la lectura «El misterio de Machu Picchu» en el *Cuaderno de actividades* o en Connect Spanish y ¡descubre esta ciudad perdida!

Videoteca

Amigos sin Fronteras
Episodio 9: ¡Buen provecho!

Resumen

Sebastián invita a Nayeli y a Eloy a cenar en un restaurante peruano. Nayeli no conoce la comida peruana pero tiene muchas ganas de probarla. Los tres amigos piden papas a la huancaína de aperitivo y otros platos típicos de Perú. Sebastián pide ceviche, Eloy lomo saltado y Nayeli arroz con pollo. Pero el plato de Nayeli… ¡es una sorpresa para ella!

A. ¡Comencemos! Indica la mejor respuesta o respuestas. **OJO:** Algunas preguntas tienen más de una respuesta posible.

1. ¿Dónde están los amigos del club en las fotos?
   a. en la biblioteca
   b. en la cocina
   c. en un restaurante
   d. en clase

2. ¿Qué amigo/a del club Amigos sin Fronteras es de México?
   a. Radamés
   b. Ana Sofía
   c. Jorge
   d. Nayeli

3. ¿Qué amigo/a del club Amigos sin Fronteras es de Perú?
   a. Sebastián
   b. Omar
   c. Lucía
   d. Eloy

Vocabulario de consulta	
¡Adelante!	Go on!
¡Qué amable!	How nice!
canela	cinnamon
sugerencias	suggestions
no hace falta	there's no need
Guarda	Put away
aparatos	gadgets
máquinas	machines
¡Cada loco con su tema!	To each his own!
refrescante	refreshing
¡Ya era hora!	It was about time!
tiene fama de	has a reputation for
se le olvida	he forgets
quema	he burns

Comprensión del video

B. La idea principal. Indica la idea principal, según el video.

1. Tres amigos del club hablan de lo deliciosa que está la comida española.
2. El mesero les dice a los chicos que el restaurante no tiene la comida que pidieron.
3. Tres amigos del club comen en un restaurante peruano y les gusta mucho la comida.

C. ¿Cierto o falso?

1. Nayeli y Sebastián piden chicha morada, pero Eloy pide un refresco.
2. Eloy le muestra a Nayeli varias fotos de comidas típicas peruanas en su teléfono.
3. A Nayeli le gusta mucho el pollo.
4. La salsa verde peruana es similar a la salsa verde mexicana.
5. Los tres amigos pagan a la americana (cada uno paga su plato).

D. Detalles. Contesta las preguntas.

1. ¿Qué bebida piden los tres amigos del club?
2. ¿Qué comida le recomienda Sebastián a Nayeli?
3. ¿Qué pide Eloy?
4. ¿Cuál es el ingrediente principal de la salsa verde peruana?
5. ¿Por qué se sorprende Nayeli al ver su plato de comida?

Mi país PERÚ Y BOLIVIA

Comprensión

1. ¿Cuál es la salsa típica peruana preferida de Sebastián?
2. ¿En qué lugar de Lima vieron Sebastián y Daniel exposiciones de arte precolombino?
3. ¿A cuántos pies (sobre el nivel del mar) está Cusco?
4. ¿A quién honra el templo Coricancha en Cusco?
5. ¿Cómo llegaron a Machu Picchu los dos?
6. ¿Qué fue lo que más le gustó a Sebastián de ese viaje?
7. ¿Qué verdura tiene su origen en la región andina?
8. ¿Cómo se llaman las mujeres indígenas de Bolivia?

Machu Picchu

el lago Titicaca

Infórmate

9.1 Personal and Impersonal Direct Object Pronouns: lo, la, los, and las

A. As you saw in **Infórmate 5.3**, the object pronouns **lo, la, los,** and **las** serve as impersonal direct object pronouns. In other words, they can be used to replace the name of an object. Thus **lo** and **la** are the equivalent of the English pronoun *it,* and **los** and **las** are equivalent to *them.*

—¿Quién compró **el pastel**?	*Who bought the cake?*
—**Lo** compró Daniel.	*Daniel bought it.*
—¿Quién trajo **la fruta**?	*Who brought the fruit?*
—**La** trajo Nayeli.	*Nayeli brought it.*
—Lucía, ¿dónde pusiste **las servilletas**?	*Lucía, where did you put the napkins?*
—**Las** puse en la mesa.	*I put them on the table.*

> **lo** = *you (pol.)/ him/it (m. sing.)*
> **los** = *you/them (m. pl.)*
> **la** = *you (pol.)/ her/it (f. sing.)*
> **las** = *you/them (f. pl.)*
>
> —¿Quién preparó **los frijoles**?
> *Who made the beans?*
> —Papá **los** preparó.
> *Dad made them.*

B. The Spanish direct object pronouns **lo, la, los,** and **las** may also substitute for words referring to people, and as such they are called *personal* pronouns. For example, **lo** in the first exchange below refers to **Sebastián** (**él**); in the second one, **la** refers to **la profesora Julia Johnson-Muñoz** (**ella**).

—¿Llamaste a Sebastián?	*Did you call Sebastián?*
—Sí, **lo** llamé ayer.	*Yes, I called him yesterday.*
¿La profesora Johnson-Muñoz? **La** vi ayer en el campus.	*Professor Johnson-Muñoz? I saw her on campus yesterday.*

C. Like other pronouns, direct object pronouns are usually placed before the verb. However, in the case of verb phrases, such as forms used to express the future (**ir** + **a** + infinitive) or the present progressive (**estar** + **-ando/ -iendo**), there are two options.

- Pronouns may precede the first verb.

  ¿Los fideos? Los voy a comprar esta tarde.

  ¿La paella? La estamos preparando ahora.

- Pronouns may instead be attached to the end of the infinitive or to the present participle (**-ando/-iendo**).

  ¿Los fideos? Voy a comprar**los** esta tarde.

  ¿La paella? Estamos preparándo**la** ahora.

When you attach a pronoun to the end of the present participle, add a written accent to indicate the stress of the original participle: **Lo estoy mirando.** → **Estoy mirándolo.**

> It takes time to acquire these pronouns. You will gradually come to use them in your speech as you hear and read more Spanish. You will also learn more about the placement of pronouns in **Infórmate 14.2.**

Ejercicio 1

Llena el espacio en blanco con **lo, la, los** o **las,** según el contexto. Luego completa la oración con la palabra o frase más lógica.

MODELO: —¿Cuándo bebiste el jugo de naranja?

—*Lo* bebí…

a. hace diez años.   **(b.)** anoche.   **c.** antes de levantarme.

1. —¿Dónde pusiste la carne?
   —_____ puse en…
   a. el jardín.
   b. el supermercado.
   c. el congelador.

2. —¿Dónde compraste las verduras?
   —_____ compré…
   a. en una tienda de ropa.
   b. en el supermercado.
   c. en la cafetería de la escuela.

3. —¿Cuándo trajiste el hielo?
   —_____ traje…
   a. el año pasado.
   b. hace diez minutos.
   c. hace dos semanas.

4. —¿Dónde pusiste la mayonesa?
   —_____ puse en…
   a. la mesa.
   b. el sofá.
   c. el dormitorio.

5. —¿Dónde pusiste los vasos?
   —_____ puse en…
   a. el armario.
   b. la cómoda.
   c. la alacena.

6. —¿Viste a Claudia ayer?
   —Sí, _____ vi en…
   a. el tocino.
   b. el restaurante.
   c. la paella.

7. —¿Cuándo conociste a Daniel?
   —_____ conocí…
   a. el verano pasado.
   b. en el año 1810.
   c. mañana.

8. —¿Llamaste a las chicas ya?
   —Sí, _____ llamé…
   a. en el año 2020.
   b. anoche.
   c. la semana próxima.

9. —¿Saludaste a la profesora?
   —Sí, _____ saludé…
   a. hace cinco minutos.
   b. el siglo pasado.
   c. el mes próximo.

10. —¿Oíste llegar a Sebastián y a Daniel?
    —Sí, _____ oí llegar…
    a. a las diez de la noche.
    b. mañana en la tarde.
    c. en el año 1521.

Ejercicio 2

La familia de Nayeli Rivas se está preparando para la cena de Nochebuena. Nayeli y sus hermanos —Izel, Emiliano y Beto— le hacen preguntas a la mamá. Completa las respuestas de su mamá con **lo, la, los** o **las.** Complétalas de dos maneras, como se ve en los modelos.

MODELOS: —Mamá, ¿a qué hora <u>vas a servir</u> la comida?

—**La** voy a servir a medianoche. / Voy a servir**la** a medianoche.

—Mamá, ¿quién <u>está preparando</u> el menú?

—Tu papá y yo **lo** estamos preparando. / Tu papá y yo estamos preparándo**lo**.

1. —Mamá, ¿<u>vamos a poner</u> la mesa ahora?
   —No, Beto, (nosotros) _____ a las once de la noche.

2. —Mamá, ¿<u>vas a preparar</u> el aderezo ahora o más tarde?
   —Hija, (yo) _____ a las diez de la noche.

3. —Mamá, ¿ya <u>estás horneando</u> los pasteles?
   —Sí, Emiliano, (yo) _____ ahora mismo.

4. —Mamá, ¿quién <u>está rallando</u> el queso?
   —Izel _____ en este momento.

5. —Mamá, ¿papá <u>va a abrir</u> las latas de aceitunas ahora?
   —No, Nayeli, tu papá no _____ todavía. Prefiero esperar un poco.

9.2 Using Affirmative and Negative Words: alguien/nadie, algo/nada

A. Spanish has a number of words that correspond to affirmative and negative words in English.

Affirmative Words		Negative Words	
algo	something	**nada**	nothing
alguien	somebody	**nadie**	nobody, no one
algún, alguno/a/os/as	some	**ningún, ninguno/a**	none
siempre	always	**nunca/jamás**	never
también	also	**tampoco**	neither

> In standard English, it is generally incorrect to have more than one negative in a sentence; in Spanish multiple negatives are often required.

However, unlike English, Spanish frequently requires the use of multiple negatives in the same sentence when one responds negatively to a question.

—¿Tienes **algo** en el horno?   *Do you have something in the oven?*

—**No, no** tengo **nada.**   *No, I don't have anything.*

—¿Hay **alguien** a la puerta?   *Is there someone at the door?*

—**No, no** hay **nadie.**   *No, there is no one (there).*

—Señora Saldívar, ¿va usted **siempre** al mercado los martes?   *Mrs. Saldívar, do you always go to the market on Tuesdays?*

—**No, no** voy **nunca** los martes.   *No, I don't ever (I never) go on Tuesdays.*

B. When the negative word comes *before* the verb in Spanish, **no** is not used.

Nunca como entre comidas.
No como **nunca** entre comidas.   }   *I never eat between meals.*

Nadie fue al mercado ayer.
No fue **nadie** al mercado ayer.   }   *Nobody went to the market yesterday.*

C. **Alguno/a** corresponds to English *some* or *any*, and **ninguno/a** corresponds to English *none*, *not any*, or *neither one*.

—¿Hay **alguna** sopa sin carne?   *Is there any soup without meat?*

—No, no hay **ninguna;** todas tienen carne.   *No, there aren't any; they all have meat.*

—¿Hay **algunos** postres sin azúcar?   *Are there any desserts without sugar?*

—No, señor, no tenemos **ningún** postre sin azúcar.   *No, sir, we don't have any desserts without sugar.*

Busqué un restaurante tailandés, pero no hay **ninguno** en este barrio.   *I looked for a Thai restaurant, but there are none (there isn't one) in this neighborhood.*

Add the preposition **de** to say *some of* or *none of* (referring to a group of objects or people).

—¿Fue alguno de tus hermanos a la cena?   *Did any of your siblings go to the dinner?*

—No, ninguno de ellos pudo asistir.   *No, none of them was able to attend.*

> Note that Spanish, unlike English, uses **ninguno/a** in the singular form.
>
> **No hay ningún restaurante aquí.**
> *There are no restaurants here.*

D. **Alguno** and **ninguno** shorten to **algún** and **ningún** before masculine singular nouns. This is the same rule you've already seen with **uno → un, bueno → buen, primero → primer,** and **tercero → tercer.**

—¿Hay **algún** restaurante en esta calle?

Is there a restaurant on this street?

—No, no hay **ningún** restaurante por aquí.

No, there aren't any restaurants around here.

E. In order to express *I/you/we/they don't either,* use a subject pronoun + **tampoco.**

—No quiero comer helado.

I don't want to eat ice cream.

—**Yo tampoco.**

I don't either. / Me neither. / Neither do I.

Yo no quiero más arroz. **Tú tampoco,** ¿verdad?

I don't want more rice. You don't either, do you?

Ejercicio 3

Contesta las siguientes preguntas de forma negativa. Usa **nada, nadie, nunca** o **ninguno/a.**

MODELO: —¿Hay algo de comer en el refrigerador?

—No, no hay *nada.*

1. —¿Fue alguien al supermercado ayer?
—No, no fue _____.

2. —¿Desayunaste algo esta mañana?
—No, no comí _____.

3. —¿Siempre comes en restaurantes chinos?
—No, _____ como en ellos.

4. —¿Invitaste a alguien a cenar esta noche?
—No, no invité a _____.

5. —¿Compraste una sandía?
—No, no encontré _____ madura.

6. —¿Quieres algo de tomar?
—No, gracias. No quiero _____.

7. —¿Te sirvo espinacas?
—No, gracias. ¡_____ las como!

8. —¿Por qué no invitaste a Sebastián y a Daniel a la fiesta?
—Los invité, pero _____ de los dos pudo venir.

Ejercicio 4

Empareja la descripción con la comida o bebida que describe.

1. _____ Esta bebida no se bebe caliente nunca.
2. _____ Ninguna de estas tres comidas es una verdura.
3. _____ Ninguno de estos tres alimentos es carne.
4. _____ Ninguno de estos tres alimentos es fruta.
5. _____ Algunas personas beben esta bebida siempre para el desayuno.
6. _____ Nadie come la cáscara (*peel*) de esta fruta.

a. las fresas, la chuleta y el pescado
b. el plátano
c. la leche
d. el pan, el ajo, las manzanas
e. el pollo, la cebolla y el yogur
f. la cerveza

9.3 Expressing *one* or *you*: The Impersonal **se**

As you learned in **Infórmate 5.1, se** is a reflexive pronoun. But **se** is also used in "impersonal" constructions. In English, this structure is expressed with the impersonal *you* (*You need good fruit to make a good fruit salad*), the pronoun *one* (*One should always think before acting*), the pronoun *they* (*They sell beer by the glass around here*), or the simple passive (*Beer is sold by the glass around here*).

—¿Cómo **se dice** tablecloth en español?	*How do you say "tablecloth" in Spanish?*
—**Se dice** «mantel».	*You say "mantel."*
Aquí **se habla** español.	*Spanish is spoken here.* (*They speak Spanish here.*)
No **se debe** dormir inmediatamente después de comer.	*One/You shouldn't (go to) sleep immediately after eating.*

If the topic in question is plural, the verb is usually plural. However, when phrases such as **se puede, se debe,** or **se necesita** are followed by infinitives, they are always singular.

¿**Se sirven mariscos** frescos aquí?	*Are fresh shellfish served here?*
¡Aquí **se puede desayunar** a las dos de la mañana!	*Here you can eat breakfast at 2 a.m.!*
Para tener buena salud, **se necesita comer** muchas verduras.	*To stay healthy, one needs to eat a lot of vegetables.*

Se + third-person verb form is often used for instructions, especially in recipes.

Primero **se hierve** el agua. Después, **se agrega** la sal y luego **se ponen** los fideos y **se cuecen** por ocho minutos.	*First you boil the water. Next, you add the salt, and then you put in the noodles and cook them for eight minutes.*

Se + third-person singular verb is used to express *one, you,* or impersonal *they.*

Se come mucho ajo en España.   *One eats (They eat) lots of garlic in Spain. / Lots of garlic is eaten in Spain.*

Ejercicio 5

Completa las oraciones con la forma del **se** impersonal de los siguientes verbos: **batir** (*to beat*), **cortar, hablar, lavar, mezclar** (*to mix*), **necesitar, poder, poner** y **preparar.**

1. Para preparar un sándwich de jamón y queso, _____ el jamón y el queso en trozos.

2. Para alimentarse bien, _____ comer de los cuatro grupos esenciales de alimentos.

3. Primero _____ el brócoli y luego _____ en el agua a hervir.

4. En este restaurante _____ los mariscos con ajo y hierbas.

5. Según la receta, _____ todos los ingredientes en una fuente grande.

6. En una parrillada argentina, _____ usar varios tipos de carne.

7. ¿_____ francés en ese restaurante?

8. ¿_____ los huevos para preparar una tortilla española?

9.4 Stem-Changing Verbs: **pedir** and **servir**

The **e → i** change also occurs in the present participles: **p**i**diendo** (*ordering*) and **s**i**rviendo** (*serving*).

A. In a few verbs such as **pedir** (*to order; to ask for*) and **servir** (*to serve; to be used/useful for*), the -e- of the stem changes to -i- in the present tense and in the preterite. In the present tense, all forms of **pedir** and **servir** use the stems **pid-** and **sirv-** except for the **nosotros/as** and **vosotros/as** forms. In the preterite, only the third person singular (**usted, él/ella**) and plural (**ustedes, ellos/as**) forms use the stem with -i-.

	pedir		servir	
	Present	**Past**	**Present**	**Past**
yo	pido	pedí	sirvo	serví
tú	pides	pediste*	sirves	serviste*
usted, él/ella	pide	pidió	sirve	sirvió
nosotros/as	pedimos	pedimos	servimos	servimos
vosotros/as	pedís	pedisteis	servís	servisteis
ustedes, ellos/ellas	piden	pidieron	sirven	sirvieron

*Alternative forms for recognition only: **vos pediste, vos serviste.**

En este restaurante **sirven** excelente comida. La semana pasada me **sirvieron** unas enchiladas de pollo sabrosísimas.	*They serve excellent food in this restaurant. Last week they served me some delicious chicken enchiladas.*
Este aparato **sirve** para pelar papas.	*This device is good for peeling potatoes.*
El viaje me **sirvió** para conocer a mi tío.	*The trip was useful for getting to know my uncle.*
Pedí ceviche de camarones. Siempre **pido** lo mismo.	*I ordered shrimp ceviche. I always order the same thing.*
¿Ya **pediste** la cuenta?	*Did you already ask for the bill (check)?*
Me **pidió** un favor y le dije que sí.	*He asked me for a favor and I told him yes.*

The **e → i** change also occurs in the present participles: **v**i**stiendo/** **v**i**stiéndose** and **s**i**guiendo.**

B. The verbs **vestirse** (*to dress*) and **seguir** (*to follow*) follow this same **e → i** pattern.

vestirse		seguir	
Present	**Past**	**Present**	**Past**
me visto	me vestí	sigo	seguí
te vistes*	te vestiste*	sigues*	seguiste*
se viste	se vistió	sigue	siguió
nos vestimos	nos vestimos	seguimos	seguimos
os vestís	os vestisteis	seguís	seguisteis
se visten	se vistieron	siguen	siguieron

*Alternative forms for recognition only: (present) **vos te vestís, vos seguís;** (preterite) **vos te vestiste, vos seguiste.**

Las niñas se **vistieron** rápido esta mañana.	*The girls got dressed quickly this morning.*
Daniel no **siguió** la receta.	*Daniel didn't follow the recipe.*

C. **Reír(se)** (*to laugh*), **sonreír** (*to smile*), and **freír** (*to fry*)* also follow this pattern, except that in the third-person preterite forms, one **i** is dropped: **fri- + ió → frió; fri- + -ieron → frieron.**

freír	
Present	**Past**
frío	freí
fríes	freíste
fríe	frió
freímos	freímos
freís	freísteis
fríen	frieron

Camila **frió** las papas.

Nayeli **sonrió** cuando le sirvieron su plato favorito.

Camila fried the potatoes.

Nayeli smiled when they served her her favorite dish.

Ejercicio 6

Sebastián y Nayeli están conversando en un restaurante mexicano, antes de pedir su comida. Completa su diálogo con las formas apropiadas de **servir** o **pedir**.

SEBASTIÁN: ¿Qué _____¹ tú en un restaurante mexicano?

NAYELI: Eso depende. Si el restaurante _____² mariscos, pido un cóctel de mariscos.

SEBASTIÁN: ¿Y si no hay mariscos?

NAYELI: Entonces prefiero _____³ un chile relleno.

SEBASTIÁN: No sé qué voy a _____⁴ ahora. Hay muchos platos mexicanos que me gustan.

NAYELI: ¿Por qué no _____⁵ unas enchiladas de pollo?

SEBASTIÁN: Sí, son ricas…

NAYELI: Aquí son muy buenas. ¡Y los precios son buenos también!

SEBASTIÁN: Hablando de precios, el mes pasado Daniel y yo fuimos a un restaurante mexicano excelente, pero un poco caro, en San Francisco. ¡Tuvimos tres meseros!

NAYELI: ¡Tres!

SEBASTIÁN: Sí, uno para las bebidas, uno para la comida y otro para el postre. Y el mesero de la comida nos _____⁶ unos platos exquisitos.

NAYELI: ¿Qué _____⁷ ustedes?

SEBASTIÁN: Los dos (*We both*) _____⁸ sopa azteca, ensalada y carne de res en salsa de vino.

NAYELI: Mmm. ¿Y los meseros les _____⁹ postre también?

SEBASTIÁN: Bueno, solo uno de ellos nos _____¹⁰ el postre. ¡Era su trabajo!

NAYELI: ¿Qué postre _____¹¹ ustedes?

SEBASTIÁN: Yo _____¹² flan y Daniel el pastel de chocolate.

NAYELI: ¿Y cuánto pagaron por la cena?

SEBASTIÁN: ¡Demasiado! (*Too much!*)

Many words for foods and beverages were first introduced in **Capítulo 5.** Review that list now as you continue to expand your vocabulary for talking about food and food preparation.

*Alternative forms for recognition only: (present) **vos freís, vos sonreís, vos reís;** (preterite) **vos freíste, vos sonreíste, vos reíste.**

Lo que aprendí

Al final de este capítulo, ya puedo…

☐ hablar sobre la comida y la nutrición.

☐ hacer la compra de la comida usando el vocabulario necesario.

☐ hablar de la preparación de la comida.

☐ leer recetas.

☐ diseñar un menú.

☐ pedir comida en un restaurante.

Además, ahora conozco…

☐ varios platos típicos de la cocina hispana.

☐ muchos platos de la cocina peruana y la cocina andina.

☐ varias celebraciones peruanas y bolivianas, como la Diablada de Oruro.

Y sé más sobre…

☐ las culturas indígenas de Bolivia y Perú.

☐ los diferentes nombres de varias comidas del mundo hispano.

Vocabulario

El desayuno	Breakfast
la avena	oatmeal
el huevo cocido	hard-boiled egg
el pan tostado a la francesa	french toast

Palabras semejantes: el cereal, las donas, los panqueques

Repaso: los huevos fritos/revueltos, el pan tostado, el tocino, el yogur

El almuerzo y la cena	Lunch and Dinner
las albóndigas	meatballs
el arroz	rice
el bocadillo	sandwich (*Sp.*)
el ceviche	raw marinated fish (*Peru*)
la ensaladilla	potato salad
los fideos	noodles
los frijoles (refritos)	(refried) beans
los totopos	tortilla chips

Palabras semejantes: la ensalada mixta, el guacamole, la tortilla

Repaso: los espaguetis, la hamburguesa, el jamón, la papa al horno, las papas fritas, el puré de papas, el queso, el sándwich, la sopa de verduras, el taco

La carne	Meat
las aves	poultry
la carne de res	beef
la carne molida	ground beef
el cerdo	pork
la chuleta de cerdo	pork chop
el cordero	lamb
el guajolote	turkey
el hígado	liver
el perro caliente	hot dog
la salchicha	sausage
la ternera	veal

Repaso: el bistec, el filete, el pavo, el pollo, el tocino / la tocineta

El pescado y los mariscos	Fish and Seafood
las almejas	clams
el atún	tuna
el boquerón	anchovy
los calamares	squid
los camarones	shrimp
el cangrejo	crab
la langosta	lobster

Palabras semejantes: las ostras, el salmón

Las verduras	Vegetables
el apio	celery
la batata / el camote	sweet potato
la calabacita	summer squash
la calabaza	pumpkin
la cebolla	onion
los guisantes/chícharos (*Mex.*)	green peas
las habichuelas / los ejotes (*Mex.*)	green beans
el jitomate	tomato (*Mex.*)
las legumbres	vegetables; legumes
el maíz	corn
la mazorca de maíz / el elote (*Mex.*) / el choclo (*So. Amer.*)	ear of corn
la patata	potato (*Sp.*)
el pepino	cucumber
el pimiento	bell pepper
el rábano	radish
la yuca	cassava, manioc
la zanahoria	carrot

Palabras semejantes: el brócoli, el cilantro, la coliflor, los espárragos

Repaso: la lechuga, la papa, el tomate

La fruta y las nueces — Fruit and Nuts

el aguacate / la palta (*So. Amer.*)	avocado
el albaricoque / el chabacano (*Mex.*)	apricot
los cacahuates / el maní (*So. Amer.*)	peanuts
el coco	coconut
el durazno	peach
la manzana	apple
la naranja / la china (*P.R.*)	orange
la piña / el ananá (*Arg., Uru.*)	pineapple
el plátano / la banana	banana
la sandía	watermelon
la semilla de marañón	cashew
la toronja	grapefruit
las uvas	grapes

Palabras semejantes: el limón, el mango, la papaya

Repaso: las fresas

Los postres — Desserts

el flan	custard
el pudín de pan	bread pudding
la torta	cake (*Sp.*)

Repaso: los dulces, las galletas, las galletitas, el helado, el pastel

Las bebidas — Drinks

el agua mineral	mineral water
el batido	milk shake
la leche descremada	skim milk
el té caliente/helado	hot/iced tea
el zumo	juice (*Sp.*)

Palabras semejantes: la limonada

Repaso: la cerveza, la champaña, el jugo, el vino (tinto)

Los condimentos, las especias y otros ingredientes — Condiments, Spices and Other Ingredients

el aceite	oil
la aceituna	olive
el aderezo	(salad) dressing
el ají	(bell/chili) pepper
el ajo	garlic
la canela	cinnamon
la harina	flour
la jalea	jelly
la miel	honey
la mostaza	mustard
la pimienta	pepper (*spice*)
la sal	salt

Palabras semejantes: el bicarbonato de soda, el colorante, el conservante, la crema, la mayonesa, la vainilla

Repaso: el azúcar, el chocolate, la grasa, la mantequilla

La mesa y los cubiertos — Table Setting and Utensils

la cuchara	spoon
la cucharita	teaspoon
el cucharón	ladle
el cuchillo	knife
la ensaladera	large salad bowl
la jarra	pitcher
el mantel	tablecloth
el pimentero	pepper shaker
el salero	salt shaker
la servilleta	napkin
el tenedor	fork

Las medidas y los recipientes — Measurements and Containers

la copa	wine glass
la cucharada	tablespoon (*measurement*)
la cucharadita	teaspoon (*measurement*)
fuente de vidrio	glass serving dish
la lata	can
la libra	pound
el manojo	bunch
la pizca	little bit
la rebanada	slice
la rodaja	slice
el tarro	jar
la taza	cup
el tazón	mixing bowl
el trozo	piece, chunk

Palabras semejantes: la onza, por ciento, la porción

Los verbos — Verbs

abrir	to open
acompañar	to accompany
adornar	to garnish
añadir	to add
cerrar (ie)	to close
cubrir	to cover
dejar reposar	to let sit
estar (*irreg.*) a dieta	to be on a diet
mezclar	to mix
parecer (parezco)	to seem
picar (qu)	to chop
probar (ue)	to taste
rallar	to grate
seguir (i, i) (g)	to continue
servir (i, i)	to serve; to be used for
sonar (ue)	to ring
sorprenderse	to be surprised
vender	to sell

Palabras semejantes: calcular, contener (*like* tener), desear, determinar, incluir (y), originar, recomendar (ie)

La descripción de la comida	Describing Food
a la parrilla	grilled
al gusto	to taste
al horno	baked
al punto / cocido/a	medium rare
bien asado/a / bien cocido/a	well-done
cocido/a	cooked
empanizado/a	breaded
enlatado/a	canned
espeso/a	thick
picado/a	chopped
poco asado / poco cocido/a	rare

Repaso: el colesterol, la fibra, frito/a, la grasa, la vitamina

Los sustantivos	Nouns
el ambiente	atmosphere (*restaurant*)
el aperitivo	aperitif; appetizer
los comestibles	food
la comida chatarra	junk food
la comida preelaborada	convenience food
la etiqueta	label
las palomitas de maíz	popcorn
la parrilla	grill
el paso	step
el plato/platillo	dish of food
la receta	recipe

Palabras semejantes: la anticipación, la atmósfera, el bar, la cafeína, el calcio, el carbohidrato, la escena, el estilo, la influencia, el líquido, la nutrición, el potasio, el producto, la proteína, la reservación, la salsa, la selección, el supermercado

Los adjetivos	Adjectives
breve	brief
congelado/a	frozen
cortado/a	cut
cremoso/a	creamy
crudo/a	raw
fresco/a	fresh
listo/a	ready
pesado/a	heavy
picante	spicy
químico/a	chemical
riquísimo/a	delicious
sabroso/a	tasty
salado/a	salty; savory

Palabras semejantes: alérgico/a, andino/a, azteca, excelente, exquisito/a, fino/a, inca, nutritivo/a, vegano/a, vegetariano/a

Repaso: algunos/as, varios/as

El restaurante	Restaurant
¡Buen provecho!	Bon appetit!
la carta / el menú	menu
dejar una propina	to leave a tip
hacer (*irreg.*) un brindis	to toast, make a toast
invitar	to treat someone, pay for someone's food
No traigo mucho dinero	I didn't bring much money
pagar (gu) a la americana	to go Dutch, pay individually
pagar (gu) (pedir [i, i]) la cuenta	to pay (to ask for) the bill
el plato del día	today's special
quedar satisfecho/a	to be full
la reserva	reservation
¡Salud!	Cheers!, To your health!
la tarjeta de crédito	credit card

Palabras y expresiones útiles	Useful Words and Expressions
¡(Buena) Suerte!	Good luck!
con gusto	with pleasure
¡De acuerdo!	I agree!, You're right!, OK!
De nada	You're welcome
enseguida	at once, immediately, right away
jamás	never
Me cae(n) mal.	It doesn't (They don't) agree with me
Me encanta(n)…	I love + *sing.* (*pl.*) *noun*
Me hace(n) daño.	It upsets (They upset) my stomach.
nadie	nobody
por lo general	generally

Los recuerdos

En el centro de La Habana, Cuba

Upon successful completion of **Capítulo 10** you will have a greater ability to talk about your family, and will be able to recount memories of your childhood, adolescence, and high school experiences. Additionally, you will have learned about some interesting places and people from Cuba.

Comunícate

La familia y los parientes

La niñez

Hablando de la niñez «Canciones de mi abuela» de Francisco X. Alarcón

La adolescencia

Actividad integral Recuerdos de los días feriados

Exprésate

Escríbelo tú Las actividades de tu niñez o adolescencia

Cuéntanos Actividades con la familia

Entérate

Mundopedia La música de Cuba

Voces cubanas

Conexión cultural La diáspora cubana

Videoteca Amigos sin Fronteras, Episodio 10: Así somos

Mi país: Cuba

Infórmate

10.1 Prepositions and Pronouns

10.2 The Imperfect Tense

10.3 Talking About Past Actions in Progress: The Imperfect Progressive

10.4 Using the Imperfect to Express Intention: **ir + a, querer** and **pensar** + Infinitive

CUBA

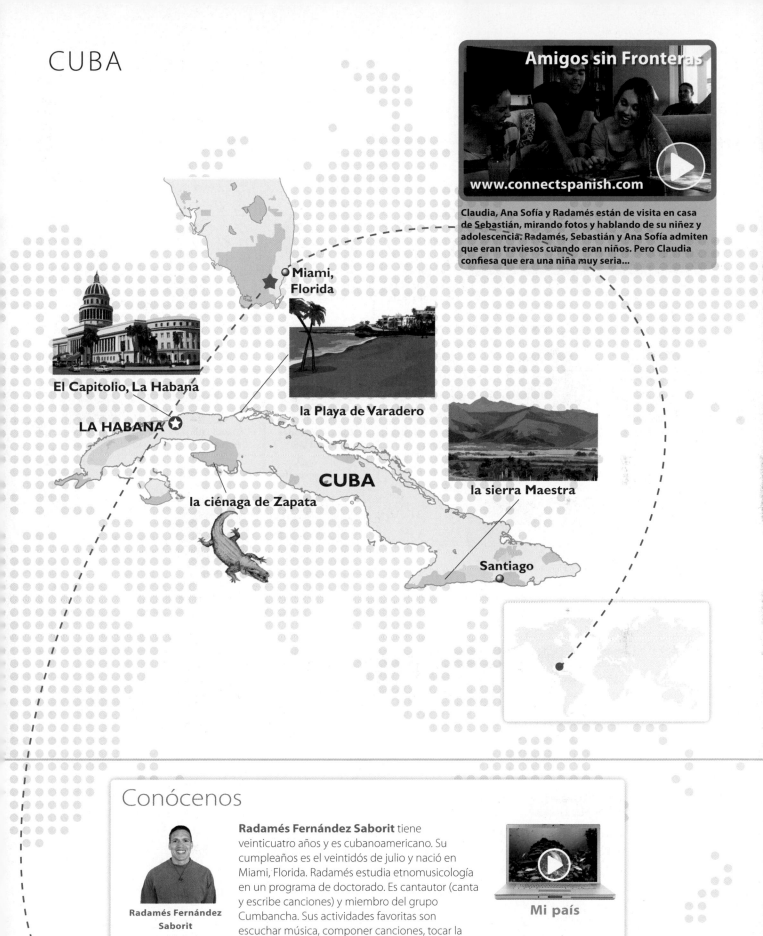

Amigos sin Fronteras

www.connectspanish.com

Claudia, Ana Sofía y Radamés están de visita en casa de Sebastián, mirando fotos y hablando de su niñez y adolescencia. Radamés, Sebastián y Ana Sofía admiten que eran traviesos cuando eran niños. Pero Claudia confiesa que era una niña muy seria...

Miami, Florida

El Capitolio, La Habana

LA HABANA ✪

la Playa de Varadero

la ciénaga de Zapata

CUBA

la sierra Maestra

Santiago

Conócenos

Radamés Fernández Saborit

Radamés Fernández Saborit tiene veinticuatro años y es cubanoamericano. Su cumpleaños es el veintidós de julio y nació en Miami, Florida. Radamés estudia etnomusicología en un programa de doctorado. Es cantautor (canta y escribe canciones) y miembro del grupo Cumbancha. Sus actividades favoritas son escuchar música, componer canciones, tocar la guitarra y salir —o janguear, como dice él— con su novia y sus amigos.

Mi país

Comunícate

La familia y los parientes

Lee *Infórmate 10.1*

La familia de Radamés

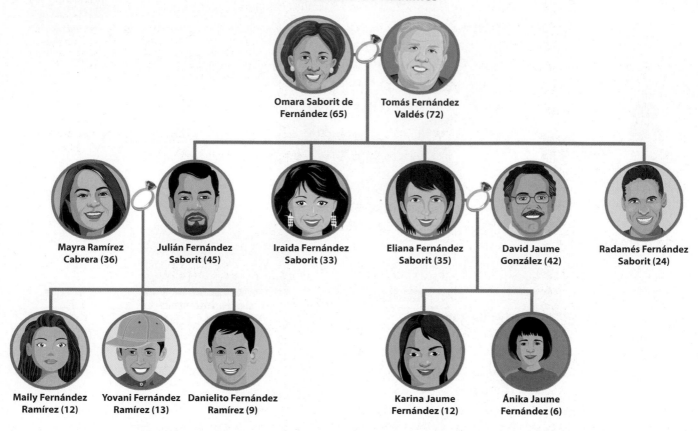

Actividad 1   El parentesco

Mira el árbol genealógico de la familia de Radamés y escucha las oraciones que te va a leer tu profesor(a). Di si son ciertas o falsas. Si son falsas, di por qué.

MODELO: PROFESOR(A): La tía de Ánika y Karina se llama Eliana.

ESTUDIANTE: Falso. Eliana es *la madre* de Ánika y Karina. La tía de Ánika y Karina se llama *Iraida.*

Actividad 2 La familia de Radamés

Conversa con tu compañero/a sobre la familia de Radamés.

1. ¿Cómo se llaman las hermanas de Radamés? ¿Y el hermano?
2. ¿Cuántos sobrinos tiene Radamés? ¿Cómo se llaman?
3. ¿Tienen nueras Omara y Tomás?
4. ¿Cómo se llaman los cuñados de Radamés?
5. ¿Cómo se llama el suegro de Mayra y David?
6. ¿Cómo se llaman las cuñadas de Mayra?
7. ¿Cuántos nietos tienen Omara y Tomás?
8. ¿Cómo se llaman los tíos de Maily, Yovani y Danielito?
9. ¿Cómo se llaman los primos de Ánika y Karina?
10. ¿Cómo se llama el yerno de Omara y Tomás?

Infórmate

To describe family relationships in general terms, use masculine plural nouns, even when you include women. Gender can be specified when referring to specific people.

Radamés tiene tres hermanos: su hermano Julián y sus hermanas, Iraida y Eliana.

Radamés has three siblings: his brother Julián and his sisters, Iraida and Eliana.

¿Recuerdas?

In **Infórmate 4.1,** you learned that Spanish uses the preposition **de,** not an apostrophe ('), to express possession.

la madre **de** Maily	*Maily's mother*
la pelota **de** mi hermano	*my brother's ball*

Remember also that this construction can be embedded in a similar one.

Maily's brother's ball	la pelota **del** hermano **de** Maily

Infórmate

In **Infórmate 5.1** you studied reflexive verbs used to express daily routine. But some reflexive verbs have a special meaning. Two such verbs are **parecerse a** (*to look like* [someone]) and **llevarse bien/mal con** (*to get along well/badly with*).

—¿A quién de tu familia **te pareces?**	*Who do you look like in your family?*
—**Me parezco** a mi tía Eliana.	*I look like my Aunt Eliana.*
—¿**Te llevas** bien **con** tus hermanos?	*Do you get along well with your siblings?*
—Sí, **me llevo** bien **con** todos mis hermanos.	*Yes, I get along well with all my siblings.*

When used in plural form, these verbs can also express reciprocal action in Spanish.

Ánika y Karina **se parecen** mucho.	*Ánika and Karina look a lot alike (look a lot like each other).*
Mi hermano y yo **nos llevamos** bien.	*My brother and I get along well (with each other).*

El hijo se parece a su padre.

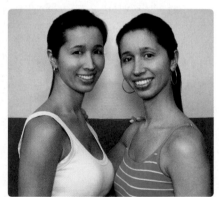

Estas hermanas se parecen mucho porque son gemelas.

Actividad 3 El parecido

Compara los parecidos. ¿A quién te pareces tú? ¿Y a quién se parecen otras personas de tu familia? ¿Te llevas bien con esas personas? Usa el modelo para conversar con tu compañero/a.

MODELO: E1: ¿A quién te pareces?

E2: Me parezco a mi *hermano.*

E1: ¿A tu *hermano*? ¿En qué te pareces *a él*?

E2: Me parezco *a él en los ojos y en la nariz.*

E1: ¡Qué interesante! Y… ¿te llevas bien con *él*?

E2: Sí, me llevo bien con *él*. / No, no me llevo bien con *él* porque…

E1: ¿Y tu *padre* y tu *abuela paterna* se parecen mucho?

E2: Sí, se parecen bastante. Y mi *tía* se parece a mi *abuelo.* Qué chistoso, ¿no?

Actividad 4 Julia y su familia

Mira el árbol genealógico de Julia Johnson-Muñoz y luego lee las descripciones de su familia. Llena los espacios en blanco con las palabras o nombres apropiados.

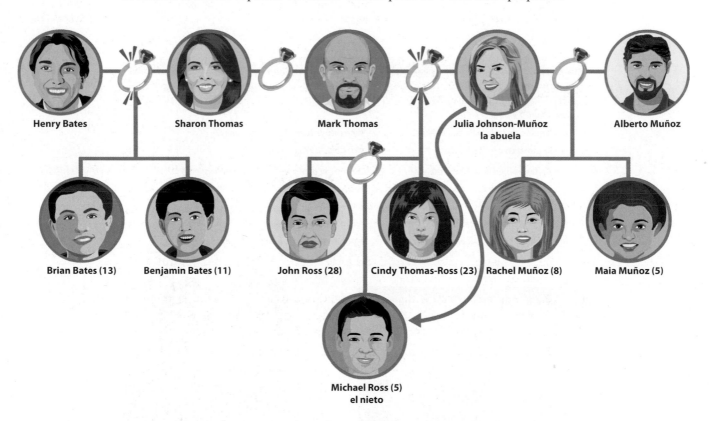

Henry Bates   Sharon Thomas   Mark Thomas   Julia Johnson-Muñoz
la abuela   Alberto Muñoz

Brian Bates (13)   Benjamin Bates (11)   John Ross (28)   Cindy Thomas-Ross (23)   Rachel Muñoz (8)   Maia Muñoz (5)

Michael Ross (5)
el nieto

1. El esposo de Julia se llama _____ y su ex esposo es _____.

2. Julia y Mark están _____.

3. Julia tiene una hija, _____, con su primer esposo.

4. Cindy es la _____ de Alberto.

5. El _____ de Julia se llama Michael y el niño se parece mucho a su _____ (John).

6. Las _____ de Cindy son Maia y Rachel.

7. Maia se parece a su _____ y Rachel se parece a su _____.

8. El primer esposo de Sharon fue _____. Ellos tiene dos hijos, Brian y Benjamin.

9. Brian y Benjamin son los _____ de Cindy.

10. Cindy se lleva muy bien con Sharon, su _____, pero dice que Alberto, su _____, no la comprende.

Actividad 5 Los parientes

A. Conversa con tu compañero/a.

1. ¿Vives con tus padres o con otros parientes? ¿Están divorciados tus padres? ¿Tienes padrastro o madrastra? ¿Te llevas bien con él/ella?

2. ¿Cuántos hermanos tienes? (¿Eres hijo único / hija única?) ¿Tienes medios hermanos o medias hermanas? ¿Te pareces a ellos/as? ¿Tienes hermanastros o hermanastras? ¿Te llevas bien con ellos/ellas?

3. ¿Cuántos tíos tienes? ¿Dónde viven? ¿Tienes muchos primos o pocos? ¿Celebras los días feriados con tus tíos y tus primos?

4. ¿Están casados tus hermanos? ¿Te llevas bien con tus cuñados? ¿Tienes sobrinos? ¿Cuántos años tienen? ¿Cómo se llaman?

5. ¿Estás casado/a tú? ¿Tienes hijos? ¿Cómo se llaman? ¿Están casados tus hijos? ¿Cómo se llama tu nuera/yerno? ¿Tienes nietos? ¿Cuántos años tienen tus nietos?

B. Ahora… ¡conversa con tu profe!

1. ¿Está casado/a usted? ¿Tiene hijos? ¿Cómo se llaman? ¿Están casados sus hijos? ¿Cómo se llama su nuera/yerno? ¿Tiene nietos? ¿Cuántos años tienen sus nietos?

2. ¿Cuántos hermanos tiene? (¿Es usted hijo único / hija única?) ¿Tiene medios hermanos o medias hermanas? ¿Se parece a ellos/ellas? ¿Tiene hermanastros o hermanastras? ¿Se lleva bien con ellos/ellas?

3. ¿Están casados sus hermanos? ¿Se lleva bien con sus cuñados? ¿Tiene sobrinos? ¿Cuántos años tienen? ¿Cómo se llaman?

Entérate

¿Te gustan los refranes? Aquí tienes uno sobre la familia.

<<De tal palo, tal astilla.>>
Like father, like son.
(En sentido literal, *From such a stick, [comes] such a splinter.*)

Hay otro refrán en inglés que también comunica la misma idea: *The apple doesn't fall far from the tree.*

La niñez

Lee *Infórmate 10.2*

Omara Saborit recuerda su niñez

¿Qué hacías cuando eras niña, Abuela?

Cuando era niña, vivía en Guantánamo, Cuba…

Saltaba la cuerda en el patio de recreo de la escuela.

Montaba en el cachumbambé/subibaja con mi hermana menor.

Volaba papalotes con mi hermano mayor. Él hacía nuestros papalotes; a mí me gustaban los que tenían forma de pájaro.

…dieciséis, diecisiete, dieciocho…

Mi mejor amiga y yo jugábamos al escondite en el parque. ¡Me llevaba muy bien con ella! Bueno, de vez en cuando peleábamos un poquito…

Mis hermanas jugaban a las casitas con muñequitas. A veces me invitaban a jugar con ellas y nos divertíamos mucho jugando.

Mi mamá y yo preparábamos la cena. Yo siempre le ayudaba a pelar y cortar los plátanos.

Mi papá y yo mirábamos las nubes y las describíamos. Algunas tenían formas de animales y otras parecían personas. ¡Todavía me gusta mirar las nubes!

Leía las revistas de mi mamá. Siempre tenían fotos de modelos con unos vestidos muy lindos. ¡Yo quería uno de esos vestidos!

¿Qué hacías cuando eras niño/a? Responde usando **siempre, nunca, muchas veces, a veces** o **de vez en cuando.** Luego comparte tus respuestas con tu compañero/a.

1. Cuando (yo) era niño/a…
   a. jugaba con carritos.   **b.** tenía muchas mascotas.
   c. jugaba con muñecas.

2. En mi casa, yo…
   a. ayudaba con los quehaceres.   **b.** miraba la televisión.
   c. hacía la tarea todos los días.

3. En la escuela, yo…
   a. jugaba al escondite con mis compañeros.
   b. ponía atención en clase.   **c.** sacaba buenas notas.

4. Cuando estaba aburrido/a, yo…
   a. andaba en patineta.   **b.** jugaba videojuegos.   **c.** me subía a los árboles.

5. En Navidad (Jánuca, Ramadán, Año Nuevo, etcétera), mi familia…
   a. preparaba una gran cena.   **b.** visitaba a otros parientes.
   c. ponía adornos por toda la casa.

6. Durante el verano, mis amigos y yo…
   a. nadábamos en el mar.   **b.** acampábamos en la montaña.
   c. jugábamos a la pelota.

Actividad 7 La niñez de los famosos

¿Qué hacían estas personas famosas en su niñez? Empareja a las personas con las oraciones que las describen.

1. _____ A veces actuaba en obras de teatro de la escuela.

2. _____ Siempre soñaba con cambiar la sociedad y mejorar la vida de los indígenas de su país.

3. _____ Cantaba para su familia de vez en cuando.

4. _____ Quería navegar por todo el mundo.

5. _____ Le gustaba contar historias a la hora de la cena.

6. _____ Los fines de semana veía partidos de tenis en la televisión.

7. _____ Cuando estaba triste, escribía versos sobre su país y su familia.

a. Cristóbal Colón, navegante y explorador

b. Rigoberta Menchú, activista indígena guatemalteca

c. Gloria Estefan, cantante cubanoamericana

d. Rafael Nadal, tenista español

e. Andy García, actor cubanoamericano

f. Oscar Hijuelos, escritor cubanoamericano

g. José Martí, poeta cubano

Actividad 8 Cuando Radamés y sus parientes eran niños

A. Mira los dibujos y escucha las oraciones que lee tu profesor(a). Di si son ciertas o falsas.

	siempre	con frecuencia	después de las clases	los fines de semana
Tomás, el padre de Radamés 			

Omara, la madre de Radamés — ¡Esta es la marca del Zorro! — Mmmm... ¡granizado!

Julián, el hermano de Radamés

Iraida y Eliana, las hermanas de Radamés — ocho, nueve, diez...

Radamés

Entérate

La televisión llegó a Cuba en 1950. Antes de eso, la gente escuchaba la radio. Algunos programas de radio, como *El Zorro*, tenían aventuras y eran muy populares.

B. Ahora, conversa con tu compañero/a sobre las actividades de Radamés y sus parientes.

MODELO: E1: ¿Qué hacía *Julián* después de las clases?

E2: *Andaba en bicicleta en la playa.*

Actividad 9 ¡Viva el verano!

¿Recuerdas tus actividades de verano cuando eras niño/a? Conversa con tu compañero/a sobre algunas de esas actividades. Usen las preguntas como guía.

MODELO: E1: ¿*Tomabas helados* en verano cuando eras niño/a?

E2: *Sí, tomaba helados.*

E1: Y dime, ¿*qué sabores preferías*?

E2: *Prefería el helado de chocolate.*

E1: ¡Yo también!

1. ¿Ibas al cine? ¿Con quién(es) ibas? ¿Qué películas te gustaban?

2. ¿Ibas al zoológico? ¿Qué animales te gustaba mirar en el zoológico? ¿Te gustaba mirar los monos? ¿los leones? ¿las cebras? ¿los elefantes? ¿O preferías mirar otro animal?

3. ¿Jugabas a la pelota? ¿Dónde? ¿Jugabas en el campo? ¿en el parque? ¿en la escuela? ¿en la calle? ¿O jugabas en el jardín de tu casa? ¿Volabas papalotes? ¿Dónde? ¿Los volabas en el campo? ¿en el parque?

4. ¿Andabas en bicicleta? ¿Dónde? ¿Paseabas en el parque o en tu barrio? ¿Saltabas la cuerda? ¿Con quiénes saltabas?

5. ¿Tomabas helados? ¿Qué sabor de helado preferías: vainilla, fresa o chocolate?

6. ¿Leías tiras cómicas? ¿Qué tiras cómicas leías? ¿Jugabas videojuegos? ¿Cómo se llamaban los videojuegos que jugabas?

7. ¿Viajabas con tu familia? ¿Adónde viajaban ustedes?

Actividad 10 Recuerdos de la niñez

Conversa con tu compañero/a.

1. De niño/a, ¿vivías en una ciudad o en un pueblo? ¿Te mudabas (ibas a vivir en un lugar nuevo) con frecuencia? ¿Por qué?

2. ¿Tenías perro o gato? ¿Cómo se llamaba(n) tu(s) mascota(s)?

3. ¿A qué escuela asistías? ¿Cómo era? (grande/pequeña, nueva/vieja, ¿ ?). ¿A qué jugaban tú y tus amiguitos en el recreo? (al gato, a la pelota, al escondite, a la rayuela, a las bolas, ¿ ?)

4. ¿Mirabas mucho la televisión? ¿Qué programas te gustaban? ¿Tenías computadora? ¿La usabas para hacer la tarea? ¿para jugar videojuegos?

5. ¿Competías en algún deporte? ¿En cuál? ¿Te gustaba competir? ¿Juegas ese deporte hoy en día?

6. ¿Hay alguna actividad de tu niñez que hacías con frecuencia y que todavía haces? ¿Hay alguna que ya no haces? (por ejemplo, comer comida chatarra, pelear con tus hermanos, mirar muñequitos, etcétera)

Hablando de la niñez

«CANCIONES DE MI ABUELA», DE FRANCISCO X. ALARCÓN

Francisco X. Alarcón (1954) es un famoso poeta chicano que vive y trabaja de profesor en Davis, California. Entre sus libros de poemas para niños se encuentran[a] *Jitomates risueños*[b] (1997), *Los ángeles andan en bicicleta* (2005) y *Animalario*[c] *del Iguazú* (2008). El hermoso poema aquí incluido, de *Jitomates risueños,* presenta una imagen emotiva[d] de la abuela del poeta.

Las canciones de mi abuela

compartían
el ritmo
de la lavadora

transformaban
la cocina
en una pista de baile[e]

consolaban
las sillas
patas arriba[f]

alegraban
los retratos colgados[g]
de la familia

arrullaban[h]
las sábanas[i]
en el tendedero[j]

les daban sabor[k]
a los frijoles
de olla[l]

las canciones
que cantaba
mi abuela

eran capaces[m]
de hacer salir
a las estrellas[n]

convertir
a mi abuela
en una joven

que de nuevo[o]
iba por agua
al río

y hacerla
reír y llorar
a la vez

Los poemas son una buena forma de expresar los recuerdos. ¿Qué recuerdos tienes de tu abuelo o abuela, de tu padre, madre u otro pariente? ¿Cómo era esa persona cuando eras niño/a? ¿Qué actividades hacían ustedes juntos y en dónde? ¿Qué efecto tenía esa persona en tu familia y en tu casa? Escribe un poema para contestar esas preguntas.

---

[a]*se… one will find*   [b]*Jitomates… Laughing Tomatoes*   [c]*Animal Fables*   [d]*moving, emotional*   [e]*pista… dance floor*   [f]*patas… placed upside down*   [g]*alegraban… they made the hanging portraits happy*   [h]*lulled to sleep*   [i]*bed sheets*   [j]*clothesline*   [k]*flavor*   [l]*cooking pot*   [m]*capable*   [n]*hacer… making the stars come out*   [o]*que… who once again*

La adolescencia

Lee *Infórmate 10.2–10.4*

Iraida Fernández Saborit es periodista y bloguera. Esta es una página de su blog, *El rincón de Iraida*, con algunas fotos de su familia.

EL RINCÓN DE IRAIDA

MI ÁLBUM

ARCHIVO
ARTÍCULOS
TWITTER
FACEBOOK
MI ÁLBUM

a Aquí, mi hermano Julián. ¡Es una foto de 1985! Julián era un joven muy guapo, ¿verdad? Quería ser actor de cine.

b En esta foto de 1996, mi hermana Eliana estaba bailando con su novio David. Pensaba ser bailarina profesional, pero luego decidió estudiar para ser abogada.

c En esta foto del 2004, Radamés iba a tirarle una tiza a su compañero. Era un niño muy travieso. Les daba muchos problemas a nuestros padres. (Buena foto, ¿no? ¡La tomó el maestro!)

d Aquí Radamés estaba tocando la guitarra. ¡Practicaba varias horas al día! Siempre decía que iba a ser músico profesional y que iba a tener su propio grupo.

e Julián en 1983, con su novia… ¡No recuerdo su nombre! Julián solo tenía quince años y ya quería casarse. Pensaba hablar con el padre de su novia, pero Papi no le dio permiso.

f Aquí estoy con mi mejor amiga, Debbie. En esta foto de 1993 las dos teníamos trece años. Queríamos ser amigas para toda la vida. ¡Y lo logramos!

g Mi hermana y yo de adolescentes, en South Beach. Ese día, después de la playa, íbamos a ir a comer a Versailles, mi restaurante cubano favorito en Miami.

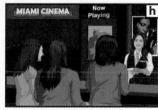

h En esta foto del año 1993, mi hermana y nuestras amigas estaban comprando boletos para el cine. Íbamos a ver una película de Leonardo DiCaprio, nuestro actor favorito. ¡Yo tomé la foto!

Actividad 11 La adolescencia de los amigos del club

A. Conversa con tu compañero/a sobre lo que hacían los amigos del club Amigos sin Fronteras cuando eran adolescentes.

MODELO: E1: ¿Quién *esquiaba durante las vacaciones*?

E2: *Julia.* ¿Cuándo *trabajaba de niñera Ángela*?

E1: *Los fines de semana.* ¿Qué *hacía Omar durante las vacaciones*?

E2: *Viajaba con su familia.*

	después de las clases	**los fines de semana**	**durante las vacaciones**	**él/ella quería...**
Omar, quince años 				
Ángela, diecisiete años 				
Franklin, dieciséis años 				
Julia, diecinueve años 				

B. Ahora miren los dibujos otra vez y digan qué querían ser o hacer estos amigos cuando eran adolescentes.

> **MODELO:** **E1:** ¿Qué quería hacer *Omar*?
>
> **E2:** Quería *hablar inglés muy bien.* ¿Quién pensaba *ser maestra*?
>
> **E1:** *Ángela.*

Actividad 12 La escuela secundaria

Dile a tu compañero/a qué hacías en estas situaciones cuando eras estudiante de la escuela secundaria. Para reaccionar a lo que dice tu compañero/a, usa las frases de **Y tú, ¿qué dices?**

> **MODELO:** **E1:** Cuando quería mirar la televisión y mi madre no me dejaba, yo le decía: «¡Pero si hoy no tengo tarea!»
>
> **E2:** ¡Qué mentiroso/a!

1. Cuando no quería ir a la escuela, …
2. Cuando iba a textear a mis amigos antes de hacer la tarea y mis padres no me dejaban, …
3. Cuando quería comprar ropa nueva y no tenía dinero, …
4. Cuando iba a salir con mi novio/a pero mi padre (o madre) no me daba permiso, …
5. Cuando mis amigos tenían fiesta y no me invitaban, …
6. Cuando me aburría en mis clases, …
7. Cuando mi maestro/a nos pedía la tarea y yo no la tenía, …
8. Cuando quería manejar a la escuela y mi carro no tenía gasolina, …

Infórmate

dejar = permitir

Mi mamá no me dejaba (permitía) ver la televisión. *My mother didn't let me (permit/allow me to) watch TV.*

Vocabulario útil

ahorraba dinero	le pedía dinero a mi padre (madre, abuelo, tío, …)
buscaba nuevos amigos	le preguntaba al maestro / a la maestra: «¿Teníamos tarea?»
decía: «¡Ay, estoy enfermo/a!»	
decía: «Anoche estuve enfermo/a.»	lloraba y gritaba
decía: «¡Pero si hoy no hay clases!»	manejaba el carro de un amigo
decía: «¡Pero si hoy no tengo tarea!»	me escapaba cuando todos estaban durmiendo
hablaba con mi novio/a por teléfono/Skype	peleaba (discutía) con mi padre / madre
hacía la tarea rápidamente en clase	
iba al cine (a la playa, al centro comercial, …)	trabajaba

Y tú, ¿qué dices?

¿De veras?	¡Qué mentiroso/a!	Yo no, yo…
¡No lo creo!	¡Qué pícaro/a!	Yo también.
¡Qué buena idea!	¿Y nunca tuviste problemas?	

Actividad 13 ¡Qué tiempos aquellos!

¿Quién diría (*would say*) lo siguiente: tus abuelos, tus padres, tus compañeros, ninguno de ellos o todos?

Cuando éramos adolescentes…

1. alquilábamos películas para verlas en casa.
2. jugábamos videojuegos.
3. nadie usaba computadoras personales.
4. escuchábamos la radio; no había televisión.
5. texteábamos a nuestros amigos todos los días.
6. íbamos al cine los fines de semana.
7. comprábamos muchas cosas en línea.
8. conocíamos a todos nuestros vecinos.
9. la gente fumaba en los restaurantes y edificios públicos.
10. escuchábamos música en iPods y MP3s.
11. nadie tenía teléfono celular.
12. escuchábamos discos LP.

Somos Jóvenes es una revista muy popular en Cuba.

Actividad 14 ¡Eres detective!

Imagínate que eres detective. Tienes que investigar un crimen: Anoche a las ocho hubo un robo en un banco de tu ciudad. Interroga a tres de los sospechosos y pregúntales qué estaban haciendo ayer a la hora del robo. ¡Ellos deben ofrecer una coartada convincente para probar su inocencia!

MODELO: E1: Buenas tardes, Sr./Sra./Srta. _____. Necesito hacerle algunas preguntas…

E2: Sí, claro, ¡por supuesto!

E1: ¿Qué estaba haciendo anoche a las ocho de la noche?

E2: Pues, estaba…

E1: ¿Y qué pensaba hacer después?

E2: Después pensaba… (Iba a…)

Vocabulario útil

Otras preguntas

¿Dónde estaba?

¿Con quién estaba? ¿Qué relación tiene usted con esa(s) persona(s)?

¿Qué ropa llevaba?

¿Por qué decidió ___? (Porque quería…)

Algunas coartadas

Estaba…

   cenando con mi familia.

   manejando a casa.

   haciendo la tarea.

   texteando a mi novio/a.

Entérate

En la investigación de crímenes, los **sospechosos** (*suspects*) deben presentar **coartadas convincentes** (*convincing alibis*) para **probar** (*prove*) su **inocencia.**

Actividad 15   Días de clases y días de vacaciones

Conversa con tu compañero/a.

LA ESCUELA SECUNDARIA

1. ¿Cómo se llamaba tu escuela secundaria?
2. ¿Vivías lejos o cerca de la escuela? ¿Llegabas a la escuela a tiempo o tarde?
3. ¿Qué materia preferías? ¿Por qué te gustaba? ¿Sacabas buenas notas?
4. ¿En qué actividades participabas? ¿En actividades deportivas? ¿En teatro? ¿Eras socio/a (miembro) de algún club? ¿Eras muy activo/a en el club?
5. ¿Qué hacías después de las clases todos los días? ¿Estudiabas mucho? ¿Mirabas la televisión? ¿Usabas tu computadora? ¿Salías con tus amigos? ¿Adónde iban?
6. Piensa en las cosas que querías hacer cuando estabas en la secundaria. (Por ejemplo: estar en el equipo de fútbol, tener un carro, viajar a Europa, conseguir un trabajo, tener novio/a, etcétera.) ¿Cuáles lograste hacer? ¿Cuáles no lograste hacer?

LOS VERANOS

1. Cuando eras adolescente, ¿dónde pasabas los veranos?
2. ¿Visitabas a tus parientes? ¿Qué hacías con ellos?
3. ¿Trabajabas? ¿Dónde? ¿Qué hacías? ¿Ganabas mucho dinero?
4. ¿Qué hacías por las tardes? ¿Y por las noches?
5. ¿Salías de vacaciones con tus padres? ¿Adónde iban? ¿Te gustaba viajar con ellos?
6. ¿Hay una actividad que querías hacer durante el verano pero que nunca hiciste? ¿Qué actividad era?

Actividad integral

Recuerdos de los días feriados

A. ¿Qué recuerdos tienes relacionados con los días feriados que pasabas con tu familia? Completa las siguientes oraciones. Puedes incluir otros días feriados (Jánuca, Ramadán, Nochevieja, Año Nuevo, etcétera) y otros miembros de tu familia.

> **MODELO:** Recuerdo que para Pascua mi hermana y yo siempre *íbamos al parque a buscar huevitos.*

1. Recuerdo que en Navidad mi abuela siempre…
2. Cuando era niño/a, para el Día de la Independencia mi familia siempre…
3. Para mi cumpleaños mis padres siempre…
4. Todavía recuerdo que para el Día de Acción de Gracias siempre…
5. Recuerdo muy bien que para la Nochevieja siempre…

B. Ahora comparte tus recuerdos con tus compañeros/as. Cuéntales si todavía haces las actividades que mencionas y con qué frecuencia (a veces, de vez en cuando, siempre) o si ya no las haces.

> **MODELO:** Para mi cumpleaños, yo siempre *comía con mi familia en mi restaurante favorito.* Todavía *como con mi familia siempre* para mi cumpleaños. / Ya *no como con mi familia para mi cumpleaños; salgo con mis amigos.*

Exprésate

ESCRÍBELO TÚ

Las actividades de tu niñez o adolescencia

Piensa en tu niñez o en tu adolescencia. Escribe una composición sobre las actividades que más te gustaban hacer a la edad de diez o quince años. ¿Tenías un juguete favorito? ¿Jugabas videojuegos? ¿Con quiénes jugabas? ¿Preferías jugar al béisbol? ¿Dónde lo jugabas? ¿Tenías un amigo imaginario / una amiga imaginaria? ¿Cómo se llamaba tu amigo/a? ¿Leías mucho? ¿Ibas mucho al cine? A continuación hay otras actividades posibles. Lee y completa la actividad entera en el *Cuaderno de actividades* o en Connect Spanish.

Vocabulario útil		
acampar en la montaña	ir a fiestas	practicar deportes
andar en bicicleta / patineta	ir de compras	salir con amigos
asistir a conciertos	jugar al escondite / a las muñecas	saltar la cuerda
comer muchos dulces	jugar videojuegos	subirse a los árboles
dormir en casa de amigos	mirar la televisión	volar un papalote
	nadar en la piscina / el mar	

Actividades con la familia

Piensa en las actividades que tú y tu familia (tus padres, abuelos, hermanos, tíos y primos) hacían juntos con regularidad cuando eras niño/a. Cuéntanos sobre algunas de esas actividades. Explica si te gustaba hacerlas o no, y por qué. Incluye muchos detalles, como por ejemplo: ¿Con quién(es) hacías estas actividades? ¿Dónde y cuándo las hacían? ¿En qué temporada del año? ¿Cuántas veces al año las hacían? ¿Por qué las hacían? (¿Las hacían para una celebración o día de fiesta? ¿Para un evento deportivo?)

MODELOS: De niño/a, todos los veranos mi familia y yo íbamos a la playa los fines de semana. Allí mi padre y yo surfeábamos. No me gustaba mucho surfear porque tenía miedo de las olas (*waves*) grandes. Pero en la playa sí me gustaba…

Los fines de semana, mis hermanos y yo íbamos al cine. Me gustaba mucho ir con ellos al cine porque siempre comíamos dulces y palomitas. Nuestras películas favoritas eran…

Anuncio de la Feria Internacional del Libro en la revista cubana *Alma Mater*

Entérate

Mundopedia

La música de Cuba

El grupo cubano de rap Los Orishas en concierto

LOS ORÍGENES DE LA MÚSICA CUBANA

La música popular cubana es rítmica, **apasionada**, y nació de la unión de dos culturas: la española y la africana. En el siglo XVI, el gobierno español llevó **esclavos** africanos a Cuba para trabajar en plantaciones de **caña de azúcar**. La religión de los esclavos se combinó con la católica y así se formó una religión nueva: la santería. De manera similar **surgió** la música afrocubana, de las ceremonias religiosas que se celebraban con mucha danza.

LOS ESTILOS MUSICALES CUBANOS

Algunos estilos musicales cubanos importantes son la rumba, el danzón, el son, el mambo y el bolero. La rumba es música de fiesta que surgió en los **puertos** de La Habana y se hizo popular en el siglo XIX. También de ese siglo es el danzón, música con mucha influencia europea y la música preferida por la clase alta. **A comienzos** del siglo XX llegó el son, que se considera la forma más representativa de Cuba porque incorporó instrumentos de las tres culturas principales de la isla: la indígena, la africana, y la de los **campesinos** blancos. En la década de los cincuenta se hicieron muy populares el bolero, un tipo de canción romántica, y el mambo, que transformó el danzón con ritmos africanos. Entre los intérpretes famosos de bolero y de otras formas tradicionales se encuentran Ibrahim Ferrer y Omara Portuondo, **estrellas** de la película *Buena Vista Social Club* (1999).

LA REVOLUCIÓN Y LA MÚSICA DEL EXILIO

En 1959 **tuvo lugar** la Revolución cubana. En la primera década después de la revolución surgieron **cantautores** que celebraban en sus canciones el nuevo

Vocabulario de consulta

apasionada	passionate
esclavos	slaves
caña de azúcar	sugar cane
surgió	emerged
puertos	ports
A comienzos	At the beginning
campesinos	peasants
estrellas	stars
tuvo lugar	took place
cantautores	singer-songwriters
logros	achievements
alcanzaron fama	achieved fame
letras	lyrics
floreció	flourished
raíces	roots
alegres	happy, lively
movidas	upbeat
por medio de	through
falta de	lack of

espíritu revolucionario y los **logros** de la sociedad cubana. Dos de ellos, Pablo Milanés y Silvio Rodríguez, **alcanzaron fama** internacional con sus hermosas melodías y **letras** poéticas.

Los cubanos que no aceptaban las ideas del gobierno revolucionario se fueron del país y muchos se exiliaron en Miami, Florida. De esa comunidad nació la música de los cubanoamericanos: entre otros, el cantautor Willy Chirino y el grupo Miami Sound Machine, con el cual comenzó su carrera Gloria Estefan. Pero en el exilio también **floreció** la carrera de una gran cantante cubana que emigró a Nueva York: Celia Cruz (1925–2003). Esta talentosa mujer afrocubana, con sus canciones **alegres** y **movidas**, creó un estilo único con fuertes **raíces** en la tradición africana del Caribe.

LA MÚSICA RECIENTE EN CUBA: RAP Y HIP HOP

En los años setenta se formaron varios grupos populares como Irakere y Los Van Van, que combinaban el son, el jazz y el rock en sus canciones. Años después, en los ochenta, llegó el rap a Cuba y el gobierno cubano lo criticó por ser un estilo «decadente» importado de Estados Unidos. Pero muy pronto el rap y luego el hip hop se integraron a la cultura de la Isla. Hay grupos cubanos de rap muy famosos —Obsesión, Los Orishas— y otros que expresan **por medio de** la música su descontento con la situación política del país, criticando los problemas sociales y económicos y la **falta de** libertad de expresión en la sociedad cubana.

COMPRENSIÓN

Contesta las preguntas.

1. La religión cubana que combina la religión católica y la africana se llama _____.
2. ¿Cuáles son algunas formas musicales típicas de Cuba?
3. ¿Por qué es el son muy representativo de la música popular cubana?
4. ¿Cómo se llama el grupo musical con el cual comenzó a cantar Gloria Estefan?
5. ¿Cómo se describe la música de Celia Cruz?
6. ¿Qué critican algunos raperos cubanos?

CONEXIÓN CULTURAL

LA DIÁSPORA CUBANA

El exilio es uno de los temas que más recurre en la literatura cubana. La razón (*reason*) es que muchos de los grandes escritores cubanos han vivido en el extranjero (*abroad*). En Estados Unidos solamente, hay casi dos millones de cubanos. Pero también hay inmigrantes de Cuba en Canadá, México, Ecuador, Argentina, Chile y toda América Latina, al igual que en Europa. ¿Quieres saber por qué hay tantos cubanos fuera de Cuba? Lee la lectura «La diáspora cubana» en el *Cuaderno de actividades* o en Connect Spanish y ¡entérate!

Voces cubanas

asere	**amigo**
el cachumbambé	seesaw
de ampanga	impressive
la fruta bomba	**la papaya**
el galletazo	a slap in the face
el/la guajiro/a	peasant
el/la vejigo/a	**el/la niño/a;** *adj.* **joven, de poca edad**
el traganique	jukebox (Literally, *swallows-nickles*)

Videoteca

Amigos sin Fronteras
Episodio 10: Así somos

Vocabulario de consulta

¡sin mi permiso!	without my permission!
travieso/a	mischievous
tiraba	threw
globos	balloons
cartero	mailman
metía	inserted, stuck
tubo de escape	exhaust pipe
salía disparada	would shoot out
pegaba	would stick
una moneda de cien pesetas	a one-hundred **peseta** coin (the **peseta** was the former currency of Spain)
pegamento	glue
con disimulo	sneakily
sin parar	endlessly
huelo	I smell
modestia aparte	modesty aside
escondida	hidden

Resumen

Claudia, Ana Sofía y Radamés están de visita en casa de Sebastián, mirando fotos y hablando de su niñez y adolescencia. Radamés, Sebastián y Ana Sofía admiten que eran traviesos cuando eran niños y cuentan algunas de sus travesuras; también describen las actividades que les gustaba hacer cuando eran adolescentes. Pero Claudia confiesa que era una niña muy seria.

Preparación para el video

A. ¡Comencemos! Contesta las preguntas según la foto.
1. ¿Cómo se llaman los cuatro chicos en la foto?
2. ¿En qué aparato miran las fotos los amigos?

Comprensión del video

B. La idea principal. Marca la idea principal del video.
1. La madre de Sebastián subió fotos de él a Facebook sin su permiso.
2. Sebastián no sabe cocinar; la pizza es del mercado.
3. Los chicos charlan sobre su niñez y adolescencia y dos de ellos muestran fotos.

C. ¿Cierto o falso?

1. Radamés no era travieso; era un chico muy serio.
2. Sebastián ponía papas en el tubo de escape de los coches.
3. Ana Sofía pegaba una moneda al suelo para reírse de la gente que quería recogerla.
4. Claudia no les muestra sus fotos a sus amigos.
5. Claudia cambió mucho cuando entró a la universidad.

D. Detalles. Contesta las preguntas según el video.

1. En la foto de cuando Sebastián era niño, ¿cuál es él?
2. ¿Qué le gustaba a Radamés hacer de adolescente? ¿dónde, especialmente?
3. ¿Con quién patinaba Claudia cuando era niña?
4. ¿Qué hacía Ana Sofía muy bien de niña y de adolescente?

Mi país CUBA

Comprensión

1. ¿Cuál es la isla más grande del Caribe?
2. ¿Qué elementos de la naturaleza van a incluir Radamés y su grupo en el video?
3. ¿De qué colores son algunas casas y edificios en la ciudad de Trinidad?
4. ¿Dónde comenzó Radamés a escribir una de sus canciones?
5. ¿Quién decía la famosa exclamación «¡Azúcar!»?
6. ¿A qué se parece el Capitolio de La Habana?
7. ¿De qué tiempo son los carros antiguos que se ven en el Malecón?
8. ¿Qué tipo de ritmos se escuchan en el Carnaval de Santiago de Cuba?

Un cocodrilo cubano

Corales cubanos

Infórmate

10.1 Prepositions and Pronouns

A. In Spanish, prepositions are often followed by pronouns. Here are some examples.

a mí	*to/at me*
de ti/usted	*of/from you (inf./pol., sing.)*
en él	*in/on him*
para ella	*for her*
sin nosotros/as	*without us*
para vosotros/as	*for you (inf. pl., Sp.)*
entre ustedes	*among/between you (pol. pl.)*
con ellos	*with them (m.)*
para ellas	*for them (f.)*

—¿Para quién es el regalo? ¿Es **para mí**?
Who is the present for? Is it for me?

—No, es **para él.**
No, it's for him.

—No podemos ir a la fiesta **sin** Radamés.
We can't go to the party without Radamés.

—Es verdad. No podemos ir **sin él.**
It's true. We can't go without him.

—¿Te llevas bien **con** tus padres?
Do you get along well with your parents?

—Sí, me llevo muy bien **con ellos.**
Yes, I get along well with them.

—¿Crees que mi hija se parece **a** su papá?
Do you think my daughter looks like her father?

—No, se parece mucho más **a ti.**
No, she looks a lot more like you.

Note that **mí** always has a written accent, to distinguish it from **mi** (*my*). However, **ti** is never written with an accent.

B. One exception to note is that the words **con** and **mí** combine to form **conmigo** (*with me*). The words **con** and **ti** form **contigo** (*with you*).

—Nayeli, ¿quieres ir **conmigo** al cine esta tarde?
Nayeli, do you want to go to the movies with me this afternoon?

—No, Sebastián. No puedo ir **contigo** esta tarde. Tengo que llevar a mis padres al aeropuerto.
No, Sebastián. I can't go with you this afternoon. I have to take my parents to the airport.

Ejercicio 1

Radamés le dice a su novia Trish para quién(es) son algunos regalos de Navidad y su novia reacciona con sorpresa. Llena los espacios en blanco para completar sus reacciones.

MODELO: —Esta calculadora es para mi sobrinita.

—¿*Para ella*? ¡No lo creo! ¡Es muy pequeña!

1. —Esta corbata es para mi tío.
   —¿_____ _____? ¿Le gustan las corbatas?
2. —Este sombrero es para ti.
   —¿_____ _____? ¡Gracias! ¡Es muy bonito!
3. —Esta patineta es para mi abuelo.
   —¿_____ _____? ¡Pero si tu abuelo no sabe usar una patineta!
4. —Estas muñecas son para la profesora Johnson-Muñoz.
   —¿_____ _____? ¡No lo creo! ¿Ella juega con muñecas?
5. —Este suéter es para Chulis, el perro de Eloy.
   —¿_____ _____? ¡A Chulis no le gusta la ropa!
6. —Esta lámpara es para mí.
   —¿_____ _____? ¡Es perfecta para tu cuarto!
7. —Estos discos compactos de música clásica son para ti y tus amigos.
   —¿_____ _____? ¡No nos gusta la música clásica!
8. —Este cartel de Gloria Estefan es para mis padres.
   —¿_____ _____? ¡Claro! Porque les gusta mucho la música de Gloria.

Ejercicio 2

Completa los diálogos con **mí, ti, él/ella, ellos/ellas, conmigo** o **contigo.**

RADAMÉS: Trish, ¿quieres ir _____^{1} al cine este fin de semana?

TRISH: No. Lo siento, pero no puedo ir _____^{2} porque tengo que trabajar.

FRANKLIN: Estefanía, este CD de música puertorriqueña es un regalo de mis padres para _____.^{3}

ESTEFANÍA: ¿Un regalo de tus padres? ¿Para _____^{4}? ¡Qué lindo gesto, Franklin!

CLAUDIA: Nayeli, ¿qué piensas de Javier, el chico que está en mi clase de economía?

NAYELI: ¿Qué pienso de _____^{5}? Pues, no lo conozco muy bien, pero creo que es muy atractivo.

CLAUDIA: Pues… voy a ir a bailar con _____^{6} esta noche.

NAYELI: ¿De verdad? ¿Vas a bailar con _____^{7}? ¡Qué envidia! Yo quiero ir, pero no puedo. Hoy tienes que ir sin _____.^{8}

CAMILA: Eloy, ¿te llevas bien con tus hermanos?

ELOY: Sí, casi siempre me llevo bien con _____.^{9} Y tú, ¿te llevas bien con Antonella?

CAMILA: ¡Por supuesto! Es mi hermanita. Siempre me llevo bien con _____.^{10}

10.2 The Imperfect Tense

A. The Spanish imperfect tense is used to describe actions that occurred repeatedly or habitually in the past. To express the same idea, English often uses the phrases *used to* or *would*, or just the simple past.

—¿A qué hora **te levantabas** en el verano?	*What time*	*did you* / *did you use to* / *would you*	*get up in the summer?*
—Siempre **me levantaba** a las nueve.	*I always*	*got up* / *used to get up* / *would get up*	*at 9:00.*

> In **Infórmate 11.4** and **13.4** you will learn about the preterite and imperfect when used together.

| De niña, **nadaba** todos los días en el verano. | As a child, I used to (would) swim every day in the summer. |
| Cuando **éramos** jóvenes, **íbamos** al cine todos los sábados. | When we were young, we would go to the movies every Saturday. |

B. There are two patterns of endings for the imperfect: -**ar** verbs use the -**aba** endings; -**er** and -**ir** verbs use the -**ía** endings.

	-ar *VERBS*	er/-ir *VERBS*	
	manejar	**comer**	**vivir**
(yo)	manej**aba**	com**ía**	viv**ía**
(tú)*	manej**abas**	com**ías**	viv**ías**
usted, él/ella	manej**aba**	com**ía**	viv**ía**
(nosotros/as)	manej**ábamos**	com**íamos**	viv**íamos**
(vosotros/as)	manej**ábais**	com**íais**	viv**íais**
ustedes, ellos/ellas	manej**aban**	com**ían**	viv**ían**

Mis hermanos **comían** mucho cuando **visitábamos** a nuestros abuelos.	My brothers used to eat a lot when we visited (would visit) our grandparents.
—¿Qué **hacía** Omar los domingos cuando **estaba** en la secundaria?	What did Omar used to do on Sundays when he was in high school?
—**Jugaba** al fútbol con sus amigos.	He used to play soccer with his friends.

C. Only three verbs are irregular in the imperfect: **ir, ser,** and **ver.**

	ir	**ser**	**ver**
(yo)	iba	era	veía
(tú)	ibas	eras	veías
usted, él/ella	iba	era	veía
(nosotros/as)	íbamos	éramos	veíamos
(vosotros/as)	ibais	erais	veías
ustedes, ellos/ellas	iban	eran	veían

| Te **veía** más cuando trabajabas en esta oficina. | I used to see you more when you worked in this office. |
| Cuando **era** muy joven, mi papá y yo **íbamos** a la finca y yo montaba con él en su caballo. | When I was very young, my father and I used to go to the farm and I would ride with him on his horse. |

---

*Recognition: In the imperfect, the **vos** forms are identical to the **tú** forms: **manejabas, comías, vivías,** and so forth.

¿Qué hacían estas personas de niños?

1. andar en bicicleta / Omar
2. jugar con muñecas / Claudia y yo
3. leer las tiras cómicas del periódico los domingos / Ángela
4. bañarse en el mar en Acapulco / Nayeli
5. comer muchos dulces / Franklin
6. limpiar su cuarto / Marcela
7. pasar las vacaciones en Mar del Plata / Camila y sus primos
8. escuchar música rock / Radamés
9. ver muñequitos en la televisión / Sebastián
10. ir al cine los domingos / don Rafael Sotomayor

Ejercicio 4

Completa cada oración con el nombre de la(s) persona(s) y la forma apropiada del imperfecto para expresar lo que hacía(n).

MODELO: _Nayeli_: Ya no monta a caballo mucho, pero antes _montaba_ a caballo todos los días.

Nayeli

Ángela

Eloy y Eduardo

Lucía

Omar

Ana Sofía

Xiomara

1. _____: De adolescente _____ mucha comida chatarra, pero ahora tiene una dieta muy saludable.
2. _____: Ya no juegan videojuegos, pero antes los _____ todos los días.
3. _____: Antes _____ mucho con su hermano mayor, pero ya no pelea con él.
4. _____: De niña _____ la cuerda, pero ya no lo hace nunca.
5. _____: Cuando era soltero, _____ mucho, pero ahora no tiene tiempo.
6. _____: Ya no llora tanto cuando ve películas tristes, pero de adolescente _____ mucho.

10.3 Talking About Past Actions in Progress: The Imperfect Progressive

¿Recuerdas?

In **Infórmate 6.2** you learned how to use a present-tense form of **estar** with a present participle (the **-ando /-iendo** form of the verb) to talk about actions currently in progress. Review that section now, if necessary.

To describe an action in progress that was taking place at some past moment, use the imperfect tense of **estar** (**estaba, estabas, estaba, estábamos, estabais, estaban**) followed by a present participle.

—¿Qué **estabas haciendo** ayer a las cuatro?	*What were you doing yesterday at 4:00?*
—Creo que **estaba mirando** la televisión.	*I think I was watching television.*
—Radamés, ¿qué **estabas haciendo** ayer cuando te llamé?	*Radamés, what were you doing yesterday when I called you?*
—¡**Estaba durmiendo**!	*I was sleeping!*

Ejercicio 5

Di qué estabas haciendo y qué no estabas haciendo ayer. Usa los verbos **actualizar, asistir, dormir, estudiar** y **ver**.

Ayer a las cuatro de la tarde (yo) estaba…

	SÍ	NO
1. _____ la siesta.	☐	☐
2. _____ a una clase.	☐	☐
3. _____ un video de YouTube.	☐	☐
4. _____ la lección de español.	☐	☐
5. _____ mi página de Facebook.	☐	☐

Ejercicio 6

Di qué estaban haciendo las siguientes personas ayer a las cinco de la tarde. Usa **estar** con el verbo apropiado: **comer, escribir, hacer, limpiar, preparar.**

1. Mi mamá _____ la cena.

2. Mi mejor amigo/a _____ la tarea.

3. Dos de mis compañeros de clase _____ en un restaurante.

4. Mis padres _____ la casa.

5. El presidente de la universidad _____ un discurso (*speech*) para la próxima semana.

10.4 Using the Imperfect to Express Intention: **ir + a, querer,** and **pensar** + Infinitive

The imperfect of **ir** (**iba, ibas, iba, íbamos, ibais, iban**) can be used in the construction **ir a** + infinitive to express past intentions (*was/were going to do* [*something*]). The imperfect forms of **querer** and **pensar** + infinitive are similar in meaning.

iba a + infinitive = *I/he/she/you (pol. sing.) was/were going to*

(Yo) Iba a viajar por España, pero tuve que trabajar.
I was going to travel through Spain, but I had to work.

Íbamos a esquiar el jueves, pero ahora dicen que va a llover.

Quería acampar en las montañas este verano, pero tengo que trabajar.

Ana Sofía **pensaba pasar** el verano en Sudamérica, pero no ahorró suficiente dinero.

We were going to ski on Thursday, but now they say it's going to rain.

I wanted to go camping in the mountains this summer, but I have to work.

Ana Sofía was thinking about (planning on) spending the summer in South America, but she didn't save enough money.

¿Recuerdas?

Recall from **Infórmate 4.4** that the present tense of **ir** + **a** + *infinitive* is used to express future actions.

Estefanía, ¿**vas a llamar** a Franklin esta noche?   *Estefanía, are you going to call Franklin tonight?*

Ejercicio 7

Inventa una excusa. Usa **iba** + **a** + infinitivo.

MODELO: ¿Por qué no me llamaste anoche? (perdí mi teléfono)
Iba a llamarte, pero perdí mi teléfono.

1. ¿Por qué no viniste en carro anoche? (me quedé sin gasolina)
2. ¿Por qué no me compraste un regalo? (no tuve tiempo)
3. ¿Por qué no cenaste con nosotros? (cené en casa antes)
4. ¿Por qué no fuiste al concierto de Radamés y su grupo? (no funcionó mi carro)
5. ¿Por qué no asististe a clase ayer? (no sonó la alarma del reloj)
6. ¿Por qué no almorzaste ayer? (no tuve tiempo)
7. ¿Por qué no escuchaste música en la playa? (perdí mi iPod)
8. ¿Por qué no viajaste este verano? (tuve que trabajar)

Lo que aprendí

Al final de este capítulo, ya puedo hablar sobre…

☐ la familia extendida.

☐ las actividades y experiencias de mi niñez.

☐ las actividades de mi adolescencia.

☐ mis experiencias cuando estaba en la secundaria.

☐ las cosas que quería o pensaba hacer cuando era adolescente.

Además, ahora conozco…

☐ algunas novelas cubanas y cubanoamericanas importantes.

Y sé más sobre…

☐ algunos cubanos y cubanoamericanos famosos.

☐ la historia de la música cubana.

Vocabulario

La familia y el parentesco	Family and Family Relationships
el árbol genealógico	family tree
el/la cuñado/a	brother-in-law / sister-in-law
el/la hermanastro/a	stepbrother / stepsister
el/la hijastro/a	stepson / stepdaughter
el hijo único / la hija única	only child
la madrastra	stepmother
el medio hermano / la media hermana	half brother / half sister
la nuera	daughter-in-law
el padrastro	stepfather
el suegro / la suegra	father-in-law / mother-in-law
el yerno	son-in-law

Repaso: el/la abuelo/a (el/la abuelito/a), el/la esposo/a, el/la hermano/a (el/la hermanito/a), el/la hijo/a, la madre (mamá), el/la nieto/a, el padre (papá), el/la pariente, el/la primo/a, el/la sobrino/a, el/la tío/a

Las actividades de la niñez	Childhood Activities
jugar (ue) (gu)	to play
a la pelota	ball
a la rayuela (al bebeleche, *Mex.*)	hopscotch
a las bolas (a las canicas, *Mex.*)	marbles
a las casitas	house
a mamá y papá	house
al escondite	hide-and-seek
al gato	tag
leer (y) las tiras cómicas	to read the comics
montar en el subibaja (cachumbambé, *Cuba*)	to ride the seesaw
saltar la cuerda	to jump rope
subirse a los árboles	to climb trees
ver (*irreg.*) muñequitos	to watch cartoons
volar (ue) papalote (cometa)	to fly a kite

Repaso: andar (*irreg.*) en patineta, jugar (ue) (gu) juegos de mesa, jugar (ue) (gu) videojuegos, patinar, sacar (qu) buenas notas

Los verbos	Verbs
aburrirse	to get bored
ahorrar	to save (*money, time*)
conseguir (i, i)	to obtain, to get
dar (*irreg.*) permiso	to give permission
dejar	to permit, allow; to leave (something or someone)
discutir	to discuss; to argue
fumar	to smoke
iba a + infinitive	was/were going to (do something)
llevarse bien/mal con	to get along well with / not get along with
lograr	to achieve, to accomplish
mejorar	to improve; to get better
mudarse	to move (*from one residence to another*)
parecerse (me parezco)	to look like
¿A quién se parece?	Who does he/she /you (*pol. sing.*) look like?
Se parece a…	He/She/You (*pol. sing.*) looks like . . .
¿A quién te pareces?	Who do you (*inf. sing.*) look like?
Me parezco a…	I look like . . .
pelar	to peel
pelear	to fight
pensaba + infinitive	was/were planning to (do something)
quería + infinitive	wanted to (do something)
soñar (ue) (con)	to dream (about)
tirar	to throw

Palabras semejantes: competir (i, i), escaparse, interrogar, investigar, navegar

Los animales	Animals
mono	monkey

Palabras semejantes: la cebra, el elefante, el león

Las personas	People
el bailarín / la bailarina	dancer
el escritor / la escritora	writer
la niñera	nanny, babysitter
el socio / la socia	member
el sospechoso / la sospechosa	suspect
el/la tenista	tennis player

Palabras semejantes: el/la activista, el/la bloguero/a, el/la explorador(a), el/la navegante, el/la poeta

Los sustantivos	Nouns
el adorno	decoration
el boleto	ticket
el campo	country, countryside; field
el centro comercial	mall
la coartada	alibi
el crimen	crime
el granizado	flavored iced drink, slushie
el/la guía	guide (*person*)
la historia	story; history
los Juegos Olímpicos	Olympic Games
la juventud	youth
la muñeca	doll
la nube	cloud
la obra de teatro	play
el patio de recreo	playground
el recreo	recess
el robo	robbery
el sabor	flavor
el zoológico	zoo

Palabras semejantes: la adolescencia, la infancia, la radio, la relación, la sociedad, el verso

Los adjetivos	Adjectives
bastante	plenty of, quite a lot
convincente	convincing
deportivo/a	sporty, sport
lindo/a	cute, pretty
parecido/a	alike, similar
travieso/a	naughty, mischievous

Palabras semejantes: activo/a, cubanoamericano/a

Repaso: casado/a, divorciado/a, soltero/a, viudo/a

Palabras y expresiones útiles	Useful Words and Expressions
a tiempo	on time
al día	daily
Cuando era niño/a…	When I was a child . . .
De niño/a…	As a child . . . / When I was a child . . .
había	there was
hoy en día	nowadays
hubo	there was
Me/Te gustaba(n)…	I/You (*inf. sing.*) used to like . . .
¡No lo creo!	I don't believe it!
¡Por supuesto!	Of course!
¡Qué mentiroso/a!	What a liar!
¡Qué pícaro/a!	How naughty!
¡Qué tiempos aquellos!	Those were the days!
ya no	no longer
¡Viva…!	Long live . . . !

De viaje 11

Madrid, España

Upon successful completion of **Capítulo 11** you will be able to speak about geography and climate. You will feel comfortable talking about transportation, travel-related experiences, giving and following directions, and using the preterite and imperfect together to narrate past experiences. Additionally, you will have learned about some interesting places and people from Spain.

Comunícate

La geografía y el clima

Los medios de transporte

Hablando de los medios de transporte «Biciacción»

En busca de sitios

Los viajes

Actividad integral Mi ciudad favorita en España

Exprésate

Escríbelo tú Un viaje en automóvil

Cuéntanos Un viaje inolvidable

Entérate

Mundopedia Los paradores de España

Voces españolas

Conexión cultural El nuevo flamenco

Videoteca Amigos sin Fronteras, Episodio 11: ¡Allá vamos, Los Ángeles!

Mi país: España

Infórmate

11.1 The Present Perfect

11.2 Destination and Time: **por** and **para** (Part 1)

11.3 Polite Commands

11.4 Using the Imperfect and the Preterite Together

ESPAÑA

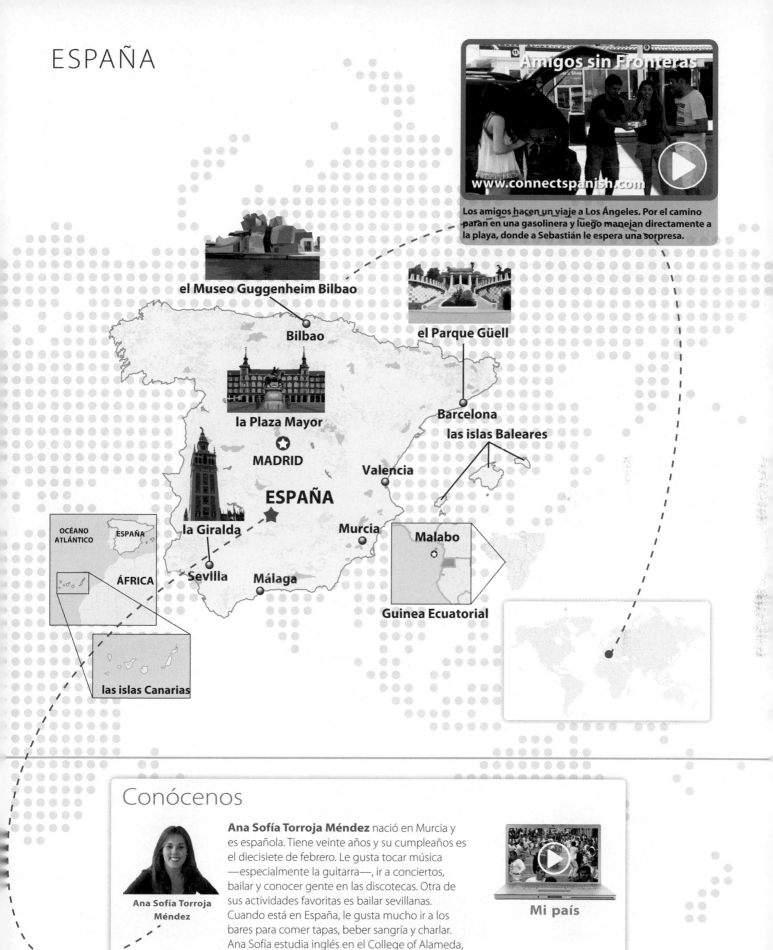

Amigos sin Fronteras

www.connectspanish.com

Los amigos hacen un viaje a Los Ángeles. Por el camino paran en una gasolinera y luego manejan directamente a la playa, donde a Sebastián le espera una sorpresa.

el Museo Guggenheim Bilbao

Bilbao

el Parque Güell

la Plaza Mayor

Barcelona

MADRID

las islas Baleares

ESPAÑA

Valencia

la Giralda

Murcia

Malabo

OCÉANO ATLÁNTICO

ESPAÑA

ÁFRICA

Sevilla

Málaga

Guinea Ecuatorial

las islas Canarias

Conócenos

Ana Sofía Torroja Méndez nació en Murcia y es española. Tiene veinte años y su cumpleaños es el diecisiete de febrero. Le gusta tocar música —especialmente la guitarra—, ir a conciertos, bailar y conocer gente en las discotecas. Otra de sus actividades favoritas es bailar sevillanas. Cuando está en España, le gusta mucho ir a los bares para comer tapas, beber sangría y charlar. Ana Sofía estudia inglés en el College of Alameda, pero piensa estudiar el año próximo en la Universidad de California, Berkeley.

Ana Sofía Torroja Méndez

Mi país

Comunícate

La geografía y el clima

Lee *Infórmate 11.1*

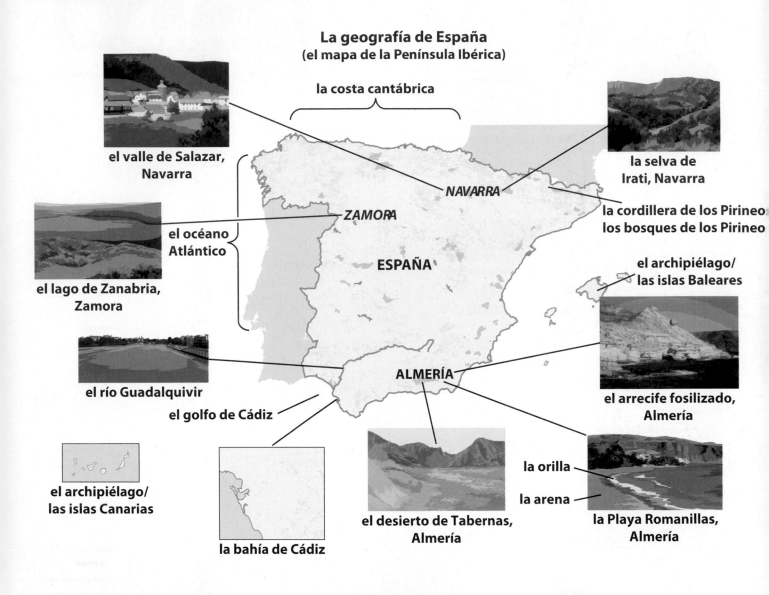

La geografía de España
(el mapa de la Península Ibérica)

la costa cantábrica

el valle de Salazar, Navarra

la selva de Irati, Navarra

NAVARRA

la cordillera de los Pirineo
los bosques de los Pirineo

ZAMORA

el océano Atlántico

el lago de Zanabria, Zamora

ESPAÑA

el archipiélago/ las islas Baleares

el río Guadalquivir

el golfo de Cádiz

ALMERÍA

el arrecife fosilizado, Almería

el archipiélago/ las islas Canarias

la orilla

la arena

la bahía de Cádiz

el desierto de Tabernas, Almería

la Playa Romanillas, Almería

el sol

el cielo

el llano

el tornado

las nubes

la lluvia

las estrellas

el cielo

la luna

el relámpago

el trueno

la tormenta/la tempestad

el huracán/el ciclón

la inundación

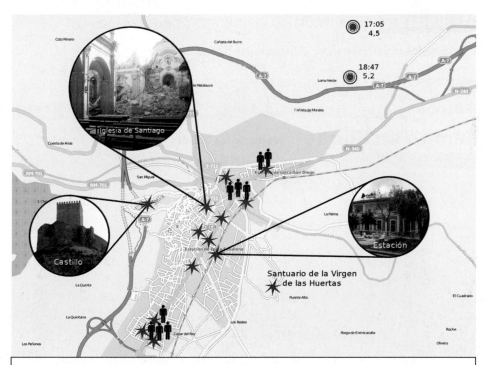

Consecuencias del terremoto de Lorca, Murcia (España) en 2011

 epicentro del terremoto zonas donde hay edificios dañados muertes

Infórmate

Use these patterns to form exclamations.

¡Qué + *adjective*!

¡Qué cristalina es el agua aquí!

¡Qué + *noun* + **tan/más** + *adjective*!

¡Qué luna más grande!

¡Qué terremoto tan terrible!

¡Cuánto/a/os/as + *noun*!

¡Cuántas estrellas han salido esta noche!

¡Cuánta lluvia ha caído hoy!

Actividad 1 Definiciones

A. La geografía. Empareja cada palabra con su definición.

1. _____ el valle
2. _____ el lago
3. _____ el río
4. _____ la bahía
5. _____ el desierto
6. _____ la orilla
7. _____ el arrecife
8. _____ la isla
9. _____ la selva
10. _____ la costa

a. porción de tierra rodeada de agua

b. zona donde la tierra se junta con el agua de un mar, lago o río

c. la orilla del mar y la tierra que está cerca de ella

d. banco formado en el mar, casi en la superficie, por rocas y corales

e. terreno extenso, sin cultivar, donde hay mucha vegetación

f. entrada de mar en la costa, menor que un golfo

g. corriente de agua que generalmente corre hacia el mar

h. extensión de agua rodeada de tierra

i. territorio árido con mucha arena y poca o ninguna vegetación porque no llueve mucho (hay poca lluvia)

j. espacio entre dos montañas, con frecuencia tiene un río

B. Ahora empareja estas palabras y definiciones relacionadas con el clima.

1. _____ cielo
2. _____ huracán
3. _____ tormenta
4. _____ relámpago
5. _____ inundación

a. perturbación atmosférica con fuertes vientos, relámpagos, truenos, lluvia o nieve

b. acción de cubrir o llenar un lugar de agua

c. atmósfera que rodea la tierra

d. resplandor vivo e instantáneo producido entre dos nubes por una descarga (*charge*) eléctrica

e. viento de enorme fuerza que gira en grandes círculos, originado generalmente en zonas tropicales

E n t é r a t e

Aquí tienes un refrán sobre el tema del clima. ¿Estás de acuerdo con su mensaje?

Quien siembra vientos, recoge tempestades
You reap what you sow. (En sentido literal, *Those who plant winds, harvest storms.*)

Actividad 2 El pronóstico del tiempo para Bilbao

Contesta las preguntas sobre el tiempo en Bilbao.

1. ¿Qué tiempo va a hacer mañana por la mañana? (buen/mal tiempo, frío, calor, sol, ¿ ?)

2. ¿Cuál va a ser el día más caluroso? ¿Y cuáles van a ser los días más fríos?

3. Va a hacer fresco el martes. ¿Qué otro día va a hacer tanto fresco como el martes?

4. ¿Para qué días se pronostica llovizna? ¿Y chubascos?

5. ¿Qué día va a llover (va a haber lluvias)? ¿Más o menos a qué hora va a llover?

6. ¿Va a haber un día completamente nuboso el día entero? ¿Cuál? ¿Va a haber días con intervalos nubosos? ¿días poco nubosos? ¿Cuáles y más o menos a qué horas? ¿Y qué días va a estar totalmente cubierto el cielo?

7. ¿Va a haber días despejados todo el día? ¿Cuáles?

Vocabulario útil

pronosticarse	
los chubascos	
caluroso/a	
cubierto/a	overcast
despejado/a	
nuboso/a (nublado/a)	cloudy

Entérate

El sitio web **www.eltiempo.es** está entre las cinco páginas más vistas de España; informa sobre la temperatura en cualquier parte de España y en más de 200.000 ciudades del resto del mundo las veinticuatro horas del día. Además, ofrece información sobre tormentas, lluvias, nubes y vientos.

hace mucho calor
hace calor
hace fresco
hace frío
hace mucho frío

Actividad 3 Fenómenos del tiempo

la llovizna

la tormenta

los relámpagos y los truenos

la humedad

el rocío

la niebla/la neblina

la escarcha

(Continúa.)

Completa cada oración con una de estas palabras: **chubasco, cielo, escarcha, humedad, inundación, llovizna, neblina, nubes, relámpagos, rocío, tormenta, truenos, vientos. OJO:** Hay palabras extra.

1. Después de una noche muy fría, a la mañana siguiente hay _____ en los techos, en las ventanas y en los coches.
2. Durante una tormenta, antes de los truenos, se ven _____.
3. Un huracán tiene _____ muy fuertes.
4. En las zonas tropicales hay mucha _____.
5. Es muy peligroso manejar cuando hay _____ porque no hay visibilidad.
6. Una lluvia muy ligera es una _____.
7. Entre llovizna y lluvia: un _____.
8. Las gotas de agua que aparecen en las flores y las hojas de las plantas temprano por la mañana: el _____.
9. Antes de una tormenta, las nubes cubren el _____.
10. El agua cubre las calles y parte de las casas; los coches flotan en ella: una _____.

Actividad 4 Los viajes y el tiempo

Conversa con tu compañero/a sobre tus viajes y tus actividades en relación con el clima.

LOS VIAJES

1. ¿Has ido a las montañas? ¿Con quién(es)? ¿Has acampado o esquiado en la nieve en las montañas? ¿Has tenido alguna experiencia interesante allí? ¿Qué pasó? Explica.
2. ¿Has ido al desierto? ¿A cuál? Descríbelo. ¿Qué es lo más interesante que has visto en un desierto? ¿Te gustaría vivir en un desierto? ¿Por qué?
3. ¿Hay un lago o un río cerca de donde tú vives? ¿Cómo se llama? ¿Vas allí con frecuencia? ¿Qué te gusta hacer allí?
4. ¿Has estado en una selva? ¿En cuál? ¿Había humedad? ¿Te molestó la humedad? ¿Has tenido problemas con algún animal de la selva alguna vez? ¿Te gustaría vivir en la selva? ¿Por qué?
5. ¿Te gusta ir a la playa? ¿Vas con frecuencia? ¿Qué te gusta hacer en la playa cuando está soleado? ¿Qué playas conoces? ¿Conoces playas en otros países? ¿Cómo se llama(n) y en qué país está(n)? ¿Son playas de agua fría o tibia? ¿Cuáles prefieres, las playas de agua fría o las de agua tibia? ¿Por qué?

EL TIEMPO

1. ¿Alguna vez te ha pescado un chubasco sin paraguas? ¿Te mojaste? ¿Qué hiciste? ¿Qué has hecho para no mojarte otra vez? ¿Te has comprado un paraguas pequeño?
2. ¿Alguna vez has estado en el mar o en la piscina con una tormenta eléctrica? ¿Tuviste miedo de los truenos y los relámpagos? ¿Te saliste del agua? ¿Les tienes miedo a los relámpagos?
3. ¿Has visto un huracán o un tornado alguna vez? ¿Qué pasó? ¿Te dio (Tuviste) miedo? ¿Por qué? ¿Cómo se llama el último tornado o huracán que has visto?
4. ¿Alguna vez has tenido miedo de tener un accidente por manejar con neblina? ¿Has visto algún accidente en la carretera por manejar en malas condiciones climáticas? ¿Qué pasó?
5. ¿Has pasado por una tormenta o un huracán en un avión? ¿Dónde? ¿Cuántos años tenías? ¿Tuviste miedo? Si no has tenido esa experiencia, ¿te gustaría tenerla? ¿Por qué?

> **Infórmate**
>
> The verb form **gustaría** functions much like **gusta** and means *would like*.
>
> Me gustaría vivir cerca de la playa.
> *I would like to live near the beach.*
>
> ¿Te gustaría tener un coche híbrido?
> *Would you like to have a hybrid car?*

Los medios de transporte

Lee *Infórmate 11.2*

Los estudiantes andan en bicicleta por el campus.

El Prius es un auto (carro, coche, automóvil) híbrido y me da cincuenta millas por galón.

El autobús es muy útil para los estudiantes.

Muchas ciudades tienen un metro / transporte subterráneo.

El tren es un medio de transporte público muy popular en Europa.

El tranvía en Sevilla pasa por el centro de la ciudad.

El avión ya está aquí. Salimos en este momento para España.

El transbordador transporta coches y autobuses.

la lancha

el barco

el crucero

el semáforo

la multa

la autopista

el puente

EL AUTOMÓVIL

el maletero   la antena   el espejo retrovisor   el limpiaparabrisas   el parabrisas

el capó

los faros

la matrícula (la placa)

M-3810-LP

el guardabarros   las ruedas (las llantas)   el parachoques

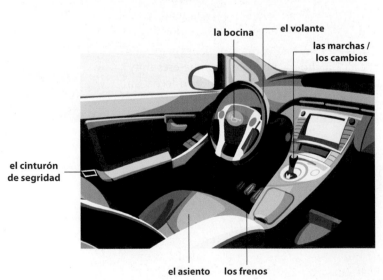

la bocina   el volante   las marchas / los cambios

el cinturón de segridad

el asiento   los frenos

Definiciones

A. Completa las oraciones con los medios de transporte correctos: **el avión, el barco, la bicicleta, el metro, el transbordador, el tranvía.**

1. _____ flota en el agua; sirve para transportar carga y/o pasajeros.

2. _____ es un vehículo de dos ruedas que no usa gasolina.

3. Un medio de transporte aéreo muy rápido: _____.

4. En las grandes ciudades del mundo se usa este medio de transporte subterráneo: _____.

5. _____ es un tipo de tren eléctrico que se utiliza en las ciudades.

6. _____ sirve para transportar personas y vehículos, incluyendo trenes y autobuses, para cruzar un río o una bahía.

B. Empareja la parte del automóvil con la definición correcta.

1. _____ la matrícula (la placa)

2. _____ la bocina

3. _____ el parabrisas

4. _____ el limpiaparabrisas

5. _____ el cinturón de seguridad

6. _____ las ruedas (las llantas)

a. El automóvil necesita cuatro, son circulares y de color negro.

b. Se toca para llamar la atención de otros choferes y de los peatones.

c. Se usa para mantener en el asiento a los pasajeros de un avión o de un coche.

d. Se usa cuando llueve.

e. Rectángulo de metal que tiene números y letras para identificar el coche

f. Protege a los pasajeros del viento.

RENAULT TWIZY
El coche 100% eléctrico más divertido para ciudad. Resérvalo en www.renault-ze.com desde 4.917€.

Actividad 6 Tu coche y tú

A. Conversa con tu compañero/a.

1. ¿Tienes tu propio coche? ¿De qué marca es? ¿Cómo es? ¿Es práctico/ grande/elegante? ¿Gasta (Usa) mucha gasolina? ¿Te gustaría tener un coche híbrido o uno eléctrico? ¿Por qué? ¿Cómo es tu coche ideal?

2. ¿Tienes seguro para tu automóvil? ¿Con qué compañía tienes seguro? ¿Cuesta mucho dinero? Si cuesta mucho, di por qué (porque eres muy joven, porque tienes muchas multas, etcétera). ¿Lo pagas tú o lo pagan tus padres?

3. ¿Has tenido un accidente en tu coche? ¿Chocaste? ¿Con qué o con quién chocaste? ¿Quién tuvo la culpa? ¿Cuándo fue el accidente? ¿Hace mucho tiempo? ¿Fue un accidente serio o sin importancia? Explícame, por favor.

4. ¿Has salido de vacaciones en tu coche? ¿Cuánto (tiempo) hace que saliste? ¿Adónde fuiste? ¿Con quién fuiste? ¿Tuviste que manejar muchas horas? ¿Te gustó el viaje? ¿Por qué?

5. ¿Te gusta manejar por las calles de la ciudad o en la autopista? ¿Aproximadamente cuántas millas tienes que manejar todos los días? ¿Tienes que manejar durante horas pico (cuando todos van al / salen del trabajo)? ¿Te irrita manejar cuando hay mucho tráfico? ¿Te gusta manejar a alta velocidad? ¿Por qué?

(Continúa.)

Entérate

En España…

- y en muchos países hispanos casi todos los coches son de marchas (transmisión estándar).

- es muy fácil viajar por la ciudad y por todo el país usando medios de transporte público.

- los coches suelen ser mucho más pequeños que en Estados Unidos.

- hay muchos coches que usan **gasoil** (diésel, gasóleo) en vez de gasolina.

B. Ahora… ¡conversa con tu profe!

1. ¿Tiene usted su propio coche? ¿De qué marca es? ¿Cómo es? ¿Es práctico/grande/elegante? ¿Gasta mucha gasolina? ¿Le gustaría tener un coche híbrido o uno eléctrico? ¿Por qué? ¿Conoce usted algunos modelos de coches eléctricos o híbridos? ¿Cuál de ellos prefiere?

2. ¿Ha tenido un accidente en su coche? ¿Chocó? ¿Con qué o quién chocó? ¿Quién tuvo la culpa? ¿Cuándo fue el accidente? ¿Fue hace mucho tiempo? ¿Fue un accidente serio o sin importancia? Cuéntenos cómo fue.

3. ¿Con qué compañía tiene usted el seguro de su automóvil? ¿Cuesta mucho? ¿Por qué? ¿Ha tenido que hacerle una reclamación a la compañía? ¿Por qué?

4. ¿Ha salido de vacaciones en su coche? ¿Salió solo/a o con la familia? ¿Adónde fue/fueron? ¿Cuántas horas tuvo que manejar? ¿Le gustó el viaje? ¿Por qué?

5. ¿Le gusta manejar en la ciudad o prefiere hacerlo en la autopista? ¿Aproximadamente cuántas millas tiene que manejar todos los días? ¿Tiene que manejar durante horas pico? ¿Le irrita manejar cuando hay mucho tráfico? ¿Le gusta manejar a alta velocidad? ¿Ha recibido muchas multas últimamente? Y cuando era más jóven, ¿recibió muchas multas?

Infórmate

Adverbs are words that describe actions. The Spanish equivalent of -ly adverbs in English are formed by adding **-mente** to the feminine or neuter form of an adjective.

rápido → **rápida** → **rápidamente** (quickly)

lento → **lenta** → **lentamente** (slowly)

fácil → **fácilmente** (easily)

frecuente → **frecuentemente** (frequently)

Viajo **cómodamente** en el AVE.

Los trenes en España llegan a su destino **puntualmente.**

Actividad 7 Los medios de transporte: Ventajas y desventajas

Escribe un aspecto positivo (ventaja) y uno negativo (desventaja) de cada uno de los medios de transporte. Después, comparte tus ideas con la clase.

Entérate

En Argentina un taxi es **un remis** y un autobús es **un bondi** o **un colectivo;** el metro es **el subte** (de **subterráneo**). En Cuba el autobús es **la guagua** y en la capital, La Habana, hay **coco taxis** (una motocicleta de tres ruedas con forma de coco) y **bicitaxis.** En México, D.F., y Bogotá, Colombia, también hay bicitaxis.

Medio de transporte	Ventaja	Desventaja
el autobús		
el avión		
la bicicleta		
el coche (el carro)		
el crucero	Puedo viajar a muchos lugares y no necesito hotel.	Es muy costoso.
el metro		
la motocicleta		
el tranvía		
el tren		

Hablando de los medios de transporte

«BICIACCIÓN»

La bicicleta como medio de transporte es ideal: no necesita combustible,[a] no contamina y mejora[b] la salud. Pensando en estas ventajas, en Ecuador se fundó[c] el proyecto «Biciacción» en 2004. Este es un proyecto de jóvenes ciclistas que trabajan para crear una ciudad más humana y sostenible.[d] Quieren promover[e] la bicicleta como una buena alternativa al automóvil para transportarse, hacer deporte y divertirse. Han creado programas como los «Bicipaseos patrimoniales[f]», «A clases en Bici», «Ecopaseos» y «Triciclos Ecológicos Publicitarios[g]».

Los «Bicipaseos patrimoniales» se hacen de día[h] o de noche. Además de fomentar[i] el uso de la bicicleta, tienen otras dos metas[j]: enseñarle a la gente sobre su patrimonio[k] histórico y cultural y ofrecer instrucción para la seguridad[l] de los ciclistas. «A Clases en Bici» empezó en 2006. Su meta es demostrarles[m] a los estudiantes de la secundaria[n] y la universidad la importancia de un transporte alternativo y sus beneficios: la gente recupera los espacios públicos y se elimina el uso excesivo del automóvil. En los «Ecopaseos», Biciacción presenta la bicicleta como el medio perfecto para hacer deporte, hacer viajes, conocer gente y compartir las experiencias. Estos «cicloturistas» ecuatorianos y extranjeros[ñ] han recorrido[o] rutas de asfalto, piedra (roca) y montaña desde mayo del 2004. Biciacción también inventó los «Triciclos Ecológicos Publicitarios» para mitigar los problemas de contaminación visual que existen en la ciudad. Esta forma no estática[p] de circular publicidad, dicen, «… es rápida, económica, cercana y sobre todo eficiente». Los triciclos viajan a baja velocidad[q] y llevan la publicidad por la ciudad en una estructura metálica de dimensiones bastante[r] grandes. Así se puede ver los anuncios en todas partes. Es una forma novedosa[s] y flexible de presentar la comunicación de instituciones públicas y privadas. Biciacción surgió en Ecuador pero, afortunadamente, ya hay programas similares en muchas ciudades del mundo.

---

[a]*fuel* [b]*improves* [c]*se… was founded* [d]*sustainable* [e]*promote* [f]*Bicipaseos… Heritage Bike Rides* [g]*For publicity* [h]*de… by day* [i]*increasing* [j]*goals* [k]*heritage* [l]*safety* [m]*to show* [n]*high school* [ñ]*foreign* [o]*traveled* [p]*static, stationary* [q]*baja… a low speed* [r]*rather* [s]*novel*

Actividad 8 El transporte y tus experiencias

A. Charla con tu compañero/a sobre los diferentes medios de transporte.

1. ¿Usas mucho el autobús para asistir a clases? ¿Usas el tranvía o el metro? ¿Por qué? ¿O prefieres andar en bicicleta? ¿Cuál es tu forma de transporte preferida? ¿Por qué?

2. De niño/a, ¿andabas mucho en bicicleta? ¿Y ahora? ¿Viajabas mucho en coche con tu familia? ¿Adónde iban? ¿Te gustaban esos viajes con la familia? ¿Por qué?

3. ¿Has viajado por tren? ¿Adónde fuiste? ¿Te gusta viajar por tren? ¿Por qué? ¿Has viajado por avión? ¿Adónde has ido? ¿Te gusta viajar por avión? ¿Por qué? ¿Crees que es peligroso viajar por avión? Explica. De estos dos medios, ¿cuál es tu preferido? ¿Por qué?

4. ¿Has andado alguna vez en motocicleta? ¿Te gustó o tuviste miedo? ¿Llevas casco cuando andas en motocicleta o en bicicleta? ¿Por qué? ¿Qué es más peligroso, andar en moto o en bicicleta? ¿Por qué?

5. ¿Has hecho un viaje en crucero? ¿Visitaste muchas ciudades? ¿Te gustó? ¿Por qué? ¿Te gusta viajar en barco? ¿Te mareas cuando viajas por barco? ¿Te gusta andar en botes pequeños, como por ejemplo en velero, canoa/piragua, kayak o bote de remos? ¿En cuál(es) te gusta andar?

B. Ahora… ¡conversa con tu profe!

1. ¿Cuál es su forma de transporte preferida? ¿Usa usted la bicicleta para venir a la universidad? ¿Cree que es peligroso andar en bicicleta por la ciudad? ¿Por qué?

2. ¿Viaja mucho en auto con su familia? ¿Adónde van ustedes? ¿A usted le gustan esos viajes? ¿Por qué?

3. ¿Ha viajado por tren? ¿Adónde fue? ¿Le gusta viajar por tren? ¿Por qué? ¿Ha viajado por avión? ¿Adónde ha ido? ¿Le gusta viajar por avión? ¿Por qué? ¿Cree que es peligroso viajar por avión? Explique. De estos dos medios, ¿cuál es su preferido? ¿Por qué?

4. ¿Ha andado alguna vez en motocicleta? ¿Le gustó o tuvo miedo? ¿Lleva casco cuando anda en motocicleta o en bicicleta? ¿Por qué? ¿Qué es más peligroso, andar en moto o en bicicleta? Explique, por favor.

5. ¿Ha hecho un viaje en crucero? ¿Visitó muchas ciudades? ¿Le gustó? ¿Por qué? ¿Le gusta viajar en barco? ¿Por qué? ¿Se marea cuando viaja por barco? ¿Le gusta andar en botes pequeños? ¿En cuál(es) le gusta andar?

En busca de sitios

Lee *Infórmate 11.3*

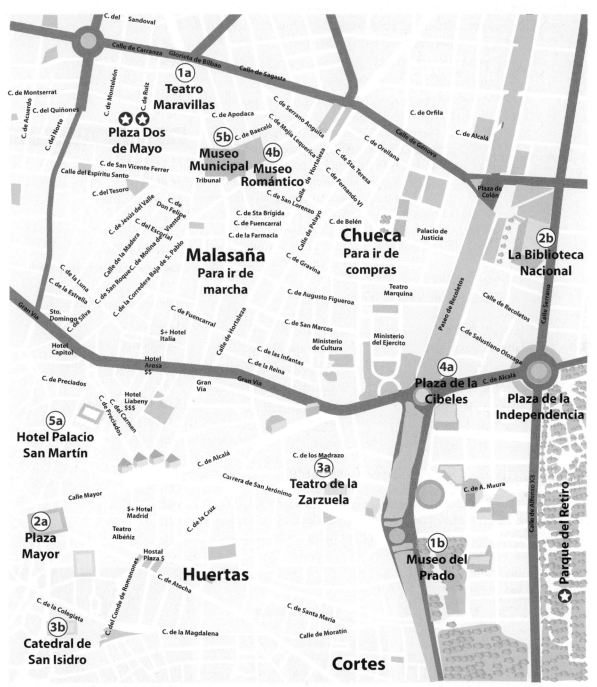

C. del Sandoval

Calle de Carranza — Glorieta de Bilbao — Calle de Sagasta

C. de Montserrat
C. del Quiñones
C. de Acuerdo
C. del Norte
C. de Monteleón
C. de Ruiz

(1a) Teatro Maravillas

C. de Apodaca
C. de Serrano Anguita
C. de Mejía Lequerica
C. de Orfila
C. de Alcalá
C. de Génova

⭐⭐ **Plaza Dos de Mayo**

(5b) C. de Baeceló

Museo Municipal Tribunal

(4b) Museo Romántico

C. de San Vicente Ferrer
Calle del Espíritu Santo
C. del Tesoro
C. de San Lorenzo
C. de Sta. Teresa
C. de Fernando VI
C. de Oreilana
C. de Oreilana

Plaza de Colón

C. de Jesús del Valle
C. de Don Felipe
C. del Escorial
C. de Vientoro
Calle de la Madera
C. de San Roque
C. de Molina del
C. de la Corredera Baja de S. Pablo

C. de Sta Brígida
C. de Fuencarral
C. de la Farmacia
C. de Hortaleza
C. de Pelayo
C. de Belén

(2b) La Biblioteca Nacional

Chueca Para ir de compras

Palacio de Justicia

Malasaña Para ir de marcha

C. de la Luna
C. de la Estrella
Gran Vía
Sto. Domingo
C. de Silva

C. de Gravina
C. de Augusto Figueroa

Teatro Marquina

Paseo de Recoletos
Calle de Recoletos
Calle Serrano

$+ Hotel Italia

C. de Fuencarral
Calle de Hortaleza
C. de San Marcos

Ministerio de Cultura

C. de Salustiano Olozaga

Hotel Capitol
Hotel Arosa $$

C. de las Infantas
C. de la Reina
Gran Vía

Ministerio del Ejercito

(4a) Plaza de la Cibeles

C. de Alcalá

Plaza de la Independencia

C. de Preciados

Gran Vía

Hotel Liabeny $$$

(5a) Hotel Palacio San Martín

C. del Carmen
C. de Preciados

C. de Alcalá

C. de los Madrazo

(3a) Teatro de la Zarzuela

Carrera de San Jerónimo

C. de A. Maura

Calle de Alfonso XI

⊙ **Parque del Retiro**

Calle Mayor

$+ Hotel Madrid
Teatro Albéniz

(2a) Plaza Mayor

C. de la Cruz

Hostal Plaza $

Huertas

C. de Atocha

(1b) Museo del Prado

C. de la Colegiata
C. del Conde de Romanones

(3b) Catedral de San Isidro

C. de la Magdalena
C. de Santa María
Calle de Moratín

⭐

Cortes

Plano de una zona de la ciudad de Madrid, España

Actividad 9 La ciudad de Madrid

Mira el plano de Madrid y explica cómo se llega de una parte de la ciudad (A) a otra (B). Los números del plano te van a ayudar a encontrar los lugares mencionados abajo.

MODELO: TURISTA: Disculpe, ¿me puede decir cómo ir del Parque del Retiro (*) a la Plaza del Dos de Mayo (**)?

TÚ: ¿Va en coche?

TURISTA: No, voy caminando.

TÚ: Ah, es muy fácil. Salga del parque por la Plaza de la Independencia y tome la calle de Alcalá. En la Plaza de la Cibeles, doble a la derecha en el Paseo de Recoletos. Camine por el Paseo hasta la Plaza de Colón. Luego doble a la izquierda en la calle Génova. Siga por esa calle, pero tenga cuidado porque el nombre cambia a Calle de Sagasta y luego a Calle de Carranza. Pase la glorieta de Bilbao y luego doble a la izquierda en la Calle de Ruiz. Esa calle lo/la lleva directamente a la Plaza del Dos de Mayo.

TURISTA: Muy amable, muchas gracias.

A	B
1. del Teatro Maravillas	al Museo del Prado
2. de la Plaza Mayor	a la Biblioteca Nacional
3. del Teatro de la Zarzuela	a la Catedral de San Isidro
4. de la Plaza de la Cibeles	al Museo Romántico
5. del Hotel Palacio San Martín	al Museo Municipal

> **Vocabulario útil**
>
> la esquina
> la glorieta
> la intersección
>
> Salga de(l)... por...
> Tome la calle...
> Doble a la derecha/izquierda en...
> Camine por... hasta...
> Cruce...
> Siga por...
> Siga adelante/derecho
> Pase...
> Esa calle lo/la lleva (directamente) a...

Actividad 10 ¡Quiero conocer España!

Tus compañeros/as y tú están en España. La familia de Ana Sofía Torroja les da algunas sugerencias. Mira las fotos de algunos lugares en España y escribe adónde hay que ir, según los Torroja, para hacer cada actividad.

Barcelona: la Casa Batlló, obra del arquitecto Antoni Gaudí

Madrid: Museo del Prado

Barcelona: Las Ramblas

Los Pirineos: cordillera en el norte de España

Madrid: la Plaza Mayor

Granada: la Alhambra

Ronda, Málaga: el Puente Nuevo

Burgos: la catedral gótica

Segovia: el acueducto romano

ACTIVIDADES *Si quieren…*	LUGARES *vayan a…*
1. esquiar y/o escalar montañas	
2. admirar un puente excepcional	
3. comer algo rico en una plaza antigua	
4. tomar fotos de un acueducto romano	
5. dar un paseo por una calle bonita	
6. conocer una catedral gótica muy hermosa	
7. ver edificios de los moros en el sur	
8. ver obras del gran arquitecto Antoni Gaudí	
9. ver cuadros de pintores famosos	

Entérate

Datos curiosos

- El número de turistas que visita España cada año es mayor que el número total de personas que vive en este país.
- España produce el cuarenta y cuatro por ciento del aceite de oliva de todo el mundo.
- El fútbol (*soccer*) es el deporte más popular en España.
- España planea tener un mínimo de 14.000 autos eléctricos en sus carreteras para el año 2014.
- En España la comida se sirve a las 2:00 de la tarde y la cena a las 9:00 de la noche.
- Un cuarenta por ciento de los jóvenes españoles entre diecisiete y veinticuatro años fuma.
- En España se habla el español, el gallego, el vasco, el catalán y otros idiomas y dialectos.

Actividad 11 El metro de Madrid

Imagínate que conoces Madrid muy bien. Dale instrucciones a tu compañero/a para ir de una estación del metro de Madrid a otra. No olvides hacer los transbordos necesarios (cambiar de un tren al otro).

MODELO:

TURISTA: Disculpe, quiero ir de aquí (Acacias) a Pinar del Rey. ¿Puede decirme cómo?

TÚ: Mire, primero compre su billete. Luego suba a un tren de la línea 5 aquí en Acacias, dirección Canillejas, y baje en la estación Alonso Martínez. Allí suba a un tren de la línea 10, dirección Canillejas, y baje en la estación Alonso Martínez. Después, tome un tren de la línea 10, dirección Fuencarral y baje en Nuevos Ministerios. Después tome un tren de la la línea 8, dirección Campo de las Naciones. Pase una estación (Colombia) y la segunda es Pinar del Rey.

Vocabulario útil

Compre su billete.

Suba a un tren/metro de la línea ___, dirección ___.

Baje en (la estación)___, luego tome un tren de la línea ___, dirección___.

Pase ____ estaciones y la ____ es ____.

1. de Casa de Campo a Mar de Cristal
2. de Estrella a Antonio Machado
3. de Atocha a El Carmen
4. de Esperanza a Quintana
5. de Goya a Aluche

Los viajes

Lee *Infórmate* 11.4

¿Se necesita visado para ir a Estados Unidos? ¿Y vacunas? ¿Tenemos que ir a la Embajada de Estados Unidos?

Ana Sofía: Ya hice las reservas (reservaciones) por Internet. Ahora, ¿necesitamos visado (visa)? ¿Y vacunas? ¿Tenemos que ir a la Embajada de Estados Unidos?

el pasaporte

el pase de abordar

el mostrador

el equipaje/las maletas

la primera clase
la clase turística

SALA DE ESPERA

La familia Torroja aborda el avión.

Sí Franklin, ya llegaron; estamos en el aeropuerto

Esperaban el equipaje cuando Franklin texteó a Ana Sofía.

el dinero en efectivo / los billetes

el contrabando

las tarjetas de crédito/débito

los derechos de aduana

—Your passport, please.
—Aquí lo tiene.

You may not bring ham or any pork products into the United States.

—I need to check your luggage.
—Sí, señor.

¡¿El jamón es contrabando?!

el alojamiento/el hospedaje
el ascensor
la recepción
el gerente
el botones

Estaban hablando con el gerente cuando llegó Franklin.

La señora Torroja sacaba dinero en efectivo del cajero automático cuando empezó a llover.

La señora Torroja se duchaba cuando la camarera tocó a la puerta.

El señor Torroja le daba una propina al botones cuando dos carros chocaron enfrente del hotel.

Actividad 12 Cómo planear un viaje

Imagínate que eres agente de viajes y vas a darles algunas recomendaciones a Franklin y Estefanía, quienes planean hacer un viaje a España y van a visitar a Ana Sofía. Usa los verbos del **Vocabulario útil** en forma de mandatos para completar las recomendaciones. **OJO:** Uno de los verbos se usa dos veces y uno de los verbos necesita acento cuando se combina con un pronombre (**le**).

Queridos amigos:

Aquí les van unas ideas para su viaje a España. Bueno, pero primero ¡no *se preocupen* tanto! Simplemente _____[1] bien el viaje.

Les mando esta lista con todo lo que deben hacer. Para empezar, _____[2] el dinero necesario en estos meses antes de viajar. Luego, _____[3] las reservaciones lo antes posible, porque los boletos cuestan menos cuando uno los compra con muchos días de anticipación. _____[4] el pasaporte y la visa en febrero o marzo porque el proceso puede durar más de un mes. _____[5] ropa y otras cosas necesarias para el viaje un mes antes de salir. En los últimos días antes del viaje, _____ le[6] copias de su itinerario a Ana Sofía. _____[7] las maletas uno o dos días antes para no olvidar algo importante.

El día del viaje, _____[8] temprano al aeropuerto. Allí mismo, (en el aeropuerto, _____[9] dólares por euros para tener euros antes de llegar a Madrid. No nos _____[10] regalos ni a mí ni a los amigos del club. ¡_____[11] su dinero para cosas importantes: el teatro, los museos, los restaurantes, el tren!

¡Buen viaje!

Vocabulario útil

ahorrar	mandar
cambiar dinero	planear
comprar	preocuparse
hacer las maletas	sacar el pasaporte/la visa
hacer las reservaciones	traer
llegar	usar

Actividad 13 ¡Buen viaje!

Mira los dibujos y di qué hicieron Franklin, Estefanía y Ana Sofía en España.

Aeropuerto El Prat, Barcelona

Iglesia de la Sagrada Familia, Barcelona

Barri Gòtic (Barrio Gótico), Barcelona

El AVE es muy rápido. A Madrid: 621 km (386 millas) en dos horas treinta y ocho minutos

Hotel Europa, Madrid

habitación del hotel

Restaurante Botín, Madrid

Museo del Prado, Madrid

Museo del Prado, Sala de El Greco

el acueducto romano de Segovia

la autopista A-3

Murcia, los Torroja: la bienvenida

una cena con los Torroja

festival la Mar de Músicas, Cartagena

la Giralda, Sevilla

la Alhambra, Granada

Entérate

Si usted quiere viajar con tranquilidad, es buena idea planear. Mire esta lista.

- Haga copias de su pasaporte y otros documentos de viaje y deje una con sus padres o un amigo.
- También haga una lista de los números de sus tarjetas de crédito y un número de teléfono para cada una. Lleve las copias y la lista en algún lugar de su maleta, pero no con las tarjetas.
- Pídale al vecino que recoja la correspondencia (el correo) y el periódico.
- Deje a su mascota con el veterinario o con algún familiar.

Entérate

El nombre del tren AVE (Alta Velocidad Española) es un juego de palabras. **Ave** significa pájaro y el AVE es un tren que "vuela" (*flies*). Es uno de los trenes más rápidos del mundo: Alcanza (*It reaches*) una velocidad de 300 kilómetros por hora (186 millas por hora).

Con tu compañero/a, di qué hacían (estaban haciendo) Estefanía y Franklin y qué pasó.

MODELO: Estefanía hacía (estaba haciendo) las reservas por Internet, cuando sonó el teléfono.

Vocabulario útil

apagarse	aterrizar	llanta desinflada/pinchada
asistente de vuelo	carretera	sala de espera

Algunos de los miembros del Club Amigos sin Fronteras quieren viajar el verano próximo. Con tu compañero/a, primero lee la descripción de los miembros y luego busca el mejor paquete turístico para cada uno. Explica por qué lo escogiste.

Crucero familiar por el Mediterráneo

Incluye: paseos de 8 a 10 horas por Roma, Florencia, Atenas, Santorini, Korfu y Venecia. A bordo, talleres de: deportes, naturaleza, artesanía, magia, ciencia y tecnología para los niños. Para los adultos: masajes antiestrés, conferencias sobre nutrición, arte y literatura, clases de baile. Las instalaciones cuentan con 3 piscinas, 2 canchas de tenis, 2 cines, 4 restaurantes y 3 bares con música en vivo.

Castilla y León

Gira por cinco ciudades antiguas: Ávila con su impresionante muralla, Segovia con su acueducto romano y su alcázar de cuento de hadas, Toledo con la casa de El Greco y la judería con sus casas colgantes y León con su maravillosa catedral. Incluye las tres comidas, el transporte aéreo y terrestre, los hoteles y las visitas a los diferentes edificios y monumentos en cada ciudad.

Gira europea

7 días 6 noches en las grandes capitales de Europa: Londres, París, Berlín, Roma, Lisboa y Madrid. El precio incluye el pasaje aéreo, el transporte terrestre del aeropuerto al hotel y viceversa, el hospedaje y dos paseos en cada ciudad, uno por la mañana y otro por la tarde. Incluye el desayuno y almuerzo, pero no la cena; noches libres.

BILBAO

5 días, 4 noches en este centro industrial del norte de España. Incluye gira de la ciudad: Casco Viejo, Playa de Saturrarán, Ayuntamiento, Teatro Arriaga Antzokia, Museo de Arte Moderno, Museo Guggenheim, Torre Iberdrola, Edificio Osakidetza, y otros lugares de interés. Incluye también acceso por 4 días al gimnasio Polideportivo Universitario, una lección de cocina con el famoso chef Martín Berasategui y una suculenta cena de despedida, empezando con el chiquiteo --pintxos y vino-- en el restaurante Xukela.

Madrid

8 días en la ciudad más importante de España: cultura (numerosos museos y teatros), arquitectura, las mejores tiendas y boutiques, efervescente vida nocturna. Incluye hospedaje, desayuno, almuerzo, entrada a dos museos, al Palacio Real, a una obra de teatro y a un partido de fútbol del Real Madrid en el Estadio Santiago Bernabéu; noches libres.

MODELO: *A Nayeli y Camila* les recomiendo *la Gira Europea* porque ellas quieren *conocer ciudades grandes de Europa.* Les recomiendo esta gira corta porque *incluye casi todo por un solo precio* y porque *son jóvenes y tienen mucha energía.*

1. Eloy viaja con su novia Susan. Él no ha viajado mucho y tiene muchas ganas de conocer una ciudad grande, llena de vida. Susan conoce París y Venecia pero no conoce España. A Eloy y a Susan les gusta ir al cine y ver partidos de fútbol. A Susan le encanta ver pinturas en los museos, ver obras de teatro y salir a bailar por la noche.

2. Sebastián viaja con su compañero, Daniel. Daniel ha viajado mucho y conoce bien Europa. Sebastián conoce Sudamérica pero no conoce Europa. A los dos les gusta comer bien y cocinar y Daniel sabe mucho de gastronomía. También les gustan los deportes y hacer ejercicio.

3. Nayeli y Camila son compañeras de apartamento y se llevan muy bien. Son jóvenes, tienen mucha energía y les encantan las aventuras. Tienen poco dinero y quieren conocer muchas ciudades importantes.

4. Omar y su familia van a viajar con sus hijos. Quieren un paquete con actividades para los adultos y para los niños porque quieren pasar tiempo juntos. Conocen bien Sudamérica, pero no conocen Europa.

Actividad integral

Mi ciudad favorita en España

Descríbeles a tus compañeros/as de clase tu ciudad favorita en España. Incluye muchos detalles como, por ejemplo, la siguiente información.

- la geografía y clima de la ciudad
- recomendaciones (**OJO:** usa mandatos como, por ejemplo: **bailen, caminen, coman, descansen** y **vayan**) de playas, edificios interesantes/bonitos, hoteles, restaurantes, museos, teatros, sitios nocturnos, etcétera
- planos, fotos y descripciones de sus lugares turísticos

Vocabulario útil		
disfruten de	**cristalino/a**	**sensacional**
diviértanse (... que se diviertan)	**histórico/a**	**simpático/a**
hospédense (... que se hospeden)	**inolvidable**	**sorprendente**
	maravilloso/a	**tradicional**
antiguo/a	**pintoresco/a**	
cómodo/a	**romántico/a**	

Exprésate

ESCRÍBELO TÚ

Un viaje en automóvil

Escribe sobre un viaje que hiciste en automóvil. Usa las preguntas a continuación como guía para organizar tu composición. ¿Adónde fuiste? ¿Qué viste y qué hiciste? ¿Te divertiste? ¿Qué es lo que más/menos te gustó del viaje? En el *Cuaderno de actividades* y en Connect Spanish hay una tabla con más sugerencias para escribir tu composición.

CUÉNTANOS

Un viaje inolvidable

Cuéntanos sobre un viaje que no has podido olvidar. Habla sobre algo cómico, triste o peligroso que te pasó en ese viaje. Usa las preguntas a continuación como guía para describir bien lo que pasó. ¿Qué tiempo hacía? ¿Adónde ibas? ¿Por qué viajabas a ese lugar? ¿Qué viste durante el viaje? ¿Hiciste algunas actividades interesantes? ¿Qué te ocurrió específicamente? Explícalo con muchos detalles.

Entérate

Mundopedia

Los paradores de España

El parador de Zafra

ORÍGENES DE LOS PARADORES

Cada año, más turistas visitan España que el número total de personas que viven allí. El país ofrece una gran variedad de alojamientos y de precios. Entre esa variedad está una **cadena** de hoteles **de lujo** administrada por el gobierno español. A estos hoteles se les llama «paradores» y buen número de ellos **se ubica** en edificios antiguos de interés histórico, artístico y cultural, **dispersos** por toda la península. La idea original fue proteger el patrimonio español y crear más turismo en regiones de pocos **recursos** económicos. Hay más de noventa paradores y todos ofrecen un servicio **de alta calidad** por precios muy **razonables.** Además de la elegancia de sus **instalaciones** y la belleza del **entorno**, sus restaurantes ofrecen deliciosos platillos de la cocina tradicional de la región. Hay paradores que hace siglos fueron palacios, castillos o monasterios. Hay otros de edificios más modernos pero que se ubican en lugares de espectacular belleza natural, como los Paradores de Gredos y de Aiguablava.

Vocabulario de consulta

cadena	chain
de lujo	luxury
se ubica	is located
dispersos	scattered
recursos	resources
de alta calidad	high-quality
razonables	reasonable
instalaciones	facilities
entorno	surroundings
se encuentra	is located
fuerte musulmán	Muslim fort
se hospedó	stayed
torres	towers
ventanales	large windows
fantasma	ghost
vacía	empty
sospechosos	suspicious
grifos abiertos	running faucets
pisadas	footsteps
permanecía	remained
ladrando	barking
cuenta con	has, includes
mudéjares	related to Muslims living in Spain under Christian rule
olvidar	to forget

ALGUNOS DE LOS PARADORES

Uno de los más bellos es el **Parador de Zafra** (en la provincia de Badajoz). **Se encuentra** en un castillo-palacio construido en 1437 sobre las ruinas de un **fuerte musulmán**, que en el siglo XV fue la residencia de los duques de Feria. Hernán Cortés, el conquistador de México, **se hospedó** allí antes de salir para el Nuevo Mundo. Tiene nueve **torres** y se adorna con ostentosos muebles de siglos pasados. Pero las instalaciones son modernas y ofrecen lo más moderno de la tecnología, como acceso WiFi y servicios audiovisuales para convenciones.

Otro parador interesante es el **Parador de Cardona**, un castillo medieval de estilo románico y gótico con **ventanales** de los siglos XII y XIV. Su extensión alcanza los 62.000 metros cuadrados (1.5 acres). Es un castillo con leyenda y **fantasma**: en la habitación 712, la cual casi siempre está **vacía**, tres mujeres han visto a un hombre vestido con leotardos y traje de época. La gente del servicio ha escuchado ruidos **sospechosos**, por ejemplo, ventanas y puertas que se abren y se cierran, **grifos abiertos** y **pisadas** en las habitaciones vacías. El guarda del lugar intentó por mes y medio lograr que su fiel perro caminara por el pasillo más allá de la habitación 712. Al llegar, el animal **permanecía** inmóvil **ladrando** a la puerta. Día a día, el perro repetía lo mismo.

El **Parador de Mérida**, otro hotel de lujo, conserva la estructura original de un convento del siglo XVIII. Este fue construido sobre los restos de un templo romano dedicado a Augusto. El parador **cuenta con** un jardín de antigüedades donde se pueden ver piezas arqueológicas romanas, visigodas y **mudéjares**. En ese ambiente, los visitantes empiezan a conocer el rico pasado de la ciudad de Mérida.

Ubicado en la Punta d'es Muts en la región de Cataluña, el **Parador de Aiguablava** está rodeado de pinos y ofrece una hermosa vista al mar Mediterráneo. Es el lugar perfecto para el viajero a quien le interesa estar en contacto con la naturaleza. Los alrededores presentan oportunidades incomparables para dar largos paseos. También se puede practicar deportes al aire libre en esta zona donde la contaminación es casi inexistente. El hotel dispone además de gimnasio, piscina y sauna. Desde las habitaciones se puede admirar el mar.

Como estos ejemplos hay muchos más, y todos hermosos. ¡Y al ver los precios es fácil **olvidar** que todos son hoteles de lujo!

COMPRENSIÓN

Completa lo siguiente.

1. Di qué son los paradores en España y cómo son los edificios.
2. El edificio del Parador de Zafra fue un castillo-palacio construido en el siglo XV. ¿Qué construcción había en ese lugar antes?
3. Muchos de los edificios de los paradores son muy antiguos. ¿Cómo son las instalaciones, especialmente en el interior?
4. Menciona un dato histórico relacionado con el Parador de Zafra.
5. Describe bien el misterio del Parador de Cardona.
6. ¿Qué puede llamar la atención de los aficionados a la historia y a la arqueología en el Parador de Mérida?
7. ¿Qué actividades se pueden hacer en el Parador de Aiguablava?
8. ¿Es buena idea hospedarse en los paradores españoles? Da dos buenas razones.

Voces españolas

el/la guiri	foreigner	**la movida**	**la fiesta**
el jaleo	**la fiesta**	**la pasta**	**el dinero**
majo/a	**bonito/a, simpático/a**	**un(a) tío/a**	guy/chick
la marcha	**la vida nocturna**	**¡Qué guay!**	How cool!
un mogollón (de)	**mucho/a**	**vale**	**está bien, de acuerdo**

CONEXIÓN CULTURAL

EL NUEVO FLAMENCO

Cuando escuchamos la palabra **flamenco,** muchos pensamos en espectáculos (*shows*) dramáticos con mujeres de llamativos (*flashy*) vestidos multicolores, que bailan al ritmo de las castañuelas, del taconeo (*stomping*) y de las palmadas (*clapping*). También pensamos en la música popularizada por los Gypsy Kings. Todo eso es cierto, pero el flamenco incluye mucho más. Esta fascinante tradición de música y baile nació en Andalucía, región del sur de España, y sus raíces (*roots*) vienen de tres culturas: la cultura de los moros (*Moors*), la de los judíos (*Jews*) y la de los gitanos (*Gypsies*). ¿Quieres saber más sobre este tema? Lee la lectura « El nuevo flamenco» en el *Cuaderno de actividades* o en Connect Spanish y ¡entérate!

El flamenco es un baile muy dramático que nació en Andalucía, España.

Videoteca

Amigos sin fronteras
Episodio 11: ¡Allá vamos, Los Ángeles!

Resumen

Eloy, Ana Sofía, Sebastián y Nayeli hacen un viaje a Los Ángeles. Es la primera vez que Ana Sofía visita esa ciudad y está muy emocionada. Van a quedarse en un hotel de Santa Mónica y Eloy, que es angelino, va a llevar a sus amigos a los lugares turísticos de Los Ángeles. Por el camino paran en una gasolinera y luego manejan directamente a la playa, donde a Sebastián le espera una sorpresa.

Preparación para el video

A. Comencemos. Mira la foto y contesta las preguntas.
1. ¿Dónde están estos amigos del club?
2. Considerando la ropa que llevan estos amigos, ¿qué tiempo hace?
3. ¿Adónde crees que van los cuatro amigos?

Comprensión del video

B. La idea principal. Indica la idea principal del video.
1. Los amigos del club paran a comprar comida en una gasolinera.
2. Sebastián prepara una maleta muy grande.
3. Algunos amigos del club hacen un viaje a Los Ángeles.

Vocabulario de consulta	
no hace falta	it's not necessary
mejor paramos	it would be better if we stop
camioneta	van
cita	date, encounter
tonta	silly, dumb
te distraes	you get distracted
prohibido	forbidden
huellas	handprints/ footprints

C. ¿Cierto o falso?

1. Nayeli y Sebastián ya han hecho la maleta.
2. Para Sebastián lo más importante es el traje de baño.
3. Ana Sofía ya conoce Los Ángeles.
4. Nayeli hizo reservaciones en un hotel en Santa Mónica.
5. Sebastián sabe manejar muy bien.

D. Detalles. Contesta las preguntas.

1. ¿Qué ropa lleva Sebastián en la maleta?
2. ¿Cuántos días van a estar en Los Ángeles?
3. ¿Cómo viajó a Los Ángeles Claudia?
4. ¿Cómo viajan a Los Ángeles Ana Sofía, Nayeli, Eloy y Sebastián?

Mi país ESPAÑA

Comprensión

1. ¿Qué desayunaron todos cuando los amigos de Ana Sofía llegaron a Madrid?
2. ¿Qué compraron Alex y Ángela en el Rastro?
3. ¿Qué hicieron los tres amigos en la Plaza Mayor?
4. ¿A qué horas cierran las tiendas en España?
5. En el Centro de Arte Reina Sofía vieron obras de varios artistas. Nombra uno de esos artistas.
6. ¿Quiénes estuvieron en España más de setecientos años?
7. ¿Qué tipo de baile vieron Ángela y Alex en Granada?
8. ¿Cómo se llama la obra de Gaudí que no está completa?

Las Fallas de Valencia

Los Sanfermines, Pamplona

Infórmate

11.1 The Present Perfect

A. The present perfect is formed with the present tense of the verb **haber** (*to have*) followed by a form of the verb called the past participle. The use of this tense is very similar to its use in English.

—¿**Han visitado** ustedes Europa?   *Have you visited Europe?*

—Sí, **hemos visitado** España dos veces.   *Yes, we have visited Spain twice.*

(Yo) **He viajado** a España.

he = present tense of **haber**   **viajado** = past participle of **viajar**

I have traveled to Spain.

B. The present-tense forms of **haber** are irregular.

haber		
(yo)	he	*I have*
(tú)	has*	*you (inf. sing.) have*
usted, él/ella	ha	*you (pol. sing) have; he/she has*
(nosotros/as)	hemos	*we have*
(vosotros/as)	habéis	*you (inf. pl., Sp.) have*
ustedes, ellos/ellas	han	*you (pl.) have; they have*

*Alternative form for recognition only: **vos habés.**

—Omar, ¿ya **has recogido** el coche?   *Omar, have you picked up the car already?*

—No, todavía no **han llamado** del taller.   *No, they haven't called yet from the garage.*

Note that **ya** (*already*) and **todavía no** (*not yet*) are adverbs commonly used with the present perfect tense.

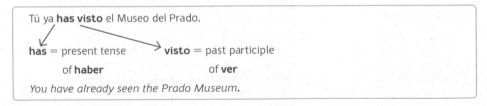

Tú ya **has visto** el Museo del Prado.

has = present tense of **haber**   **visto** = past participle of **ver**

You have already seen the Prado Museum.

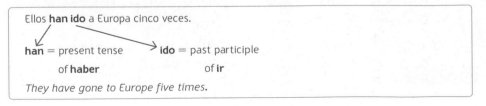

Ellos **han ido** a Europa cinco veces.

han = present tense of **haber**   **ido** = past participle of **ir**

They have gone to Europe five times.

C. Regular past participles are formed by adding **-ado** to the stems of **-ar** verbs, and **-ido** to the stems of **-er** and **-ir** verbs.

-ar		-er / -ir	
Infinitive	**Past Participle**	**Infinitive**	**Past Participle**
hablar	habl**ado**	comer	com**ido**
jugar	jug**ado**	vivir	viv**ido**
preparar	prepar**ado**	dormir	dorm**ido**

—¿Ya **han comprado** los boletos los señores Acosta?	*Have the Acostas already bought the tickets?*
—No, el agente de viajes no **ha conseguido** las reservas todavía.	*No, the travel agent hasn't gotten the reservations yet.*
—Camila, ¿ya escribiste tu composición?	*Camila, did you already write your paper?*
—No, no **he tenido** tiempo todavía.	*No, I haven't had time yet.*

Note that the past participles of **-er/-ir** verbs that have stems ending in vowels (such as **caerse, construir, creer, incluir, leer, oír, sonreír,** and **traer**) require a written accent on the **-i-** of the past participle ending.

leer → leído   oír → oído   traer → traído

D. A few verbs have irregular participles.

abrir (*to open*)	**abierto** (*opened*)
cubrir (*to cover*)	**cubierto** (*covered*)
decir (*to say*)	**dicho** (*said*)
escribir (*to write*)	**escrito** (*written*)
hacer (*to do*)	**hecho** (*done*)
morir (*to die*)	**muerto** (*died*)
poner (*to put*)	**puesto** (*put*)
resolver (*to solve*)	**resuelto** (*solved*)
romper (*to break*)	**roto** (*broken*)
ver (*to see*)	**visto** (*seen*)
volver (*to return*)	**vuelto** (*returned*)

—Marcela, ¿dónde **has puesto** mis pantalones nuevos?	*Marcela, where have you put my new pants?*
—Ya te **he dicho** tres veces que están encima de la cama.	*I've already told you three times that they're on top of the bed.*
Omar fue a la agencia de viajes hace dos horas y todavía no **ha vuelto.**	*Omar went to the travel agency two hours ago and hasn't come back yet.*

The past participles of verbs derived from those in the above chart follow the same pattern.

For example: **escribir** → **escrito**, so **describir** → **descrito**.

contradecir (*to contradict*)	**contradicho** (*contradicted*)
describir (*to describe*)	**descrito** (*described*)
devolver (*to return, give back*)	**devuelto** (*returned*)
inscribir (*to enroll*)	**inscrito** (*enrolled*)
proponer (*to propose*)	**propuesto** (*proposed*)

In Latin America, the present perfect is often used in *Have you ever . . .* questions and in negative answers (*I have never . . .*).

—¿**Alguna vez te ha pescado** sin paraguas un chubasco?

—No, **nunca he estado** afuera sin paraguas en un chubasco. Siempre salgo de la casa preparada.

Tu mundo practices this Latin American usage.

> In Spain, the present perfect is sometimes used in place of the preterite: ¿**Has estudiado hoy?** [*Did you study today?*]. Most Latin Americans would be more likely to use the simple past for completed events, asking: ¿**Estudiaste hoy?**

Ejercicio 1

Di cuántas veces has hecho las siguientes actividades.

MODELO: —¿Has visto fotos de Madrid?

—Sí, he visto fotos de Madrid muchas veces (una vez, unas pocas veces, …).

1. ¿Has comido hamburguesas?
2. ¿Has cantado en la ducha?
3. ¿Has comprado chocolates?
4. ¿Has leído *Huckleberry Finn*?
5. ¿Has dormido más de ocho horas en una noche?

Ejercicio 2

Contesta las preguntas, diciendo que nunca has hecho estas actividades.

MODELO: —¿Has dormido en la calle?

—No, nunca he dormido en la calle.

1. ¿Has robado un banco?
2. ¿Has comido hormigas (*ants*)?
3. ¿Has visto una película de la directora Icíar Bollain?
4. ¿Has escalado los Pirineos?
5. ¿Has escrito una novela famosa?

Ejercicio 3

Franklin y Estefanía han pasado tres días solos en Madrid y ahora charlan con Ana Sofía para decidir qué hacer juntos en los próximos días. Completa las oraciones con los verbos entre paréntesis en el pretérito perfecto (*present perfect*). **OJO:** Ana Sofía es española y usa la forma de vosotros cuando habla con Estefanía y Franklin.

ANA SOFÍA: Pues, amigos ¿qué _____[1] (hacer) esta semana?

ESTEFANÍA: _____[2] (visitar) varias iglesias y _____[3] (comprar) varios regalos. También, _____[4] (descansar) mucho… ¡Hay nueve horas de diferencia entre Berkeley y Madrid!

FRANKLIN: ¿Qué tal si vamos al cine? Nosotros no _____⁵ (ver) la última película de Almodóvar todavía.

ANA SOFÍA: Bien, mañana al cine y después a cenar. ¿_____⁶ (cenar) en el restaurante Botín ya?

ESTEFANÍA: No, todavía no. Solamente _____⁷ (comer) en una cafetería y en el restaurante Jabugo. ¡El jamón serrano nos gustó mucho allí!

ANA SOFÍA: Entonces, vamos al restaurante Botín. ¿Y pasado mañana (*day after tomorrow*)... ? ¿_____⁸ (ir) ya a Museo del Prado?

FRANKLIN: No, todavía no. Pero _____⁹ (estar) en el Museo Reina Sofía dos veces. ¡No nos cansamos de ver el *Guernica*!

ANA SOFÍA: Yo _____¹⁰ (llevar) a todos mis amigos al Museo del Prado a ver las pinturas de El Greco, de Velázquez y de Goya. ¡Vamos pasado mañana! Os van a encantar todas.

ESTEFANÍA: Perfecto, y por la noche vamos al teatro. Franklin y yo _____¹¹ (leer) que la compañía Maru Jasp está poniendo *La casa de Bernarda Alba*. Tenemos muchas ganas de ver esa obra de García Lorca.

ANA SOFÍA: ¡Qué alegría! Me encanta García Lorca. (Yo) _____¹² (escribir) dos trabajos en la universidad sobre sus obras... y *La casa de Bernarda Alba* es mi favorita.

FRANKLIN: Y lo mejor... Estefanía y yo _____¹³ (oír) que la compañía es una de las más famosas.

ANA SOFÍA: Así es. Pero chicos, hay que salir de Madrid. Todavía no _____¹⁴ (hablar: nosotros) de las otras ciudades que vais a visitar conmigo... Toledo, Segovia, Cuenca...

11.2 Destination and Time: **por** and **para** (Part 1)

The prepositions **por** and **para** are both sometimes translated as *for*. However, these two words have distinct meanings and uses.

A. One difference is in expressing movement.

Para indicates movement *toward* a destination.

Cuando era niño, salía **para** la escuela a las siete y media.	*When I was a kid, I used to leave for school at 7:30.*
Perdón, señor, ¿cuál es el tren que sale **para** Madrid?	*Excuse me, sir, which is the train that is leaving for Madrid?*

Por, on the other hand, indicates *through*, *by*, or *along* a location.

Pasamos **por** varios pueblos antes de llegar a Salamanca.	*We went through several villages before arriving in Salamanca.*
Nunca hemos caminado **por** la orilla del Mar Menor.	*We have never walked along the shore of Mar Menor.*

Por is also used to indicate means of transportation, although **en** is also common.

Franklin quiere viajar a España **por** barco pero yo prefiero ir **por** avión.	*Franklin wants to travel to Spain by boat but I prefer to go by plane.*

Note the contrast in usage in the following example.

Mañana salgo **para** Málaga. Voy a viajar **por** tren.	*I am leaving for Malaga tomorrow. I'm going to travel by train.*

B. **Por** and **para** can also be followed by expressions of time.

Use **por** to indicate length of time that an action took place. Some common time expressions are: **por dos horas, por unos días, por tres meses, por un año, por mucho/poco tiempo.** Native speakers often omit **por** in this context.

Hoy tengo que trabajar en el taller **por diez horas.**	*Today I have to work in the shop for ten hours.*

You can also use **por** to express *during, in,* or *at* with parts of the day: **por la mañana/tarde/noche.**

Aquí **por** la noche todo el mundo sale a pasear.	*Here in (during) the evening everybody goes out for a walk.*

Use **para** to indicate a deadline by which something is expected to happen.

Hay que entregar el informe **para** las diez.	*We have to turn in the report by 10:00.*

Ejercicio 4

Completa la conversación entre Ana Sofía y Franklin con **por** o **para** según el contexto.

FRANKLIN: Ayer corregí exámenes _____^{1} ocho horas, sin descanso.

ANA SOFÍA: Pues yo estudié _____^{2} seis horas para el examen de la clase de inglés.

FRANKLIN: Bueno, tenemos exámenes _____^{3} una semana y luego... ¡vacaciones!

ANA SOFÍA: Sí, ¡por fin! ¿Cuándo sales _____^{4} Puerto Rico?

FRANKLIN: En dos días. Salgo _____^{5} la mañana y voy a viajar _____^{6} nueve horas.

ANA SOFÍA: ¿Nueve horas? Vas a viajar _____^{7} avión, ¿verdad?

FRANKLIN: Pues, prefiero ir _____^{8} tren pero ya sabes que no es posible.

ANA SOFÍA: ¡Ja, ja! Oye, ¿cuánto tiempo piensas quedarte en Puerto Rico?

FRANKLIN: ¡Una semana! Voy a visitar a la familia y necesito recoger unos documentos importantes. Van a estar listos _____^{9} el jueves próximo.

ANA SOFÍA: Ay, seguramente vas a pasear _____^{10} el Yunque y otros lugares hermosos. ¡Qué envidia!

11.3 Polite Commands

Commands (**mandatos**) are used to tell someone directly what to do. You have already been hearing and reading informal commands such as **conversa con tu compañero/a** or **escucha a tu professor(a)**. (**Note:** You will learn more about informal commands in **Infórmate 13.2.**) Informal commands are used when speaking to someone that you address in the **tú** form, while polite commands are used when addressing someone in the **usted** (singular) or **ustedes** (plural) form.

A. Polite singular commands are formed by changing **-ar** verb endings to **-e**, and changing **-er** and **-ir** endings to **-a.**

-ar: Hable español, por favor.	*Speak Spanish, please.*
-er: Coma cereal y fruta por la mañana.	*Eat cereal and fruit in the morning.*
-ir: ¡No abra el libro durante el examen!	*Don't open your book during the exam!*

POLITE COMMANDS

-ar verbs take **-e(n)** endings:
  hable (usted),
  tomen (ustedes)

-er/-ir verbs take **-a(n)** endings:
  coma (usted),
  escriban (ustedes)

B. To give polite commands to more than one person, add **-n.***

No baile**n** por más de dos horas.   *Don't dance for more than two hours.*

C. If the verb stem is irregular in the **yo** form of the present tense, it usually has the same irregularity in the polite command form: **yo pongo** → **ponga(n) usted(es).**

Venga(n) temprano, por favor.   *Come early, please.*

Salga(n) inmediatamente.   *Leave immediately.*

Here are some common irregular polite commands.

conocer	**conozca(n)**
decir	**diga(n)**
hacer	**haga(n)**
oír	**oiga(n)**
poner	**ponga(n)**

Tengan cuidado en la autopista.   *Be careful on the freeway.*

Traiga sus documentos mañana a la oficina de la aduana.   *Bring your documents to the customs office tomorrow.*

D. The following irregular polite command forms do not match the first-person singular forms.

dar	**dé(n)**
estar	**esté(n)**
ir	**vaya(n)**
saber	**sepa(n)**
ser	**sea(n)**

Sepa muy bien lo que quiere decir antes de hablar.   *Know well what you want to say. before speaking.*

Si ustedes van a viajar durante el verano, **vayan** a la agencia de viajes lo antes posible.   *If you (pl.) are going to travel during the summer, go to the travel agency as soon as possible.*

E. Verbs with vowel changes in the present indicative stem (**e → ie, e → i, o → ue**) show the same changes in the polite command forms.

e → ie		e → i		o → ue	
cerrar	**cierre(n)**	competir	**compita(n)**	dormir	**duerma(n)**
pensar	**piense(n)**	seguir	**siga(n)**	encontrar	**encuentre(n)**
sentar	**sienta(n)**	servir	**sirva(n)**	volver	**vuelva(n)**

Duerma por lo menos ocho horas cada noche.   *Sleep at least eight hours every night.*

Cierre la maleta ahora.   *Close the suitcase now.*

Sirvan los refrescos, por favor.   *Serve the soft drinks, please.*

---

*In most of Latin America, the **ustedes** command form is used to address more than one person. In Spain, however, the **vosotros/as** command form is used for plural *informal* commands. You will learn about **vosotros/as** commands in the **Infórmate** section of **Capítulo 13.**

Also, **-ar** verbs that have spelling changes in the **yo** form of the preterite (z → c, c → qu, g → gu) follow the same spelling-change rules in the polite command form.

z → c		c → qu		g → gu	
almorzar	**almuerce(n)**	buscar	**busque(n)**	apagar	**apague(n)**
comenzar	**comience(n)**	sacar	**saque(n)**	jugar	**juegue(n)**
cruzar	**cruce(n)**	tocar	**toque(n)**	llegar	**llegue(n)**

F. Object pronouns and reflexive pronouns are attached to to the end of affirmative commands, but are placed before negative commands.

Tráigame un café por favor; **no me traiga** té.

Bring me some coffee, please; don't bring me tea.

Díganme la verdad; **no me digan** que (ustedes) no la saben.

Tell me the truth; don't tell me that you don't know it.

No lo haga ahora; **hágalo** más tarde.

Don't do it now; do it later.

Levántese temprano; **no se pierda** las noticias de las seis.

Get up early; don't miss the six o'clock news.

Ejercicio 5

Imagínate que eres agente de viajes. Contesta las preguntas de tus clientes afirmativamente. Si es necesario, usa un pronombre de complemento directo (**lo, la, los, las**).

MODELOS: —¿Necesito ir al consulado mañana por la mañana?

—Sí, vaya mañana por la mañana.

—¿Tengo que pagar el pasaje hoy?

—Sí, páguelo hoy.

1. ¿Debo ir al aeropuerto dos horas antes de la salida de mi vuelo?
2. Mi vuelo sale a las cuatro de la mañana. ¿Debo dormir en el aeropuerto para estar allí a tiempo?
3. ¿Debo hacer las reservas mañana?
4. ¿Tengo que comprar ya los pasajes?
5. ¿Tengo que traer el dinero pasado mañana?
6. ¿Necesito recoger los pasajes la semana que viene?

Ejercicio 6

Es enero y Estefanía y Franklin están muy emocionados con su viaje a España para agosto y te hacen muchas preguntas. Diles no a todas sus preguntas, porque… ¡es enero, no es agosto!

MODELO: —¿Tenemos que comprar ropa de verano este fin de semana?

—No, no la *compren* todavía.

1. —¿Tenemos que preparar el itinerario esta noche?
   —No, no lo _____ todavía.
2. —¿Debemos sacar las fotos para los pasaportes ya?
   —No, no las _____ todavía.

3. —¿Necesitamos pedir los visados para España ya?
—No, no los _____ todavía.

4. —¿Es necesario comprar las maletas ya?
—No, no las _____ todavía.

5. —¿Debemos hacer las maletas mañana?
—No, no las _____ todavía.

6. —¿Necesitamos hablar del viaje con los vecinos este fin de semana?
—No, no _____ con ellos todavía.

11.4 Using the Imperfect and the Preterite Together

Era un día de primavera. Hacía sol y un poco de calor. Ana Sofía y su novio tomaban un refresco en un café de la Plaza Mayor de Madrid cuando ella vio a un viejo amigo del Colegio San Pablo en Murcia. El joven pasó; Ana Sofía se puso de pie y caminó hacia él. Lo saludó y empezaron a charlar. Luego lo invitó a tomar un refresco con ella y su novio. Presentó a los dos jóvenes y luego…

Although both the imperfect and the preterite describe past actions or states, their uses are not the same. As you know, the preterite is used with verbs of action to emphasize that the speaker views a past event or action as completed.

—¿Qué hiciste ayer?	*What did you do yesterday?*
—Visité el Museo del Prado.	*I visited the Prado Museum.*

The imperfect, on the other hand, is used to emphasize that an action happened repeatedly or habitually in the past.

Cuando íbamos de vacaciones a Madrid, siempre nos quedábamos en el Hotel Princesa.	*When we went on vacation to Madrid, we would always stay at the Princesa Hotel.*
Cuando Jorge vivía en Ocumare, iba a la playa todos los fines de semana.	*When Jorge lived in Ocumare, he used to go to the beach every weekend.*

Similarly, you can use the simple imperfect or the imperfect progressive to describe an action that was in progress in the past when someting interrupted it. The interrupting action is expressed in the preterite tense.

Paseaba por el parque cuando **ocurrió** el accidente.	*I was walking in the park when the accident happened.*
Estaba descansando en la sala cuando el agente de viajes me **llamó** con las buenas noticias.	*I was resting in the living room when the travel agent called me with the good news.*
Los pasajeros **abordaban** el tren cuando **vieron** una mochila abandonada sobre un asiento.	*The passengers were boarding the train when they saw an abandoned backpack on a seat.*
El helicóptero **llegaba** al aeropuerto cuando se **descompuso** el motor.	*The helicopter was arriving at the airport when the engine broke down.*

Ejercicio 7

Usa el imperfecto y escribe la forma apropiada de los verbos entre paréntesis para expresar la acción que se interrumpe.

MODELO: Eloy *salía* de su casa cuando llegó Susan.

1. Ana Sofía _____ (manejar) en la autopista cuando dos coches chocaron.

2. Yo _____ (leer) la novela *La sombra del viento* cuando sonó el teléfono.

3. Ana Sofía y su novio _____ (correr) por la calle cuando Ana Sofía se cayó.

4. El perro _____ (cruzar) la calle cuando el coche lo atropelló.

5. Radamés _____ (bailar) cuando se cayó.

Ejercicio 8

Usa el pretérito para hablar de la acción que interrumpe.

MODELO: El mesero servía la ensalada cuando los clientes *vieron* la mosca.

1. Los turistas _____ (llegar) cuando el guía turístico hablaba de la historia de España.

2. Franklin y Estefanía hacían ejercicio en el Parque del Retiro cuando _____ (empezar) a llover.

3. Estefanía tomaba fotos de la Giralda en Sevilla cuando dos ladrones _____ (querer) robarle la cámara.

4. Dos policías hablaban con el hombre cuando él _____ (saltar) del séptimo piso.

5. Yo dormía profundamente cuando tú me _____ (llamar) anoche.

Ejercicio 9

Escoge entre el pretérito y el imperfecto. Usa el pretérito para expresar la acción que interrumpe y el imperfecto para expresar la acción en progreso.

1. El cocinero (*charlaba/charló*) con un cliente cuando se le (*quemaba/quemó*) la comida.

2. Ana Sofía (*almorzaba/almorzó*) cuando la mosca (*caía/cayó*) en su plato de sopa.

3. El criminal (*entraba/entró*) a la casa cuando los niños (*jugaban/jugaron*) en el patio.
4. Ana Sofía y su novio se (*besaban/besaron*) cuando (*llegaba/llegó*) su hermano José Antonio.
5. Cuando (*limpiaba/limpió*) su escritorio, el profesor (*encontró/encontraba*) el cuaderno perdido.
6. ¿(*Perdías/Perdiste*) el libro cuando (*corrías/corriste*) en el parque hoy? ¿O fue ayer?
7. Los turistas (*miraban/miraron*) una pintura de Goya cuando la luz se (*apagaba/apagó*).

Ejercicio 10

Lee la narración del día horrible de Ana Sofía. Usa el pretérito o el imperfecto, según el contexto.

El verano pasado tuve un día horrible. Cuando _____¹ (hacer) el almuerzo _____² (sonar) el teléfono. Contesté. Era mi amiga Luisa y pasamos un rato charlando. Cuando (nosotras) _____³ (charlar), yo _____⁴ (empezar) a ver humo.ᵃ Corrí a la cocina y… ¡Ay¡ Mi comida estaba quemada ya. Tuve que salir a comprar algo en un restaurante. Antes de subirme a mi carro, ¡ _____⁵ (notar) que _____⁶ (tener) una llanta pinchada! Entonces tomé un taxi porque tenía mucha hambre y no quería arreglar la llanta. El taxi me _____⁷ (llevar) al restaurante cuando de repenteᵇ _____⁸ (descomponerse). Me bajéᶜ del taxi y llamé a un amigo. Cuando _____⁹ (hablar) con él, un ladrón me _____¹⁰ (robar) el móvil. Cuando (yo) _____¹¹ (correr) detrás de él, (yo) _____¹² (caerse). Tenía hambre y estaba muy frustrada, pero me levanté y caminé a mi casa. En mi casa decidí prepararme un bocadillo de jamón. Cuando lo _____¹³ (preparar), _____¹⁴ (sonar) el teléfono otra vez. ¡Pero yo no lo _____¹⁵ (contestar)!

ᵃ*smoke* ᵇ*de… suddenly* ᶜ*me… I got out*

Lo que aprendí

Al final de este capítulo, ya puedo…

☐ hablar sobre la geografía, el clima y los medios de transporte.

☐ hablar sobre mis planes de viaje y los de otras personas.

☐ dar y comprender instrucciones para llegar a un sitio.

☐ darles mandatos a otras personas.

☐ narrar eventos (y secuencias de eventos) en el pasado.

Además, ahora conozco…

☐ varios paradores de España.

☐ varios lugares turísticos de España.

Y sé más sobre…

☐ los medios de transporte y la geografía de España.

☐ algunos españoles famosos.

☐ algunas de las fiestas de España.

☐ las actividades de Biciacción.

Vocabulario

La geografía	Geography
la arena	sand
el arrecife	reef
la bahía	bay
el bosque	forest
la cordillera	mountain range
la isla	island
el llano	plain
la orilla	shore, riverbank
la tierra	earth

Palabras semejantes: el acueducto, el archipiélago, el coral, la corriente, la costa, el desierto, el golfo, los Pirineos, la roca, el valle, la vegetación, la zona

Repaso: el campo, el lago, el mar, la montaña, el océano, la playa, el río, la selva

El clima	Climate
el chubasco	rain shower; downpour
el cielo	sky
la escarcha	frost
la humedad	humidity
la llovizna	drizzle
la lluvia	rain
la luna	moon
la neblina	mist, light fog
la niebla	fog
la perturbación	disturbance, disruption
el pronóstico	forecast
el relámpago	lightning
el resplandor	brightness, flash of light

El clima	Climate
el rocío	dew
la tempestad	storm
la tormenta	storm
el trueno	thunder

Palabras semejantes: el ciclón, el huracán, la inundación, el tornado

Repaso: el centígrado, hace buen/mal tiempo, hace calor/fresco/frío/sol/viento, llueve, nieva, la nieve, nublado/a, la temperatura

Los medios de transporte	Modes of Transportation
la autopista	freeway, expressway
el avión	airplane
el bote	boat
el bote de remos	rowboat
la carretera	highway
el crucero	cruise ship
la lancha	motorboat
el tranvía	cable car, streetcar
el velero	sailboat

Palabras semejantes: la canoa, el kayak, el metro, el transbordador, el tren, el vehículo

El automóvil	Automobile
el asiento	seat
la bocina	horn
los cambios	gears
el capó	hood
el cinturón de seguridad	seat belt
el espejo retrovisor	rearview mirror
el faro	headlight
los frenos	brakes
gastar gasolina	to use (waste) gas
el guardabarros	fender
el limpiaparabrisas	windshield wiper
la llanta	tire
la llanta desinflada/pinchada	flat tire
el maletero	trunk
las marchas	gears
el parabrisas	windshield
el parachoques	bumper
el peatón / la peatona	pedestrian
la placa	license plate
la rueda	wheel; tire (*Sp.*)
el semáforo	traffic light
el tránsito	traffic
el volante	steering wheel

Palabras semejantes: el auto, la intersección, el tráfico

Los viajes	Trips
la aduana	customs
el alojamiento	lodging
el botones	bellhop
la camarera	hotel maid
la carga	cargo
los derechos de aduana	customs duty, taxes
el equipaje	luggage
el hospedaje	accommodations
la maleta	suitcase
el mostrador	counter
el pasajero / la pasajera	passenger
el pase (de abordar)	(boarding) pass
la reserva	reservation
el transbordo	transfer, change (of train or plane)
la vacuna	vaccine; shot
el visado	visa

Palabras semejantes: el contrabando, el itinerario, la reservación, la visa

El transporte aéreo	Air Travel
el/la asistente de vuelo	flight attendant
el destino	destination
la sala de espera	waiting room

Repaso: el aeropuerto, el vuelo

Los mandatos formales	Polite Commands
baje(n) (bajar)	get off, get down
camine(n) (caminar)	walk
compre(n) (comprar)	buy
cruce(n) (cruzar)	cross
diga(n) (decir)	say
disculpe(n) (disculpar)	excuse me; I'm sorry
doble(n) (doblar)	turn
haga(n) (hacer)	do; make
no se preocupe(n) (preocuparse)	don't worry
salga(n) (salir)	leave
siga(n) (seguir)	keep going
suba(n) (subir)	get on, get up
tome(n) (tomar)	take

Los lugares	Places
la embajada	embassy
la estación	station
el palacio	palace
el puente	bridge

Palabras semejantes: el festival

Los verbos	Verbs
andar (*irreg.*) **en moto(cicleta)**	to ride a motorcycle
aparecer (aparezco)	to appear
aterrizar (c)	to land
chocar (qu)	to crash
cruzar (c)	to cross
dar (*irreg.*) **instrucciones**	to give instructions
dar (*irreg.*) **la bienvenida**	to welcome
disfrutar	to enjoy
doblar	to turn; to fold
escalar montañas	to climb mountains
girar	to turn
hacer (*irreg.*) **cola**	to stand in line
hacer (*irreg.*) **la maleta**	to pack a suitcase
hacer (*irreg.*) **una reclamación**	to make a complaint
hacer (*irreg.*) **un viaje**	to take a trip
hospedarse	to stay (*lodging*)
juntarse	to come/get together
lloviznar	to drizzle (*rain*)
mantener (*like* **tener**)	to maintain
marearse	to get seasick
mojarse	to get wet
olvidar	to forget
parar	to stop
pronosticar (qu)	to forecast
proteger (protejo)	to protect
rodear	to surround
salir (*irreg.*) **de vacaciones**	to take a vacation
tener (*irreg.*) **la culpa**	to be at fault

Palabras semejantes: abordar, admirar, anunciar, cultivar, flotar, identificar (qu), irritar, planear, revisar, transportar, utilizar (c)

Los sustantivos	Nouns
el billete	ticket; bill (*paper money*)
el cajero automático	ATM machine
la (des)ventaja	(dis)advantage
el (dinero en) efectivo	cash
la esquina	corner (*street*)
la falta	lack
la fuerza	force
la gira	tour
la glorieta	traffic circle
la gota	drop
la habitación	room
la hoja	leaf
las horas pico	peak hours
la marca	brand; mark
la matrícula	registration, enrollment
la obra	work
el paraguas	umbrella
el plano	street map
la sugerencia	suggestion

Los sustantivos	Nouns
la superficie	surface
la tarjeta de débito	debit card
el terreno	terrain; plot of land

Palabras semejantes: el adulto, la antena, el/la arquitecto/a, el círculo, la compañía, la condición, la copia, la definición, la energía, el espacio, el euro, la extensión, el fenómeno, el galón, la gastronomía, la importancia, la letra, el metal, la perturbación, el pintor, la recomendación, el rectángulo, el territorio, la visibilidad

Los adjetivos	Adjectives
caluroso/a	hot (*climate*)
costoso/a	costly
despejado/a	clear
inolvidable	unforgettable
ligero/a	light (*weight*)
lleno/a	full
moro/a	Moorish
rodeado/a	surrounded
seguro/a	safe
soleado/a	sunny
sorprendente	surprising
vivo/a	alive; vivid

Palabras semejantes: árido/a, atmosférico/a, circular, climático/a, enorme, europeo/a, excepcional, extenso/a, extra, formado/a, gótico/a, instantáneo/a, maravilloso/a, mencionado/a, negativo/a, oficial, originado/a, pintoresco/a, positivo/a, preferido/a, producido/a, romántico/a, sensacional, subterráneo/a, tropical, turístico/a

Los adverbios	Adverbs
adelante	forward
además	moreover, furthermore
cómodamente	comfortably
hacia	toward(s)
mal	bad, badly
últimamente	lately

Palabras semejantes: aproximadamente, directamente, puntualmente, simplemente, totalmente

Palabras y expresiones útiles	Useful Words and Expressions
a la mañana siguiente	the next morning
¿Alguna vez ha _____ ?	Have you ever _____ ?
¡Alto!	Stop!
allí mismo	right there
alta velocidad	high speed
Aquí lo tiene.	Here it is.
¡Bienvenido/a(s)!	Welcome!
¡Buen viaje!	Have a nice trip!
con anticipación	in advance
¡Cuánto/a(s) + noun!	How many + *noun*!
en busca de	in search of
Muy amable	How nice of you!, Thanks!
¡Pare!	Stop!
¡Qué + noun + más/tan + adjective!	What a + *adjective* + *noun*!

APPENDIX 1 Answer Key

ANSWER KEY FOR *INFÓRMATE* EXERCISES

Capítulo 1

Ej. 1: 1. c 2. d 3. b 4. e 5. a **Ej. 2:** 1. soy 2. es; son 3. Son; somos **Ej. 3:** 1. La 2. El 3. La 4. La 5. El 6. La 7. El 8. La 9. El 10. El **Ej. 4:** 1. chicas, inteligentes, rubias 2. alto, creativo, hombre, moreno 3. amigos, guapos, inteligentes 4. alto, creativo, hombre, moreno 5. chicas, inteligentes 6. amigos, guapos, inteligentes 7. bonita, delgada, mujer 8. bonita, delgada, mujer 9. bonita, delgada, mujer, vieja **Ej. 5:** 1. Javier Bardem es alto y guapo. 2. Penélope Cruz es baja, delgada y morena. 3. Kirstie Alley es simpática y famosa. 4. Justin Bieber y Dakota Fanning son trabajadores, famosos y jóvenes. 5. Amanda Seyfried y Scarlett Johansson son ricas, rubias, y bonitas. **Ej. 6:** 1. Las mujeres son conservadoras y tacañas. 2. Los chicos son perezosos y creativos. 3. Los robots son fuertes y trabajadores. 4. Los zapatos blancos son nuevos y pequeños. 5. La amiga es impulsiva y sincera. 6. La casa amarilla es vieja y bonita. 7. El parque grande es moderno y feo. 8. Las faldas negras son cortas y elegantes. **Ej. 7:** 1. El presidente Obama no es muy cómico. 2. Justin Bieber no es muy feo. 3. Los estudiantes no son millonarios. 4. Tú no eres muy materialista. 5. Nosotros no somos tontos. 6. Penélope Cruz no es vieja. **Ej. 8:** 1. No, no es una falda. / No, es un vestido. / No, no es una falda. Es un vestido. 2. No, no es hombre. / No, es mujer. / No, no es hombre. Es mujer. 3. No, no es alto. / No, es bajo. / No, no es alto. Es bajo. 4. No, no es una zona de Nueva York. / No, es (una zona) de Florida. / No, no es una zona de Nueva York. Es (una zona) de Florida. 5. No, no son zapatos de mujer. / No, son (zapatos) de hombre. / No, no son (zapatos) de mujer. Son (zapatos) de hombre. 6. No, no cuesta $40,00. / No, cuesta $25,00. / No, no cuesta $40,00. Cuesta $25,00. 7. No, no es la capital de México. / No, es la capital de España. / No, no es la capital de México. Es la capital de España. 8. No, no es una zona de Florida. / No, es (una zona) de California. / No, no es una zona de Florida. Es (una zona) de California.

Capítulo 2

Ej. 1: 1. Eloy tiene 21 años. 2. Rodrigo tiene 27 años. 3. Yolanda tiene 54 años. 4. Sebastián tiene 18 años. 5. Eduardo Saldívar tiene 45 años. 6. Omar tiene 29 años. 7. Mi papá y el amigo de mi papá tienen 51 años. 8. Mi amigo y yo tenemos 23 años. 9. Mi profesor tiene 62 años. **Ej. 2** *Age will depend on the year you do this exercise.* *2013:* 1. 45 2. 19 3. 28 4. 79 5. 41 *2014:* 1. 46 2. 20 3. 29 4. 80 5. 42 *2015:* 1. 47 2. 21 3. 30 4. 81 5. 43 *2016:* 1. 48 2. 22 3. 31 4. 82 5. 44 **Ej. 3:** 1. estoy 2. están 3. está 4. está 5. están 6. estamos 7. estás 8. están **Ej. 4:** 1. Kristen Stewart es talentosa y bonita. 2. Will Smith es delgado y elegante. 3. Gloria Estefan es cubana y baja. 4. Pau Gasol es alto y fuerte. 5. Mark Zuckerberg es rico y creativo. 6. Hillary Clinton es inteligente y rubia. 7. Beyoncé y Lady Gaga son ricas y famosas. 8. Jack Black y Kathy Griffin son bajos y cómicos. 9. Sofía Vergara es colombiana y alta. **Ej. 5:** 1. Los libros son difíciles y divertidos. / Los libros difíciles son divertidos. 2. La chica es baja y tímida. / La chica baja es tímida. 3. Las mujeres son simpáticas y trabajadoras. / Las mujeres simpáticas son trabajadoras. 4. Las amigas son estudiosas y consideradas. / Las amigas estudiosas son consideradas. 5. El extraterrestre es fuerte y pacífico. / El extraterrestre fuerte es pacífico. **Ej. 6:** 1. Omar y Marcela son de Ecuador, pero ahora están en Los Ángeles. 2. Juan Fernando es de Costa Rica, pero ahora está en Nueva York. 3. Estefanía es de Guatemala, pero ahora está en Santo Domingo. 4. Claudia es de Paraguay, pero ahora está en España. 5. Sebastián es de Perú, pero ahora está en México.

Capítulo 3

Ej. 1: 1. te, me 2. te, Me 3. les, nos 4. le, le 5. les, nos 6. les, les **Ej. 2: A.** 1. le gusta, leer 2. les gusta bailar 3. les gusta jugar 4. le gusta lavar 5. le gusta escribir **B.** 1. le gustan 2. les gusta 3. le gustan 4. Le gusta 5. le gustan **Ej. 3:** 1. Son las cuatro y veinte. 2. Son las seis y cuarto/quince. 3. Son las ocho y trece. 4. Es la una y diez. 5. Son las siete y siete. 6. Son las cinco y media. 7. Son las cuatro menos veinticinco. / Faltan veinticinco para las cuatro. / Son veinticinco para las cuatro. 8. Son las dos menos once. / Faltan once para las dos. / Son once para las dos. 9. Son las doce y media. 10. Son las cinco y cuarto/quince. **Ej. 4:** 1. La clase de español es a las once. 2. El baile es a las nueve y media. 3. La conferencia es a las diez. 4. La clase de álgebra es a la una. 5. La fiesta del club Amigos sin Fronteras es a las siete y media. **Ej. 5:** 1. Son las diecisiete cinco. 2. Son las quince doce. 3. Son las siete y media (de la mañana). 4. Son las trece quince. 5. Son las catorce cincuenta. 6. Son las dieciséis (horas). **Ej. 6:** 1. hablan 2. habla 3. habláis 4. hablas 5. hablo 6. habla **Ej. 7:** 1. leen 2. Lees 3. lee 4. Leo 5. lee 6. vives, Vives 7. vivimos 8. viven 9. Vivo 10. Viven **Ej. 8:** 1. escribimos 2. lleva 3. limpiamos 4. desayunan 5. lee 6. comen 7. hablo 8. andan 9. asisten 10. escuchamos **Ej. 9:** 1. esa, Esa 2. aquella 3. este, este 4. aquellos, Aquellos 5. esas, Esas, esas 6. esta, Esta **Ej. 10:** 1. Esos 2. Estas 3. Aquellos 4. Esos 5. Aquellas 6. Estos

Capítulo 4

Ej. 1: 1. tenemos 2. tiene 3. tienes 4. Tengo 5. tienen **Ej. 2:** 1. El carro es de Franklin. 2. La blusa es de Marcela. 3. Los perros son de Eloy. 4. Los lentes son de Xiomara. 5. El saco es de Rodrigo. 6. Las bicicletas son de Carlitos y Maritza. **Ej. 3:** 1. tu, Mi 2. sus, Nuestras 3. tu, Mi 4. nuestro 5. tu, Mi 6. mis 7. tus 8. su 9. tus 10. mis **Ej. 4:** 1. tu, Mis 2. tus, mis 3. tu, Mi 4. sus, nuestras **Ej. 5:** 1. prefieren, quiero 2. prefieren, quiere 3. prefiere, quieren 4. prefieres, quiero 5. prefieren, quieren **Ej. 6:** 1. queremos, preferimos 2. quiero, prefiero 3. quieres, prefiero 4. quieres, Prefiero 5. quieren, preferimos **Ej. 7:** 1. ¿Es una estudiante muy buena Ángela? (¿Es Ángela una estudiante muy buena?) 2. ¿Habla chino Juan Fernando Chen Gallegos? (¿Habla Juan Fernando Chen Gallegos chino?) 3. ¿Son amigas Estefanía y Ana Sofía? (¿Son Estefanía y Ana Sofía amigas?) 4. ¿Tiene dos perros Eloy? (¿Tiene Eloy dos perros?) 5. ¿Somos nosotros amigos de Facebook? (¿Somos amigos de Facebook nosotros?) **Ej. 8:** 1. Claudia, Camila, ¿toman (ustedes) mucho café cuando estudian? 2. Doña Estela, ¿cocina (usted) todos los días? 3. Jorge, ¿haces ejercicio en un gimnasio? 4. Franklin, ¿trabajas por la noche? 5. Señor Calvo, ¿ve (usted) la televisión durante el día? **Ej. 9:** 1. ¿Dónde viven Juan Fernando y su familia? 2. ¿Qué idiomas habla Juan Fernando? 3. ¿Cuándo es la fiesta? 4. ¿Cuántos hijos tienen Omar y Marcela? 5. ¿Cuándo nació Radamés? 6. ¿Cómo se llama el padre de Eloy? **Ej. 10:** 1. vas a, Voy a 2. van a, va a, va a 3. van a, vamos a 4. vas a, Voy a 5. vas a, Voy a **Ej. 11:** 1. piensa 2. piensan 3. piensas 4. pienso 5. tienen ganas de 6. tienes ganas de 7. tenemos ganas de 8. Tengo ganas de **Ej. 12:** 1. van al 2. voy a la 3. vas a la 4. van al 5. Vamos a la 6. va al 7. va a la 8. va a la

Capítulo 5

Ej. 1: 1. d 2. b 3. a 4. e 5. f 6. c **Ej. 2:** 1. b 2. a 3. a 4. b 5. a **Ej. 3** 1. No, me baño a las… 2. No, me lavo el pelo con champú. 3. No, me afeito en el baño / la casa. 4. No, me levanto tarde los domingos. 5. No, me ducho en el baño. 6. No, me acuesto temprano de lunes a viernes. (Sí, me acuesto tarde de lunes a viernes.) 7. No, me cepillo el pelo con un cepillo. **Ej. 4:** 1. a 2. c 3. h 4. b 5. d 6. g 7. f 8. e **Ej. 5:** 1. Duermen, dormimos 2. Almuerzan, almorzamos 3. Vuelven, volvemos 4. Juegan, jugamos 5. cierran, cerramos 6. Pierden, juegan; perdemos, jugamos 7. Prefieren; preferimos 8. Empiezan, empezamos   **Ej. 6:** 1. la 2. las, Las 3. las, la 4. los 5. lo, lo 6. lo, los   **Ej. 7:** 1. los 2. lo 3. la 4. Las 5. lo   **Ej. 8:** 1. Traigo 2. pongo 3. digo 4. oigo 5. salgo 6. vengo 7. tengo 8. Hago

Capítulo 6

Ej. 1: 1. les (explicarles) 2. le, nos 3. les 4. decirme, te 5. les 6. nos, le 7. me, decirte (te) 8. Le, nos   **Ej. 2:** 1. me 2. te 3. le 4. le 5. le 6. le 7. me 8. nos   **Ej. 3:** 1. Claudia está leyendo el periódico. 2. Los estudiantes están tomando un examen. 3. El profesor está escribiendo en la pizarra. 4. Marcela está cocinando. 5. Marcela y Omar están viendo (mirando) la televisión. 6. Eloy y Ricky están jugando al béisbol.   **Ej. 4:** 1. está calificando 2. Está hablando 3. está explicando 4. Están lavando 5. Está estudiando 6. están ayudando   **Ej. 5:** 1. sé 2. Sabes 3. sabe 4. sabemos 5. saben   **Ej. 6:** 1. podéis 2. puede 3. puedo 4. puedes 5. podemos   **Ej. 7:** 1. tiene que 2. tienen que 3. tengo que 4. tenemos que 5. tienes que   **Ej. 8:** 1. debe 2. debo 3. deben 4. debes 5. debemos

Capítulo 7

Ej. 1: 1. Sabe 2. Conoce 3. Sabe 4. Conoce 5. Conoce 6. Sabe 7. Sabe 8. Sabe 9. Conoce   **Ej. 2:** 1. La mesa pesa menos que el sillón. / El sillón pesa más que la mesa. 2. En mi casa viven más personas que en la casa de los vecinos. / En la casa de los vecinos viven menos personas que en mi casa. 3. La casa de los Chen tiene más dormitorios que la casa de los vecinos. / La casa de los vecinos tiene menos dormitorios que la casa de los Chen. 4. En el patio de mis abuelos hay menos árboles que en nuestro patio. / En nuestro patio hay más árboles que en el patio de mis abuelos. 5. Eloy tiene más perros que Omar. / Omar tiene menos perros que Eloy.   **Ej. 3** (*Answers may vary.*): (En mi opinión,…) 1. Vivir en el centro es peor que vivir en un barrio residencial. 2. Vivir en una casa es mejor que vivir en un apartamento. 3. Un refrigerador es el más útil de todos. 4. (Mi hermano) Eduardo es mayor que (mi hermana) Patricia. 5. Mi hijo es menor que tu hija. 6. El iPad es el más caro de todos.   **Ej. 4** 1. La piscina de la familia Lugo es tan bonita como la piscina de la familia Montes. 2. El edificio de la Avenida de la Media Luna no es tan alto como el edificio nuevo de la Avenida de Bolívar. 3. La lavandería vieja de la Avenida Almendros no es tan limpia como la lavandería nueva de la Calle de los Estribos. 4. Los condominios La Estrella no son tan modernos como los condominios Vista del Mar.   **Ej. 5:** 1. La sala de su casa no tiene tantas lámparas como la sala de nuestra casa. 2. La casa de los Lodoño no tiene tantos cuartos como la casa de los Rozo. 3. La casa de los vecinos tiene tantos baños como la casa de mis padres. 4. El patio del señor Londoño no tiene tantas flores y plantas como el patio de la señora Márquez.   **Ej. 6:** 1. Sí, (No, no) compré un móvil. 2. Sí, (No, no) comí en un restaurante. 3. Sí, (No, no) hablé por teléfono. 4. Sí, (No, no) escribí un e-mail. 5. Sí, (No, no) estudié cuatro horas. 6. Sí, (No, no) abrí la ventana. 7. Sí, (No, no) visité a un amigo / una amiga. 8. Sí, (No, no) corrí por la mañana. 9. Sí, (No, no) tomé un refresco. 10. Sí, (No, no) lavé los platos.   **Ej. 7:** a. 4 b. 5 c. 3 d. 2 e. 7 f. 6 g. 9 h. 1 i. 8   **Ej. 8:** 1. Mi madre (no) charló con el presidente la semana pasada. 2. El presidente de México (no) comió tacos en la calle ayer. 3. La profesora de español (no) salió con Javier Bardem anoche. 4. El rey Juan Carlos (no) visitó los Estados Unidos el mes pasado. 5. Yo (no) canté con Shakira ayer a medianoche.   **Ej. 9:** 1. llegaste 2. Llegué 3. llegamos 4. llegó 5. leíste 6. leí 7. leyeron 8. leyó 9. leímos

Capítulo 8

Ej. 1: 1. vinieron 2. fue 3. dijo 4. trajeron 5. dieron 6. hizo 7. pusieron 8. vieron   **Ej. 2:** 1. fue, Estuvo, asistió, hizo, Visitó, vio, Asistió, comió, compró, Tomó, Caminó, Regresó 2. fue, Visitó, tomó, Estuvo, vio, pasó, Llamó a su familia, habló con sus amigos, llegó, hizo, habló, escuchó   **Ej. 3:** 1. Generalmente Lucía asiste a clase por la tarde, pero ayer leyó en la biblioteca y mañana va a hacer la tarea en casa. 2. Generalmente Omar y Marcela cenan con amigos, pero ayer estuvieron en casa todo el día y mañana van a ir al cine. 3. Generalmente Xiomara estudia en la biblioteca, pero ayer tomó café con Eloy y mañana va a visitar a una amiga. 4. Generalmente Ángela se queda en casa, pero ayer salió a almorzar y mañana va leer en el parque. 5. Generalmente Eloy y Ricky barren el patio temprano, pero ayer fueron a la playa y mañana van a lavar el carro.   **Ej. 4:** 1. cerré 2. mintió 3. prefirió 4. conté 5. durmió 6. murió, 7. sentí 8. divertiste, divertí   **Ej. 5:** 1. dormiste 2. Dormí 3. duermes 4. duermo 5. sientes 6. siento 7. sentiste 8. sentí 9. divertiste 10. divertí 11. divirtió 12. divirtió 13. mentiste 14. mentí 15. mintió   **Ej. 6:** 1. supe 2. tuvo, pudo 3. conocí 4. quiso, quiso 5. pude, pudiste   **Ej. 7:** 1. Pero Marcela, limpié el baño hace una semana. / Pero Marcela, lo limpié hace una semana. 2. Pero Marcela, barrí el patio hace un mes. / Pero Marcela, lo barrí hace un mes. 3. Pero Marcela, bañé a los niños hace dos horas. / Pero Marcela, los bañé hace dos horas. 4. Pero Marcela, pasé la aspiradora hace cinco minutos. Pero Marcela, la pasé hace cinco minutos. 5. Pero Marcela, te ayudé (a cocinar) hace dos días.   **Ej. 8** (*Possible answers*) 1. Hace casi 500 años. 2. Hace más de noventa años. 3. Hace más de noventa años. 4. Hace más de treinta años. 5. Hace más de veinte años. 6. Hace casi veinte años. 7. Hace más de 130 años. 8. Hace más de 120 años. 9. Hace casi cuarenta años. 10. Hace más de veinte años.

Capítulo 9

Ej. 1: 1. La, c 2. Las, b 3. Lo, b 4. La, a 5. Los, c 6. la, b 7. Lo, a 8. las, b 9. la, a 10. los, a   **Ej. 2:** 1. la vamos a poner / vamos a ponerla 2. lo voy a preparar / voy a prepararlo 3. los estoy horneando / estoy horneándolos 4. lo está rallando / está rallándolo 5. las va a abrir / va a abrirlas   **Ej. 3:** 1. nadie 2. nada 3. nunca 4. nadie 5. ninguna 6. nada 7. Nunca 8. ninguno   **Ej. 4:** 1. f 2. a 3. d 4. e 5. c 6. b   **Ej. 5:** 1. se cortan 2. se necesita 3. se lava, se pone 4. se preparan 5. se mezclan 6. se puede 7. Se habla 8. Se baten   **Ej. 6:** 1. pides 2. sirve 3. pedir 4. pedir 5. pides 6. sirvió 7. pidieron 8. pedimos 9. sirvieron 10. sirvió 11. pidieron 12. pedí

Capítulo 10

Ej. 1: 1. Para él 2. Para mí 3. Para él 4. Para ella 5. Para él 6. Para ti 7. Para nosotros 8. Para ellos   **Ej. 2:** 1. conmigo 2. contigo 3. ti 4. mí 5. él 6. él 7. él 8. mí 9. ellos 10. ella   **Ej. 3:** 1. Omar andaba en bicicleta. 2. Claudia y yo jugábamos con muñecas. 3. Ángela leía las tiras cómicas del periódico los domingos. 4. Nayeli se bañaba en el mar en Acapulco. 5. Franklin comía muchos dulces. 6. Marcela limpiaba su cuarto. 7. Camila y sus primos pasaban las vacaciones en Mar del Plata. 8. Radamés escuchaba música rock. 9. Sebastián veía muñequitos en la televisión. 10. Don Rafael Sotomayor iba al cine los domingos.   **Ej. 4:** 1. Ángela; comía 2. Eloy y Eduardo; jugaban 3. Lucía; peleaba 4. Ana Sofía; saltaba 5. Omar; leía 6. Xiomara; lloraba   **Ej. 5:** (*Yes/no answers will vary.*) 1. durmiendo 2. asistiendo 3. viendo 4. estudiando 5. actualizando   **Ej. 6:** 1. estaba preparando 2. estaba haciendo (escribiendo) 3. estaban comiendo 4. estaban limpiando 5. estaba escribiendo (preparando)   **Ej. 7:** 1. Iba a venir en carro, pero me quedé sin gasolina. 2. Iba a comprarte un regalo, pero no tuve tiempo. 3. Iba a cenar con ustedes, pero cené en casa antes. 4. Iba a ir al concierto (de Radamés y su grupo), pero no funcionó mi carro. 5. Iba a asistir (a clase), pero no sonó la alarma del reloj. 6. Iba a almorzar, pero no tuve tiempo. 7. Iba a escuchar música (en la playa), pero perdí mi iPod. 8. Iba a viajar, pero tuve que trabajar.

Capítulo 11

Ej. 1: (*Possible answers*) 1. He comido hamburguesas muchas veces. 2. He cantado en la ducha pocas veces. 3. He comprado chocolates muchas veces. 4. He leído *Huckleberry Finn* una vez. 5. He dormido más de ocho horas pocas veces.   **Ej. 2:** 1. No, nunca he robado un banco. 2. No, nunca he comido hormigas. 3. No, nunca he visto las películas de la directora Icíar Bollain. 4. No, nunca he escalado los Pirineos. 5. No, nunca he escrito una novela famosa.   **Ej. 3:** 1. habéis hecho 2. Hemos visitado 3. hemos comprado 4. hemos descansado 5. hemos visto 6. Habéis cenado 7. hemos comido 8. Habéis ido 9. hemos estado

10. he llevado 11. hemos leído 12. He escrito 13. hemos oído 14. hemos hablado **Ej. 4:** 1. por 2. por 3. por 4. para 5. por 6. por 7. por 8. por 9. para 10. por **Ej. 5:** 1. Sí, vaya dos horas antes. 2. Sí, duerma allí. 3. Sí, hágalas mañana. 4. Sí, cómprelos ya. 5. Sí, tráigalo pasado mañana. 6. Sí, recójalos la semana que viene. **Ej. 6:** 1. preparen 2. saquen 3. pidan 4. compren 5. hagan 6. hablen **Ej. 7:** 1. manejaba 2. leía 3. corrían 4. cruzaba 5. bailaba **Ej. 8:** 1. llegaron 2. empezó 3. quisieron 4. saltó 5. llamaste **Ej. 9:** 1. charlaba, quemó 2. almorzaba, cayó 3. entró, jugaban 4. besaban, llegó 5. limpiaba, encontró 6. Perdiste, corrías 8. miraban, apagó **Ej. 10:** 1. hacía 2. sonó 3. charlábamos 4. empecé 5. noté 6. tenía 7. llevaba 8. se descompuso 9. hablaba 10. robó 11. corría 12. me caí 13. preparaba 14. sonó 15. contesté

Capítulo 12

Ej. 1: 1. empiece 2. consultes 3. visite 4. terminen 5. comas 6. salgas 7. leamos 8. escriban 9. recete 10. pidas **Ej. 2:** 1. Le sugerimos a Eloy que visite a Lucía, porque ella no se siente bien. 2. El hermano de Jorge espera que él esté mejor hoy. 3. Nayeli y Claudia prefieren que volvamos a su casa inmediatamente. 4. Eloy le recomienda a Jorge que no tome antibióticos para el resfriado. 5. Tú prefieres que tus amigos no necesiten ir al hospital. 6. Yo le sugiero a Jorge que beba mucho jugo de naranja. 7. Mi madre os aconseja que durmáis el resto del día. 8. Eloy y Jorge esperan que los miembros del club les den remedios caseros para el blog. **Ej. 3:** 1. salga 2. nos sentimos 3. se sienta 4. se duerman 5. sabemos 6. pida 7. bañe 8. empiece 9. está **Ej. 4:** 1. venga 2. empiece 3. dé 4. traiga 5. pida 6. te laves, te seques 7. exijamos 8. hagas **Ej. 5: A.** 1. Sra. McNeil, no le muestre la pierna a la terapeuta. 2. No me diga dónde le duele. (No le diga al médico dónde le duele.) 3. No le lleve los papeles al recepcionista. 4. No les traiga la comida a los pacientes. 5. No le dé la receta al farmacéutico. **B.** 1. Llámeme el miércoles. 2. Tráiganos la medicina hoy. 3. Dígale su nombre al médico. 4. Súrtales la receta a los pacientes. 5. Deme más información, por favor. **Ej. 6:** 1. le; le ponga la inyección a la paciente del cuarto número 512. 2. le; le pida mañana los resultados del análisis de sangre. 3. les; le expliquen los síntomas de la gripe a la señora Galván. 4. le; les lleve a los señores Martínez estos documentos del seguro médico. 5. les; les cuenten a la enfermera y a él cómo ocurrió el accidente. **Ej. 7:** 1. Los gatitos se perdieron. 2. El reloj se rompió. 3. Los lentes de Franklin se cayeron de la mesa. 4. La ambulancia se descompuso. **Ej. 8:** 1. A las enfermeras se les perdió la receta del paciente. 2. A Rodrigo se le cayó y se le rompió el celular. 3. Al paciente se le olvidó el dinero en casa. 4. Al médico se le quedó el estetoscopio en el coche. 5. A Jorge se le descompuso la afeitadora eléctrica. 6. A los niños se les soltaron los vendajes.

Capítulo 13

Ej. 1: 1. ser 2. están 3. es 4. están, Son 5. Estamos 6. Soy **Ej. 2:** 1. está, es 2. son, están 3. están, están 4. estás, soy 5. son, Estaban 6. son, están **Ej. 3:** 1. Levántate 2. Ven 3. Ten 4. Sal 5. Bájate 6. Habla 7. Acuéstate; apaga 8. Dile 9. Ve; lee 10. Haz **Ej. 4:** 1. Tráigame; me de 2. Muéstreme; me diga 3. Espérame; te vayas 4. Escríbeme; me lo dictes 5. Mira; me digas 6. compres; come **Ej. 5:** 1. ¡Que lo barra Emiliano! 2. ¡Que las pague Emilio! 3. ¡Que los desempolve Beto! 4. ¡Que la saque Izel! 5. ¡Que las ponga allí Nayeli! 6. ¡Que lo limpie Beto! **Ej. 6:** 1. Ojalá que reciba muchos regalos. 2. Ojalá que haga buen tiempo. 3. Ojalá

que no tenga que trabajar. 4. Ojalá que no esté enfermo/a. 5. Ojalá que mis amigos vengan a visitarme. **Ej. 7:** 1. (No) Escuchemos música de hip hop. 2. (No) Visitemos mi página de Facebook. 3. (No) Hagamos ejercicio. 4. Vamos (No vayamos) al cine. 5. (No) Miremos una película en línea. **Ej. 8:** 1. he disfrutado 2. he tenido 3. pasó 4. di 5. trabajé 6. Salí 7. caminé 8. Había 9. era 10. Entré 11. Pensaba 12. vi 13. caminaban 14. golpeó 15. empezaron 16. Estaban 17. se gritaban 18. salí 19. atacó 20. iba 21. dejaron 22. llegué **Ej. 9:** 1. era 2. íbamos 3. alquilábamos 4. nadábamos 5. salíamos 6. caminábamos 7. tenía 8. fuimos 9. estaban 10. jugaba 11. charlaba 12. conocía 13. miré 14. estaba 15. vi 16. metimos 17. Salimos 18. buscamos 19. pudimos 20. estaba 21. trajo 22. estábamos 23. nadaba 24. estaba 25. regañé 26. enojé

Capítulo 14

Ej. 1: 1. Voy a la biblioteca para estudiar. 2. Uso la sartén para freír algo. 3. Traje las herramientas para reparar el coche. 4. Compré el jamón para hacer una sándwich. 5. Voy a usar la aspiradora para limpiar la alfombra. **Ej. 2:** 1. por 2. Para 3. para 4. para 5. para 6. por 7. por 8. por 9. Para 10. para 11. para 12. para **Ej. 3:** 1. le 2. nos 3. te, me, me 4. os 5. les **Ej. 4: A.** 1. Sí, ya se la entregué ayer. 2. Sí, ya se lo di ayer. 3. Sí, ya se los llevé ayer. 4. Sí, ya te las compré ayer. 5. Sí, ya se las mandé ayer. **B.** 1. Voy a mostrártelo mañana. / Te lo voy a mostrar mañana. 2. Voy a comprártela mañana. / Te la voy a comprar mañana. 3. Voy a traérselos mañana. / Se los voy a traer mañana. 4. Voy a regalárselo mañana. / Se lo voy a regalar mañana. 5. Voy a dárselas mañana. / Se las voy a dar mañana. **Ej. 5:** Te lo estoy preparando ahora mismo. / Estoy preparándotelo ahora mismo. 2. Te lo estoy buscando ahora mismo. / Estoy buscándotelo ahora mismo. 3. Se la estoy pidiendo ahora mismo. / Estoy pidiéndosela ahora mismo. 4. Se las estoy enviando ahora mismo. / Estoy enviándoselas ahora mismo. 5. Me los estoy poniendo ahora mismo. / Estoy poniéndomelos ahora mismo. **Ej. 6:** 1. te lo voy a comprar / voy a comprártelo 2. Me voy a duchar / Voy a ducharme 3. me los compres 4. se las llevó 5. te lo estoy haciendo / estoy haciéndotelo **Ej. 7: A.** 1. No, no me lo repares. 2. No, no me la prepares. 3. No, no me los busques. 4. No, no me las compres. 5. No, no me la digas. **B.** 1. Sí, dímela, por favor. 2. Sí, lávamelo, por favor. 3. Sí, plánchamelas, por favor. 4. Sí, sírvemela, por favor. 5. Sí, límpiamelos, por favor. **Ej. 8:** 1. haya 2. deben 3. tengan 4. quieren 5. ahorra 6. gasta 7. es 8. sea 9. podemos **Ej. 9:** 1. sepa 2. hay 3. compra 4. sea 5. existen 6. gasten 7. estén 8. queremos 9. conoces 10. tenga

Capítulo 15

Ej. 1: 1. Me casaré, tendré 2. nos graduaremos, iremos 3. se mudarán, vivirán 4. hablaremos, podremos 5. vendrá, dirá **Ej. 2:** 1. sea 2. esté 3. ofrezca 4. tienen 5. venda 6. fabrica 7. hay **Ej. 3:** 1. haya 2. aumenta 3. prohíbe 4. ayude 5. adopte 6. influyen 7. podamos 8. sepamos **Ej. 4:** 1. visitarían 2. trataría 3. pasaría 4. nadarían (se bañarían) 5. tomaría 6. se bañaría (nadaría) 7. iría 8. mandaría 9. invitaría 10. viajaríamos (iríamos) **Ej. 5:** 1. vamos 2. ahorremos 3. quiera, sea 4. puedo 5. están 6. estemos 7. saben 8. pueden **Ej. 6:** 1. tenga 2. juegues 3. vayas, busques 4. lleguen 5. estés, te mejores 6. haya 7. tenga, encuentres 8. sepa **Ej. 7:** 1. usara, tendría 2. pasaran, aprenderían 3. consultaran, aprenderían 4. contaminaran, estaría 5. tuvieran, usarían 6. manejaran, disminuiría 7. fuera, llegaría 8. anduviera, gastaría

A. REGULAR VERBS: SIMPLE TENSES

Infinitive Present Participle Past Participle	INDICATIVE						SUBJUNCTIVE		IMPERATIVE
	Present	Imperfect	Preterite	Future	Conditional		Present	Imperfect	
hablar	hablo	hablaba	hablé	hablaré	hablaría		hable	hablara	habla tú, no
hablando	hablas	hablabas	hablaste	hablarás	hablarías		hables	hablaras	hables
hablado	habla	hablaba	habló	hablará	hablaría		hable	hablara	hable Ud.
	hablamos	hablábamos	hablamos	hablaremos	hablaríamos		hablemos	habláramos	hablemos
	habláis	hablabais	hablasteis	hablaréis	hablaríais		habléis	hablarais	hablen
	hablan	hablaban	hablaron	hablarán	hablarían		hablen	hablaran	
comer	como	comía	comí	comeré	comería		coma	comiera	come tú, no
comiendo	comes	comías	comiste	comerás	comerías		comas	comieras	comas
comido	come	comía	comió	comerá	comería		coma	comiera	coma Ud.
	comemos	comíamos	comimos	comeremos	comeríamos		comamos	comiéramos	comamos
	coméis	comíais	comisteis	comeréis	comeríais		comáis	comierais	coman
	comen	comían	comieron	comerán	comerían		coman	comieran	
vivir	vivo	vivía	viví	viviré	viviría		viva	viviera	vive tú, no
viviendo	vives	vivías	viviste	vivirás	vivirías		vivas	vivieras	vivas
vivido	vive	vivía	vivió	vivirá	viviría		viva	viviera	viva Ud.
	vivimos	vivíamos	vivimos	viviremos	viviríamos		vivamos	viviéramos	vivamos
	vivís	vivíais	vivisteis	viviréis	viviríais		viváis	vivierais	vivan
	viven	vivían	vivieron	vivirán	vivirían		vivan	vivieran	

B. REGULAR VERBS: PERFECT TENSES

	INDICATIVE					SUBJUNCTIVE	
Present Perfect	**Past Perfect**	**Preterite Perfect**	**Future Perfect**	**Conditional Perfect**	**Present Perfect**	**Past Perfect**	
he	había	hube	habré	habría	haya	hubiera	
has	habías	hubiste	habrás	habrías	hayas	hubieras	
ha	había hablado	hubo hablado	habrá hablado	habría hablado	haya hablado	hubiera hablado	
hemos	habíamos comido	hubimos comido	habremos comido	habríamos comido	hayamos comido	hubiéramos comido	
habéis	habíais vivido	hubisteis vivido	habréis vivido	habríais vivido	hayáis vivido	hubierais vivido	
han	habían	hubieron	habrán	habrían	hayan	hubieran	

C. IRREGULAR VERBS

Infinitive Present Participle Past Participle	INDICATIVE					SUBJUNCTIVE		IMPERATIVE
	Present	**Imperfect**	**Preterite**	**Future**	**Conditional**	**Present**	**Imperfect**	
andar	ando	andaba	anduve	andaré	andaría	ande	anduviera	anda tú, no
andando	andas	andabas	anduviste	andarás	andarías	andes	anduvieras	andes
andado	anda	andaba	anduvo	andará	andaría	ande	anduviera	ande Ud.
	andamos	andábamos	anduvimos	andaremos	andaríamos	andemos	anduviéramos	andemos
	andáis	andabais	anduvisteis	andaréis	andaríais	andéis	anduvierais	anden
	andan	andaban	anduvieron	andarán	andarían	anden	anduvieran	
caber	quepo	cabía	cupe	cabré	cabría	quepa	cupiera	cabe tú,
cabiendo	cabes	cabías	cupiste	cabrás	cabrías	quepas	cupieras	no quepas
cabido	cabe	cabía	cupo	cabrá	cabría	quepa	cupiera	quepa Ud.
	cabemos	cabíamos	cupimos	cabremos	cabríamos	quepamos	cupiéramos	quepamos
	cabéis	cabíais	cupisteis	cabréis	cabríais	quepáis	cupierais	quepan
	caben	cabían	cupieron	cabrán	cabrían	quepan	cupieran	
caer	caigo	caía	caí	caeré	caería	caiga	cayera	cae tú, no
cayendo	caes	caías	caíste	caerás	caerías	caigas	cayeras	caigas
caído	cae	caía	cayó	caerá	caería	caiga	cayera	caiga Ud.
	caemos	caíamos	caímos	caeremos	caeríamos	caigamos	cayéramos	caigamos
	caéis	caíais	caísteis	caeréis	caeríais	caigáis	cayerais	caigan
	caen	caían	cayeron	caerán	caerían	caigan	cayeran	

Infinitive / Present Participle / Past Participle	INDICATIVE					SUBJUNCTIVE		IMPERATIVE
	Present	Imperfect	Preterite	Future	Conditional	Present	Imperfect	
creer / creyendo / creído	creo / crees / cree / creemos / creéis / creen	creía / creías / creía / creíamos / creías / creían	creí / creíste / creyó / creímos / creísteis / creyeron	creeré / creerás / creerá / creeremos / creeréis / creerán	creería / creerías / creería / creeríamos / creeríais / creerían	crea / creas / crea / creamos / creáis / crean	creyera / creyeras / creyera / creyéramos / creyerais / creyeran	cree tú, no creas / crea Ud. / creamos / crean
dar / dando / dado	doy / das / da / damos / dais / dan	daba / dabas / daba / dábamos / dabais / daban	di / diste / dio / dimos / disteis / dieron	daré / darás / dará / daremos / daréis / darán	daría / darías / daría / daríamos / daríais / darían	dé / des / dé / demos / deis / den	diera / dieras / diera / diéramos / dierais / dieran	da tú, no des / dé Ud. / demos / den
decir / diciendo / dicho	digo / dices / dice / decimos / decís / dicen	decía / decías / decía / decíamos / decíais / decían	dije / dijiste / dijo / dijimos / dijisteis / dijeron	diré / dirás / dirá / diremos / diréis / dirán	diría / dirías / diría / diríamos / diríais / dirían	diga / digas / diga / digamos / digáis / digan	dijera / dijeras / dijera / dijéramos / dijerais / dijeran	di tú, no digas / diga Ud. / digamos / digan
estar / estando / estado	estoy / estás / está / estamos / estáis / están	estaba / estabas / estaba / estábamos / estabais / estaban	estuve / estuviste / estuvo / estuvimos / estuvisteis / estuvieron	estaré / estarás / estará / estaremos / estaréis / estarán	estaría / estarías / estaría / estaríamos / estaríais / estarían	esté / estés / esté / estemos / estéis / estén	estuviera / estuvieras / estuviera / estuviéramos / estuvierais / estuviera	está tú, no estés / esté Ud. / estemos / estén
haber / habiendo / habido	he / has / ha / hemos / habéis / han	había / habías / había / habíamos / habíais / habían	hube / hubiste / hubo / hubimos / hubisteis / hubieron	habré / habrás / habrá / habremos / habréis / habrán	habría / habrías / habría / habríamos / habríais / habrían	haya / hayas / haya / hayamos / hayáis / hayan	hubiera / hubieras / hubiera / hubiéramos / hubierais / hubieran	

C. IRREGULAR VERBS (CONTINUED)

Infinitive / Present Participle / Past Participle	INDICATIVE					SUBJUNCTIVE		IMPERATIVE
	Present	Imperfect	Preterite	Future	Conditional	Present	Imperfect	
hacer haciendo hecho	hago haces hace hacemos hacéis hacen	hacía hacías hacía hacíamos hacíais hacían	hice hiciste hizo hicimos hicisteis hicieron	haré harás hará haremos haréis harán	haría harías haría haríamos haríais harían	haga hagas haga hagamos hagáis hagan	hiciera hicieras hiciera hiciéramos hicierais hicieran	haz tú, no hagas haga Ud. hagamos hagan
ir yendo ido	voy vas va vamos vais van	iba ibas iba íbamos ibais iban	fui fuiste fue fuimos fuisteis fueron	iré irás irá iremos iréis irán	iría irías iría iríamos iríais irían	vaya vayas vaya vayamos vayáis vayan	fuera fueras fuera fuéramos fuerais fueran	ve tú, no vayas vaya Ud. vayamos vayan
oír oyendo oído	oigo oyes oye oímos oís oyen	oía oías oía oíamos oíais oían	oí oíste oyó oímos oísteis oyeron	oiré oirás oirá oiremos oiréis oirán	oiría oirías oiría oiríamos oiríais oirían	oiga oigas oiga oigamos oigáis oigan	oyera oyeras oyera oyéramos oyerais oyeran	oye tú, no oigas oiga Ud. oigamos oigan
poder pudiendo podido	puedo puedes puede podemos podéis pueden	podía podías podía podíamos podíais podían	pude pudiste pudo pudimos pudisteis pudieron	podré podrás podrá podremos podréis podrán	podría podrías podría podríamos podríais podrían	pueda puedas pueda podamos podáis puedan	pudiera pudieras pudiera pudiéramos pudierais pudieran	
poner poniendo puesto	pongo pones pone ponemos ponéis ponen	ponía ponías ponía poníamos poníais ponían	puse pusiste puso pusimos pusisteis pusieron	pondré pondrás pondrá pondremos pondréis pondrán	pondría pondrías pondría pondríamos pondríais pondrían	ponga pongas ponga pongamos pongáis pongan	pusiera pusieras pusiera pusiéramos pusierais pusieran	pon tú, no pongas ponga Ud. pongamos pongan

C. IRREGULAR VERBS (CONTINUED)

Infinitive Present Participle Past Participle	INDICATIVE					SUBJUNCTIVE		IMPERATIVE
	Present	Imperfect	Preterite	Future	Conditional	Present	Imperfect	
querer queriendo querido	quiero quieres quiere queremos queréis quieren	quería querías quería queríamos queríais querían	quise quisiste quiso quisimos quisisteis quisieron	querré querrás querrá querremos querréis querrán	querría querrías querría querríamos querríais querrían	quiera quieras quiera queramos queráis quieran	quisiera quisieras quisiera quisiéramos quisierais quisieran	quiere tú, no quieras quiera Ud. queramos quieran
saber sabiendo sabido	sé sabes sabe sabemos sabéis saben	sabía sabías sabía sabíamos sabíais sabían	supe supiste supo supimos supisteis supieron	sabré sabrás sabrá sabremos sabréis sabrán	sabría sabrías sabría sabríamos sabríais sabrían	sepa sepas sepa sepamos sepáis sepan	supiera supieras supiera supiéramos supierais supieran	sabe tú, no sepas sepa Ud. sepamos sepan
salir saliendo salido	salgo sales sale salimos salís salen	salía salías salía salíamos salíais salían	salí saliste salió salimos salisteis salieron	saldré saldrás saldrá saldremos saldréis saldrán	saldría saldrías saldría saldríamos saldríais saldrían	salga salgas salga salgamos salgáis salgan	saliera salieras saliera saliéramos salierais salieran	sal tú, no salgas salga Ud. salgamos salgan
ser siendo sido	soy eres es somos sois son	era eras era éramos erais eran	fui fuiste fue fuimos fuisteis fueron	seré serás será seremos seréis serán	sería serías sería seríamos seríais serían	sea seas sea seamos seáis sean	fuera fueras fuera fuéramos fuerais fueran	sé tú, no seas sea Ud. seamos sean
tener teniendo tenido	tengo tienes tiene tenemos tenéis tienen	tenía tenías tenía teníamos teníais tenían	tuve tuviste tuvo tuvimos tuvisteis tuvieron	tendré tendrás tendrá tendremos tendréis tendrán	tendría tendrías tendría tendríamos tendríais tendrían	tenga tengas tenga tengamos tengáis tengan	tuviera tuvieras tuviera tuviéramos tuvierais tuvieran	ten tú, no tengas tenga Ud. tengamos tengan

C. IRREGULAR VERBS (CONTINUED)

Infinitive / Present Participle / Past Participle	INDICATIVE					SUBJUNCTIVE		IMPERATIVE
	Present	Imperfect	Preterite	Future	Conditional	Present	Imperfect	
traer trayendo traído	traigo traes trae traemos traéis traen	traía traías traía traíamos traíais traían	traje trajiste trajo trajimos trajisteis trajeron	traeré traerás traerá traeremos traeréis traerán	traería traerías traería traeríamos traeríais traerían	traiga traigas traiga traigamos traigáis traigan	trajera trajeras trajera trajéramos trajerais trajeran	trae tú, no traigas traiga Ud. traigamos traigan
venir viniendo venido	vengo vienes viene venimos venís vienen	venía venías venía veníamos veníais venían	vine viniste vino vinimos vinisteis vinieron	vendré vendrás vendrá vendremos vendréis vendrán	vendría vendrías vendría vendríamos vendríais vendrían	venga vengas venga vengamos vengáis vengan	viniera vinieras viniera viniéramos vinierais vinieran	ven tú, no vengas venga Ud. vengamos vengan
ver viendo visto	veo ves ve vemos veis ven	veía veías veía veíamos veíais veían	vi viste vio vimos visteis vieron	veré verás verá veremos veréis verán	vería verías vería veríamos veríais verían	vea veas vea veamos veáis vean	viera vieras viera viéramos vierais vieran	ve tú, no veas vea Ud. veamos vean

D. STEM-CHANGING AND SPELLING CHANGE VERBS

Infinitive / Present Participle / Past Participle	INDICATIVE					SUBJUNCTIVE		IMPERATIVE
	Present	Imperfect	Preterite	Future	Conditional	Present	Imperfect	
pensar (pienso) pensando pensado	pienso piensas piensa pensamos pensáis piensan	pensaba pensabas pensaba pensábamos pensabais pensaban	pensé pensaste pensó pensamos pensasteis pensaron	pensaré pensarás pensará pensaremos pensaréis pensarán	pensaría pensarías pensaría pensaríamos pensaríais pensarían	piense pienses piense pensemos penséis piensen	pensara pensaras pensara pensáramos pensarais pensaran	piensa tú, no pienses piense Ud. pensemos piensen

Infinitive / Present Participle / Past Participle	INDICATIVE Present	Imperfect	Preterite	Future	Conditional	SUBJUNCTIVE Present	Imperfect	IMPERATIVE
volver (vuelvo) / **volviendo** / **vuelto**	vuelvo / vuelves / vuelve / volvemos / volvéis / vuelven	volvía / volvías / volvía / volvíamos / volvíais / volvían	volví / volviste / volvió / volvimos / volvisteis / volvieron	volveré / volverás / volverá / volveremos / volveréis / volverán	volvería / volverías / volvería / volveríamos / volveríais / volverían	vuelva / vuelvas / vuelva / volvamos / volváis / vuelvan	volviera / volvieras / volviera / volviéramos / volvierais / volvieran	vuelve tú, no vuelvas / vuelva Ud. / volvamos / vuelvan
dormir (duermo) (u) / **durmiendo** / **dormido**	duermo / duermes / duerme / dormimos / dormís / duermen	dormía / dormías / dormía / dormíamos / dormíais / dormían	dormí / dormiste / durmió / dormimos / dormisteis / durmieron	dormiré / dormirás / dormirá / dormiremos / dormiréis / dormirán	dormiría / dormirías / dormiría / dormiríamos / dormiríais / dormirían	duerma / duermas / duerma / durmamos / durmáis / duerman	durmiera / durmieras / durmiera / durmiéramos / durmierais / durmieran	duerme tú, no duermas / duerma Ud. / durmamos / duerman
sentir (siento) (i) / **sintiendo** / **sentido**	siento / sientes / siente / sentimos / sentís / sienten	sentía / sentías / sentía / sentíamos / sentíais / sentían	sentí / sentiste / sintió / sentimos / sentisteis / sintieron	sentiré / sentirás / sentirá / sentiremos / sentiréis / sentirán	sentiría / sentirías / sentiría / sentiríamos / sentiríais / sentirían	sienta / sientas / sienta / sintamos / sintáis / sientan	sintiera / sintieras / sintiera / sintiéramos / sintierais / sintieran	siente tú, no sientas / sienta Ud. / sintamos / sientan
pedir (pido) (i) / **pidiendo** / **pedido**	pido / pides / pide / pedimos / pedís / piden	pedía / pedías / pedía / pedíamos / pedíais / pedían	pedí / pediste / pidió / pedimos / pedisteis / pidieron	pediré / pedirás / pedirá / pediremos / pediréis / pedirán	pediría / pedirías / pediría / pediríamos / pediríais / pedirían	pida / pidas / pida / pidamos / pidáis / pidan	pidiera / pidieras / pidiera / pidiéramos / pidierais / pidieran	pide tú, no pidas / pida Ud. / pidamos / pidan
reír (río) (i) / **riendo** / **reído**	río / ríes / ríe / reímos / reís / ríen	reía / reías / reía / reíamos / reíais / reían	reí / reíste / rio / reímos / reísteis / rieron	reiré / reirás / reirá / reiremos / reiréis / reirán	reiría / reirías / reiría / reiríamos / reiríais / reirían	ría / rías / ría / riamos / riáis / rían	riera / rieras / riera / riéramos / rierais / rieran	ríe tú, no rías / ría Ud. / riamos / rían

D. STEM-CHANGING AND SPELLING CHANGE VERBS (CONTINUED)

Infinitive Present Participle Past Participle	INDICATIVE					SUBJUNCTIVE		IMPERATIVE
	Present	Imperfect	Preterite	Future	Conditional	Present	Imperfect	
seguir (sigo) (i) siguiendo seguido	sigo sigues sigue seguimos seguís siguen	seguía seguías seguía seguíamos seguíais seguían	seguí seguiste siguió seguimos seguisteis siguieron	seguiré seguirás seguirá seguiremos seguiréis seguirán	seguiría seguirías seguiría seguiríamos seguiríais seguirían	siga sigas siga sigamos sigáis sigan	siguiera siguieras siguiera siguiéramos siguierais siguieran	sigue tú, no sigas siga Ud. sigamos sigan
construir (construyo) (y) construyendo construido	construyo construyes construye construimos construís construyen	construía construías construía construíamos construíais construían	construí construiste construyó construimos construisteis construyeron	construiré construirás construirá construiremos construiréis construirán	construiría construirías construiría construiríamos construiríais construirían	construya construyas construya construyamos construyáis construyan	construyera construyeras construyera construyéramos construyerais construyeran	construye tú, no construyas construya Ud. construyamos construyan
conducir (conduzco) (j) conduciendo conducido	conduzco conduces conduce conducimos conducís conducen	conducía conducías conducía conducíamos conducíais conducían	conduje condujiste condujo condujimos condujisteis condujeron	conduciré conducirás conducirá conduciremos conduciréis conducirán	conduciría conducirías conduciría conduciríamos conduciríais conducirían	conduzca conduzcas conduzca conduzcamos conduzcáis conduzcan	condujera condujeras condujera condujéramos condujerais condujeran	conduce tú, no conduzcas conduzca Ud. conduzcamos conduzcan

This Spanish-English Vocabulary contains all of the words that appear in the textbook, with the following exceptions: (1) most close or identical cognates that do not appear in the chapter vocabulary lists; (2) most conjugated verb forms; (3) most diminutives ending in **-ito/a;** (4) augmentatives ending in **-ísimo/a;** (5) most adverbs ending in **-mente.** Only meanings used in the text are given. Numbers following translations indicate the chapter in which that meaning of the word was presented as active vocabulary.

The gender of nouns is indicated, except for masculine nouns ending in **-o** and feminine nouns ending in **-a.** Stem changes and spelling changes are indicated for verbs: **dormir (ue, u); llegar (gu); conocer (zc).**

The following abbreviations are used in this vocabulary.

abbrev.	abbreviation	*L.A.*	Latin America
adj.	adjective	*lit.*	literally
adv.	adverb	*m.*	masculine
Arg.	Argentina	*Mex.*	Mexico
aux.	auxiliary	*n.*	noun
C.A.	Central America	*obj.*	object
Carib.	Caribbean	*p.p.*	past participle
coll.	colloquial	*pl.*	plural
conj.	conjunction	*P.R.*	Puerto Rico
dir.	direct	*prep.*	preposition
D.R.	Dominican Repbulic	*pret.*	preterite
f.	feminine	*pron.*	pronoun
fam.	familiar [v. informal]	*rel.*	relative
form.	formal	*sing.*	singular
ger.	gerund	*S. A.*	South America
gram.	grammatical term	*Sp.*	Spain
Guat.	Guatemala	*sub.*	subject
ind.	indicative	*subj.*	subjunctive
indir.	indirect	*Uru.*	Uruguay
inf.	infinitive	*v.*	verb
inv.	invariable	*var.*	variant
irreg.	irregular		

Spanish-English Vocabulary

A

a to (1); **a cambio de** in exchange for; **a causa de** because of; **a continuación** next, following, the text below (12); **a mano** by hand (14); **a la parrilla** grilled (9); **a menos que** unless (15); **a menudo** often (13); **a pesar de** *prep.* in spite of; **a pie** on (by) foot (7); **a tiempo** on time (10); **a todo volumen** at full volume (6); **a través de** across; **al día** (*m.*) daily (10); **al día** (*m.*) **siguiente** the next day, the following day (5); **al gusto** to taste (9); **al horno** baked (9); **al mes** monthly (14); **al lado (derecho/izquierdo)** to the (right/left) side (2); **al momento** at the time, instantly (8); **al principio** at the beginning (13); **al punto** medium rare (9); **al tiro** immediately

abajo *adv.* below

abandonar to abandon

abecedario alphabet (1)

abeja bee (15)

abierto/a (*p.p. of* **abrir**) open; opened

abogado/a lawyer (6)

abolición *f.* abolition

abolir to abolish

abordar to board (11); **pase** (*m.*) **de abordar** boarding pass (11)

aborto abortion (15)

abrazar (c) to hug; to embrace (12); **abrazarse** to hug each other

abrazo hug

abrelatas *m. sing.* can opener (14)

abreviatura abbreviation

abrigo coat (1)

abril *m.* April (2)

abrir (*p.p.* **abierto**) to open (9)

abrumado/a overwhelmed

absorber (*p.p.* **absorbido, absorto**) to absorb (15)

abuelo/a grandfather/grandmother (4); **abuelito/a** grandpa/grandma; **abuelos** *pl.* grandparents

abundancia abundance

abundante abundant

aburrido/a boring; bored (2); **¡qué aburrido!** how boring (4)

aburrirse to get bored (10)

abuso abuse (13)

acá here (3)

acabar to finish (15); **acabar de** (+ *infin.*) to have just (*done something*) (14)

academia academy

académico/a *adj.* academic (15)

acampar to camp (3)

acceder to agree; to consent

acceso access (15)

accesorio accessory (14)

accidente *m.* accident (6)

acción *f.* action (3); **Día** (*m.*) **de Acción de Gracias** Thanksgiving (5)

aceite *m.* oil (9)

aceituna olive (9)

aceptado/a accepted (12)

aceptar to accept (14)

acero (inoxidable) (stainless) steel (14)

ácido/a *adj.* acid (15)

acompañamiento accompaniment

acompañar to accompany (9)

acondicionador *m.* conditioner (5)

aconsejar to advise (6)

acostarse (ue) to go to bed (5); **me acuesto** I go to bed (5); **se acuesta** he/she goes to bed, you (*pol. sing.*) go to bed (5)

actitud *f.* attitude (15)

actividad *f.* activity (1); **actividades diarias** daily activities

activista *m., f.* activist (10)

activo/a active (10)

acto act

actor *m.* actor (4)

actriz *f.* (*pl.* **actrices**) actress (4)

actualización *f.* update

actualizado/a updated (15)

actualizar (c) to update (5)

actualmente nowadays (13)

actuar (actúo) to act (6)

acuarela watercolor (6)

acuático/a aquatic

acueducto acqueduct (11)

acuerdo: ¡de acuerdo! I agree!, you're right!; OK! (9); **de acuerdo con** in accordance with; **estar** (*irreg.*) **de acuerdo** to agree (13)

acumular(se) to accumulate

acusar to accuse

acústico/a acoustic (14)

adaptación *f.* adaptation

adaptar(se) to adapt

adecuado/a adequate

adelante *adv.* forward (11); **de hoy en adelante** as of today

además moreover, furthermore (11); **además de** besides

adentro (de) inside (7)

aderezo (salad) dressing (9)

adicción *f.* addiction

adicto/a *adj.* addicted

adiós goodbye (1)

adivino/a fortune-teller (15)

adivinar to guess (13)

adjetivo adjective (1)

adjunto *adv.* enclosed; **archivo adjunto** attached file; attachment (15)

administrar to administer

admirar to admire (11)

admitir to admit

adolescencia adolescence (10)

adolescente *m., f.* adolescent (4)

adonde where; **¿adónde?** where to? (3)

adoptar to adopt

adornar garnish (9)

adorno decoration (10)

adquirir (ie, i) to acquire

aduana *sing.* customs (*immigration*) (11); **derechos** (*pl.*) **de aduana** customs duty, taxes (11)

adulto/a adult (4)

adverbio adverb (3)

advertencia warning

aéreo/a aerial; **compañía aérea** airline (company) (14); **transporte aéreo** air travel (11)

aeróbico/a aerobic

aeropuerto airport (4)

afectar to affect (15)

afeitadora razor; **afeitadora eléctrica** electric razor (5)

afeitarse to shave (5)

Afganistán Afghanistan

afgano/a *adj.* Afghan

afiche *m.* poster

afirmación *f.* statement

afirmativo/a affirmative

afluencia flow (of water)

afortunado/a fortunate, lucky

africano/a *n., adj.* African (4)

afroamericano/a *adj.* African-American

afrocubano/a *adj.* Afro-Cuban

afuera (de) outside (of) (7)

agencia agency (15)

agente *m., f.* agent (4); **agente de seguros** insurance agent (6)

agosto August (2)

agotarse to run out

agradable pleasant (6)

agregar (gu) to add (*information*) (12)

agresivo/a aggressive (1)

agrícola agricultural

agricultura agriculture (15)

agua *f.* (*but* **el agua**) water (3); **agua con sal** salt water; **agua mineral** mineral water (9); **agua potable** drinking water (15)

aguacate *m.* avocado (9)

águila *f.* (*but* **el águila**) **(calva)** (bald) eagle

aguja needle (14)

agujero hole (15); **agujero en la capa de ozono** hole in the ozone layer (15)

ahijado/a godson/goddaughter (13)

ahora now (1); **ahora mismo** right now (12)

ahorrado/a saved (*money or time*) (14)

ahorrar to save (*money, time*) (10)

ahorro *n.* saving (14)

aire *m.* air; **al aire libre** outdoors (4)

aislamiento isolation

ajedrez *m.* chess

ají *m.* (bell/chili) pepper (9)

ajo garlic (9)

ajustarse to adjust

alacena kitchen cupboard (7)

alarma *n.* alarm

alarmante alarming (12)

albaricoque *m.* apricot (9)

alberca swimming pool (*Mex.*)

albóndiga meatball (9)

alcance *m.* reach

alcanzar (c) to reach

alcoba bedroom

alcohol *m.* alcohol (12)

aldea village

alegrar to cheer up; **alegrarse** to be glad, to be happy (14)

alegre happy

alegría happiness

alemán *n. m.* German (*language*) (4)

alemán, alemana *n., adj.* German (4)

Alemania Germany (4)

alergia allergy (12)

alérgico/a allergic (9)

alfabetización *f.* literacy teaching

alfabeto alphabet

alfombra carpet (7)

álgebra *f.* (*but* **el álgebra**) algebra

algo something (3)

algodón *m.* cotton (12)

alguien someone (7)

algún, alguno/a some (1); any (2); **alguna vez** once; ever; **algunos/as** some

alianza alliance

alienígena *m., f.* alien

alimentarse to feed oneself

alimento food, meal

aliviar to relieve

allá there (3)

allí there (3)

alma *f.* (*but* **el alma**) soul

almacén *m.* department store (7)

almacenar to store (12)

almeja clam (9)

almohada pillow (7)

almorzar (ue) (c) to eat lunch (3); **almorcé** I ate lunch (8); **almorzaste** you (*inf. sing.*) ate lunch (8); **almorzó** he/she/you (*pol. sing.*) ate lunch (8)

almuerzo lunch (5)

áloe *m.* aloe

alojamiento lodging (11)

alquilar to rent (7); **se alquila** for rent (7)

alquiler *m.* rent

alrededor (de) around (3)

alrededores *m.* outskirts

altar *m.* altar

alterado/a upset (12)

alternativo/a alternative

altitud *f.* altitude

¡alto! stop! (11)

alto/a tall (1); **en voz** (*f.*) **alta** aloud, out loud (6)

altura height

alucinante amazing

aluminio aluminum (14)

alumno/a student

ama *f.* (*but* **el ama**) **de casa** housewife (6)

amable *adj.* kind; how nice of you!, thanks! (11)

amar to love

amarillo/a yellow (1)

amarrete stingy

Amazonas *m.* Amazon (River)

amazónico/a *adj.* Amazonian, Amazon

ambición *f.* ambition

ambiental environmental (15); **contaminación** (*f.*) **ambiental** environmental contamination

ambiente *m.* environment (9); **medio ambiente** environment (15)

ambiguo/a ambiguous

ambos/as *pl.* both (12)

ambulancia ambulance (12)

ambulante *adj.* traveling

amenaza threat

América Central Central America (2)

América del Sur South America (2)

América Latina Latin America

americano/a *n., adj.* American (8); **pagar (gu) a la americana** to go Dutch, pay individually (9)

amerindio/a *n.,* American Indian

amigo/a friend; **amiguito/a** dear friend, little friend; **mejor amigo/a** best friend (1)

amistad *f.* friendship (13)

amistoso/a friendly

amor *m.* love (13)

amoroso/a loving

amplio/a roomy

amueblado/a furnished (7)

análisis *m.* analysis (12)

analizar (c) to analyze

ananá *m.* pineapple (*Arg., Uru.*) (9)

anaranjado/a orange (1)

anatomía anatomy (6)

anciano/a elderly person

andar *irreg.* to walk; **andar en bicicleta/ patineta** to ride a bicycle/skateboard (3); **andar en moto(cicleta)** to ride a motorcycle (11)

andino/a *adj.* Andean (9)

angelito little angel

ángulo angle

anidar to nest

anillo ring; **anillo de compromiso** engagement ring (13)

animado/a cheerful

animal *m.* animal (10); **animal doméstico** pet

animar to encourage

anímico/a: estado anímico mental state (5)

anís *m.* anise

aniversario anniversary (5)

anoche last night (6)

anomalía anomaly

ante before; facing (15)

anteayer day before yesterday (2)

antemeridiano antemeridian, a.m.

antena antenna (11)

antepasado/a ancestor (15)

antes (de) *adv.* before (5); **antes de que…** *conj.* before… (12)

antibiótico antibiotic (12)

anticipación *f.* anticipation (9)

anticucho kebab

antidepresivo antidepressant (12)

antigüedades *f.* antiques

antiguo/a old; ancient (2)

antihistamínico antihistamine (12)

antiinflamatorio anti-inflammatory (12)

antipático/a unpleasant (1)

antropología anthropology (6)

anual annual

anunciar to announce (6)

anuncio announcement (6)

añadir to add (9)

año year (1); **año escolar** school year (6); **Año Nuevo** New Year's Day (5); **cumplir años** to have a birthday (8); **¡Feliz Año Nuevo!** happy New Year! (5)

apagar (gu) to turn off (6); to put out; **apagar incendios** to put out fires (6)

aparato appliance; **aparato doméstico** household appliance (7)

aparecer (zc) to appear (11)

apariencia appearance

apartamento apartment (3)

apasionar to excite

apellido last name (1)

aperitivo aperitif; appetizer (9)

apio celery (9)

aplicación *f.* app (15)

aplicarse (qu) a to apply (*something*) to

apodo nickname

apreciar to appreciate

aprender to learn (6)

apresar to take prisoner, capture

apretado/a tight

aprobar (ue) to pass (*a law*) (15)

apropiado/a appropriate; suitable (2)

aprovechar to take advantage of (15)

aproximadamente approximately (11)

apto/a suitable

aquel, aquella that (3)

aquellos/as those (3); **¡qué tiempos aquellos!** those were the days! (10)

aquí here (2); **de aquí a** (+ *time*) (*period of time*) from now (15)

apuntes *m. pl.* notes; **tomar apuntes** to take notes (3)

árabe *n. m., f.* Arab; *n. m.* Arabic (*language*) (4); *adj.* Arabic (4)

Arabia Saudita Saudi Arabia

arahuaco Arawakan (*indigenous language of C.A. and S.A. and the Carib.*)

árbol *m.* tree; **árbol genealógico** family tree (10); **arbolito de Navidad** Christmas tree (5); **subirse a los árboles** to climb trees (10)

arboleda *n.* grove

arbusto bush (7)

arcángel *m.* archangel

archipiélago archipelago (11)

archivo file (15); **archivo adjunto** attached file; attachment (15); **archivo carpeta** file folder

arco arch; **arcoiris** rainbow

área *f.* (*but* **el área**) area (13)

arena sand (11)

arepa thick corn cake

arete earring (14)

argentino/a *adj.* Argentine (2)

árido/a arid (11)

arma *f.* (*but* **el arma**) arm, weapon

armario closet (7)

armonía harmony

arpa *f.* (*but* **el arpa**) harp

arpista *m., f.* harpist

arqueología archaeology

arqueológico/a archaeological (8)

arquitecto/a architect (11)

arquitectónico/a architectural

arquitectura architecture

arrecife *m.* reef (11); **arrecife de coral** coral reef

arreglar to fix; to arrange (6); **arreglarse** to get ready (5)

arrendar (ie) to rent (7); **se arrienda** for rent; for lease (7)

arrepentirse (ie, i) to repent

arrestar to arrest (8)

arriba (de) above (2)

arriesgar (gu) to risk

arroba @, "at" sign (3)

arroz *m.* rice (9)

arruinar to ruin (8)

arrullar to lull asleep

arte *m.* (*but* **las artes**) art (3); **artes musicales** music appreciation (6)

artefacto artifact (8)

arteria artery (12)

artesanal handmade

artesanía *sing.* handicrafts (4)

artesano/a craftsman/craftswoman (14)

artículo article

artista *m., f.* artist (8)

artístico/a artistic

asado/a roasted; **bien asado** well-done (9); **carne asada** grilled meat (14); **poco asado** rare (9)

asador *m.* barbecue grill (14)

asar to roast

ascensor *m.* elevator (7)

asegurar to assure; to insure

asesinar to assassinate

asfalto asphalt

así thus, so, this way (4)

Asia Asia (8)

asiático/a *adj.* Asian

asiento seat (11)

asignar to assign (6)

asignatura subject, class (6); **asignatura principal** major (6)

asimilarse to assimilate

asistente *m., f.* assistant (6); **asistente de vuelo** flight attendant (11)

asistir (a) to attend

asma *f.* (*but* **el asma**) asthma (12)

asociado/a associated

asociar to associate (13)

aspecto aspect (5)

aspiradora vacuum cleaner (7); **pasar la aspiradora** to vacuum (6)

aspirina aspirin (12)

asterisco asterisk

astilla: de tal palo, tal astilla a chip off the old block; like father, like son

astronauta *m., f.* astronaut

astronomía astronomy

astronómico/a astronomical

asunto subject, topic; matter, affair

asustado/a scared, frightened (8)

atacar (qu) to attack (12)

ataque *m.* **(al corazón)** (heart) attack (12)

atar to tie (8)

ataúd *m.* coffin

atención *f.* attention; **llamar la atención** to make someone take notice (15); **poner** (*irreg.*) **atención** to pay attention (6)

atender (ie) a to wait on; to assist; to attend to (6)

aterrizar (c) to land (11)

atigrado/a striped

atlántico/a Atlantic; **océano Atlántico** Atlantic Ocean

atlético/a athletic (1)

atletismo *sing.* athletics

atmósfera atmosphere (9)

atmosférico/a atmospheric (11)

átomo atom

atracción *f.* attraction

atractivo/a attractive

atraer (*like* **traer**) to attract

atrapar to catch (8)

atreverse a (+ *infin.*) to dare to (*do something*)

atribuir (y) (a) to attribute (*to*)

atropellar to run over, knock down (12)

atún *m.* tuna (9)

auditivo/a auditory

aumentar to increase (12)

aumento rise, increase (15)

aún still, yet

aunque although (14)

Australia Australia (4)

australiano/a *adj.* Australian (4)

austro *adj.* Austrian; **austro húngaro/a** *adj.* Austro-Hungarian

auténtico/a authentic

auto auto (11)

autoayuda *n.* self-help

autobús *m.* bus; **parada del autobús** bus stop (3)

autóctono/a indigenous, native

automático/a automatic (7)

automóvil *m.* automobile (11)

autopista freeway, expressway (11)

autor(a) author

autorizado/a authorized (12)

¡auxilio! help! (8)

avance *m.* advance (15)

avanzado/a advanced (15)

avanzar (c) to advance (15)

ave *f.* (*but* **el ave**) bird (15); poultry (9); **AVE** high-speed train (*Sp.*)

avena oatmeal (9)

avenida avenue (5)

aventura adventure (3)

avión *m.* airplane (11)

¡ay! ouch! oh! (6)

ayer yesterday (2)

ayuda help (12)

ayudante *m., f.* assistant

ayudar to help (6)

azteca *adj., m., f.*, Aztec (9)

azúcar *m.* sugar (5)

azul blue (1)

B

babosa slug

bacán: ¡Qué bacán! How cool! (*S.A.*)

bachata *fast-tempo music from the D. R. incorporating Carib. and West African rhythms* (13)

bacteria bacterium; **bacterias** *pl.* bacteria

bahía bay (11)

bailador dancer

bailar to dance (3)

bailarín, bailarina dancer (10)

baile *m.* dance

bajar to lower; to download (8); **bajarse** to get down; **baje(n)** (*command*) get off, get down (11)

bajo *prep.* under (13); **bajo cero** below zero (3)

bajo/a short (*height*) (1); low; **planta baja** first floor (7), ground floor

bala bullet

balanceado/a balanced

balcón *m.* balcony (7)

ballena whale (8)

balón *m.* ball (3)

baloncesto basketball

balonmano handball (12)

balsa raft

bambú *m.* bamboo (15)

banana banana (9)

banco bank (7)

banda band (8)

bandera flag

bañar(se) to bathe (5); to bathe (*oneself*), take a bath; to go in the water (8)

bañera bathtub (7)

baño bathroom (7); bath

bar *m.* bar (9)

barato/a cheap (2)

barba beard (1)

barco boat (8)

barra (nutrition) bar (12)

barranquillero *n.* person from Barranquilla, Colombia

barrer to sweep (7)

barrio neighborhood (7)

barro negro clay (*Oaxacan pottery*) (8)

barroco/a baroque

basado/a based (1)

basar to base (15); **basarse (en)** to be based (on)

base *f.* base, foundation

básico/a basic (6)

básquetbol *m.* basketball (3)

bastante *adj.* plenty of, quite a lot (10)

bastón *m.* walking stick, cane (12)

basura trash; **sacar (qu) la basura** to take out the trash (7)

basurero garbage can; dump

bata robe (14)

batalla battle (8)

batata sweet potato (9)

bate *m.* (baseball) bat (3)

batido milk shake (9)

batir to beat

bautizar (c) to baptize (13)

bautizo baptism (13)

bebé *m., f.* baby (6)

bebeleche: jugar (ue) (gu) al bebeleche to play hopscotch (*Mex.*) (10)

beber to drink (3)

bebida drink (5)

beca scholarship

beige beige (14)

béisbol *m.* baseball (2)

beisbolista *m.* baseball player (13)

belleza beauty

bello/a beautiful

bemba *sing.* thick lips

bendición *f.* blessing

beneficio benefit

beneficioso/a beneficial (12)

besar to kiss (12); **besarse** to kiss each other

beso kiss (8)

bestia beast

Biblia Bible

biblioteca library (3)

bicarbonato de soda bicarbonate of soda (9)

bicicleta (bici) bicycle (3); **andar** (*irreg.*) **en bicicleta** to ride a bicycle (3)

bicicross bicycle motocross, BMX

bicitaxi bike-taxi, pedicab

bien *adv.* well; **bien asado/a** well-done (9); **bien cocido/a** well-done (9); **llevarse bien con…** to get along well with (10)

bienes (*m. pl.*) **raíces** real estate

bienestar *m.* well-being; **bienestar social** social welfare (15)

bienvenida *n.* welcome (8); **dar** (*irreg.*) **la bienvenida** to welcome (11)

¡bienvenido/a! welcome! (11)

bife *m.* steak

bigote *m.* mustache (1)

bilingüe bilingual (13)

billete *m.* ticket; bill (*paper money*) (11)

biodegradable biodegradable (15)

biodiversidad biodiversity

biográfico/a biographical

biología biolgy (6)

bióxido dioxide

bisabuelo/a great-grandfather/great-grandmother (13); **bisabuelos** *pl.* great-grandparents

bistec *m.* steak (5)

bisturí *m.* scalpel (12)

blanco/a white (1); **espacio en blanco** blank space (6)

bloguear to blog

bloguero/a blogger (10)

blusa blouse

bluyín blue jeans (*Carib.*)

boca mouth (2)

bocadillo sandwich

bocado bite

bocina horn (11)

boda wedding (5)

bola: jugar (ue) (gu) a las bolas to play marbles (10)

bolero *popular slow-tempo Latin musical style originating in Cuba* (13)

boletín *m.* bulletin (12)

boleto ticket (10)

bolígrafo pen (2)

boliviano/a *n., adj.* Bolivian (2)

bolsa bag (8); purse; **bolsa de lona** canvas bag (15)

bolsillo pocket (14)

bomba bomb

bombero, mujer (*f.*) **bombero** firefighter (6)

bondi autobus

boniato sweet potato

bonito/a pretty (1)

boquerón anchovy (9)

bordado *n.* embroidery

bordado/a *adj.* embroidered (14)

borrador *m.* eraser (2)

bosque *m.* forest (10)

bostezar (c) to yawn (5)

bota boot (1); **botas de vaquero** cowboy boots (14)

botana snack, appetizer (*Mex.*)

botánica drugstore

bote *m.* boat; **bote de remos** rowboat (11)

botella bottle (14)

botones *m. sing.* bellhop (11)

boxear to box

boxeo boxing (3)

brasileño/a *n., adj.* Brazilian (2)

brazo arm (2)

breve *adj.* brief (9)

brindar to drink a toast

brindis *m.* toast (*drink or speech*); **hacer** (*irreg.*) **un brindis** to toast, make a toast (9)

británico/a British

brocheta skewer

brócoli *m.* broccoli (9)

bronquitis *f.* bronchitis (12)

broza undergrowth

brujo/a wizard/witch (5); **Día** (*m.*) **de las Brujas** Halloween (5); **Noche** (*f.*) **de Brujas** Halloween

bucear to skin/scuba dive (4)

buceo underwater swimming, diving

budista *m., f.* Buddhist (13)

bueno, bueno/a good (1); **¡buen provecho!** bon appetit! (9); **¡(buena) suerte!** (good) luck! (9); **buenas** hello (*informal*) (14); **buenas noches** good night (1); **buenas tardes** good afternoon (1); **buenos días** good morning (1); **estar** (*irreg.*) **de buen humor** to be in a good mood (5); **estar** (*irreg.*) **en buena forma** to be in good shape (15); **hace buen tiempo** the weather is nice (3); **¡qué buena idea!** what a good idea! (4); **tener buenas notas** to have good grades (6)

bueno… well… (6)

bufanda scarf (1)

búho owl

bulto: hacer (*irreg.*) **bulto** to swell the numbers

burbuja bubble (14)

buscador *m.* search engine

buscar (qu) to look (for) (3); **buscaste** you (*inf. sing.*) looked for (8); **buscó** he/she/you (*pol. sing.*) looked for (8); **busqué** I looked for (8)

búsqueda search

buzón *m.* mailbox (15)

C

caballero gentleman (14)

caballito rocking horse

caballo horse; **montar a caballo** to ride a horse (6)

cabeza head (2); **dolerle (ue) la cabeza** to have a headache; **tener** (*irreg.*) **dolor** (*m.*) **de cabeza** to have a headache (12)

cable *m.* cable (6)

cabo: llevar a cabo to carry out

cabra goat

cacahuate *m.* peanut (*S.A.*) (9)

cachumbambé *m.* seesaw (*Cuba*); **montar en el cachumbambé** (*Cuba*) to ride the seesaw (10)

cada *inv.* each (1), every; **cada año** every year; **cada día** (*m.*) every day

cadena chain

cadera hip (12)

caer(se) *irreg.* (*p.p.* **caído**) to fall (8); **me cae(n) mal** it doesn't (they don't) agree with me (9); **me caí** I fell (8); **se cayó** he/she/you (*pol. sing.*) fell (8); **se me/te/le/les cayó/cayeron** (*something* [*sing./pl.*]) fell (from my / your (*inf. sing.*) / your (*pol. sing.*), his, her / you (*pol. pl.*), their hands) (12); **te caíste** you (*inf. sing.*) fell (8)

café *m.* coffee (5); café; **café (claro)** (light) brown (1); **color café** brown (color)

cafeína caffeine (9)

cafetera coffeepot; coffee maker (7)

cafetería cafeteria (8)

caída fall (*accident*)

caja box; cash register (14)

cajero/a cashier (6); **cajero automático** ATM (11)

calabacita summer squash (9)

calabaza pumpkin (9)

calamar squid (9)

calavera skull (5)

calcetín *m.* sock (14)

calcio calcium (9)

calculadora calculador (2)

calcular to calculate (9)

caldillo broth

calendario calendar (4)

calentador *m.* heater (7)

calentamiento heating; **calentamiento global** global warming (15)

calentar (ie) to heat (12)

calentura: tener (*irreg.*) **calentura** to have a fever (12)

caleño *n.* Colombian from Cali

caleta cove

calidad *f.* quality (14)

calidez *f.* warmth

cálido/a hot; warm (13)

caliente hot (5); **chocolate caliente** hot chocolate (5); **perro caliente** hot dog (9); **té** (*m.*) **caliente** hot tea

calificar (qu) to grade (6)

callado/a quiet (1)

calle *f.* street

calma: con calma calmly

calmado/a calm

calmar to calm

calor *m.* heat; **hace calor** it's hot (3); **tener** (*irreg.*) **calor** to be hot (5)

caloría calorie (5)

caluroso/a hot (*climate*) (11)

calvo/a: águila (*f. but* **el águila**) **calva** bald eagle

calzoncillos *pl.* men's underpants (14)

cama (matrimonial) (double) bed (7); **guardar cama** to stay in bed (12)

cámara (digital) (digital) camera (12)

camarera hotel maid (11)

camarón *m.* shrimp (9)

cambiar to change (3); **cambiar de turno** take turns; trade shifts (14); **cambiarse de ropa** to change clothes (8)

cambio change (15); money exchange; **cambios** (*pl.*) gears (*of a car*) (11); **a cambio de** in exchange for; **en cambio** on the other hand

camello camel (5)

camilla gurney, stretcher; cot (12)

caminar to walk (3)

camino road

camión *m.* truck, bus (*Mex.*) (15)

camioneta pickup, small truck (12)

camisa shirt (1)

camiseta tee shirt (1)

camisón *m.* nightgown (14)

camote sweet potato (9)

campamento camp (13)

campanada chime

campaña campaign (15)

campeón, campeona champion (3)

campera jacket

campesino/a peasant; field worker

campo country, countryside (10); field (*of study*)

campus *m.* campus (5)

camuflarse to camouflage

Canadá Canada (4)

canadiense *n., adj.* Canadian (4)

canal *m.* channel (3)

canario canary

cáncer *m.* cancer (15)

cancha court, field (*sports*) (5)

canción *f.* song (6)

candelabro candelabra; menorah (5)

canela cinnamon (9)

cangrejo crab (9)

canicas: jugar (ue) (gu) a las canicas (*Mex.*) to play marbles (10)

canoa canoe (11)

canoso/a white-haired (1)

cansado/a tired

cansancio tiredness (12)

cansarse to get tired

cantante *m., f.* singer (6)

cantar to sing (3)

cantautor(a) singer-songwriter (13)

cantidad *f.* quantity (14)

caña cane

cañón *m.* canyon

caos *m.* chaos

capa cape; layer; **agujero en la capa de ozono** hole in the ozone layer (15)

caparazón *m.* shell

capaz capable

capilla chapel

capital *f.* capital city (2)

capítulo chapter (1)

capó *m.* hood (11)

cápsula capsule (12)

cara face (2); **lavarse la cara** to wash one's face (5)

caracol *m.* snail

carácter *m.* character

característica *n.* feature, characteristic (12)

característico/a *adj.* characteristic (13)

caracterizar (c) to characterize (15)

caramelo candy

carbohidrato carbohydrate (9)

carbón coal (14)

carbono carbon

carburo carbide; **carburo fluorado** fluorocarbon (15)

cardíaco/a cardiac, of or related to the heart

cardiólogo/a cardiologist (12)

carga cargo (11)

cargar (gu) to upload (15)

Caribe *m.* Caribbean (2)

caribeño/a *adj.* Caribbean (7)

caries *sing.* tooth decay, cavity (12)

cariñoso/a affectionate (13)

carismático/a charismatic

carnaval *m.* carnival

carnavalesco/a *adj.* carnival

carnavalito small carnival

carne *f.* meat (9); **carne asada** grilled meat (14); **carne de res** beef (9); **carne molida** ground beef (9)

carnicería meat market (14)

caro/a expensive (2)

carpaccio *appetizer of thinly sliced raw meat or fish*

carpeta folder; file (15); **archivo carpeta** file folder

carrera career (6); course of study

carretera highway (11)

carrito: jugar (ue) (gu) con carritos to play with little cars

carro car, automobile (3)

carroza carriage

carta letter (7); card; menu (9); **jugar (ue) (gu) a las cartas** to play cards (4)

cartel *m.* poster (2)

cartera wallet (14)

cartón *m.* cardboard (14)

casa house (7); **ama** *f.* (*but* **el ama**) **de casa** housewife (6); **ir** (*irreg.*) **a casa** to go home (3)

casado/a married (4); **recién casado/a** newlywed; **recién casados** newlyweds (13);

casarse to get married (8)

cascada waterfall

cáscara peel

casco helmet (3)

casero/a home, domestic

casi (nunca) (almost) never (3)

casita little house; **jugar (ue) (gu) a las casitas** to play house (10)

caso case (6)

castaño/a brown (*hair, eyes*) (1)

castañuela castanet

castigar (gu) to punish (8)

castigo (corporal) (corporal) punishment (13)

castillo castle; **castillo-palacio** castle-palace

catalán *m.* Catalonian (*language*)

Cataluña Catalonia

catarata waterfall

catarro *n.* cold; **tener** (*irreg.*) **catarro** to have a cold (12)

catedral *f.* cathedral (8)

categoría category (15)
catire/a fair-skinned person
católico/a *adj.* Catholic (13)
catorce fourteen (1)
causa cause (12); **a causa de** because of
causante *m., f.* cause
causar to cause (14)
cavar to dig
caza hunting (15)
cazador(a) hunter
cebolla onion (9)
cebra zebra (10)
ceja eyebrow (12)
celebración *f.* celebration (5)
celebrar to celebrate (4)
celeste celestial
célula cell
celular cellular (2)
cementerio cemetery (5)
cempasúchil Mexican marigold (*flower*)
cena dinner (3)
cenar to have dinner (3)
centavo cent (2)
centígrado: grado centígrado degree centigrade (3)
central central (7); **América Central** Central America
centro center; downtown (4); **centro comercial** mall (10)
Centroamérica Central America
centroamericano/a *n., adj.* Central American (5)
cepillarse el pelo / los dientes to brush one's hair/teeth (5)
cepillo (de dientes) (tooth)brush (5)
cerámica *sing.* ceramics (14)
cerca *adv.* close; *n.* fence (7); **cerca de** *prep.* close to (2)
cercano/a near, neighboring (7)
cerdo pork (9); **chuleta de cerdo** porkchop (9)
cereal *m.* cereal (5)
cerebro brain (12)
ceremonia ceremony (7)
ceremonial ceremonial
cero zero (1)
cerrar (ie) to close
certificación *f.* certification
cervantino/a relating to Cervantes
cerveza beer (5)
césped *m.* lawn, grass (7); **cortar el césped** to cut/mow the grass (7)
cesta basket
ceviche *m.* raw marinated fish (*Perú*)
chabacano apricot (*Mex.*) (9)
chambelán *m.* chamberlain
champaña *m.* champagne (5)

champú *m.* shampoo (5)
chao bye (13)
chaqueta jacket (1)
charlar to chat (3)
charqui *m.* dried beef
chatarra: comida chatarra junk food (9)
chatear to chat online (13)
chateo online chatting (15)
cheque *m.* check (6)
chicha *traditional Peruvian drink*
chícharo green pea (*Mex.*) (9)
chico/a *adj.* small; *n.* boy/girl (1); **chicos** children
chido/a fantastic (*Mex.*)
chifa Chinese restaurant
chileno/a *n., adj.* Chilean (2)
chile (*m.*) **relleno** stuffed pepper
chimenea fireplace (7)
China China (4)
china orange (*P. R.*) (9)
chino *n.* Chinese (*language*) (4)
chino/a *n., adj.* Chinese (4)
chinocostarricense *n.* Chinese-Costa Rican
chismear to gossip (15)
chistoso/a funny (10)
chivo/a kid, young goat
chocar (qu) to crash (11); to run into (*something*)
choclo ear of corn (9)
chocolate *m.* chocolate (5); **chocolate caliente** hot chocolate (5)
chofer *m., f.* driver (6)
chompa sweater
choque *m.* crash (12)
chubasco rain shower; downpour (11)
chuleta (de cerdo) (pork) chop (9)
churrasco barbecued meat (8)
cibercafé *m.* Internet café (4)
cibernético/a cybernetic
cicatriz *f.* (*pl.* **cicatrices**) scar (12)
ciclismo cycling (3)
ciclista *m., f.* cyclist
ciclón *m.* cyclone (11)
cicloturista cycling tourist
cielo sky (11)
cilantro cilantro (9)
cien, ciento one hundred (4); **por ciento** percent (9)
ciénaga swamp
ciencia science (6); **ciencia ficción** science fiction; **ciencias naturales** natural sciences; **ciencias** (*pl.*) **políticas** political science; **ciencias sociales** social sciences (6)
científico/a *n.* scientist (15); *adj.* scientific
cierto/a certain; true (4)
cigarro cigar

cima top
cinco five (1)
cincuenta fifty (2)
cine *m.* movie theater (3); **ir** (*irreg.*) **al cine** to go to the movies (3)
cinematográfico/a cinematographic
cinta ribbon
cintura waist (12)
cinturón *m.* belt (14); **cinturón de seguridad** seatbelt (11)
circulación *f.* circulation (12)
circular *v.* to circulate; *adj.* circular (11)
círculo circle (11)
cirujano/a surgeon (12)
cita appointment; date (7)
ciudad *f.* city (3)
ciudadano/a citizen (15)
civil civil; **derechos civiles** civil rights (15); **estado civil** marital status (4); **guerra civil** civil war
civilización *f.* civilization
claro/a *adj.* clear; *adv.* of course (4)
clase *f.* class (1); **compañero/a de clase** classmate (1)
clásico/a classic (3)
clasificado/a classified
clic: hacer (*irreg.*) **clic** to click
cliente *m., f.* client (6)
clima *m.* climate (11); weather (3)
climático/a climatic (11)
climatología climatology
clínica clinic (6)
club *m.* club (1); **club nocturno** nightclub (6)
coartada alibi (10)
cobrar to charge
cocaína cocaine
coche *m.* car (4); **coche eléctrico** electric car; **coche híbrido** hybrid car
cocer (ue) (z) to cook
cocido/a cooked (9); **bien cocido/a** well-done (9); **huevo cocido** hard-boiled egg (9); **poco cocido/a** rare (9)
cocina kitchen (7)
cocinar to cook (3)
cocinero/a cook (6)
coco coconut (9)
cocodrilo crocodile
cóctel *m.* cocktail
código code
codo elbow (12)
coincidir to coincide
cojín *m.* cushion, pillow (14)
cola tail; **hacer** (*irreg.*) **cola** to stand in line (11)
colaboración *f.* collaboration
colección *f.* collection (13)
colectivo/a collective
colega *m., f.* colleague (15)

colegio private school (6)

cólera *m.* cholera

colesterol *m.* cholesterol (5)

colgado/a *adj.* hanging

colibrí *m.* hummingbird

coliflor *f.* cauliflower (9)

collar *m.* necklace (14)

colmena beehive (15)

colombiano/a *n., adj.* Colombian (2)

colonia colony

colonización *f.* colonization

colonizar (c) to colonize

coloquial colloquial

color *m.* color (1); **color café** brown (color)

colorante *m.* coloring (9)

colorido/a colorful

columna columna (4)

comadre/compadre *name to express the relationship between a child's parents and the godparents* (13)

combatir to fight

combinar to combine (13)

combustible *adj.* combustible; **combustible fósil** fossil fuel

comedia comedy

comedor *m.* dining room (7)

comentar to talk about; to discuss (4)

comentario comment (13)

comenzar (ie) (c) to begin; **comenzar a (+ infin.)** to begin to (*do something*)

comer to eat (3); **comer fuera** to eat out; **comerse las uñas** to bite one's nails (5); **dar (*irreg.*) de comer** to feed (7)

comercial commercial (7); **centro comercial** shopping center

comestibles *m. pl.* food (9)

cometa kite; **volar (ue) cometa** to fly a kite (10)

comezón *f.* rash; itch; **tener (*irreg.*) comezón** to have a rash, itch (12)

cómico/a funny (1); **tiras cómicas** comic strips (10)

comida food (3); **comida chatarra** junk food (9); **comida preelaborada** convenience food (9)

comienzo beginning (5)

como as; as a; like; since; **tan pronto como** as soon as (15)

¿cómo? how?; what?; **¿cómo se llama?** what is his/her name? (1)

¡cómo no! of course (14)

cómoda chest of drawers (7)

cómodamente comfortably (11)

cómodo/a comfortable; **estar (*irreg.*) cómodo/a** to be comfortable (5)

compacto/a: disco compacto compact disc (CD)

compadre/comadre *name to express the relationship between a child's parents and the godparents* (13)

compañero/a (de cuarto) roommate; **compañero/a de clase** classmate (1); **compañero/a (de trabajo)** coworker (13)

compañía company (11); **compañía aérea** airline (company) (14)

comparación *f.* comparison (7)

comparar to compare (6)

compartir to share (7)

competencia competition

competición *f.* competition (3)

competir (i, i) to compete (10)

complejo/a complex

complemento *gram.* **pronombre de complemento directo** direct object pronoun

completamente completely

completar to complete (2)

completo/a complete (6); **jornada completa** full time

complicado/a complicated (2)

componer (*like* **poner**) (*p.p.* **compuesto**) to make up; **componer música** to compose music (6)

comportamiento behavior (13)

composición *f.* composition (6)

compositor(a) composer (13)

compra purchase; **hacer (*irreg.*) la compra** to do the (grocery) shopping (6); **ir (*irreg.*) de compras** to go shopping

comprar to buy (3); **comprar a crédito** to buy on credit (14); **comprar a plazos** to buy in installments (14)

comprender to understand (6)

comprensión *f.* understanding (12)

comprometerse to become engaged; to undertake something (15)

comprometido/a engaged (13)

compromiso engagement (13); **anillo de compromiso** engagement ring

computadora computer (2)

común common (13)

comunicación *f.* communication (6)

comunicarse (qu) to communicate with each other (13)

comunidad *f.* community

comunitario/a community

con with (1); **con cuidado** carefully (6); **con frecuencia** frequently (3); **con gusto** with pleasure (9); **¿con qué frecuencia?** how often? (3); **¡con razón!** no wonder! (13); **con tal de que** as long as (15)

conceder to concede

concentrar to concentrate (15)

concepto concept

concierto concert (4)

conclusión *f.* conclusion

concurrido/a well-attended

concurso contest, competition (15)

condición *f.* condition (11)

condicional conditional

condimento condiment (9)

condominio condominium (7)

cóndor *m.* condor

conducir *irreg.* to drive (6); **conduje** I drove (8); **condujiste** you (*inf. sing.*) drove (8); **condujo** he/she/you (*pol. sing.*) drove (8)

conectar to connect (4)

conexión *f.* connection

conferencia conference

confiar (confío) to trust (13); to confide

conflicto conflict

confortable comfortable

congelado/a frozen (9)

congelador *m.* freezer

congelar to freeze

congestionado/a congested (12); **tener (*irreg.*) la nariz congestionada** to have a stuffy nose (12)

congreso congress

congrio conger eel

conjugar (gu) to conjugate

conjunto collection

conmigo with me

conmovedor(a) moving, touching

cono cone

conocer (zc) to meet; to know people or places (7); **conocerse** to meet each other; to get to know each other (13)

conocido/a known (13)

conocimiento knowledge

conquista conquest

conquistador(a) conqueror

conquistar to conquer (8)

consecuencia consequence (12)

conseguir (*like* **seguir**) to obtain; to get (10)

consejo advice (12)

conservación *f.* conservation

conservador(a) *adj.* conservative (1)

conservante *m.* preservative (9)

conservar to preserve (12)

considerado/a considerate (1)

considerar to consider (3)

consistir (en) to consist (of) (15)

consolar (ue) to console

constipado/a: estar (*irreg.*) constipado/a to have a cold

constitución *f.* constitution

construcción *f.* construction (14)

construir (y) to build (7)

consuelo consolation

consultar to consult (12)

consultorio doctor's office (12)

consumir to consume

contactar to contact (7)

contacto contact (13)

contador(a) accountant (6)

contagio contagion (15)

contagioso/a contagious

contaminación *f.* contamination (15); **contaminación ambiental** environmental contamination

contaminado/a contaminated (15)

contaminar to contaminate

contar (ue) to tell, narrate

contemplar to contemplate

contemporáneo/a contemporary

contener (*like* **tener**) to contain (9)

contento/a happy; **estar** (*irreg.*) **contento** to be happy (5)

contestar to answer

contexto context

contigo with you (*inf.*)

continente *m.* continent (8)

continuación: a continuación next, following, the text below (12)

continuar (continúo) to continue (13)

contra against (8)

contrabando contraband (11)

contracción *f.* contraction (12)

contrario contrary; **al contrario** on the contrary; **por el contrario** on the contrary, on the other hand (15)

contraseña password (15)

contratiempo mishap (12)

contrato contract

contribución *f.* contribution

contribuir (y) to contribute (13)

control *m.* control

controlar to control (13)

convencer (z) to convince

convención *f.* convention

convencional conventional

convento convent

conversación *f.* conversation (3)

conversar to talk, to chat (1); **converse(n)** (*command*) converse

convertir(se) (ie, i) to convert

convincente convincing (10)

cooperar to cooperate (13)

cooperativa *f.* cooperative, company store

copa wine glass (9)

copia copy (11); **copia de respaldo** backup copy (15)

copiar to copy (13)

coquí *small tree frog native to P.R.*

coral *m.* coral (11); **arrecife** (*m.*) **de coral** coral reef

corazón *m.* heart (12); **ataque** (*m.*) **al corazón** heart attack (12)

corbata tie (1)

cordero lamb (9)

cordillera mountain range (11)

Corea del Norte/Sur North/South Korea

coreano *n. m.* Korean (*language*)

coreano/a *n., adj.* Korean

coro choir

corporal: castigo corporal corporal punishment

corrección *f.* correction (6)

correcto/a right (2)

corregir (i) (j) to correct (6)

correo mail; post office (7); **correo electrónico** e-mail (address); **correo no deseado** junk mail (15); **servidor de correo** e-mail server (15)

correr to run (3)

correspondencia correspondence

corresponder to correspond (3)

correspondiente corresponding (4)

corriente *f.* current (11)

corrupción *f.* corruption

cortado/a cut (9)

cortafuegos *m. sing.* firewall (15)

cortar to cut (6); **cortar el césped** to cut/ mow the grass (7); **cortar el pelo** to cut hair; **cortarse** to cut oneself (12)

corte *f.* court

cortésmente courteously

cortina curtain; **cortinas** curtains, drapes (7)

corto/a short (1)

cortometraje *m.* (movie) short

cosa thing (1)

cosecha harvest

coser to sew

cosmología cosmology

cosmovisión *f.* world view

costa coast (2)

costado side (12)

costar (ue) to cost (7)

costarricense *n., adj., m., f.* Costa Rican (2)

costilla rib (12)

costo cost

costoso/a costly (11)

costumbre *f.* habit, custom (15)

cráter *m.* crater

creación *f.* creation; **creación literaria** creative writing (13)

creador(a) creator

crear to create (6)

creatividad *f.* creativity

creativo/a creative (1)

crecer (zc) to grow; to grow up (3)

creciente growing

crédito: comprar a crédito to buy on credit (14); **tarjeta de crédito** credit card (9)

creencia belief (13)

creer (y) to believe (6); **no creer que** (+ *subjunctive*) not to believe that (15); **¡no lo creo!** I don't believe it! (10)

crema cream (9)

cremoso/a creamy (9)

cresta crest

crianza upbringing (13)

criar (crío) to bring up, to raise (13); **criarse** to be brought up; to grow up (13)

criatura small child/animal (13)

crimen *m.* (*pl.* **crímenes**) crime (10)

criminal *n. m., f.* criminal

criollo/a *adj.* Creole

crisis *f.* crisis (15)

cristal *m.* crystal (14)

cristalino *adj.* crystal clear (8)

cristianismo Christianity

cristiano/a *n., adj.* Christian

crítica criticism (13)

criticar (qu) to criticize

crítico/a critical

cronológico/a chronological (7)

crucero cruise ship (11)

crudo/a raw (9)

cruz *f.* (*pl.* **cruces**) cross (12)

cruzar (c) to cross (11)

cuaderno workbook; notebook (2)

cuadrado *n.* square; **cuadrado/a** *adj.* square

cuadro picture, picture (*on the wall*) (7); graph; **de cuadros** checkered (14)

cual that; which

¿cuál? what?, which?; **¿cuáles?** which (ones)?

cualidad *f.* quality (13)

cualquier(a) any (6)

cuando when; **de vez en cuando** once in a while (3)

¿cuándo? when? (2); **¿cuándo nació usted / naciste?** when were you (*pol. sing.*)/(*inf. sing.*) born? (2)

cuandoquiera whenever (15)

cuanto: en cuanto(a) as soon as; in regards to (12)

¿cuánto? how much?; how long?; **¿cuánto cuesta?** how much does it cost?; **¿cuánto (tiempo) hace que... ?** how long has it been since . . . ? (8); **¿cuánto vale(n)?** how much is it/are they (worth)? (14)

¿cuántos/as? how many? **¡cuánto/a/os/ as... !** how many . . . ! (11)

cuarenta forty (1)

cuaresma Lent

cuartel *sing.* barracks

cuarto room; bedroom; fourth (4); **compañero/a (de cuarto)** roommate; **y/menos cuarto** quarter after/till (3)

cuatrimestre *m.* four-month period

cuatro four (1)

cuatrocientos/as four hundred (4)

cubano/a *n., adj.* Cuban (2)

cubanoamericano/a *n., adj.* Cuban American (10)

cubierto/a (*p.p. of* **cubrir**) covered (15); **cubiertos** utensils (9)

cubrir (*p.p.* **cubierto**) to cover (9)

cuchara spoon (9)

cucharada tablespoon (*measurement*) (9)

cucharadita teaspoon (*measurement*) (9)

cucharita teaspoon (*utensil*)

cucharón *m.* ladle (9)

cuchillo knife (9)

cuello neck (cuello)

cuenco large serving bowl

cuenta bill, check; account (15); **darse** (*irreg.*) **cuenta (de)** to realize; **pagar (gu) la cuenta** to pay the bill (9); **pedir (i, i) la cuenta** to ask for the bill (9)

cuento short story (13)

cuerda rope; **saltar la cuerda** to jump rope (10)

cuerno horn

cuero leather (14)

cuerpo body (2)

cuestión *f.* issue, matter (15)

cuestionario questionnaire (12)

cueva cave (8)

cuidado care; **con cuidado** carefully (6); **¡cuidado!** be careful! (6); **tener** (*irreg.*) **cuidado** to be careful (12)

cuidar(se) to take care (of oneself) (12)

culinario culinary

culminar to culminate (in)

culpa guilt; blame; **tener** (*irreg.*) **la culpa** to be at fault (11)

cultivar to cultivate (11)

cultivo cultivation

cultura culture (8)

cumbia *music and dance style originating in Colombia*

cumpleaños *m. sing.* birthday (1); **¡feliz cumpleaños!** happy birthday! (2)

cumplir años to have a birthday (8)

cuna cradle

cuñado/a brother-in-law/sister-in-law (10)

cuota fee (14)

cura *m.* priest (13)

curandero/a healer

curar to cure (12)

curativo/a curative

curiosidad *f.* curiosity

curioso/a curious

curita Band-Aid™, adhesive bandage strip (12)

currículum *m.* curriculum; **currículum vitae** curriculum vitae (6), CV, resume

curso course (6)

cuyo/a whose

D

dama lady (14)

danza dance

danzante/a dancer in a procession

danzón *m. type of dance favored in Cuba*

dañar to damage (14)

dañino/a harmful (12)

daño harm; damage; **me hace(n) daño** it upsets (they upset) my stomach (9)

dar *irreg.* to give (4); **dar de comer** to feed (7); **dar instrucciones** to give instructions (11); **dar la bienvenida** to welcome (11); **dar las gracias** to thank (12); **dar masajes** to give massages (6); **dar miedo** to be scary (15); **dar permiso** to give permission (10); **dar rabia** to make angry (15); **dar un paseo** to go for a walk/stroll (3); **darse cuenta de** to realize; **darse la mano** to shake hands with each other (13)

dato piece of information; **datos** *pl.* data; **datos personales** personal data (4)

de *prep.* of, from, by (1); **¡de acuerdo!** I agree!, you're right!; OK! (9); **de acuerdo con** in accordance with; **de aquí a** (+ *time*) (*period of time*) from now (15); **de cuadros** checkered (14); **¿de dónde es… ?** where is . . . from? (2); **¿de dónde es usted / eres (tú)?** where are you (*pol./inf.*) from? (2); **de estatura mediana** medium height (1); **de hoy en adelante** as of today; **de la mañana/tarde/noche** in the morning/ afternoon/evening (3); **de las… a las…** from (*time*)… to (*time*); **de lujo** luxury (14); **de lunares** polka-dotted (14); **de moda** in style (14); **de nada** you're welcome (9); **de niño…** as a child . . . /when I was a child . . . (10); **de nuevo** again, once more (6); **¿de qué está(n) hecho/a(s)… ?** what is/are . . . made of? (14); **¿de quién(es)?** whose? (4); **de rayas** striped (14); **de repente** suddenly (8); **de segunda mano** secondhand (14); **¿de veras?** really? (8); **de vez en cuando** once in a while (3); **del, de la** of the

debajo (de) below, under, underneath (2)

debate *m.* debate

deber to owe; **deber** (+ *infin.*) must, ought to (*do something*) (6)

debido owing to, due to (15)

débito: tarjeta de débito debit card (11)

década decade (4)

decidir to decide (4)

décimo/a tenth (4)

decir *irreg.* (*p.p.* **dicho**) to say (5); **dije** I said (8); **dijiste** you (*inf. sing.*) said (8); **dijo** he/she/you (*pol. sing.*) said (8)

decisión *f.* decision

declaración *f.* declaration; statement

declarar to declare, state (8)

decoración *f.* decoration (5)

decorar to decorate

dedicado/a dedicated (15)

dedicar (qu) to dedicate (15)

dedo finger (2)

defecto fault, defect

defender (ie) to defend (6)

defensa defense (6)

definición *f.* definition (11)

definir to define (15)

definitivamente definitely (15)

definitivo/a definitive

deforestación *f.* deforestation

dejar to leave; to let; to permit (10) **dejar de** (+ *infin.*) to stop (*doing something*) (13); **dejar en** to let go for . . . ; **se lo/la/los/las dejo en…** I'll let you have it for . . . (14)

del (*contraction of* **de** + **el**) of the; from the

delante (de) in front; in front of (2)

delfín *m.* dolphin (15)

delgado/a thin (1)

delicia delight

delicioso/a delicious (3)

demás: los/las demás the others (8)

demasiado *adv.* too much (14)

demasiado/a *adj.* too much, too many

demostrar (ue) to demonstrate (12)

demostrativo/a *gram., adj.* demonstrative

dental dental; **pasta dental** toothpaste

dentífrico/a: pasta dentífrica toothpaste

dentista *m., f.* dentist (6)

dentro inside; **dentro de** inside; within (*time period*) (15)

denunciar to report, accuse

departamento department; apartment (*Mex.*)

dependencia part of the house (7)

depender (ie) de to depend on (15)

dependiente (*m.*), **dependienta** salesclerk (6)

deporte *m.* sport (2); **practicar (qu) un deporte** to play a sport (3)

deportista *m., f.* athlete (8)

deportivo/a sporty, sport (10)

depositar to deposit (7)

deprimido/a depressed; **estar** (*irreg.*) **deprimido** to be depressed (5)

derecha *n.* right side; **a la derecha de** to the right of (2)

derecho *n.* right (*legal*); law; straight ahead, forward (2); **derechos de aduana** customs duty, taxes (11); **derechos civiles** civil rights (15); **derechos humanos** human rights

derecho/a *adj.* right; **al lado derecho** to the right side (2)

derivado/a derived (14)

derivar(se) (de) to be derived (from) (14)

derrotar to defeat

desafío challenge

desafortunadamente unfortunately

desagradable unpleasant (6)

desamparado/a *n.* homeless person; *adj.* homeless (15)

desaparecer (zc) to disappear (15)

desaparición *f.* disappearance

desarrollar to develop (15)

desarrollo development; **en vías de desarrollo** developing; in the process of developing; **país** (*m.*) **en vías de desarrollo** developing country (14)

desayunar to have breakfast (3)

desayuno breakfast (5)

descansar to rest (3)

descanso rest; break

descarga eléctrica electric shock

descargar (gu) to download (15)

descartar to discard

descendencia *sing.* descendants

descender (ie) to descend

descendiente *m., f.* descendant

descomponerse (*like* **poner**) (*p.p.* **descompuesto**) to break down (12); **se me/te/le/les descompuso/ descompusieron** my / your (*inf. sing.*) / your (*pol. sing.*), his, her / your (*pol. pl.*), their (*something* [*sing./pl.*]) broke down (12)

descompuesto/a (*p.p. of* **descomponer**) broken (14)

descongestionante *n.* decongestant (12)

descontento dissatisfaction

descontrol chaos

descremado/a skimmed; **leche** (*f.*) **descremada** skim milk (9)

describir (*p.p.* **descrito**) to describe (1)

descripción *f.* description (1)

descriptivo/a descriptive

descubierto/a (*p.p. of* **descubrir**) discovered

descubrir (*p.p.* **descubierto**) to discover (13)

desde *prep.* from; since (5); **desde la(s)… hasta la(s)…** from (*time*) to (*time*) (5)

deseado/a: correo no deseado junk mail (15)

desear to want, desire (9)

desembarcar (qu) to disembark

desempleado/a unemployed (15)

desempleo unemployment; **tasa de desempleo** unemployment rate (15)

desempolvar to dust (7)

deseo wish (4); desire

desértico/a *adj.* desert

desesperado/a desperate (8)

desfile *m.* parade (4)

desierto desert (11)

designación *f.* designation

desilusionado/a disillusioned

desinflado/a deflated; **llanta desinflada** flat tire (11)

desmayarse to faint (12)

desnutrido/a malnourished

desobedecer (zc) to disobey

desolación *f.* devastation

desorden *m.* untidiness, mess (7)

desordenado/a messy (7)

desorganizado/a unorganized (15)

despacio *adj.* slow (12)

despedida farewell (1)

despedirse (*like* **pedir**) to say goodbye (12)

despejado/a clear (11)

despensa pantry

desperdiciar to waste (15)

desperdicios (nucleares) *pl.* (nuclear) waste (15)

despertar (ie) to wake (*someone*) up; **despertarse** to wake up (5); **me despierto** I wake up (5); **se despierta** he/she wakes up, you (*pol. sing.*) wake up (5)

despierto/a awake

desplomo *n.* collapse

después *adv.* after (3); **después de** *prep.* after (5); **después de que** *conj.* after (12); **poco después** a little later

destacar (qu) to stand out

destino destination (11)

destrucción *f.* destruction (15)

destructivo/a destructive

destruido/a destoyed (15)

destruir (y) to destroy (15)

desván *m.* attic (7)

desventaja disadvantage (11)

detalle *m.* detail (5)

detective *m., f.* detective (3)

detener(se) (*like* **tener**) to stop (*oneself*) (12)

detergente *m.* detergent

deterioro deterioration

determinar to determine (6)

detrás (de) behind (2)

deuda debt (14)

devoción *f.* devotion

devolver (*like* **volver**) (*p.p.* **devuelto**) to return (*something*) (6)

devoto/a devout

día *m.* day (2); **al día** daily (10); **al día siguiente** the next day, the following day (5); **buenos días** good morning (1); **cada día** every day; **Día de Acción de Gracias** Thanksgiving (Day) (5); **Día de la Independencia** Independence Day (5); **Día de la Madre** Mother's Day (5); **Día de las Brujas** Halloween (5); **Día de los Enamorados** Valentine's Day (5); **Día de los Muertos** All Souls' Day (5); **Día de los Reyes (Magos)** Day of the Magi, Epiphany (5); **Día de San Valentín** Valentine's Day (5); **Día de Todos los Santos** All Saints' Day; **Día del Padre** Father's Day (5); **día del santo** saint's day; **día feriado** holiday (5); **hoy (en) día** nowadays (10); **¡ni un día más!** not one more day! (15); **plato del día** today's specialty (9); **todo el día** all day; **todos los días** every day

diablo devil

diagnosticar (qu) to diagnose (12)

diagnóstico diagnosis (12)

dialecto dialect

diálogo conversation (1)

diamante *m.* diamond (14)

diariamente daily (13)

diario/a daily (3); **actividades** (*f. pl.*) **diarias** daily activities; **rutina diaria** daily routine (5)

diarrea diarrhea (12); **tener** (*irreg.*) **diarrea** to have diarrhea

dibujar to draw (6)

dibujo drawing (1)

diccionario dictionary (2)

dicho saying

dicho/a (*p.p. of* **decir**) said

diciembre *m.* December (2)

dictador(a) dictator

dictar to dictate (6)

diecinueve nineteen (1)

dieciocho eighteen (1)

dieciséis sixteen (1)

diecisiete seventeen (1)

diente *m.* tooth; **cepillarse los dientes** to brush one's teeth (5); **cepillo de dientes** toothbrush (5); **lavarse los dientes** to brush one's teeth (5)

diésel *adj.* diesel

dieta diet (5); **estar** (*irreg.*) **a dieta** to be on a diet (9)

diez ten (1)

diferencia difference (3)

diferente different (3)

difícil difficult (1)

dificultad *f.* difficulty (12)

difunto/a *n., adj.* deceased (5)

digestión *f.* digestion

digestivo/a digestive

digital digital (7); **cámara digital** digital camera (12)

dilema *m.* dilemma

dimensión *f.* dimension

diminuto/a tiny

dinero money (2); **dinero en efectivo** cash (11)

dios(a) god/goddess; **Dios** *m.* God

dirección *f.* direction; **dirección (electrónica)** (e-mail) address (3); **¿cuál es tu dirección electrónica?** what is your (*inf. sing.*) e-mail? (4)

directamente directly (11)

directo direct; *gram.* **pronombre de complemento directo** direct object pronoun

director(a) director (13)

directorio directory

dirigir (j) to direct (8)

disciplina discipline (12)

disco disc (7); **disco compacto** compact disc (CD) (15)

discoteca discotheque (7)

discriminación *f.* discrimination (15); **discriminación sexual** sexual discrimination

disculpe(n) (*command*) excuse me; I'm sorry (11)

discurso speech

discusión *f.* discussion; **foro de discusiones** discussion forum (15)

discutir to discuss; to argue (10)

diseñar to design

diseño design

disfraz *m.* (*pl.* **disfraces**) costume (5)

disfrazado/a disguised

disfrutar to enjoy (11)

disminuir (y) to decrease, diminish

disperso/a dispersed

dispuesto/a ready (15)

distancia distance

distinto/a distinct, different (15)

diversidad *f.* diversity (15)

diversión *f.* entertainment

diverso/a diverse

divertido/a fun; **¡qué divertido!** what fun! (4)

divertirse (ie, i) to have fun (7); to have a good time (8); **me divertí** I had a good time (8); **se divirtió** he/she/you (*pol. sing.*) had a good time (8); **te divertiste** you (*inf. sing.*) had a good time (8)

división *f.* division

divorciado/a divorced (4)

divorcio divorce (13)

doblar to turn; to fold (11); **doble(n)** (*command*) turn (11)

doble *n., adj.* double

doce twelve (1)

docena dozen

doctor(a) doctor (6)

doctorado doctorate, Ph.D.

documental *adj.* documentary

documento document (15); **guardar un documento** to save a document (15)

dólar *m.* dollar (2)

doler (ue) to hurt (12); **dolerle la cabeza** to have a headache; **le(s) duele(n)** his/her/your (*pol.*) . . . hurts (12); **me/te duele(n)** my/your (*inf.*) . . . hurts (12)

dolor *m.* pain, ache; **tener** (*irreg.*) **dolor** (*m.*) **de muelas** to have a toothache (12)

doméstico/a domestic (7); **animal** (*m.*) **doméstico** pet; **aparato doméstico** household appliance (7); **quehacer** (*m.*) **doméstico** household chore (7)

dominar to dominate

domingo Sunday (2); *pl.* (on) Sundays

dominicano/a *adj.* Dominican (2)

dominó: jugar (ue) (gu) al dominó to play dominoes (7)

don *m. respectful title used with the first or first and last name of a man* (7)

dona donut (9)

donativo donation (14)

¿dónde? where?; **¿de dónde es... ?** where is . . . from? (2); **¿de dónde es usted / eres (tú)?** where are you (*pol./inf. sing.*) from? (2);

¿dónde está(n)… ? where is he/she/it / are they? (2); **¿dónde vives?** where do you (*inf. sing.*) live? (4)

doña *f. respectful title used with the first or first and last name of a woman* (7)

dormir (ue, u) to sleep (3); **dormí** I slept (8); **dormiste** you (*inf. sing.*) slept (8); **dormir la mañana** to sleep in (7); **dormirse** to fall asleep (12); **durmió** he/she/you (*pol. sing.*) slept (8)

dormitorio bedroom (7)

dos two (1); **los/las dos** both (4)

doscientos/as two hundred (4)

dragón dragon

drama *m.* drama, play

dramático/a dramatic; **obra dramática** play (8)

droga drug (15)

drogadicción *f.* drug addiction

drogadicto/a drug addict

ducha shower

ducharse to shower (5)

duda doubt

dudar to doubt (14); **dudar que** (+ *subjunctive*) to doubt that (15)

dudoso/a doubtful; **es dudoso que** (+ *subjunctive*) it's doubtful that . . . (14)

dueño/a owner (8)

dueto duet

dulce *adj.* sweet; *n. m.* candy; **dulces** *m. pl.* candy (5)

dulcería candy store (14)

duna dune

duque *m.* duke

durable durable (14)

durante during (3)

durar to last

durazno peach (9)

duro/a hard

E

echarse de menos to miss each other (13)

ecología ecology (15)

ecológico/a ecological (15)

economía economy, economics (4)

económicamente economically (15)

económico/a economical (15)

economista *m., f.* economist

ecoturismo ecoturism

ecuatorial equatorial

ecuatoriano/a *n., adj.* Ecuadorian (2)

edad *f.* age (2)

edificio building (7)

educación *f.* education (6); **educación física** physical education, P.E. (6)

educar (qu) to educate

educativo/a educational (15)

efectivo cash; **dinero en efectivo** cash (11)

efectivo/a effective (11)

efecto effect (12); **efecto invernadero** greenhouse effect (15)

eficaz (*pl.* **eficaces**) efficient (12)

eficiente efficient (15), effective

efigie *f.* image

egipcio/a *n., adj.* Egyptian (4)

Egipto Egypt (4)

egoísta *m., f.* selfish (1)

ejecución *f.* execution

ejemplo example; **por ejemplo** for example (3)

ejercicio (aeróbico) (aerobic) exercise (3); **hacer** (*irreg.*) **ejercicio** to exercise

ejército army

ejote *m.* green bean (*Mex.*) (9)

el *def. art. m.* the (1)

él *sub. pron.* he (1)

elección *f.* election (8)

electricidad *f.* electricity (15)

electricista *m., f.* electrician (6)

eléctrico/a electric (6); **afeitadora eléctrica** electric razor (5); **coche** (*m.*) **eléctrico** electric car; **descarga eléctrica** electric shock

electrónico/a electronic; **correo electrónico** e-mail; **mensaje electrónico** e-mail (6)

elefante/a elephant (10)

elegancia elegance

elegante elegante (1)

elemento element

elevado/a tall

eliminación *f.* elimination

eliminar to eliminate (8)

ella *sub. pron.* she (1)

ellos/as *sub. pron.* they (1); *obj. of prep.* them

elote *m.* ear of corn (*Mex.*) (9)

embajada embassy (11)

embajador(a) ambassador

embarazada pregnant (12); **quedar embarazada** to become pregnant (15)

embarazo pregnancy (12)

embargo: sin embargo however

embarque embarkation, boarding

emergencia emergency; **sala de emergencias** emergency room (12)

emigrar to emigrate

emisión *f.* emission

emisora de radio radio station

emitir to emit (15)

emoción *f.* emotion

emocionado/a excited (13)

emocionante exciting

emotivo/a emotional

empanada turnover pie or pastry

empanizado/a breaded (9)

empapado/a soaked (13)

emparejar to pair up, match (3)

empaste *m.* (tooth) filling (12)

empeorado/a worsened

empeorar to make worse (15)

emperador *m.* emperor

empezar (ie) (c) to begin (3)

empleado/a employee (6)

emplear to employ

empleo employment (6)

empresa company, firm (6)

en in, on (1); **en cambio** on the other hand; **en cuanto** in regards to (12); **en línea** online (4); **en medio (de)** in the middle; in the middle of (2); **en orden** in order; **en punto** sharp (*time*) (3); **en todas partes** everywhere (8); **en vez de** instead of (13); **en vías de desarrollo** developing; in the process of developing; **en voz (f.) alta** aloud, out loud (6); **es a las once en punto** it's at eleven o'clock sharp (3)

enamorado/a in love (5); **Día (m.) de los Enamorados** Valentine's Day (5); **estar (irreg.) enamorado/a** to be in love (5)

enamorarse to fall in love (13)

encabezar (c) to head

encantado/a pleased to meet you; delighted (1)

encantador(a) charming

encantar to delight, charm; **me encanta(n)…** I love (+ *sing./pl. n.*) (9)

encanto charm

encender (ie) to light (5)

encerrado/a locked up

enchilada *rolled tortilla filled with meat and topped with cheese and sauce, cooked in an oven*

encías *pl.* gums (12)

encierro *the moment during the running of the bulls just before the bulls are released*

encima (de) on top; on top of (2)

encontrar (ue) to find (8); **encontrarse (con)** to meet (with) (5)

encuentro encounter

encuesta survey (6)

energía energy (11); **energía renovable** renewable energy (15); **fuente (f.) de energía** energy source (15)

enero January (2)

enfermarse to get sick (8)

enfermedad *f.* illness (12)

enfermero/a nurse (6)

enfermo/a sick

enfilado/a lined up, in a row

enfocarse (qu) to focus

enfrentar to confront, to face (15)

enfrente de in front of (7)

engordar to gain weight (5)

enlace *m.* link (6)

enlatado/a canned (9)

enojado/a mad, angry; **estar (irreg.) enojado** to be angry (5)

enojar to make someone angry; to annoy (13); **enojarse** to get angry (8)

enojo anger

enorgullecerse (zc) to be proud

enorme enormous (11)

enrolarse to enlist

ensalada salad (5); **ensalada mixta** mixed salad (9)

ensaladera large salad bowl (9)

ensaladilla potato salad (9)

ensayo essay

enseguida *adv.* at once, immediately, right away (9)

enseñanza teaching

enseñar to teach; to show (6)

entender (ie) to understand (6)

enterarse to find out

entero/a entire

entierro funeral, burial

entonces then (2)

entorno environment, setting

entrada ticket, entrance (4)

entrar to enter (6)

entre between (2)

entregar (gu) to hand in; to deliver (13)

entremés *m.* hors d'oeuvre

entrenador(a) trainer; coach

entrenamiento training

entrenarse to train

entrevista interview (5)

entrevistador(a) interviewer (8)

entrevistar to interview

entusiasmo enthusiasm

entusiasta enthusiastic (1)

envase *m.* packaging, container (14)

enviar (envío) to send (6)

envidia envy; **¡qué envidia!** what luck! (8)

envuelto/a (*p.p. of* **envolver**) wrapped

envolver (*like* **volver**) (*p.p.* **envuelto**) to wrap

enyesado/a in a cast (12)

enyesar to put a cast on (12)

enzima enzyme

epidemia *n.* epidemic (12)

época era

equinacia echinacea (*herb*)

equinoccio equinox

equipaje *m.* luggage (11)

equipo team (3)

equivalente equivalent

erosión *f.* erosion

erradicar (qu) to eradicate

error *m.* mistake (15)

escala scale

escalar to climb, scale (8); **escalar montañas** to climb mountains (11)

escalera staircase

escalón step

escándalo scandal

escaparse to escape (10); to run away; **se me/te/le/les escapó/escaparon** (*something* [*sing./pl.*]) escaped from me / you (*inf. sing.*) / you (*pol. sing.*), him, her / you (*pol. pl.*), them (12)

escarcha frost (11)

escasez *f.* (*pl.* **escaseces**) shortage (15)

escena scene (9)

esclavo/a slave

escoba broom (7)

Escocia Scotland

escoger (j) to choose (6)

escolar *adj.* school; **año escolar** school year (6)

esconder to hide (*something*); **esconderse** to hide (*oneself*) (5)

escondite: jugar (ue) (gu) al escondite to play hide-and-seek (10)

escribir (*p.p.* **escrito**) to write (3)

escrito/a (*p.p. of* **escribir**) written

escritor(a) writer (10)

escritorio desk (2)

escritura writing (13)

escuchar (música) to listen (to music) (3)

escuela school (6); **escuela primaria** elementary school (15); **escuela secundaria** high school (8)

escultura sculpture

ese, esa that (3)

esencia essence

esencial essential

esfuerzo effort

esguince *m.* sprain (12)

esmog *m.* smog (15)

eso that (7); **por eso** for that reason, therefore (13)

esos/as those (3)

espacio space (11); **espacio en blanco** blank space (6)

espacioso/a spacious (7)

espada sword

espaguetis *m. pl.* spaghetti, pasta (5)

espalda back (12)

español *n. m.* Spanish (*language*) (1)

español(a) *n.* Spaniard (4); *adj.* Spanish (2)

espárragos *pl.* asparagus (9)

especia spice (9)

especie *f. sing.* species (15)

especial special (4)

especialidad *f.* major (6)

especialización *f.* major (13)

especializarse (c) to specialize (major) in (6)

especialmente especially (3)

específico/a specific

espectacular spectacular

espectáculo show

espectador(a) spectator

especular to speculate

espejo mirror (5); **espejo retrovisor** rearview mirror (11)

espera: sala de espera waiting room (11)

esperar to wait (3); to hope

espeso/a thick (9)

espía (de Internet) *m.* (Internet) cookie (15)

espinaca spinach

espíritu *m.* spirit; soul

esposo/a husband/wife (3)

esqueleto skeleton (12)

esquí *m.* (*pl.* **esquíes**) ski

esquiar (esquío) to ski (3)

esquina corner (*street*) (11)

estabilidad *f.* stability (15)

establecer (zc) to establish (15)

establo *n.* stable (8)

estación *f.* station (11); season (3)

estacionamiento parking lot

estadio stadium (7)

estadística statistic; *sing.* statistics (*discipline*)

estado state (2); **estado anímico** mental state (5); **estado civil** marital status (4); **estado físico** physical state (5)

Estados Unidos United States (1)

estadounidense *n. m., f.* American, U.S. citizen (4); *adj.* of, from, or pertaining to the United States

estafar to swindle

estampilla stamp (7)

estancia *n.* stay (12)

estándar *n.* standard; *adj. m., f.* standard

estante *m.* shelf (7)

estar *irreg.* to be (2); **¿de qué está(n) hecho/a(s)... ?** what is/are ... made of? (14); **está(n) hecho/a(s) de...** it is / they are made of ... (14); **está nublado** it's cloudy (3); **estar a dieta** to be on a diet (9); **estar cómodo/a** to be comfortable (5); **estar constipado/a** to have a cold; **estar contento/a** to be happy (5); **estar de acuerdo** to agree (13); **estar de buen (mal) humor** to be in a good (bad) mood (5); **estar deprimido/a** to be depressed (5); **estar en buena forma** to be in good shape (15); **estar en oferta** to be on sale (14); **estar enamorado/a** to be in love (5); **estar enojado/a** to be angry (5); **estar internado/a** to be hospitalized (12); **estar ocupado/a** to be busy (5); **estar preocupado/a** to be worried (5); **estar triste** to be sad (5); **estuve** I was (8); **estuviste** you (*inf. sing.*) were (8); **estuvo** he/she was, you (*pol. sing.*) were (8)

estático/a static

estatua statue (7)

estatura: de estatura mediana medium height (1)

este *m.* east (2); *adj.* eastern

este, esta *pron.* this (one); *adj.* this (1); **esta mañana** this morning (5)

estereotipo stereotype (1)

estetoscopio stethoscope (12)

estiércol *m.* manure

estilo style (9)

estimado/a dear

estimulante *m.* stimulant (12)

esto this (7); **estos/as** these (1); **esta mañana** this morning (5)

estómago stomach (2); **tener** (*irreg.*) **dolor** (*m.*) **de estómago** to have a stomachache (12)

estornudar to sneeze (12)

estornudo sneeze (12)

estrategia strategy

estrecho/a narrow (2)

estrella star (8); **estrella del mar** starfish (13)

estrenar to premiere, debut

estreñido/a constipated

estrés *m.* stress (13)

estresante stressful (14)

estricto/a strict (13)

estructura structure

estudiante *m., f.* student (1)

estudiantil *adj.* student; **residencia estudiantil** dormitory (6)

estudiar to study (3)

estudio (a course of) study (6)

estudioso/a studious (1)

estufa stove, range (7)

estupendo/a stupendous

etcétera etcetera

etiqueta label (9)

etnia ethnic group

étnico/a ethnic

etnomusicología ethnomusicology

euro euro, monetary unit of European Union (11)

Europa Europe (2)

europeo/a *adj.* European (11)

evangélico/a Evangelist

evento event (5)

evidencia evidence

evitar to avoid (15)

evolución *f.* evolution

exacto/a exact

examen *m.* exam, test (4)

examinar to examine (12)

excelencia: por excelencia par excellence

excelente *m., f.* excellent (9)

excepcional *m., f.* exceptional (11)

excepto except

excesivo/a excessive

exceso excess (8)

exclusivamente exclusively

excursión *f.* tour, field trip

excusa excuse

exhausto/a exhausted (12)

exhibición *f.* exhibition (7)

exhibir to show, display

exigir (j) to demand (6)

exiliarse to be exiled

exilio exile

existir to exist (13)

éxito success; **tener** (*irreg.*) **éxito** to be successful (12)

exitoso/a successful

expectativa expectation

expedición *f.* expedition

expediente *m.* file

experiencia experience (7)

experimento experiment

experto/a expert (6)

explicación *f.* explanation (6)

explicar (qu) to explain (6)

explorador(a) explorer (10)

explorar to explore

explosión *f.* explosion

exportación *f.* exportation, export (15)

exportar to export (14)

exposición *f.* exhibition

expresar to express (14)

expresión *f.* expression (2)

expuesto/a exposed (15)

exquisito/a exquisite (9)

extendido/a extended (13)

extensión *f.* extensión (11)

extenso/a extensive (11)

exterior *adj.* external, *n. m.* exterior (7)

externo/a external

extinción *f.* extinction (15)

extra extra (11)

extranjero abroad

extranjero/a foreign (6)

extrañar to miss (someone or something) (5); **extrañarse** to miss each other (13)

extraño/a strange, odd (5)

extraordinario/a extraordinary (14)

extraterrestre *m., f.* alien, extraterrestrial (2)

F

fábrica factory (6)

fabricación *f.* making, manufacture

fabricante *m., f.* manufacturer (14)

fabricar (qu) to manufacture (14)

fabuloso/a fabulous (8)

fachada façade

fácil easy (2)

facilitar to facilitate, make easy

fácilmente easily

factor *m.* factor (13)

facturado/a checked

facultad *f.* school (*of a university*)

falda skirt (1)

falla defect

fallas *pl. huge painted figures burned during the celebration of* **Las Fallas** *on March 19 in Valencia*

fallecido/a *adj.* deceased

falso/a false (4)

falta lack (11)

faltar to be missing, lacking

fama fame

familia family (4)

familiar *n. m., f.* relative (5); *adj.* familiar (4); **lazo familiar** family relationship (13)

famoso/a famous (1)

fantasía fantasy

fantasma *m.* ghost (5)

fantástico/a fantastic (2)

farmacéutica pharmacology (6); pharmaceutical industry

farmacéutico/a pharmacist (12)

farmacia pharmacy (7)

fármaco medicine

faro headlight (11)

fascinante fascinating

fascinar to fascinate (15)

fatiga tiredness (12)

fauna fauna (15)

favor *m.* favor; **por favor** please

favorito/a favorite (1)

febrero February (2)

fecha date; **fecha de nacimiento** date of birth (4)

federal *adj.* federal (15)

felicidad *f.* happiness (15)

feliz happy (2); **¡feliz Año Nuevo!** Happy New Year! (5); **¡feliz cumpleaños!** happy birthday! (2)

femenino/a feminine (12)

fenómeno phenomenon (11)

feo/a ugly (1)

feria fair

feriado/a: día (*m.*) **feriado** holiday (5)

feroz ferocious (13)

ferrocarril *m.* railroad

fértil fertile

fertilizante *m.* fertilizer

festejo celebration

festival *m.* festival (11)

festividad *f.* festivity

festivo/a festive

fibra fiber (5); **fibra de vidrio** fiberglass (14)

ficción *f.* fiction; **ciencia ficción** science fiction

fideo noodle (9)

fiebre *f.* fever; **tener** (*irreg.*) **fiebre** to have a fever (12)

fiel faithful, loyal

fieltro *n.* felt

fiesta party; **ir** (*irreg.*) **a fiestas** to go to parties (3)

figura figure (2)

fila line, row

filete *m.* filet

filme *m.* movie

filosofía philosophy (8)

filosófico/a philosophical (1)

filtrar to filter (12)

fin *m.* end (4); **fin de semana** weekend (2)

final *n. m.* end (8); **al final** in the end (12)

finalmente finally (3)

finamente finely

finca farm

fino/a fine (9)

firma signature (2)

firmar to sign (12)

firme firm

físico/a physical (5); **educación** (*f.*) **física** physical education, P.E. (6); **estado físico** physical state (5)

fisiología physiology

flamenco flamenco (dance)

flan *m.* custard (9)

flecha arrow (5)

flor *f.* flower (3)

flora flora

florecer (zc) to flourish

florería flower shop (14)

florero vase (*for flowers*) (12)

flotante *adj.* floating

flotar to float (11)

flote: a flote afloat

fluctuar to fluctuate

fluir (y) to flow

fluorado/a: carburo fluorado fluorocarbon (15)

fobia phobia

folclor (folklore) *m.* folklore

folclórico/a pertaining to folklore (3)

fomentar to foster, encourage (15)

fondo fund (15)

fontanero/a plumber

forestal *adj.* forest

forma form (4); **estar** (*irreg.*) **en buena forma** to be in good shape (15)

formación *f.* education, preparation (6)

formado/a formed (11)

formar to form (4)

fórmula formula

foro forum; **foro de discusiones** discussion forum (15)

fortalecer (zc) to strengthen

fortaleza strength

fortuna fortune

fósil *m.* fossil; **combustible fósil** fossil fuel

foto(grafía) picture (3), photo(graph); **sacar (qu) fotos** to take photos (7); **subir fotos** to upload pictures (4); **tomar fotos** to take pictures (6)

fotografía photography

fotógrafo/a photographer

fracaso failure (13)

fractura fracture (12)

fracturado/a fractured (6)

fracturarse to fracture (*a bone*) (12)

francés *n. m.* French (*language*) (4)

francés, francesa *n., adj.* French (3)

Francia France (4)

frase *f.* sentence, phrase (2)

frecuencia frequency; **con frecuencia** frequently (3); **¿con qué frecuencia?** how often? (3)

frecuente frequent

frecuentemente frequently (1)

fregadero kitchen sink (6)

freír (*like* **reír**) (*p.p.* **frito**) to fry

frenar to brake (12)

freno brake (11)

frente *m.* front; forehead (12); **frente a** *adv.* in front of; facing, in the face of; in front of

fresa strawberry; **helado de fresa** strawberry ice cream (5)

fresco/a fresh (9); **hace fresco** it's cool (3)

frigorífico refrigerator

frijol (refrito) *m.* (refried) bean (9)

frío/a cold; **hace frío** it's cold (3); **tener** (*irreg.*) **frío** to be cold (5)

frito/a (*p.p. of* **freír**) fried (5); **huevos fritos** fried eggs (5); **papas fritas** French fries (5); **pollo frito** fried chicken (5)

frondoso/a lush

frontera border; frontier (8)

frustrado/a frustrated (12)

fruta fruit (5)

frutal *adj.* fruit

frutería fruit store (14)

frutilla strawberry (*Arg.*)

fruto fruit

fuego fire; **fuegos artificiales** fireworks (5)

fuente *f.* source; fountain (7); **fuente** (*f.*) **de energía** energy source (15); **fuente de vidrio** glass serving dish (9)

fuera outside (6); **comer fuera** to eat out

fuerte strong (1)

fuerza force (11)

fugitivo/a *adj.* fugitive

fumar to smoke (10)

función *f.* function (12)

funcionar to function, work (5)

fundación *f.* foundation

fundar to found

funerario/a *adj.* funeral

furioso/a furious (8)

fusilar to execute

fusión: comida fusión fusion cuisine

fútbol *m.* soccer (3); **fútbol americano** football (3)

futbolista *m., f.* soccer player

futuro *n.* future (15)

futuro/a *adj.* future (6)

G

galería gallery (1)

gallego *n.* Galician (*language*)

galleta cracker, cookie (5)

galletita cookie (5)

gallina hen

gallo rooster

galón *m.* gallon (11)

ganador(a) winner (13)

ganancia profit (15)

ganar to win (3); **ganar (dinero)** to earn (money)

ganas: tener (*irreg.*) **ganas de** (+ *infinitive*) to feel like (*doing something*) (4)

ganga bargain; **¡qué ganga!** what a bargain! (14)

garaje *m.* garage (7)

garantizar (c) to guarantee

garganta throat (12); **tener** (*irreg.*) **dolor** (*m.*) **de garganta** to have a sore throat (12)

gárgaras: hacer (*irreg.*) **gárgaras** to gargle (12)

garífuna *indigenous language of C.A.*

gas *m.* gas (15)

gasoil *m.* diesel

gasóleo *m.* diesel

gasolina gasoline (7); **gastar gasolina** to use (waste) gas (11)

gasolinera gas station (7)

gaspar: pez (*m.*) **gaspar** tropical gar

gastar to spend (14); **gastar gasolina** to use (waste) gas (11)

gasto expense (13)

gastronomía gastronomy (11)

gatito/a kitten

gato cat (4); **jugar (ue) (gu) al gato** to play tag (10)

gazapo misprint

géiser *m.* geyser

gemelo/a *n., adj.* twin (4)

genealógico/a genealogical; **árbol genealógico** family tree (10)

generación *f.* generation

generar to generate

general *n.* general; *adj.* general (12); **en general** in general; **por lo general** generally (9)

generalización *f.* generalization (1)

generalmente generally (3)

genérico/a generic

generoso/a generous (1)

genético/a genetic (15)

genialidad *f.* genius

gente *f., sing.* people (3)

geografía geography (6)

geográfico/a geographic

geología geology

gerente *m., f.* business manager (6)

gesto gesture

gigante *adj.* giant

gimnasia *sing.* gymnastics (3)

gimnasio gymnasium; gym (3)

ginecólogo/a gynecologist (12)

gira turn (11)

girar to turn (11)

gis *m.* chalk (*Mex.*)

gitano/a *n.* gypsy

glaciar *m.* glacier

glifo glyph (*symbolic writing*)

global: calentamiento global global warming (15)

globo balloon (12)

glorieta traffic circle (11)

gobernador(a) governor

gobernar (ie) to govern (8)

gobierno government (6)

goleador(a) scorer

golfo gulf (11)

golpe (*m.*) **de estado** coup d'etat

golpear to beat, to hit (13)

goma rubber (14)

gordo/a *adj.* fat (1)

gorila *m.* gorilla (15)

gorra cap (3)

gota drop (11); **gotas (para los ojos)** *pl.* (eye) drops (12)

gótico/a Gothic (11)

gozar (c) to enjoy

grabar to record (15)

gracias thanks, thank you; **dar** (*irreg.*) **las gracias** to thank (12); **Día** (*m.*) **de Acción de Gracias** Thanksgiving (5)

grado degree; **grado centígrado** degree centigrade (3)

gradualmente gradually

graduarse (me gradúo) to graduate (6)

gramática grammar (6)

gramo gram

gran, grande big (1)

granizado flavored ice drink, slushi (10)

grano grain

grasa fat (5)

gratis *adj.* free

gratuito/a *adj.* free (6)

grave grave, serious (12)

grifo faucet

gringo/a person from the United States

gripe *f.* flu (12)

gris gray (1)

gritar to shout (5)

grito shout (8)

grúa tow truck (12)

grueso/a thick

grupo group (2)

guacamole *m.* guacamole (9)

guajiro/a peasant; *Cuban folk song*

guajolote *m.* turkey (*Mex.*) (9)

guante *m.* glove (14)

guapo/a handsome, good-looking (1)

guaraní *m.* Guarani (language)

guardabarros *m., sing.* fender (11)

guardar (algo) to put (something) away (7); **guardar cama** to stay in bed (12); **guardar un documento** to save a document (15)

guardería day care (center), nursery (15)

guatemalteco/a *n., adj.* Guatemalan (2)

guay: ¡qué guay! how cool! (*Sp.*)

guayaba guava

guayabera *embroidered lightweight shirt worn by men in tropical climates* (14)

guerra war (8); **guerra civil** civil war

guía *m., f.* guide (*person*) (10)

guiar (guío) to guide

guiri *m., f.* foreigner (*Sp.*)

guisante *m.* green pea (9)

guita string

guitarra guitar; **tocar (qu) la guitarra** to play the guitar (3)

gusano worm (15)

gustar to be pleasing; to like; **gustaría** would like (7); **me gustó/gustaron…** I liked (+ *sing./pl. n.*) (8); **¿qué te/le gusta hacer?** what do you (*inf. sing./pol. sing.*) like to do? (3); **¿te gustó/gustaron…?** did you like (+ *sing./pl. n.*)? (8)

gusto pleasure (4); **al gusto** to taste (9); **con gusto** with pleasure (9); **gusto de verte** nice to see you (*fam. sing.*) (1); **mucho gusto** nice to meet you (1)

H

haber *irreg.* (*infin.* of **hay**) to have (*auxiliary*); to exist; **había** there was (10); **habrá** there will be (15); **hay** there is / there are (15); **hay que** (+ *infin.*) one has to (*do something*) (6); **hubo** there was (10)

habichuela green bean (9)

habilidad *f.* ability (6)

habitación *f.* room (11)

habitante *m., f.* inhabitant

hábitat *m.* habitat (15)

hablador(a) talkative

hablante *m., f.* speaker (6)

hablar to speak, talk

hacer *irreg.* (*p.p.* **hecho**) to do; to make (3); **¿cuánto (tiempo) hace que… ?** how long has it been since . . . ? (8); **hace** (+ *time*) **que** (*Time*) ago (8); **hace buen/mal tiempo** the weather is nice/bad (3); **hace calor** it's hot (3); **hace fresco** it's cool (3); **hace frío** it's cold (3); **hace sol** it's sunny (3); **hace (mucho) tiempo que…** it's been a long time since . . . (8); **hace viento** it's windy (3); **hacer clic** to click (6); **hacer cola** to stand in line (11); **hacer ejercicio** to exercise (3); **hacer el papel de** to play the role of (12); **hacer gárgaras** to gargle (12); **hacer la compra** to do the (grocery) shopping (6); **hacer la maleta** to pack a suitcase (11); **hacer preguntas** to ask questions (3); **hacer snowboard** to snowboard (3); **hacer un brindis** to toast, make a toast (9); **hacer una reclamación** to file a claim (11); **hacer un viaje** to make a trip (11); **hacerse** to become (13); **hacerse novios** to become boyfriend and girlfriend (13); **hacerse tarde** to be late (12); **haga(n)** (*command*) do; make (11); **hice** I did, made (8); **hiciste** you (*inf. sing.*) did, made (8); **hizo** you (*pol. sing.*) did, made (8); **me hace(n) daño** it upsets (they upset) my stomach (9); **¿qué te/le gusta hacer?** what do you (*inf. sing. / pol. sing.*) like to do? (3); **¿qué tiempo hace?** what is the weather like? (3)

hacia toward(s) (11)

hambre *f.* (*but* **el hambre**) hunger; **tener** (*irreg.*) **hambre** to be hungry (5)

hamburguesa hamburger (5)

harina flour (9)

harmonía harmony

hasta *prep.* up to; **desde la(s)… hasta la(s)…** from (*time*) to (*time*) (5); **hasta que…** until . . . (12)

hebreo *n. m.* Hebrew (*language*)

hecho *n.* event (8); **¿de qué está(n) hecho/a(s)… ?** what is/are… made of? (14); **está(n) hecho/a(s) de…** it is / they are made of . . . (14)

hecho/a (*p.p. of* **hacer**) made; **de hecho** in fact

heladera refrigerator

heladería ice cream parlor (14)

helado (de fresa) (strawberry) ice cream (5); **té helado** iced tea (9)

helicóptero helicopter

hemisferio hemisphere (3)

herida wound (12)

herido/a *n.* wounded person (12); *adj.* wounded

hermanastro/a stepbrother/stepsister (10)

hermanito/a little brother/sister (5)

hermano/a brother/sister (4); **medio/a hermano/a** half brother / half sister (10)

hermoso/a beautiful, lovely (8)

héroe *m.* hero (8)

heroico/a heroic (8)

heroína heroine

herramienta tool (14)

hervir (ie, i) to boil

híbrido/a hybrid (6); **coche** (*m.*) **híbrido** hybrid car

hielo ice (4)

hierba grass

hierbería *shop that sells medicinal herbs and other natural treatments*

hierro iron (12)

hígado liver (9)

hijastro/a stepson/stepdaughter (10)

hijo/a son/daughter (3); **hijo/a único/a** only child (10)

híjole gosh! (*Mex.*)

hilo thread; linen (14)

hinchado/a swollen (12)

hindú *n. m., f.* Hindu

hispánico/a *adj.* Hispanic

hispano/a *adj.* Hispanic

hispanoamericano/a *adj.* Spanish-American

hispanohablante *m., f.* Spanish speaker

historia history (6); story (10)

histórico/a historical (8)

hogar *m.* hogar

hoja leaf (11)

hola hello, hi (1)

Holanda Holland

hombre *m.* man (1); **hombre de negocios** businessman (6)

hombro shoulder (2)

homenaje *m.* tribute

homeópata *m., f.* homeopath

homeopático/a homeopathic

hondureño/a *adj.* Honduran (2)

honor *m.* honor

honrar to honor

hora time; hour (3); **¿a qué hora (es/son)… ?** at what time (is it) . . . ? (3); **horas pico** peak hours (11); **¿qué hora es?** what time is it? (3)

horario schedule (4)

horchata *rice drink* (3)

hormiga ant

hornear to bake

horno oven; **al horno** baked (9); **horno de microondas** microwave (oven) (7); **papa al horno** baked potato (5)

horrible horrible (8)

horror horror (15)

hospedaje *m., sing.* accomodations (11)

hospedarse to stay (11)

hospital *m.* hospital (6)

hostigador(a) bully, harasser (13)

hostigar (gu) to bother; to harass (13)

hotel *m.* hotel (7)

hoy today (1); **hoy (en) día** (*m.*) nowadays (10)

huancaína: papa a la huancaína *Peruvian dish of potatoes in a spicy cheese sauce*

huérfano/a orphan

hueso bone (12)

huésped(a) guest

huevo egg (5); **huevo cocido** hard-boiled egg (9); **huevos fritos** fried eggs (5); **huevos revueltos** scrambled eggs (5)

huipil *m. traditional embroidered dress worn by indigenous women in Mex. and C.A.* (14)

humanidad *f.* humanity

humano/a *adj.* human; **derechos humanos** human rights; **ser** (*m.*) **humano** human being (15)

humedad *f.* humidity (11)

humo (de segunda mano) (secondhand) smoke (12)

humor *m.* humor (13); **estar** (*irreg.*) **de buen/ mal humor** to be in a good/bad mood (5)

humorístico/a humorous

húngaro/a: austro húngaro/a *adj.* Austro-Hungarian

huracán *m.* hurricane (11)

I

icono icon (15)

idea idea (4); **idea preconcebida** preconception (15); **¡qué buena idea!** what a good idea! (4)

ideal ideal (6)

idealista idealistic (1)

idéntico/a identical (4)

identidad *f.* identity

identificación *f.* identification (14)

identificar (qu) to identify (11)

ideológico/a ideological

idioma *m.* language (4)

iglesia church (5)

igual equal, same (15)

igualmente likewise (1)

ilegal illegal

iluminación *f.* illumination (7)

ilustración *f.* illustration (5)

imagen *f.* image

imaginación *f.* imagination (5)

imaginario/a imaginary

imaginarse to imagine (12)

imitación *f.* imitation

imitar to imitate

impaciente impatient (5)

impacto impact (12)

impartir clases to teach (6)

imperfecto/a imperfect

imperio empire

implementar to implement

imponente impressive

imponer (*like* **poner**) (*p.p.* **impuesto**) to impose (15)

importancia importance (11)

importante important (5)

importar to matter, be important (15)

imposible impossible; **es imposible que** (+ *subjunctive*) it's impossible that . . . (14)

impresión *f.* impression

impresionante impressive

impresora printer (14)

imprimir (*p.p.* **impreso**) to print (14)

improbable unlikely (14); **es improbable que** (+ *subjunctive*) it's unlikely that . . . (14)

impuesto tax (6)

impulsivo/a impulsive (1)

inactivo/a inactive

inalámbrico/a wireless

inauguración *f.* inauguration

inca *n., adj.* Inca (9)

incendio fire

incentivo incentive

incidente *m.* incident (12)

incluir (y) to include (6)

incluso even (13)

incondicional unconditional (13)

inconsciente unconscious (12)

incorporarse to join

increíble incredible

independencia: Día (*m.*) **de la Independencia** Independence Day (5)

independiente independent

indicar (qu) to indicate (4)

indicativo indicative

Índico: océano Índico Indian Ocean

indiferente indifferent

indígena *m., f.* native, indigenous person (8)

indio/a *n.* Indian

indiscreto/a indiscreet (8)

indispensable necessary (14)

indocumentado/a undocumented

indudable doubtless; **es indudable que** (+ *indicative*) there's no doubt that . . . (14)

industria industry (15)

industrial industrial (6)

inexistente nonexistent

infancia childhood (10)

infantil childlike; relating to children (13)

infarto heart attack (12)

infección *f.* infection (12)

infinito/a infinite

inflamado/a inflamed (12)

influencia influence (9)

información *f.* information (3)

informar to inform (6)

informática computer science

informativo/a informative (12)

informe *m.* report (8)

ingeniería engineering (6)

ingeniero *m., f.* engineer (6)

Inglaterra England (4)

inglés *n. m.* English (*language*) (4)

inglés, inglesa *n., adj.* English (4)

ingrediente *m.* ingredient (9)

ingreso income

inicialmente initially

iniciar to initiate (15)

inigualable incomparable

inmediatamente immediately (8)

inmenso/a immense

inmigración *f.* immigration (4)

inmigrante *m., f.* immigrant (15)

inmóvil inmobile

inmunológico/a immune

innecesario/a unnecessary (14)

inocencia innocence

inodoro toilet (7)

inolvidable unforgettable (11)

insecto insect (15)

insistente insistent (13)

insistir to insist

insomnio insomnia

inspiración *f.* inspiration

inspirar to inspire

instagrama *m.* instagram (13)

instalación *f.* installation

instalar to install (15)

instantáneo/a instantaneous (11)

institución *f.* institution

institucional institutional (8)

instituto institute (13)

instrucción *f.* instruction (2); **dar** (*irreg.*) **instrucciones** to give instructions (11)

instrumento instrument (14)

insultar to insult; **insultarse** to insult each other (13)

insulto insult

intacto/a intact

integrar to integrate

inteligencia intelligence (13)

inteligente intelligent (1)

intentar to try (12)

interés *m.* interest (12)

interesado/a interested (6)

interesante interesting (2)

interesar to interest (13)

interior interior (12); **ropa interior** underwear (14)

internacional international (7)

internacionalmente internationally

internado/a: estar (*irreg.*) **internado/a** to be hospitalized (12)

internar to admit (*to a hospital*)

Internet *m.* Internet (7); **espía** (*m.*) **de Internet** Internet cookie (15)

interno/a internal (12)

interpretación *f.* interpretation

interpretar to interpret

intérprete *m., f.* interpreter

interrogar (gu) to interrogate (10)

interrumpir to interrupt (12)

intersección *f.* intersection (11)

íntimo/a private, close (13)

intrínseco/a intrinsic

introducción *f.* introduction

inundación *f.* flood (11)

invadir to invade (8)

invasión *f.* invasion

invención *f.* invention (15)

inventar to invent (8)

invento invention (14)

invernadero greenhouse; **efecto invernadero** greenhouse effect (15)

investigación *f.* investigation (15); **investigaciones** *pl.* research (15)

investigar (gu) to investigate (10)

invierno winter (3)

invitación *f.* invitation (4)

invitar to invite (4); to treat someone, pay for someone's food (9)

inyección *f.* shot, injection (12); **ponerle** (*irreg.*) **una inyección a (alguien)** to give (someone) a shot / an injection (12)

ir *irreg.* to go; **fue** he/she/you (*pol. sing.*) went (8); **fui** I went (8); **fuiste** you (*inf. sing.*) went (8); **iba a...** (+ *infin.*) was/were going to (*do something*) (10); **ir a** (+ *infin.*) to be going to (*do something*) (4); **ir a casa** to go home (3); **ir al cine** to go to the movies (3); **ir a fiestas** to go to parties (3); **ir de compras** to go shopping (3); **ir de visita** to visit (4); **irse** to leave, go away (12); **va a...** you (*pol. sing.*) are going to; he/she is going (4); **vas a...** you're (*inf. sing.*) going to . . . (4); **voy a...** I'm going to . . . (4)

Irak Iraq (4)

Irán Iran (4)

iraní *adj.* Iranian (4)

iraquí *adj.* Iraqi

Irlanda Ireland

irlandés, irlandesa *adj.* Irish (4)

ironía irony

irritar to irritate (11)

isla island (11)

islandés, islandesa *adj.* Icelandic

Islandia Iceland

Israel Israel

israelí *adj.* Israeli

Italia Italy (4)

italiano *n. m.* Italian (*language*) (4)

italiano/a *n. adj.* Italian (4)

itinerario itinerary (11)

izquierda *n.* left (2)

izquierdo/a *adj.* left; **a la izquierda de** to the left of (2); **al lado izquierdo** to the left side (2)

J

jabón *m.* soap (5)

jalar to pull (13)

jalea jelly (9)

jamaica *tropical drink made from hibiscus petals* (3)

jamás never (9)

jamón *m.* ham (5)

Janucá (*var.* **Jánuca**) *m.* Hanukkah (5)

Japón Japan (4)

japonés *n. m.* Japanese (*language*) (4)

japonés, japonesa *n., adj.* Japanese (4)

jarabe *m.* (**para la tos**) (cough) syrup (12)

jardín *m.* garden (3)

jarra pitcher (9)

jazz *m.* jazz (3)

jefe/a *m., f.* boss (6)

Jehová *m.* Jehovah

jengibre *m.* ginger

jeroglíficos hieroglyphics

jersey *m.* sweater; **Nueva Jersey** New Jersey

Jesucristo Jesus Christ

jesuita *adj.* Jesuit

jesuítico/a *adj.* Jesuit

¡Jesús! bless you! (*said after a sneeze*) (12)

jitomate tomato (9)

jonrón *m.* home run (13)

jornada completa full time

joropo Venezuelan folk dance

joven *m., f.* young man/woman (1); *adj.* young (1); **jovencito/a** young man/lady

joya jewelry (14)

joyería jewelry store (14)

jubilarse to retire (15)

judío/a Jewish (5); **Pascua Judía** Passover (5)

juego game (3); **jugar (ue) (gu) juegos de mesa** to play board games (7); **Juegos Olímpicos** Olympic games (10)

jueves *m. sing.* Thursday (2); *pl.* (on) Thursdays

juez(a) *m., f.* (*pl.* **jueces**) judge

jugador(a) player (14)

jugar (ue) (gu) to play (3); **jugar a la pelota** to play ball (10); **jugar a la rayuela** to play hopscotch (10); **jugar a las bolas** to play marbles (10); **jugar a las canicas** to play marbles (10); **jugar a las cartas** to play cards (4); **jugar a las casitas** to play house (10); **jugar a mamá y papá** to play house (10); **jugar a videojuegos** to play videogames (3); **jugar al bebeleche** to play hopscotch (*Mex.*) (10); **jugar al dominó** to play dominoes (7); **jugar al escondite** to play hide-and-seek (10); **jugar al gato** to play tag (10); **jugar al tenis** to play tennis (3); **jugar juegos de mesa** to play board games (7)

jugo juice; **jugo de naranja** orange juice (5)

juguete *m.* toy (5)

juguetería toy store (14)

juguetón, juguetona playful

julio July (2)

junio June (2)

juntarse to come/get together (11)

juntos/as together (3)

jurado jury (6)

jurídico/a *adj.* legal

justicia justice

justo/a fair (14)

juvenil *adj.* juvenile

juventud *f.* youth (10)

juzgado court (6)

K

kayak *m.* kayak (11)

kilo kilogram

kilómetro kilometer (3)

L

la *def. art. f. sing.* the (1)

labio lip (12)

laboral *adj.* labor

laboratorio laboratory (6)

lacio/a straight (1)

lado: al lado (derecho/izquierdo) to the (right/left) side (2)

ladrador(a) barking

ladrar to bark

ladrillo brick (14)

ladrón, ladrona thief (8)

lagarto lizard

lago lake (4)

lágrima tear

laguna lagoon

lámina sheet

lámpara lamp (7)

lana wool (14)

lancha motorboat (11)

langosta lobster (9)

lapicero pen

lápiz pencil (2)

las *def. art. f. pl.* the (1)

lasaña lasagna

lástima shame; **es una lástima que** (+ *subjunctive*) it's too bad that . . . (14); **¡qué lástima que** (+ *subjunctive*) it's too bad that . . . (15)

lastimarse to get hurt (12)

lata can (9)

latino/a *adj.* Latin

Latinoamérica Latin America

latinoamericano/a *n., adj.* Latin American (3)

lavabo bathroom sink (7)

lavadora washing machine (7)

lavandería laundromat (7)

lavaplatos *m. sing.* dishwasher (7)

lavar (los platos) to wash (dishes) (3); **lavarse el pelo / la cara** to wash one's hair/face (5); **lavarse los dientes** to brush one's teeth (5)

lazo tie; **lazo familiar** family relationship (13)

lealtad *f.* loyalty (13)

lección *f.* lesson

leche *f.* milk (5); **leche descremada** skim milk (9)

lechuga lettuce (5)

lectura reading (6)

leer (y) (el periódico) to read (the newspaper) (3)

legalizar (c) to legalize (15)

legislatura legislature

legumbre *f.* vegetable (9)

lejano/a distant (13)

lejos (de) far; far from (2)

lema *m.* motto

lengua language (4); tongue (12)

lenguaje *m.* language (6)

lentamente slowly (2)

lentes *m. pl.* glasses (1)

lento/a slow

leña firewood

león *m.* lion (10)

leopardo leopard

leotardos *pl.* tights, leotard

letra letter (*of the alphabet*) (11)

letrero sign

levantar to raise; to lift **levantar pesas** to lift weights (3); **levantarse** to get up (5)

ley *f.* law (15)

leyenda legend

libanés, libanesa *adj.* Lebanese

libertad *f.* liberty

Libia Libya (4)

libio/a Libyan (4)

libra pound (9)

libre: aire (*m.*) **libre** outdoors (4); **tiempo libre** free time (3)

librería bookstore (3)

libro book (2)

licenciado/a *n.* graduate

licenciatura degree

licor *m.* liquor (6)

licuadora blender (14)

líder *m., f.* leader (13)

ligero/a light (*weight*) (11)

limitar to limit (15)

límite *m.* limit

limón *m.* lemon (9)

limonada lemonade (9)

limpiaparabrisas *m. sing.* windshield wiper (11)

limpiar to clean (3)

limpio/a clean (8)

lindo/a cute, pretty (10)

línea line; **en línea** online (4)

líquido liquid (9)

lírico/a lyrical

lista list (1)

listo/a ready (9); **estar** (*irreg.*) **listo/a** to be ready; **ser** (*irreg.*) **listo/a** to be smart, clever

literalmente literally (12)

literario/a literary; **creación** (*f.*) **literaria** creative writing (13)

literatura literature (6)

litro liter

llamada call (5); **llamada telefónica** telephone call (13)

llamar to call (6); **¿cómo se llama?** what is his/her name? (1); **llamar la atención** to make someone take notice (15)

llamativo/a showy; getting one's attention

llano plain (11)

llanta tire (11); **llanta desinflada/pinchada** flat tire (11)

llave *f.* key (12)

llegada arrival

llegar (gu) to arrive (3)

llenar to fill (5)

lleno/a full (11)

llevar to wear (1); to take (5); **llevarse** to take away (12); **llevarse bien/mal con…** to get along well with / not get along with (10); **lléveselo/la/los/las por** (*cantidad*) take it/ them for (*amount of money*) (14); **me lo/la/ los/las llevo** I'll take it/them (14)

llorar to cry (5)

llover (ue) to rain; **llueve** it rains / it's raining (3)

llovizna drizzle (11)

lloviznar to drizzle (*rain*) (11)

lluvia rain (11)

lluvioso/a rainy

lo *d.o. m. sing.* him/it/you (*pol. sing.*); **lo que** that which (6)

lobo wolf (15)

local local (14)

localizar (c) to locate

locamente madly

loco/a crazy (3); **volverse (ue) loco/a** to go crazy (12)

lógicamente logically (8)

lógico/a logical (5)

lograr to achieve; to accomplish (10)

logro achievement

lomo side, loin (*of an animal*)

lona canvas; **bolsa de lona** canvas bag (15)

loro/a parrot; **tortuga lora** Atlantic ridley sea turtle

los *def. art. m. pl.* the (1)

lotería lottery (14)

luchar to fight

lucir (zc) to shine

luego then (1); **hasta luego** see you later (1)

lugar *m.* place (2); **lugar de nacimiento** place of birth (4); **lugar de trabajo** workplace (6); **tener** (*irreg.*) **lugar** to take place (13)

lujo luxury (14); **de lujo** luxury (14)

luna moon (11); **luna de miel** honeymoon (13)

lunares: de lunares polka-dotted (14)

lunes *m. sing.* Monday (2); *pl.* (on) Mondays

luz *f.* (*pl.* **luces**) light (2)

M

maché: papel (*m.*) **maché** paper mache

macroeconomía *sing.* macroeconomics

madera wood (14)

madrastra stepmother (10)

madre *f.* mother (4); **Día** (*m.*) **de la Madre** Mother's Day (5)

madrina godmother; bridesmaid (13)

madrugada dawn

madrugar (gu) to get up early

maduro/a ripe

maestría master's degree

maestro/a teacher (6)

mágico/a magic

magíster *m.* master's degree

magnífico/a magnificent

magnitud *f.* magnitude

magos: Día (*m.*) **de los Reyes Magos** Day of the Magi, Epiphany (5); **Reyes** (*m. pl.*) **Magos** Wise Men, Magi (5)

magro/a lean

mahones *m. pl.* jeans (*P.R.*)

maíz *m.* corn (9); **mazorca de maíz** ear of corn (9); **palomitas** (*pl.*) **de maíz** popcorn (9)

majestuoso/a majestic

mal *n. m.* bad; *adv.* badly (11); **llevarse mal con…** to not get along with (10)

mal, malo/a *adj.* bad (5); **estar** (*irreg.*) **de mal humor** to be in a bad mood (5); **hace mal tiempo** the weather is bad (3); **tener malas notas** to have bad grades (6)

males *m. pl.* ailments (12)

malestar *m.* discomfort

maleta suitcase (11); **hacer** (*irreg.*) **la maleta** to pack a suitcase (11)

maletero trunk (11)

mamá mom (2); **jugar (ue) (gu) a mamá y papá** to play house (10)

mamífero mammal (15)

manantial *m.* spring

manatí *m.* manatee (15)

mandar to send (4)

mandato command (1)

manejar to drive (3)

manera manner, way

mango mango (9)

maní *m.* peanut (*S. A.*) (9)

manito little hand

mano *f.* hand (2); **a mano** by hand (14); **darse** (*irreg.*) **la mano** to shake hands with each other (13); **de segunda mano** secondhand (14); **humo de segunda mano** secondhand smoke (12)

manojo bunch (9)

manta blanket (12)

mantel *m.* tablecloth (9)

mantener (*like* **tener**) to maintain (11)

mantequilla butter (5)

manual *adj.* manual (14)

manufacturar to manufacture (14)

manzana apple (9)

manzanilla camomile

mañana *n.* morning; tomorrow; **de la mañana** in the morning (3); **dormir (ue, u) la mañana** to sleep in (7); **esta mañana** this morning (5); **mañana por la mañana** tomorrow morning (4); **pasado mañana** day after tomorrow (2); **por la mañana** in the morning (3)

mapa *m.* map (2)

mapundungun *m. language of the Mapuches*

maquiladora assembly plant (*located in a developing country to take advantage of lower wages*) (15)

maquillar to make up; **maquillarse** to put on makeup (5)

máquina machine (15)

maquinilla de afeitar safety razor

mar *m.* sea (2)

maracuyá *m.* passion fruit

marañón *m.* cashew (9)

maratón *m.* marathon (3)

maravilla *n.* wonder

maravilloso/a marvelous (11)

marcar (qu) to mark

marcha gear (11)

marearse to get seasick; to feel dizzy (11)

mareo nausea, seasickness, dizziness

margarita margarita (14)

marino/a marine, of the sea (13)

mariposa (monarca) (Monarch) butterfly (15)

mariquita ladybug

marisco seafood (9)

martes *m. sing.* Tuesday (2); *pl.* (on) Tuesdays

martillo hammer (14)

marzo March (2)

más more (2); **más o menos** more or less (2); **más tarde** later (1); **¡ni un día más!** not one more day! (15)

masa dough

masaje *m.* massage; **dar** (*irreg.*) **masajes** to give massages (6)

máscara mask

mascota pet (4)

masculino/a masculine

masivo/a massive (15)

masticarse (qu) to chew (12)

matar to kill (15)

matemáticas *pl.* mathematics (6)

materia school subject (6); **materia prima** raw material (14)

material *m.* material (14)

materialista materialistic (1)

matriarcal matriarchal

matrícula registration, enrollment (11)

matricularse to enroll (8)

matrimonial: cama matrimonial double bed (7)

matrimonio marriage (13)

máximo/a maximum (3)

maya *n. m., f.; adj.* Maya(n)

mayo May (2)

mayonesa mayonnaise (9)

mayor *adj.* older; oldest; major, main; greater

mayoría majority

mayúscula uppercase letter

mazorca de maíz ear of corn (9)

mecánico/a mechanic (6)

mecedora rocking chair (14)

mediano/a medium (1); **de estatura mediana** medium height (1)

medianoche *f.* midnight

medias *pl.* stockings

medicamentos *pl.* medication

medicina medicine (5)

médico/a *m.* doctor (6); *adj.* medical (12); **seguro médico** medical insurance (12)

medida measurement (9)

medio half (2); **en medio (de)** in the middle; in the middle (of) (2); **medio ambiente** environment (15); **medio/a hermano/a** half brother / half sister (10); **medios de transporte** means of transportation (7); **por medio de** by means of (12); **y media** half past (3)

mediodía *m.* noon

mediterráneo/a Mediterranean

megalítico/a megalithic

mejilla cheek (12)

mejor better (7); best; **el/la mejor** the best (7); **mejor amigo/a** best friend (1)

mejora improvement (14)

mejorar to improve; to get better (10); **mejorarse** to get better (12)

melodía melody

memorable memorable (8)

memoria memory (15)

mencionado/a mentioned (11)

mencionar to mention (3)

menor younger; youngest

menos less (5); **echarse de menos** to miss each other (13); **a menos que** unless (15); **menos cuarto** quarter till (3); **son las nueve menos cuarto** it's eight forty-five / (a) quarter to nine (3)

mensaje *m.* message (4); **mensaje de texto** text message (13); **mensaje electrónico** e-mail (6)

mensual monthly; **pago mensual** monthly payment (14)

menta peppermint; **té** (*m.*) **de menta** peppermint tea (12)

mental mental (12); **trastorno mental** mental disorder (12)

mentalmente mentally (15)

mentir (ie, i) to lie

mentira lie

mentiroso/a liar (1); **¡qué mentiroso/a!** what a liar! (10)

menú *m.* menu (9)

menudo: a menudo often (13)

mercadillo street market

mercado market (7); **mercado sobre ruedas** farmer's market (14); **salir** (*irreg.*) **al mercado** to come out on the market (14)

mercadotecnia marketing (6)

mercancía merchandise (14)

merendar (ie) to have a snack; to picnic (5)

merengue *m. fast paced Dominican music; official dance and music of the D. R.* (13)

merienda snack (4)

mes *m.* month (1); **al mes** monthly (14)

mesa table (7); **jugar (ue) (gu) juegos de mesa** to play board games (7); **poner** (*irreg.*) **la mesa** to set the table (7)

mesero/a waiter/waitress (6)

mesías *m. sing.* Messiah

mesita coffee table (7)

Mesoamérica Middle America (*most of Mex. and C. A.*)

mestizaje *m.* the mixing of races

mestizo/a *n.* person of mixed race; *adj.* of mixed blood

meta goal (15)

metabolismo metabolism

metal *m.* metal (11)

metálico/a metallic

meter to put

método method

metro subway (11)

mexicano/a *n., adj.* Mexican (1)

mexicoamericano *adj.* Mexican-American

mezcla mixture (14)

mezclar to mix (9)

mezclilla denim (14)

mi(s) *sing., (pl.), poss.* my (1)

mí (to) me (2)

microondas microwave (oven) (7); **horno de microondas** microwave oven (7)

miedo fear; **dar** (*irreg.*) **miedo** to be scary (15); **tener** (*irreg.*) **miedo** to be afraid (5)

miel *f.* honey (9); **luna de miel** honeymoon (13)

miembro *m., f.* member (1)

mientras while (3)

miércoles *m. sing.* Wednesday (2); *pl.* (on) Wednesdays

migrar to migrate

mil one thousand (4)

militar *adj.* military

milla mile (7)

millón *m.* million (14); **un millón (de)** a million (*of something*) (13)

millonario/a millionaire

mina *n.* mine

mineral: agua (*f. but* **el agua**) **mineral** mineral water (9)

minero/a mining

mínimo/a minimum (3)

minuto minute (3)

mío/a *poss.* mine (13)

mirar to look (1); **mirar (videos)** to look at, watch (videos) (3); **miren** (*command*) (*you pl.*) look

misa mass (*religious*) (4)

misión *f.* mission (8)

mismo/a same (2); **ahora mismo** right now (12); **él mismo / ella misma** him/herself (14)

misquito Miskito (*indigenous Nicaraguan language*)

misterio mystery (3)

misterioso/a mysterious

místico/a mystic

mitad *f.* half

mitigar (gu) to alleviate

mitología mythology

mixto/a: ensalada mixta mixed salad (9)

mochila backpack (2)

moda fashion; **de moda** in style (14)

modales *m. pl.* manners (13)

modelo model (1)

moderación *f.* moderation

moderno/a modern (2)

modesto/a modest

modo way, manner

mojarse to get wet (11)

molécula molecule

molestar to bother (6)

molestia annoyance

molesto/a mad (12)

molido/a: carne (*f.*) **molida** ground beef (9)

momentito just a moment (13)

momento moment; **al momento** at the time, instantly (8)

monarca *n., adj. m., f.* monarch

monasterio monastery

moneda coin

mono monkey (10)

monopatín *m.* skateboard

monopolio monopoly

monótono/a monotonous (6)

montaña mountain (3); **escalar montañas** to climb mountains (11)

montañismo mountaineering

montañoso/a mountainous

montar to set up, assemble; to ride (15); **montar a caballo** to ride a horse (6); **montar en el cachumbambé** (*Cuba*) to ride the seesaw (10); **montar en el subibaja** to ride the seesaw (10)

monumento monument

morado/a purple (1)

mordedor(a) biter

morder (ue) to bite (12)

moreno/a brunette (1)

morir(se) (ue, u) (*p.p.* **muerto**) to die (13)

moro/a Moorish (11)

mosca fly (8)

mostaza mustard (9)

mostrador *m.* counter (11)

mostrar (ue) to show (6)

motivo reason (12)

moto(cicleta) motorcycle (3); **andar** (*irreg.*) **en moto(cicleta)** to ride a motorcycle (11)

motor *m.* motor (15)

movido/a lively

móvil mobile

movimiento movement (12)

muchacho/a boy/girl (1)

muchísimo/a (muchísimos/as) very much (very many) (8)

mucho a lot (2); **mucho gusto** nice to meet you (1)

mudarse to move (*from one residence to another*) (10)

mueble *m.* furniture (7)

mueblería furniture store (14)

muela molar (tooth) (12); **tener** (*irreg.*) **dolor de muelas** to have a toothache (12)

muerte *f.* death

muerto: Día (*m.*) **de los Muertos** All Souls' Day (5)

mujer *f.* woman (1); **mujer bombero** firefighter (6); **mujer de negocios** businesswoman (6); **mujer plomero** plumber (6); **mujer policía** police officer (6); **mujer soldado** soldier

muletas *pl.* crutches (12)

multa ticket; **ponerle** (*irreg.*) **una multa** to give a traffic ticket to someone (8)

multidisciplinario/a multidisciplinary

múltiple multiple

multiplicar (qu) to multiply (14)

multitud *f.* multitude

mundial *pertaining to the world* (15)

mundo world (1)

municipal municipal (7)

municipio municipality

muñeca doll (5); wrist (12)

muñequito cartoon; doll; **ver** (*irreg.*) **muñequitos** to watch cartoons (10)

muralla outside wall

murciélago bat

músculo muscle (12)

museo museum (7)

música music; **componer** (*like* **poner**) **música** to compose music (6); **escuchar música** to listen to music (3)

musical musical (3); **artes** (*f.*) **musicales** music appreciation (6)

músico/a musician (8)

muslo thigh (12)

musulmán, musulmana *n., adj.* Muslim

N

nacer (zc) to be born (15); **¿cuándo nació usted / naciste?** when were you (*pol. sing.*)/(*inf. sing.*) born? (2)

nacimiento: fecha de nacimiento date of birth (4); **lugar** (*m.*) **de nacimiento** place of birth (4)

nación *f.* nation

nacional national (3)

nacionalidad *f.* nationality (2)

nada nothing (8); **de nada** you're welcome (9)

nadar to swim (3)

nadie nobody (9)

náhuatl *m.* Nahuatl (*indigenous language of the Aztecs*)

nalga buttock (12)

nalgada spanking (13)

nanotecnología nanotechnology (15)

naranja orange (9); **jugo de naranja** orange juice (5)

nariz *f.* nose (2); **tener** (*irreg.*) **la nariz congestionada/tapada** to have a stuffy nose (12)

narración *f.* narration

narrar to tell a story; to narrate (3)

narrativo/a narrative

natación *f.* swimming (3)

natal *adj.* birth

natalidad *f.* birth rate; **tasa de natalidad** birth rate (15)

nativo/a native

natural natural (8); **ciencias naturales** natural sciences; **reserva natural** nature preserve (15)

naturaleza nature (7)

naturalmente naturally

naturista *adj.* natural

naufragio shipwreck

náuseas *f. pl.*: **tener** (*irreg.*) **nauseas** to be nauseous (12)

navaja razor (5)

navegable navigable

navegación *f.* navigation (15)

navegador *m.* browser

navegante *m., f.* navigator (10)

navegar (gu) to navigate (10)

Navidad *f.* Christmas (5); **arbolito de Navidad** Christmas tree (5)

nazareno/a penitent (*in Holy Week processions*)

neblina mist, light fog (11)

necesario necessary; **es necesario** (+ *infin.*) it's necessary to (*do something*) (6)

necesidad *f.* necessity

necesitar to need (4)

negar (ie) (gu) to deny; **negarse a** to refuse to (13)

negativamente negatively

negativo/a negative (11)

negociación *f.* negotiation

negocio business (6); **hombre** (*m.*) **/ mujer** (*f.*) **de negocios** businessman/businesswoman (6)

negro/a black (1); dark-brown (black) (*eyes*) (1); **barro negro** clay (*Oaxacan pottery*) (8)

nervio nerve (12)

nervioso/a nervous (5)

neurona neuron

nevar (ie) to snow; **nieve** it snows / it's snowing (3)

nevera refrigerator

ni neither; nor; even; **¡ni pensarlo!** don't even think about it! (5); **¡ni un día más!** not one more day! (15); **no soy… ni…** I am not/neither . . . nor . . . (1)

nicaragüense *n. m., f., adj.* Nicaraguan (2)

niebla fog (11)

nieto/a grandson/granddaughter (4); **nietos** grandchildren

nieve *f.* snow (3)

ninguno/a none, neither (4)

niñero/a nanny, babysitter (10)

niñez *f.* childhood (10)

niñito/a little boy/girl

niño/a boy/girl (1); **de niño…** as a child . . . / when I was a child . . . (10)

nitrógeno nitrogen

nivel *m.* level (6)

no no (1); **no soy… ni…** I am not/neither . . . nor . . . (1); **¡yo no!** I don't! (5)

Nobel: Premio Nobel Nobel Prize (8)

noche: buenas noches good night (1); **de la noche** in the evening (3); **por la noche** in the evening (3)

Nochebuena Christmas Eve (5)

Nochevieja New Year's Eve (5)

nocivo/a harmful (12)

nocturno/a *adj.* night; **club nocturno** nightclub (6)

Noel: Papá Noel Santa Claus, Father Christmas (13)

nombrar to name

nombre *m.* name; **nombre de usuario** username (15)

nordeste *m.* northeast; *adj.* northeastern

normal normal (15)

normalmente normally (3)

noroeste *m.* northwest; *adj.* northwestern

norte *m.* north (2); *adj.* northern

Norteamérica North America

nos *d.o.* us; *i.o.* to/for us; *refl. pron.* ourselves

nosotros/as *sub. pron.* we (1); *obj. of prep.* us

nostálgico/a nostalgic

nota note (5); grade (15); **sacar (qu) una nota** to get a grade (8); **tener (irreg.) buenas/malas notas** to have good/bad grades (6)

notar to note (13)

noticia(s) news (3)

novecientos/as nine hundred (4)

novedoso/a *adj.* novel

novela novel (3)

novelista *m., f.* novelist

noveno/a ninth (4)

noventa ninety (2)

noviazgo courtship; engagement (13)

noviembre *m.* November (2)

novio/a boyfriend/girlfriend (3); **hacerse (irreg.) novios** to become boyfriend and girlfriend (13)

nube *f.* cloud (10)

nublado cloudy; **está nublado** it's cloudy (3)

nuboso/a cloudy

nuclear: reactor (m.) nuclear nuclear reactor (15)

nuera daughter-in law (10)

nuestro/a *poss.* our (4)

nueve nine (1)

nuevo/a new (1); **de nuevo** again, once more (6); **Nueva Jersey** New Jersey

nuez *f.* (*pl.* **nueces**) nut (9)

numeración *f.* numeration

número number (1); **número ordinal** ordinal number (4)

numeroso/a numerous

nunca never; **casi nunca** almost never (3)

nutrición *f.* nutrition (9)

nutritivo/a nutritional (9)

ñame *m.* yam

O

o or (1)

oaxaqueño/a of/from Oaxaca

obediente obedient (13)

obeso/a obese (12)

obesidad *f.* obesity (12)

objetivo objective

objeto object (2)

obligación *f.* obligation (6)

obligar (gu) to obligate (13)

obligatorio/a obligatory (6)

obra work (11); **obra de teatro** play (10); **obra dramática** play (8)

obrero/a worker (6)

observar to observe (13)

observatorio observatory

obtener (*like* **tener**) to obtain (14)

obvio/a obvious (15)

ocasión *f.* occasion (4)

occidental western

Oceanía Oceania

océano ocean (2); **océano Atlántico/ Pacífico** Atlantic/Pacific Ocean (2); **océano Índico** Indian Ocean

ochenta eighty (2)

ocho eight (1)

ochocientos/as eight hundred (4)

octavo/a eighth (4)

octubre *m.* October (2)

ocultar to hide

ocupado/a busy; **estar (irreg.) ocupado** to be busy (5)

ocupar to take up, occupy

ocurrencia: ¡qué ocurrencia! what a silly idea! (5)

ocurrir to occur (15)

odontología dentistry

oeste *m.* west (2) *adj.* western

oferta offer; sale; **estar en oferta** to be on sale (14)

oficial official (11)

oficialmente officially

oficina office (6); **oficina particular** private office (6)

oficio job (6)

ofrecer (zc) to offer (7)

ofrenda offering

oído (inner) ear (12)

oír *irreg.* to hear (8); **oí** I heard (8); **oíste** you (*fam. sing.*) heard (8); **oyó** he/she/you (*pol. sing.*) heard (8)

ojalá let's hope (13)

ojo eye (2); **gotas para los ojos** *pl.* eye drops (12); **¡ojo!** pay attention! (2)

ola wave

oler (*irreg.*) to smell (12)

olímpico/a Olympic; **Juegos Olímpicos** Olympic games (10)

oliva olive

olla pot

olmeca *n., adj.* Olmec

olvidar(se) to forget (11); **se me/te/le/nos/ les olvidó/olvidaron** (*something* [*sing./pl.*]) slipped my / your (*inf. sing.*) / your (*pol. sing.*), our, his, her / your (*pol. pl.*), their mind (12)

once eleven (1)

onda: ¿qué onda? what's new?, what's up? (*Mex.*)

ondulado/a wavy (1)

onza ounce (9)

opción *f.* option

ópera opera

operación *f.* operation (12)

opinar to think, to believe (13)

opinión *f.* opinion (2)

oportunidad *f.* opportunity (6)

opresivo/a oppressive

optimista *n. m., f.* optimist; *adj.* optimistic

oración *f.* sentence; prayer (8)

oral oral (12)

orden (*pl.* **órdenes**) *m.* order (2); *f.* command (13); **en orden** in order

ordenar to order

ordinal: número ordinal ordinal number (4)

oreja ear (2)

orgánico/a organic (15)

organismo organism (12)

organización *f.* organization

organizador(a) organizer

organizar (c) to organize (15)

órgano organ (12)

orgulloso/a proud (15)

oriental eastern

origen *m.* origin (2)

originado/a originated (11)

original original (14)

originalmente originally

originar to originate (9)

orilla shore, riverbank (11)

oro gold (14)

orquesta orchestra

os *d.o.* (*Sp.*) you; *i.o.* (*Sp.*) to/for you (*inf. pl.*); *refl. pron.* (*Sp.*) yourselves (*inf. pl.*)

oscuro/a dark

oso bear (13); **oso panda** panda bear (15)

ostentoso/a ostentatious

ostra oyster (9)

otoño fall (*season*) (3)

otorgar (gu) to award

otro/a other (1), another (2); **otra vez** once more (8)

oxigenado/a oxigenated (12)

oxígeno oxygen

ozono ozone; **agujero en la capa de ozono** hole in the ozone layer (15)

P

paciencia patience (13)

paciente *n. m., f.* patient (6); *adj.* patient (6)

Pacífico: océano Pacífico Pacific Ocean

padrastro stepfather (10)

padre *m.* father (4); **Día** (*m.*) **del Padre** Father's Day (5)

padres *m.* parents (4)

padrino godfather; best man in a wedding (13)

pagar (gu) to pay (8); **pagar a la americana** to go Dutch, pay individually (9); **pagar la cuenta** to pay the bill (9)

página page (2)

pago (mensual) (monthly) payment (14)

país *m.* country (1); **país en vías de desarrollo** developing country (14)

paisaje *m.* landscape

pájaro bird (4)

pala shovel

palabra word (1)

palacio palace (11); **castillo-palacio** castle-palace

palito small stick

palmada clap (of the hands)

palo: de tal palo, tal astilla a chip off the old block; like father, like son

palomitas (*pl.*) **de maíz** popcorn (9)

palta avocado (*S. A.*) (9)

pan bread (5); **pan tostado** toast (5); **pan tostado a la francesa** french toast (9); **pudín** (*m.*) **de pan** bread pudding (9)

pana *m., f.* buddy

panadería bakery (7)

panameño/a *adj.* Panamanian (2)

panamericano/a Pan-American (3)

panda: oso panda panda bear (15)

panel (*m.*) **solar** solar panel (15)

panqueque *m.* pancake (9)

pantaletas *pl.* women's underpants (14)

pantalla screen (2)

pantalón (*m. sing.*), **pantalones** (*m. pl.*) pants (1)

pantimedias *pl.* pantyhose (14)

pantorrilla calf (12)

paño woollen cloth

pañuelo handkerchief, scarf (12)

papá *m.* dad (2); **jugar (ue) (gu) a mamá y papá** to play house (10); **Papá Noel** Father Christmas (13)

papa potato (5); **papas a la huancaína** *potatoes in a spicy cheese sauce* (*Peru*); **papa al horno** baked potato (5); **papas fritas** french fries (5); **puré** (*m.*) **de papas** mashed potatoes (5)

papalote *m.* kite; **volar (ue) papalote** to fly a kite (10)

papaya papaya (9)

papel *m.* paper (2); role; **hacer** (*irreg.*) **el papel de** to play the role of (12); **papel maché** paper maché

papelería stationery store (7)

paquete *m.* package (7)

par pair (13)

para for (1); **para que** in order that (15); **son diez para las siete** it's ten to seven (3)

parabrisas *m. sing.* windshield (11)

paracetamol *m.* acetaminophen, Tylenol™ (12)

parachoques *m. sing.* bumper (11)

parada del autobús bus stop (3)

paradisíaco/a heavenly

parador *m.* government-run hotel

paraguas *m. sing.* umbrella (11)

paraguayo/a Paraguayan (2)

paraíso paradise

parar to stop (11); **¡pare!** stop! (11)

¡pare! stop! (11)

parecer (zc) to seem (9); **parecerse** to look like (10)

parecido/a alike, similar (10)

pared wall (2)

pareja couple (13)

parentesco family relationship (10)

paréntesis *m.* parenthesis (8)

pariente *n. m., f.* relative (5)

París Paris

parlanchín, parlanchina *adj.* chatty; *n.* chatterbox

parque *m.* park (3)

párrafo paragraph

parrilla grill (9); **a la parrilla** grilled (9)

parrillada grilled meat

parte *f.* part; **en todas partes** everywhere (8); **por parte de** on behalf of (15); **por todas partes** everywhere (13)

participación *f.* participation

participante *m., f.* participant

participar to participate (6)

particular individual (6); **oficina particular** private office (6)

particularmente particularly

partido game (*in sports*); match (3); political party (8)

parvulario nursery school (6)

pasado/a past (7); **el sábado (mes, año) pasado** last Saturday (month, year); **la semana pasada** last week (7); **pasado mañana** day after tomorrow (2)

pasaje *m.* fare, ticket price

pasajero/a passenger (11)

pasaporte *m.* passport (4)

pasar to happen (8); **pasar la aspiradora** to vacuum (6); **pasar tiempo** to spend time (3)

pasatiempo pastime

Pascua Easter (5); **Pascua Judía** Passover (5)

pase (*m.*) **(de abordar)** (boarding) pass (11)

pasear to go for a walk/ride (3)

paseo walk (7); **dar** (*irreg.*) **un paseo** to go for a walk/stroll (3)

pasiflora passionflower

pasillo hall

pasión *f.* passion

paso step (9)

pasta *paste;* **pasta dental** toothpaste (5); **pasta dentífrica** toothpaste

pastel *m.* pastry; cake (5)

pastelería cake shop (14)

pastoreo pasture

pata foot (animal)

patata potato (*Sp.*)

paterno/a paternal

patín (*pl.* **patines**) *m.* skate (3)

patinar to skate (3)

patineta skateboard (3); **andar** (*irreg.*) **en patineta** to ride a skateboard (3)

patio patio (5); **patio de recreo** playground (10)

patrimonial hereditary

patrimonio patrimony

patrón, patrona patron

pavo turkey (5)

paz *f.* peace

peatón, peatona pedestrian (11)

pecho chest (12)

pediatra *m., f.* pediatrician (13)

pedir (i, i) to ask (5); to ask (for); to order (8); **pedí** I asked for / ordered (8); **pedir la cuenta** to ask for the bill (9); **pedir prestado/a** to borrow (14); **pedirse perdón** to ask each other for forgiveness (13); **pediste** you (*inf. sing.*) asked for / ordered (8); **pidió** he/she/you (*pol. sing.*) asked for / ordered (8)

pegar (gu) to hit; to glue (13)

peinarse to comb one's hair (5)

pelar to peel (10)

pelea fight (13)

pelear to fight (10)

película movie; **poner** (*irreg.*) **(una) película** to show a movie (7)

peligro danger (15)

peligroso/a dangerous (3)

pelo hair (1); **cepillarse el pelo** to brush one's hair (5); **cortar el pelo** to cut hair; **lavarse el pelo** to wash one's hair (5)

pelota ball (3); **jugar (ue) (gu) a la pelota** to play ball (10)

peluquería hair salon, hairdresser's (6)

peluquero/a hairdresser, hair stylist (6)

pena: valer (*irreg.*) **la pena** it's worth the trouble

penicilina penicillin (8)

península peninsula

pensamiento thought (12)

pensar (ie) to think (4); **¡ni pensarlo!** don't even think about it! (5); **pensaba** (+ *infin.*) was/were planning to (*do something*) (10)

peña rock, outcropping; group (*of people*)

peor worse (6); **el/la peor** the worst (7)

pepino cucumber (9)

pequeño/a small, little (1)

percibir to perceive

percusión percussion

perder (ie) to lose (3); **perderse** to get lost; **se me/te/le/les perdió/perdieron** I / you (*inf. sing.*) / you (*pol. sing.*), he, she / you (*pol. pl.*), they lost my/your/his/her/their (12)

perdido/a lost (14)

perdón *m.* pardon; **pedirse (i, i) perdón** to ask each other for forgiveness (13)

perezoso/a lazy (1)

perfectamente perfectly (15)

perfecto/a perfect (4)

perfil *m.* profile

perfume *m.* perfume (6)

perfumería perfume store (14)

periódico newspaper; **leer (y) el periódico** to read the newspaper (3)

periodismo journalism

periodista *m., f.* reporter (6)

período period (15)

periquito parakeet

perla pearl (14)

permanecer (zc) to stay, remain

permiso permission; **dar** (*irreg.*) **permiso** to give permission (10)

permitir to permit (12)

pero but (3)

perpetuo/a perpetual

perrito/a little dog

perro dog (4); **perro caliente** hot dog (9)

persa *n. m.* Persian (*language*) (4)

persistir to persist

persona person (1)

personaje *m.* character (*fictional*)

personal: datos personales personal data (4)

personalidad *f.* personality (1)

perturbación *f.* disruption (11)

peruano/a *n., adj.* Peruvian (2)

pesado/a heavy (9)

pesar to weigh; **a pesar de** *prep.* in spite of

pesas: levantar pesas to lift weights (3)

pesca *n.* fishing (15)

pescado fish (*food*) (5)

pescar (qu) to fish (8)

pesimista *n. m., f.* pessimist; *adj.* pessimistic

peso weight

pestaña eyelash (12)

pesticida *m.* pesticide (15)

petición *f.* petition (15)

petróleo oil, petroleum (14)

pez *m.* (*pl.* **peces**) fish (4)

pianista *m., f.* pianist

picado/a chopped (9)

picante spicy (9)

picar (qu) to chop (9)

pícaro/a rascal; **¡qué pícaro/a!** how naughty! (10)

picnic *m.* picnic (4)

pico peak; **horas pico** peak hours (11)

pie *m.* foot (2); **a pie** on (by) foot (7)

piedra stone (12); gemstone (14)

piel *f.* skin (12); leather (14)

pierna leg (2)

pieza piece

pijama *m. sing.* pajamas (5)

pila pile

pileta swimming pool (*Arg.*)

piloto *m., f.* pilot (6)

pimentero pepper shaker (9)

pimienta pepper (*spice*) (9)

pimiento bell pepper (9)

pinchado/a: llanta pinchada flat tire (11)

pino pine tree

pintar to paint (6)

pintor(a) painter (11)

pintoresco/a picturesque (11)

pintura (rupestre) (cave) painting (8)

piña pineapple (*Arg., Uru.*) (9)

piragua canoe

pirámide *f.* pyramid (8)

pirata *m.* hacker (15)

Pirineos *pl.* Pyrenees (11)

pisar to tread on

piscina pool (3)

piso floor (2)

pista trail, track

pizarra (chalk)board; whiteboard (2)

pizarrón *m.* chalkboard

pizca little bit (9); a pinch (*of salt*)

placa license plate (11)

placentero/a pleasant

placer *n. m.* pleasure

plan *m.* plan (4)

planchar to iron

planear to plan (11)

planeta *m.* planet (2)

planetario planetarium

planificación (*f.*) **familiar** family planning (15)

plano street map (11)

planta plant (3); floor; **planta baja** first floor (7), ground floor

plantación *f.* plantation

plantar to plant

plástico *n.* plastic (14)

plástico/a *adj.* plastic

plata silver (14)

plátano banana (9)

platillo dish of food (9)

plato dish (7); **plato del día** today's specialty (9)

playa beach (3)

playera T-shirt (*Mex.*)

plaza plaza (7)

plazos: comprar a plazos to buy in installments (14)

plegable *adj.* folding

plomero, mujer (*f.*) **plomero** plumber (6)

pluma pen

plumaje *m.* plumage

población *f.* population (15); **sobrepoblación** overpopulation (15)

poblado/a populated

pobre poor (5)

pobrecito/a poor thing (5)

pobreza poverty (15)

poco/a little; **poco asado/a** rare (9); **poco cocido/a** rare (9); **un poco** a little (2)

poder *n. m.* power

poder *v. irreg.* to be able (8); **¿en qué puedo servirle?** how may I help you? (14); **poder** (+ *infin.*) to be able to (*do something*) (6); **pude** I was able (8); **pudiste** you (*inf. sing.*) were able (8); **pudo** he/she was, you (*pol. sing.*) were able (8)

poderoso/a powerful

poema *m.* poem

poesía poetry

poeta *m., f.* poet (10)

poético/a poetic

póker *m.* poker (6)

policía, mujer (*f.*) **policía** police officer (6)

policial *adj.* police

polinizador(a) *adj.* pollinating

política *sing.* politics

político/a *n.* politician (1); *adj.* political; **ciencias** (*pl.*) **políticas** political science (7)

pollera skirt

pollo chicken (5); **pollo frito** fried chicken (5)

pololo/a boyfriend/girlfriend

poner *irreg.* to put (5); to put on; to put up; **poner atención** to pay attention (6); **poner la mesa** to set the table (7); **poner (una) película** to show a movie (7); **ponerle una inyección a (alguien)** to give (someone) a shot / an injection (12); **ponerle una multa** to give a traffic ticket to someone (8); **ponerse** to get, become (+ *adj.*) (5); **ponerse la ropa** to put on clothes (5); **ponerse rojo** to turn red, get embarrassed (8); **puse** I put (8); **pusiste** you (*inf. sing.*) put (8); **puso** he/she/you (*pol. sing.*) put (8)

popular popular (3)

popularizado/a popularized

poquito/a small amount (5)

por by; through; because of; for; per (6); **por ciento** percent (9); **por ejemplo** for example (3); **por eso** for that reason, therefore (13); **por el contrario** on the contrary, on the other hand (15); **por excelencia** par excellence; **por favor** please (2); **por la mañana/tarde/noche** in the morning/ afternoon/evening (3); **por lo general** generally (9); **por medio de** by means of (12); **por parte de** on behalf of (15); **¿por qué?** why? (3); **por suerte** luckily (13); **¡por supuesto!** of course! (10); **por teléfono** on the phone (3); **por todas partes** everywhere (13); **por último** lastly (3)

porcentaje *m.* percentage (15)
porción *f.* portion (9)
poroto bean
porque because (3)
portada homepage (15)
portarse to behave (13)
portugués *n. m.* Portuguese (*language*) (4)
porvenir *m.* future (15)
posesión *f.* possesion (4)
posesivo/a possessive
posibilidad *f.* possibility (8)
posible possible (3); **es posible que** (+ *subjunctive*) it's possible that . . . (14)
posiblemente possibly (3)
positivo/a positive (11)
poste *m.* post
póster *m.* poster
postmeridiano postmeridian, p.m.
postre *m.* dessert (5)
potable: agua (*f. but* **el agua**) **potable** drinking water (15)
potasio potassium (9)
práctica practice
practicante *adj.* practicing
practicar (qu) to practice (3); **practicar un deporte** to play a sport (3)
práctico/a practical (1)
precio price (2)
precioso/a precious
precipitación *f.* precipitation (15)
precisamente precisely
preciso/a precise
precolombino pre-Columbian
preconcebido/a preconceived (15); **idea preconcebida** preconception (15)
predecir (*like* **decir**) (*p.p.* **predicho**) to predict
predicción *f.* prediction
predominar to predominate
preelaborado/a: comida preelaborada convenience food (9)
preescolar *adj.* preschool (15)
preferencia preference (4)
preferible preferable
preferido/a preferred (11)
preferir (ie, i) to prefer (4); **prefieres** you (*inf. sing.*) prefer (4); **prefiero** I prefer (4)
pregunta question (1); **hacer** (*irreg.*) **preguntas** to ask questions (3)
preguntar to ask (6)
prehispánico/a pre-hispanic
premio award (13); **Premio Nobel** Nobel Prize (8)
prenda de ropa/de vestir garment, piece of clothing (14); article of clothing (14)
preocupación *f.* worry

preocupado/a worried; **estar** (*irreg.*) **preocupado** to be worried (5)
preocupar to worry (12); **preocuparse** to be worried
preparación *f.* preparation
preparado/a ready (6)
preparar to prepare (3); **prepararse** to prepare yourself (5)
preparativos *pl.* preparations
preposición *f.* preposition
presbiteriano/a *n.* Presbyterian
presencia presence
presentación *f.* introduction (1)
presentar to present (3); **preséntate** introduce yourself (*inf. sing.*) (1); **te presento a...** let me introduce you (*inf. sing.*) to . . . (1)
presente present (13)
presidencial presidential (8)
presidente/a president (5)
presión *f.* pressure (6)
prestado/a loaned (14); **pedir (i, i) prestado/a** to borrow (14)
préstamo loan (13)
prestar to lend (14); **¿me presta(s)... ?** can you (*pol./inf. sing.*) lend me . . . ? (14)
prestigio prestige (15)
prestigioso/a prestigious (6)
presupuesto budget (15)
pretérito preterite
prevenir (*like* **venir**) to prevent (12)
primaria: escuela primaria elementary school (15)
primavera spring (3)
primaveral spring-like
primer, primero/a first (3)
primo/a *n.* cousin (4); **materia prima** raw material (14)
princesa princess
principal principal (6)
principio beginning; **al principio** at the beginning (13)
prioridad *f.* priority (15)
prisa: tener (*irreg.*) **prisa** to be in a hurry (5)
prisionero/a prisoner
privado/a private (6)
privar to deprive
privatización *f.* privatization (15)
privilegio privilege
probabilidad *f.* probability (12)
probable likely (14), probable; **es probable que** (+ *subjunctive*) it's likely that . . . (14)
probablemente probably (1)
probador *m.* fitting room (14)
probar (ue) to taste (9); to try on (14); **pruébatelo/la/los/las** (*command*) try (*inf. sing.*) it/them on (14); **pruébeselo/la/los/las** (*command*) try (*pol. sing.*) it/them on (14)

problema *m.* problem (6)
problemático/a problematic
procesión *f.* procession
producción *f.* production (15)
producido/a produced (11)
producir (zc) to produce (14)
producto product (9)
profe *m.* prof (*short for* **profesor**)
profesión *f.* profession (6)
profesional professional (8)
profesor(a) professor (1)
profundidad *f.* depth
profundo/a deep
programa *m.* program (3)
programación *f.* programming (3)
progresión *f.* progression
progreso progress
prohibido/a prohibited
prohibir (prohíbo) to prohibit
prolífico/a prolific
promedio average
prometido/a fiancé(e) (13)
prometer to promise
promover (ue) to promote
promulgado/a enacted
pronombre *m.* pronoun (14)
pronosticar (qu) to forecast (11)
pronóstico forecast (11)
pronto soon (5); **tan pronto como** as soon as (15)
pronunciación *f.* pronunciation
propaganda propaganda (15)
propina tip (6)
propio/a own (7)
proponer (*like* **poner**) (*p.p.* **propuesto**) to propose
prosperidad *f.* prosperity
protección *f.* protection (15)
proteger (j) to protect (11)
protegido/a protected (15)
proteína protein (9)
protestar to protest
provecho: ¡buen provecho! bon appetit! (9)
proveer (y) (*p.p.* **proveído, provisto**) to provide (15)
provenir (*like* **venir**) to come from (*something*)
provincia province
provisión *f.* provision
provocar (qu) to provoke (13)
proximidad *f.* proximity
próximo/a next (4); **la semana próxima** next week (4)
proyecto project (7)
proyector *m.* projector (2)
prudencia caution, prudence
prueba test, quiz (15)

psicología psychology (6)

psicólogo/a psychologist (12)

psiquiatra *m., f.* psychiatrist (12)

público/a *adj.* public

publicar (qu) to publish (12)

publicación *f.* publication

públicamente publically (13)

publicidad *f.* publicity

publicitario/a *adj.* advertising

público *n., adj.* public (4)

pudín *m.* pudding; **pudín de pan** bread pudding (9)

pueblo town (7)

puente *m.* bridge (11)

puerco pig

puerta door (2); **tocar (qu) a la puerta** to knock on the door (12)

puerto port

puertorriqueño/a *n., adj.* Puerto Rican (2)

pues well (3)

puesto market stall, small shop

puesto/a (*p.p. of* **poner**) placed; turned

pulgar *f.* thumb

pulga flea (6)

pulmón *m.* lung (12)

pulsera bracelet (14)

pulso pulse (12)

punta point, tip; **hora punta** rush hour

punto point (12); **al punto** medium rare (9); **en punto** sharp (*time*) (3); **es a las once en punto** it's at eleven o'clock sharp (3); **punto de vista** point of view (8)

puntualmente punctually (11)

pupitre *m.* (student) desk (2)

pupusa *bean-stuffed cornmeal cakes from El Salvador*

puré (*m.*) **de papas** mashed potatoes (5)

puro/a pure (15)

Q

que that, which; than; **lo que** that which, what

¿qué? what?; **¿de qué está(n) hecho/a(s)…?** what is/are . . . made of? (14); **¿en qué puedo servirle?** how may I help you? (14); **¿por qué?** why? (3); **¿qué hora es?** what time is it? (3); **¿qué le pasa?** what is wrong with you/him/her? (8); **¿qué onda?** what's new?, what's up?; **¿qué pasa?** what's wrong? (8); **¿qué pasó?** what happened? (8); **¿qué talla lleva/usa?** what size do you (*sing. pol.*) take/wear? (14); **¿qué te/le gusta hacer?** what do you (*inf. sing./pol. sing.*) like to do? (3); **¿qué tiempo hace?** what is the weather like? (3)

¡qué! what!; **¡qué** (+ *adj.*)**!** how . . . ! (8); **¡qué + noun + más/tan + adj.!** what a + *adj.* + noun! (11); **¡qué aburrido!** how boring (4); **¡qué buena idea!** what a good idea!

(4); **¡qué divertido!** what fun! (4); **¡qué envidia!** what luck! (8); **¡qué ganga!** what a bargain! (14); **¡qué lástima que** (+ *subjunctive*)… it's too bad that… (15); **¡qué mentiroso/a!** what a liar! (10); **¡qué ocurrencia!** what a silly idea! (5); **¡qué pícaro/a!** how naughty! (10); **¡qué susto!** how scary! (8); **¡qué tiempos aquellos!** those were the days! (10); **¡qué triste que** (+ *subjunctive*)… it's sad that… (15)

quechua Quechua/Quichua (*language*)

quedar(se) to remain; **quedar embarazada** to become pregnant (15); **quedar satisfecho** to be full (9); **quedarse** to stay (5); **se me/te/le/les quedó/quedaron** I / you (*inf. sing.*) / you (*pol. sing.*), he, she / you (*pol. pl.*), they left something (*sing. or pl.*) behind (12)

quehacer (*m.*) **doméstico** household chore (7)

quejarse to complain (8)

quemadura burn

quemar to burn (12)

querer *irreg.* to want (4); to love (5); **quererse** to love each other (13); **quería** (+ *infin.*) wanted to (*do something*) (10); **quieres** you (*inf. sing.*) want (4); **quiero** I want (4); **quise** I wanted (8); **quisiera** (+ *infin.*) I would like to (*do something*) (15); **quisiste** you (*inf. sing.*) wanted (8); **quiso** he/she/you (*pol. sing.*) wanted (8)

querido/a dear (5); **ser** (*m.*) **querido** loved one (15)

queso cheese (5)

quetzal *m.* quetzal (*national currency of Guat.*) (14); quetzal, *colorful bird native to southern Mex. and C. A.* (15)

quichua Quechua/Quichua (*language*)

quién: ¿de quién(es)? whose? (4)

química chemistry (6)

químico/a chemical (9)

quince fifteen (1)

quinceañero/a fifteen-year old

quinientos/as five hundred (4)

quinto/a fifth (4)

quitar to take away (8); **quitarse (la ropa)** to take off (clothes) (5)

quizá(s) perhaps

R

rábano radish (9)

rabia: dar (*irreg.*) **rabia** to make angry (15)

rácquetbol *m.* racketball

radiación *f.* radiation (15)

radio *f.* radio (*medium*) (10); **emisora de radio** radio station

radiografía *n.* X-ray

raíz (*pl.* **raíces**) root

rallar to grate (9)

Ramadán *m.* Ramadan (5)

rana frog

ranchero/o: huevos rancheros *fried/ poached egg served on a tortilla with a spicy tomato sauce*

rapero/a rapper (*music*)

rápidamente quickly, rapidly (5)

rápido/a fast (3)

raqueta racket (3)

ráquetbol *m.* racketball (7)

raro/a strange (2); **raras veces** rarely (5)

rasgo characteristic

rastro trail, track

rasuradora electric razor

rata stingy (*coll.*)

ratito little while, short time

ratón *m.* mouse (6)

ravioles *m. pl.* ravioli

rayas: de rayas striped (14)

rayuela hopscotch; **jugar (ue) (gu) a la rayuela** to play hopscotch (10)

razón *f.* reason (12); **¡con razón!** no wonder! (13); **tener** (*irreg.*) **razón** to be right (12)

razonable reasonable

reacción *f.* reaction (5)

reaccionar to react (4)

reaccionario/a reactionary

reactor (*m.*) **(nuclear)** (nuclear) reactor (15)

realidad *f.* reality

realismo realism

realista *adj.* realistic

realizar (c) to achieve; to carry out (13)

realmente really, in fact (8)

rebajado/a reduced (14)

rebajar to lower a price

rebanada slice (9)

rebozo shawl

recámara bedroom (*Mex.*)

recepción *f.* lobby; front desk

recepcionista *m., f.* receptionist

receta recipe (9); prescription (12); **surtir una receta** to fill a prescription (12)

recetar to prescribe (12)

rechazar (c) to reject

rechazo rejection

recibir to receive (5)

recibo receipt

reciclaje *m.* recycling (15)

reciclar to recycle (15)

recién recent; **recién casados** *pl.* newlyweds (13); **recién nacido/a** newborn baby boy/ girl (13)

reciente recently (4)

recientemente recently (13)

recipiente *m.* container (9)

reclamacion *f.* complaint; **hacer** (*irreg.*) **una reclamación** to file a claim (11)

recoger (j) to pick up

recolección *f.* recollection

recomendable recommendable (15)
recomendación *f.* recommendation (11)
recomendar (ie) to recommend (9)
reconocido/a recognized
recordar (ue) to remember (5)
recorrer to tour, travel across
recreativo/a recreational (15)
recreo recess (10); **patio de recreo** playground (10)
rectangular rectangular (14)
rectángulo rectangle (11)
recto/a straight
recuerdo memory (8)
recuperar to recover
recurrir to turn to
recurso resource
red *f.* the web (15); **red social** social network (15)
redondo/a round
reducción *f.* reduction (15)
reducir (zc) to reduce (15)
reembolso refund
reemplazado/a replaced
referirse to refer to
reflejar to reflect (15)
reflexivo/a reflexive
reforestar to reforest
reforma reform
refrán *m.* saying
refresco soft drink (4)
refri *m.* fridge
refrigerador *m.* refrigerator (7)
refrigeradora refrigerator
regadera shower
regalar to give as a gift
regalo present, gift (4)
regañar to scold (13)
regar (ie) (gu) to water (7)
regatear to bargain (14)
regateo bargaining (14)
régimen *m.* (*pl.* **regímenes**) regime; diet
región *f.* region
regla rule
regresar to return; to come back (3)
regreso return (7)
regularmente regularly (12)
rehabilitación *f.* rehabilitation
reina queen
reino kingdom
reír (i, i) (río) to laugh
relación *f.* relation (10)
relacionado/a related (3)
relajación *f.* relaxation
relajarse to relax (4)
relámpago lightning (11)
religión *f.* religion

religioso/a religious (5)
rellenar to stuff
relleno/a stuffed; **chile** (*m.*) **relleno** stuffed pepper
reloj *m.* clock (2)
remal very bad
remediar to remedy
remedio remedy (12)
remera T-shirt (*Arg.*)
remesa remittance
remis *m.* taxi (*Arg.*)
remos: bote (*m.*) **de remos** rowboat (11)
remoto/a remote
remunerado/a paid
rencor *m.* resentment
renovable renewable (15); **energía renovable** renewable energy (15)
reparación *f.* repair
reparar to repair (4)
repasar to review
repeler to repel
repente: de repente suddenly (8)
repertorio repertoire
repetir (i, i) to repeat (6)
replicar (qu) to replicate (15)
reposar to let sit (9)
representación *f.* representation
representar to represent (3)
representativo/a representative
reproductor: sistema (*m.*) **reproductor** reproductive system (12)
reptil *m.* reptile (15)
república republic (2); **República de Sudáfrica** South Africa (4)
republicano/a *adj.* Republican (1)
reputación *f.* reputation (6)
requerido/a required (15)
requerir (ie, i) to require (15)
requisito requirement (6)
res: carne (*f.*) **de res** beef (9)
resbalarse to slip (12)
resentido/a resentful
reserva reservation (9); preserve (15); **reserva natural** nature preserve (15)
reservación *f.* reservation (9)
resfriado *n.* cold (12)
residencia estudiantil dormitory (6)
residencial residential
residente resident
residir to reside (15)
resistencia resistance
resistente resistant (14)
resistir to resist
resolver (ue) (*p.p.* **resuelto**) to resolve (6)
respaldo: copia de respaldo backup copy (15)
respetar to respect (15)

respeto respect (4)
respirar to breathe (12)
resplandor *m.* brightness, flash of light (11)
responder to answer; to respond (5)
responsabilidad *f.* responsibility (6)
responsable responsible (8)
respuesta answer (1)
restaurante *m.* restaurant (3)
resto rest; *pl.* remains
restricción *f.* restriction (15)
resucitar to resuscitate (12)
resultado result (12)
resumen *m.* summary
resurrección *f.* resurrection
retener (*like* **tener**) to retain
retrato portrait (13)
retrovisor: espejo retrovisor rearview mirror (11)
reunión *f.* reunion (5)
reunirse (me reúno) to get together (7)
reusable reusable (15)
revelar to reveal
revisar to review (11)
revista magazine (4)
revolución *f.* revolution (8)
revolucionario/a revolutionary (8)
revuelto: huevos revueltos scrambled eggs (5)
rey *m.* king; **Día** (*m.*) **de los Reyes Magos** Day of the Magi, Epiphany (5); **Reyes Magos** Wise Men, Magi (5)
riachuelo stream
rico/a rich (2); tasty (5)
rígido/a rigid
rima rhyme
rincón *m.* corner (*of a room*)
riñón *m.* kidney (12)
río river (4)
riqueza wealth
riquísimo/a delicious (9)
risa laughter
risueño/a smiling
rítmico/a rhythmic
ritmo rhythm
ritual *m.* ritual (13)
rizado/a curly (1)
robar to steal (8)
robo robbery (10)
robusto/a robust
roca rock (11)
rocío dew (11)
rock *n., adj.* rock (3)
rodaja slice
rodar (ue) to roll
rodeado/a surrounded (11)
rodear to surround (11)

rodilla knee (12)

rojo/a red (1); **ponerse** (*irreg.*) **rojo** to turn red, get embarrassed (8)

románico/a romance (11)

romano/a *adj.* Roman (8)

romántico/a romantic

romería procession

romero rosemary

romper(se) (*p.p.* **roto**) to break; **se me/te/ le/les rompió/rompieron** (*something* [*sing./pl.*]) broke on me / you (*inf. sing.*) / you (*pol. sing.*), him, her / you (*pol. pl.*), them (12)

roncar (qu) to snore (12)

roncha bump; swelling (12)

ropa clothing (1); **cambiarse de ropa** to change clothes (8); **ponerse** (*irreg.*) **la ropa** to put on clothes (5); **prenda de ropa** garment, piece of clothing (14); **ropa interior** underwear (14)

rosado/a pink (1)

roto/a (*p.p. of* **romper**) broken (12)

rotulador *m.* felt-tip pen (2)

rubio/a blond (1)

rueda wheel (11); **mercado sobre ruedas** farmer's market (14)

ruido noise (8)

ruidoso/a noisy (6)

ruina ruin (8)

Rusia Russia (4)

ruso *n. m.* Russian (*language*) (4)

ruso/a *adj.* Russian (4)

ruta route

rutina diaria daily routine (5)

S

sábado Saturday (2); *pl.* (on) Saturdays

sábana sheet

saber *irreg.* to know (7); **saber** (+ *infin.*) to know how to (*do something*) (6); **supe** I found out (8); **supiste** you (*inf. sing.*) found out (8); **supo** he/she/you (*pol. sing.*) found out (8)

sabiduría wisdom

sábila aloe

sabio/a wise (13)

sabor *m.* flavor (10)

saborear savor

sabroso/a tasty (9)

sacar (qu) to take out; **sacar fotos** to take photos (7); **sacar la basura** to take out the trash (7); **sacar una nota** to get a grade (8)

sacerdote *m.* priest

saco coat (1)

saeta *devotional song*

sagrado/a holy

sal *f.* salt (9); **agua** (*f. but* **el agua**) **con sal** salt water

sala living room (7); **sala de emergencias** emergency room (12); **sala de espera** waiting room (11)

salado/a salty (9)

salchicha sausage (9)

salero salt shaker (9)

salir *irreg.* to go out (3); **salir a bailar** to go out dancing (3); **salir al mercado** to come out on the market (14); **salir de vacaciones** to take a vacation (11); **salga(n)** (*command*) leave (*pol. sing./pl.*) (11)

salmón *m.* salmon (9)

salón (*m.*) **(de clase)** classroom (2)

salsa sauce (9)

saltar to jump (6); **saltar la cuerda** to jump rope (10)

salud health (12); **¡salud!** cheers!; to your health! (9); bless you! (*said after a sneeze*) (12)

saludable healthy (5)

saludablemente *adv.* healthily (12)

saludar to greet (3)

saludo greeting (1)

salvadoreño/a *n., adj.* Salvadoran (2)

salvar to save (*someone/something from . . .*) (15)

salvavidas *sing. m., f.* lifeguard

san, santo saint; **Día** (*m.*) **de San Valentín** Valentine's Day (5); **Día** (*m.*) **de Todos los Santos** All Saints' Day **día** (*m.*) **del santo** saint's day

sandalias sandals (1)

sandía watermelon (9)

sándwich *m.* sandwich (3)

sanfermines *pl.* Festival of San Fermín (*where the famous running of the bulls takes place in Pamplona, Sp.*)

sangre *f.* blood (12)

sangría sangria

sanguíneo/a *adj.* blood

sano/a healthy

santo/a: Santa Clós Santa Claus (13); **Semana Santa** Holy Week (5)

sarampión *m. sing.* measles (12)

sartén *m., f.* skillet (14)

satisfacción *f.* satisfaction (15)

satisfecho/a satisfied; **quedar satisfecho** to be full (9)

saudí, saudita Saudi (Arabian)

saya smock

secador *m.* dryer (5); **secador de pelo** hair dryer (7)

secadora clothes dryer (7)

secarse (qu) to dry (5)

sección *f.* section (6)

seco/a dry (5)

secretario/a secretary (6)

secreto secret

secuencia sequence (8)

secundario/a secondary (6); **escuela secundaria** high school (8)

sed *f.* thirst; **tener** (*irreg.*) **sed** to be thirsty (5)

seda silk (14)

sede *f.* seat

segmento segment (6)

seguir (i, i) (g) to continue (9); **siga(n)** (*command*) keep going (*pol. sing./pl.*) (11)

según according to (3)

segundo/a second (4); **de segunda mano** secondhand (14); **humo de segunda mano** secondhand smoke (12); **tienda de segunda** secondhand store (14)

seguramente probably

seguridad *f.* security; **cinturón** (*m.*) **de seguridad** seatbelt (11)

seguro *n.* insurance; **agente** (*m., f.*) **de seguros** insurance agent (6); **seguro médico** medical insurance (12)

seguro/a *adj.* safe (11, 15)

¿seguro/a? are you sure? (6)

seis six (1)

seiscientos/as six hundred (4)

selección *f.* selection (9)

seleccionar to select (15)

selva jungle (8)

selvático/a *adj.* forest

semáforo traffic light (11)

semana week (2); **fin** (*m.*) **de semana** weekend (2); **la semana pasada** last week (7); **la semana próxima** next week (4); **Semana Santa** Holy Week (5)

sembrar (ie) to plant (15)

semejante similar (1)

semestre *m.* semester (6)

semilla seed (9); **semilla de marañón** cashew nut (9)

sencillo/a simple

senderismo backpacking, hiking (3)

sensacional sensational (11)

sentado/a seated (13)

sentarse (ie) to sit (down) (8)

sentencia ruling, judgment (6)

sentir(se) (ie, i) to feel (8); **lo siento** I'm sorry (1); **(me) sentí** I felt (8); **(te) sentiste** you (*inf. sing.*) felt (8); **(se) sintió** he/she/you (*pol. sing.*) felt (8)

señal *f.* sign

señalar to signal

señor man; Mr. (1)

señorita young lady; Miss (1)

señora woman; Mrs. (1)

separar to separate (13)

séptico/a septic

septiembre *m.* September (2)

séptimo/a seventh (4)

sequía drought (15)

ser *m.* being; **ser humano** human being (15); **ser querido** loved one (15)

ser *irreg.* to be (1); **¿a qué hora (es)… ?** at what time (is it) … ? (3); **¿de dónde es… ?** where is … from? (2); **¿de dónde es usted / eres (tú)?** where are you (*pol./inf.*) from? (2); **eres** you (*inf. sing.*) are (1); **es…** he/she is… (1); **es a las once (en punto)** it's at eleven o'clock (sharp) (3); **es de…** he/she/you (*pol. sing.*) is from … (2); **es dudoso que** (+ *subjunctive*) it's doubtful that… (14); **es (im)posible que** (+ *subjunctive*) it's (im)possible that … (14); **es (im)probable que** (+ *subjunctive*) it's (un)likely that … (14); **es indudable que** (+ *indicative*) there's no doubt that … (14); **es la una y media** it's one thirty (3); **es necesario…** (+ *infin.*) it's necessary to (*do something*) (6); **es una lástima que** (+ *subjunctive*) it's too bad that… (14); **es verdad que** (+ *indicative*) it's true that … (14); **no soy… ni…** I am not/neither … nor … (1); **son diez para las siete** it's ten to seven (3); **son las nueve menos cuarto** it's eight forty-five / (a) quarter to eight (3)

seriamente seriously (13)

serie *f. sing.* series (3)

serio/a serious (1)

serpiente *f.* snake

serrano: jamón (*m.*) **serrano** cured ham

servicio service (7)

servidor (*m.*) **de correo** e-mail server (15)

servilleta napkin (9)

servir (i, i) to serve (6); to be used for (9); **¿en qué puedo servirle?** how may I help you? (14)

sesenta sixty (2)

sesión *f.* session

setecientos/as seven hundred (4)

setenta seventy (2)

severo/a severe (12)

sevillano/a *adj.* Sevillian; **sevillana** *n. typical Sevillian dance*

sexo sex

sexto/a sixth (4)

sexual sexual (15); **discriminación** (*f.*) **sexual** sexual discrimination

si if (2)

sí yes (1); **¡yo sí!** I do! (5)

SIDA *m. sing.* AIDS (15)

siempre always (3)

sierra mountain range (15)

siesta nap; **tomar una siesta** to take a nap (3)

siete seven (1)

siglo century (4)

significativo/a significant

significar (qu) to mean (13)

siguiente following (1); **al día** (*m.*) **siguiente** the next day, the following day (5)

silbar to whistle (12)

silla chair (2)

sillón *m.* easy chair (7)

simbólico/a symbolic

símbolo symbol

similar similar (6)

simpático/a nice (1)

simple simple (2)

simplemente simply (11)

sin without (1); **sin embargo** however; **sin que** without (15)

sinagoga synagogue (8)

sincero/a sincere (1)

sino but (rather), instead

sintético/a synthetic (14)

síntoma *m.* symptom (12)

Siria Syria

sirio/a Syrian

sistema *m.* system (7); **sistema reproductor** reproductive system (12)

sitio Web web site (3)

situación *f.* situation (4)

snowboard: hacer (*irreg.*) **snowboard** to snowboard (3)

sobre about (1)

sobrenombre nickname (13)

sobrepoblación *f.* overpopulation (15)

sobresalir (*like* **salir**) to project

sobreviviente *m., f.* survivor

sobrevivir to survive

sobrino/a nephew/niece (4)

socavón *m.* (*pl.* **socavones**) hole

social social (13); **bienestar** (*m.*) **social** social welfare (15); **ciencias sociales** social sciences (6); **red** (*f.*) **social** social network (15); **trabajador(a) social** social worker (6)

socialista *adj.* socialist

sociedad *f.* society (10)

socio/a member (10)

sociología sociology (6)

socorrista *m., f.* paramedic, emergency responder (12)

¡socorro! help! (12)

sofá *m.* sofa (7)

sofá-cama *m.* sofa bed

sol *m.* sun; *national currency of Peru;* **hace sol** it's sunny (3); **tomar el sol** to sunbathe (3)

solamente only (4)

solar solar (15); **panel** (*m.*) **solar** solar panel (15)

soldadera *woman soldier of the Mexican Revolution*

soldado, mujer (*f.*) **soldado** soldier

soleado/a sunny (11)

soledad *f.* solitude

soler (ue) (+ *infin.*) to be accustomed to (*doing something*)

sólido/a solid

solo *adv.* only (7)

solo/a alone (5)

solsticio solstice

soltar (ue) to release

soltero/a single, unmarried (4)

solución *f.* solution (13)

sombra shadow

sombrero hat (1)

sonar (ue) to ring (9)

sonido sound

sonoro/a sonorous

sonreír (i, i) (sonrío) to smile

soñar (ue) (con) to dream (about) (10); **soñar despierto/a** to daydream (5)

sopa soup (5)

sorprender to surprise; **sorprenderse** to be surprised (9)

sorprendente surprising (11)

sorpresa surprise

sorteo raffle, drawing (14)

sos *sub. pron.* you (*inf. sing.*) (*Arg., C.R., Guat., Uru.*)

sospechoso/a *n.* suspect (10)

sostén *m.* bra (14)

sostener (*like* **tener**) to support, sustain (12)

sostenible sustainable

sótano basement (7)

soviético/a Soviet

su(s) *poss.* his/her (*sing.*), their (*pl.*) (1)

subibaja *m.* seesaw; **montar en el subibaja** to ride the seesaw (10)

subir to go up, to upload (6); **suba(n)** (*command*) get on, get up (*pol. sing./pl.*) (11); **subir fotos** to upload pictures (4); **subirse a los árboles** to climb trees (10)

subjuntivo *gram.* subjunctive

subrayado/a underlined

subte *m.* subway

subterráneo/a underground (11)

suceder to happen

suceso event, happening

sucio/a dirty (7)

sudadera sweatshirt (1)

sudado *n.* stew

Sudáfrica South Africa; **República de Sudáfrica** South Africa

sudafricano/a *n., adj.* South African

Sudamérica South America

sudamericano/a *adj.* South American

sudeste *m.* southeast; *adj.* southeastern

suegro/a father-in-law/mother-in-law (10)

sueldo salary (6)

suelo ground (12)

suelto/a loose

sueño dream (13); sleepiness; **tener** (*irreg.*) **sueño** to be sleepy (5)

suerte *f.* luck; **¡(buena) suerte!** (good) luck! (9); **por suerte** luckily (13)

suéter *m.* sweater (1)

suficiente sufficient (12)

sufrir to suffer (13)

sugerencia suggestion (11)

sugerir (ie, i) to suggest (12)

sulfúrico/a sulfuric

súper super (14)

superar to exceed

superficie *f.* surface (11)

superior superior (6)

supermercado supermarket (9)

superpoblación *f.* overpopulation

supervisor(a) supervisor

suponer (*like* **poner**) (*p.p.* **supuesto**) to suppose

supremo/a supreme

supuesto/a (*p.p. of* **suponer**) supposed; **¡por supuesto!** of course! (10)

sur *m.* south (2); *adj.* southern

sureste *m.* southeast; *adj.* southeastern

surfear to surf (3)

surfeo: tabla de surfeo surfboard (14)

surfista *m., f.* surfer

surtir (una receta) to fill (a prescription) (12)

suspender to suspend

sustancia substance (12)

sustantivo noun (3)

susto fright; **¡qué susto!** how scary! (8)

suyo/a *poss.* your, of yours (*pol. sing., pl.*); his, of his; her, of hers; their, of theirs

T

tabaco tobacco

tabla table; graph (4); **tabla de snowboard** snowboard (7); **tabla de surfeo** surfboard (14)

tablero bulletin board

tacaño/a cheap (1)

taco taco (5)

tacón: zapato de tacón alto high-heeled shoe (14)

taconeo heel stamping

tailandés, tailandesa *adj.* Thai

taita *m.* dad

tal such; such a; **con tal de que** as long as (15); **tal vez** perhaps (4)

tala cutting

talento talent (6)

talentoso/a talented

talla size; **¿qué talla lleva/usa?** what size do you (*pol. sing.*) take/wear? (14)

tallado/a carved

taller *m.* **(de reparaciones)** (repair) shop (6)

tamal *m.* tamale (*dish of minced meat and red peppers rolled in cornmeal wrapped in corn husks or banana leaves*) (*Mex.*)

tamaño size (7)

también also (3)

tambor *m.* drum

tamborrada drum procession

tampoco neither, not either (5)

tan so; **tan… como…** as . . . as (7); **tan pronto como** as soon as (15)

tango tango (8)

tanque *m.* tank

tanto *adv.* so much; as much

tanto/a *adj.* so much; **tanto/a / tantos/as… como** as much / as many . . . as (7)

tapado/a covered; **tener** (*irreg.*) **la nariz tapada** to have a stuffy nose (12)

tapa hors d'oeuvre (*Sp.*)

taquería taco stand (3)

taquillero/a box-office

tarde late (3); **buenas tardes** good afternoon (1); **de la tarde** in the afternoon (3); **hacerse** (*irreg.*) **tarde** to be late (12); **más tarde** later (1); **por la tarde** in the afternoon (3); **ya es tarde** it's already late (3)

tarea homework (3)

tarjeta card (5); **tarjeta de crédito** credit card (9); **tarjeta de débito** debit card (11)

tarro jar (9)

tasa de desempleo/natalidad unemployment/birth rate (15)

tatuaje *m.* tatoo (13)

taza cup (7)

tazón *m.* mixing bowl (9)

té *m.* tea (5); **té caliente** hot tea (9); **té de menta/yerbabuena** peppermint/spearmint tea (12);

té helado iced tea (9)

teatral *adj.* theater

teatro theater (3); **obra de teatro** play (10)

techo ceiling; roof (2)

teclado keyboard (6)

técnica *n.* technique

tecnología technology (13)

tejer to weave

tela cloth, fabric (14)

telar *m.* loom

tele *f.* television

teleférico cable car

telefónico/a *adj.* telephone (7); **llamada telefónica** telephone call (13)

teléfono telephone (2); **por teléfono** on the phone (3)

telenovela soap opera

televisión *f.* television

televisor *m.* television (set) (7)

tema *m.* topic; theme (7)

temperamental temperamental (1)

temperatura temperature (3)

tempestad *f.* storm (11)

templado/a mild, temperate (15)

templo temple

temporada sports season (3)

temprano early (5)

tendedero clothesline

tender (ie) la cama to make the bed (7)

tenedor *m.* fork (9)

tener *irreg.* to have (2); **tener buenas/malas notas** to have good/bad grades (6); **tener calentura** to have a fever (12); **tener calor** to be hot (5); **tener catarro** to have a cold (12); **tener comezón** to have a rash, itch (12); **tener cuidado** to be careful (12); **tener diarrea** to have diarrhea; **tener dolor** (*m.*) **de cabeza/estómago/garganta/muelas** to have a headache / stomachache / sore throat / toothache (12); **tener éxito** to be successful (12); **tener fiebre** to have a fever (12); **tener frío** to be cold (5); **tener ganas de** (+ *infinitive*) to feel like (*doing something*) (4); **tener hambre** to be hungry (5); **tener la culpa** to be at fault (11); **tener la nariz congestionada/tapada** to have a stuffy nose (12); **tener lugar** to take place (13); **tener miedo** to be afraid (5); **tener nauseas** to be nauseous (12); **tener prisa** to be in a hurry (5); **tener que** (+ *infin.*) to have to (*do something*) (6); **tener razón** to be right (12); **tener sed** to be thirsty (5); **tener sueño** to be sleepy (5); **tener tos** to have a cough (12); **tener vómitos** to be vomiting (12); **tuve** I had (8); **tuviste** you (*inf. sing.*) had (8); **tuvo** you (*pol. sing.*) had (8)

tenis *m.* tennis (3); **jugar (ue) (gu) al tenis** to play tennis (3)

tenista *m., f.* tennis player (10)

tentempié *m.* snack

teoría theory

terapeuta *m., f.* therapist (6)

tercer, tercero/a third (4)

terma natural hot spring

termal thermal

terminal terminal (15)

terminar to finish (3)

término term

ternera veal (9)

ternura tenderness

terraza terrace (7)

terremoto earthquake

terreno plot of land (11)

terrestre earthly

territorio territory (11)

terrorismo terrorism (15)

tesoro treasure

testigo *m., f.* witness (12)

tetera teapot (7)

textear to text (3)

textil *adj., m.* textile

texto text (2); **mensaje** (*m.*) **de texto** text message (13)

ti *obj. of prep.* you (*inf. sing.*)

tianguis *m.* street market

tibio/a (luke)warm (5)

tiempo time; weather (3); **a tiempo** on time (10); **¿cuánto (tiempo) hace que... ?** how long has it been since . . . ? (8); **hace buen/ mal tiempo** the weather is nice/bad (3); **hace (mucho) tiempo que...** it's been a long time since . . . (8); **tiempo libre** free time (3); **pasar tiempo** to spend time (3); **¿qué tiempo hace?** what is the weather like? (3); **¡qué tiempos aquellos!** those were the days! (10)

tienda store (3); **tienda de segunda** secondhand store (14)

tierno/a tender

tierra earth (11)

tijeras *pl.* scissors (14)

tímido/a timid (1)

tinto/a: vino tinto red wine (5)

tío/a uncle/aunt (4)

típico/a typical (3)

tipo type (3)

tirar to throw (10)

tiras (*pl.*) **cómicas** comic strips (10)

tiro: al tiro immediately

titularse to be called

título universitario university degree (15)

tiza chalk (2)

tizate chalk

toalla towel (5)

tobillo ankle (12)

tocador *m.* dresser (7)

tocar (qu) to touch (13); **tocar a la puerta** to knock on the door (12); **tocar la guitarra** to play the guitar (3)

tocino bacon (5)

todo all (1); **a todo volumen** at full volume (6); **Día** (*m.*) **de Todos los Santos** All Saints' Day; **en todas partes** everywhere (8); **por todas partes** everywhere (13); **todo el día** all day; **todos/as** all (5); **todos los días** everyday (3)

todavía *adv.* still (6)

togoroz *m.* (*pl.* **togoroces**) national bird of El Salvador

toldo canopy

tolteca *adj.* Toltec

tomar to take; to drink (3); **tomar apuntes** to take notes (3); **tomar el sol** to sunbathe (3); **tomar fotos** to take pictures (6); **tomar una siesta** to take a nap (3); **tome(n)** (*command*) take (*pol. sing./pl.*) (11)

tomate *m.* tomato (5)

tonelada ton

tonto/a silly, dumb (1)

torcerse (ue) (z) to twist, to sprain (12)

tormenta storm (11)

tornado tornado (11)

toro bull

toronja grapefruit (9)

torre *f.* tower (8)

torta sandwich (*Mex.*)

tortilla tortilla (*thin bread made of cornmeal or flour*) (9); *omelet made of eggs, potatoes, and onions* (*Sp.*)

tortillería tortilla store (14)

tortuga turtle (4)

tos *f.* cough; **jarabe** (*m.*) **para la tos** cough syrup (12); **tener** (*irreg.*) **tos** to have a cough (12)

toser to cough (12)

tostada *crispy tortilla with toppings* (*Mex.*)

tostado/a: pan (*m.*) **tostado** toast (5); **pan** (*m.*) **tostado a la francesa** French toast (9)

tostadora toaster (7)

total total (4)

totalmente totally (11)

totopo tortilla chip (9)

totora bulrush, cattail

tóxico/a toxic (14)

toxina toxin (12)

trabajador(a) hard-working (1); **trabajador(a) social** social worker (6)

trabajar to work (3)

trabajo work (5); **compañero/a de trabajo** coworker (13); **lugar** (*m.*) **de trabajo** workplace (6)

tradición *f.* tradition

tradicional traditional (4)

tradicionalmente traditionally

traducir (*like* **conducir**) to translate (8); **traduje** I translated (8); **tradujiste** you (*inf. sing.*) translated (8); **tradujo** he/she/you (*pol. sing.*) translated (8)

traer *irreg.* to bring (5); **traje** I brought (8); **trajiste** you (*inf. sing.*) brought (8); **trajo** he/she/you (*pol. sing.*) brought (8)

tráfico traffic (11)

tragar (gu) to swallow (12)

trágico/a tragic

traje *m.* suit (1)

tranquilamente calmly

tranquilidad *f.* peace

tranquilizante tranquilizing

tranquilo/a quiet (7)

transbordador *m.* ferry (11)

transbordo transfer, change (11)

transformar to transform

transición *f.* transition

transitado/a busy

tránsito traffic (11)

translúcido/a translucent (14)

transmisión *f.* transmission (3)

transportar to transport (11)

transporte: medios (*pl.*) **de transporte** means of transportation (7); **transporte** (*m.*) **aéreo** air travel (11)

tranvía *m.* cable car, streetcar (11)

trapiche *m.* sugar mill

tras *prep.* after

traste *m.* utensil

trastorno mental mental disorder (12)

tratamiento treatment (12)

tratar to try; to treat (12); **tratarse de** to be about (15)

traumático/a traumatic

través: a través de across

travieso/a naughty, mischievous (10)

trece thirteen (1)

treinta thirty (1)

tren *m.* train (11)

tres three (1)

trescientos/as three hundred (4)

tribunal *m.* court (6)

triciclo tricycle

trilogía trilogy

trimestre *m.* trimester (6)

trinidad *f.* trinity

triste sad; **estar** (*irreg.*) **triste** to be sad (5); **¡qué triste que** (+ *subjunctive*)... it's sad that . . . (15)

tristemente sadly

triunfalmente triumphantly

triunfar to triumph (8)

trocito small piece

tropezar (ie) (c) to trip (12)

tropical tropical (11)

trozo piece, slice (9)

trueno thunder (11)

tu *poss.* your (*inf. sing.*) (1)

tú *sub. pron.* you (*inf. sing.*) (1)

tubería plumbing (6)

tuitear to tweet

tumba grave; tomb (5)

tumbadora conga (*percussive instrument*)

turismo tourism (15)

turista *m., f.* tourist (4)

turístico/a *adj.* tourist (11)

turno: cambiar de turno take turns; trade shifts (14)

tutear to address as **tú** (4)

tuyo/a *poss.* yours (*inf. sing.*) (13)

U

u or (*used instead of* **o** *before words beginning with* **o** *or* **ho**)

ubicado/a located (7)

ubicarse (qu) to be located

últimamente lately (11)

último last (6); **por último** lastly (3)

ultravioleta ultraviolet (15)

un, uno/a *indef. art.* a, an (1); one (1); *pl.* some (1)

únicamente solely

único/a *adj.* only; unique; **hijo/a único/a** only child (10)

unido/a united; unified; **Estados Unidos** United States (1)

uniforme *m.* uniform (14)

unión *f.* union

unir to join (13)

universidad *f.* university (3)

universitario/a *adj.* university (14); **título universitario** university degree (15)

universo universe

uña nail (12); **comerse las uñas** to bite one's nails (5)

urgente urgent (12)

urgir (j) to be urgent (15)

uruguayo/a *n., adj.* Uruguayan (2)

usado/a used (14)

usar to use (4)

uso use (13)

usted *sub. pron.* you (*pol sing.*) (1); *obj. of prep.* you (*pol. sing.*)

ustedes *sub. pron.* you (*pl.*) (1); *obj. of prep.* you (*pl.*)

usuario/a user; **nombre de usuario** user name (15)

utensilio utensil

útil useful (1)

utilizar (c) to utilize (11)

uva grape (9)

V

vacaciones *f. pl.* vacation (3); **salir** (*irreg.*) **de vacaciones** to take a vacation (11)

vacío/a empty

vacuna vaccine (11)

vainilla vanilla (9)

valenciano/a Valencian

Valentín: Día (*m.*) **de San Valentín** Valentine's Day (5);

valer *irreg.* to be worth (14); **¿cuánto vale(n)?** how much is it / are they (worth)? (14); **vale la pena** it's worth the trouble

válido/a valid (15)

valiente brave (6)

valioso/a valuable (12)

valle *m.* valley (11)

valor *m.* value (12)

valorar to value (13)

vals *m. sing.* waltz

vanguardia vanguard

vaquero: botas de vaquero cowboy boots (14); **vaqueros** *pl.* jeans (1)

variante variant

variar (varío) to vary

varicela chicken pox (12)

variedad *f.* variety

varios/as several (3)

varón *m.* male infant, male child (13)

vasco *n.* Basque (*language*)

vasco/a *adj.* Basque

vaso drinking glass (5)

vasto/a vast

vecindad *f.* neighborhood

vecindario neighborhood (7)

vecino/a neighbor (7)

vegano/a vegan (9)

vegetación *f.* vegetation (11)

vegetal *m.* vegetable

vegetariano/a vegetarian (9)

vehículo vehicle (11)

veinte twenty (1)

veinticinco twenty-five (1)

veinticuatro twenty-four (1)

veintidós twenty-two (1)

veintinueve twenty-nine (1)

veintiocho twenty-eight (1)

veintiséis twenty-six (1)

veintisiete twenty-seven (1)

veintitrés twenty-three (1)

veintiuno twenty-one (1)

vela candle (5)

velero sailboat (11)

velocidad *f.* speed (8)

vena vein (12)

vencimiento expiration

vendaje *m.* bandage (12)

vendar to bandage (12)

vendedor(a) saleman/salewoman (14)

vender to sell (9)

venezolano/a *n., adj.* Venezuelan (2)

venganza revenge

venir *irreg.* to come (8); **vine** I came (8); **viniste** you (*inf. sing.*) came (8); **vino** he/she/you (*pol. sing.*) came (8)

venta sale (14)

ventaja advantage (7)

ventana window (2)

ventanal *m.* large window

ventilador *m.* fan (7)

ver *irreg.* to see (3); to watch (3); **a ver...** let's see . . . (12); **gusto de verte** nice to see you (*inf. sing.*) (1); **nos vemos** see you later (1); **ver la televisión / una película** to watch television / a movie (3); **ver muñequitos** to watch cartoons (10); **vi** I saw (8); **viste** you (*inf. sing.*) saw (8); **vio** he/she/you (*pol. sing.*) saw (8)

verano summer (3)

veras: ¿de veras? really? (8)

verbo verb (1)

verdad truth (1); **es verdad que** (+ *indicative*) it's true that . . . (14); **¿verdad?** right? (2)

verde green (1)

verdura vegetable (5)

versión *f.* version (14)

verso verse (10)

verter (ie) to shed, pour

vestido dress (1)

vestir (i, i) to dress; **vestirse** to get dressed (5); **me visto** I get dressed (5); **prenda de vestir** article of clothing (14); **se viste** he/she gets dressed, you (*pol. sing.*) get dressed (5)

veterinario/a veterinarian (6)

vez *f.* (*pl.* **veces**) time; **a veces** sometimes (3); **de vez en cuando** once in a while (3); **en vez de** instead of (13); **otra vez** once more (8); **raras veces** rarely (5)

vía: en vías de desarrollo developing; in the process of developing; **país** (*m.*) **en vías de desarrollo** developing country (14)

viajar to travel (3)

viaje *m.* trip (7); **hacer** (*irreg.*) **un viaje** to make a trip (11)

viajero/a traveler

vibrante vibrant

victoria victory

victorioso/a victorious

vida life (3)

videojuegos: jugar (ue) (gu) (a) videojuegos to play videogames (3)

vidrio glass; **fibra de vidrio** fiberglass (14); **fuente** (*f.*) **de vidrio** glass serving dish (9)

viejo/a old (1)

viento wind; **hace viento** it's windy (3)

vientre *m.* belly

viernes *m. sing.* Friday (2); *pl.* (on) Fridays

Vietnam Vietnam

vietnamita *n. m.* Vietnamese (*language*)

vietnamita *adj. m., f.* Vietnamese

vigilar to keep watch on

vikingo/a *adj.* Viking

vino (tinto) (red) wine (5)

violencia violence (13)

violentamente violently (13)

violento/a violent (13)

virtud *f.* virtue

virus *m.* virus (15)

visa visa (11)

visado visa (11)

visibilidad *f.* visibility (11)

visigótico/a Visigothic

visita visit; guest (13); **ir de visitas** to visit (4)

visitante *m., f.* visitor

visitar to visit (3)

vista view (14); **punto de vista** point of view (8)

visto/a (*p.p. of* **ver**) seen

vitae: currículum vitae curriculum vitae (6), CV, resume

vitamina vitamin (5)

viudo/a widowed (4)

vivero nursery

vivienda housing (15)

vivir to live (4); **¿dónde vives?** where do you (*inf. sing.*) live? (4); **¡viva… !** long live . . . ! (10); **vivo en…** I live at . . . (4)

vivo/a alive (11)

vocabulario vocabulary (1)

vocalista *m., f.* singer

volante *m.* steering wheel (11)

volar (ue) to fly; **volar cometa/papalote** to fly a kite (10)

volcán *m.* volcano

voleibol *m.* volleyball (3)

volumen *m.* volume; **a todo volumen** at full volume (6)

voluntario/a volunteer

volver (ue) (*p.p.* **vuelto**) to come back (5); **volverse loco/a** to go crazy (12)

vómitos: tener (*irreg.*) **vómitos** to be vomiting (12)

vos *sub. pron.* you (*inf. sing.*) (*Arg., Guat., Uru.*)

vosotros/as *sub. pron.* you (*inf. pl.*) (*Sp.*) (1); *obj. of prep.* (*inf. pl.*) (*Sp.*)

votar to vote (15)

voto vote

voz *f.* (*pl.* **voces**) voice; **en voz alta** aloud, out loud (6)

vuelo flight (7); **asistente** (*m., f.*) **de vuelo** flight attendant (11)

vuelto (*p.p. of* **volver**)

vuestro/a *poss.* your (*inf. pl.*) (3)

Y

y and (1); **y cuarto** quarter after (3); **y media** half past (3)

ya already; **ya es tarde** it's already late (3); **ya no** no longer (10)

yerbabuena spearmint; **té** (*m.*) **de yerbabuena** spearmint tea (12)

yerbería *shop that sells herbs and other medicinal plants*

yerno son-in-law (10)

yeso cast (12)

yo *sub. pron.* I (1); **¡yo no!** I don't! (5); **¡yo sí!** I do! (5)

yoga yoga (3)

yogur *m.* yogurt (5)

yuca cassava, manioc (9)

Z

zaguán *m.* entryway/vestibule/portico of a house (14)

zanahoria carrot (9)

zanja ditch

zapatería shoe store (7)

zapatilla slipper (14)

zapato (de tenis) (tennis) shoe (1); **zapato de tacón alto** high-heeled shoe (14)

zapoteca *m., f.* Zapotec

zona zone (11)

zoológico zoo (10)

zueco clog (14)

zumo juice (*Sp.*) (9)

Credits

Photo Credits

Page xv bottom left: © Nigel Pavitt/AWL/Getty Images; **Page xv bottom right:** © Paul Franklin/Latin Focus.com; **Page 3 bottom right:** © Richard Levine/Alamy; **Page 12:** © Rana Faure/Corbis; **Page 19 bottom left:** © William Rogers; **19 bottom right:** © Richard Levine/Alamy; **Page 32:** © Damir Cudic/Getty Images; **Page 36:** © DOMINIQUE FAGET/AFP/Getty Images; **Page 45:** © John&LisaMerrill/The Image Bank/Getty Images; **Page 48:** © Courtesy of Gustavo Arias @ ParaguayanHarps.com; **Page 51 bottom left:** © J. Enrique Molina/Alamy; **Page 51 bottom right:** Courtesy of Departamento de Publicidad y Propaganda, Secretaría Nacional de Turismo—SENATUR, Paraguay; **Page 60:** © Jon Hicks/Corbis; **Page 61 bottom right:** © Linn Bergbrant/LatinFocus.com; **Page 74:** © Image Source, all rights reserved; **Page 80:** © Domino/Getty Images; **Page 81:** © Alberto E. Rodríguez/Getty Images; **Page 84 bottom right:** © Linn Bergbrant/LatinFocus.com; **Page 84 bottom left:** © Krzysztof Dydynski/Lonely Planet Images/Getty Images; **Page 98:** © David Litschel/Alamy; **Page 99 bottom right:** ©Paul Franklin/Latin Focus.com; **Page 106:** © Steven Lawton/Film Magic/Getty Images; **Page 114:** © Paul Knivett/Alamy; **Page 117 bottom left:** © Nigel Pavitt/AWL/ Getty Images; **Page 117 bottom right:** ©Paul Franklin/Latin Focus.com; **Page 130:** © Richard Lord/Alamy; **Page 138:** © John Mitchell/Alamy; **Page 142:** © Andy Richter/Aurora Photos/Corbis; **Page 148:** © ASSOCIATED PRESS; **Page 151 bottom left:** © Paul Kennedy/Alamy; **Page 151 bottom right:** © Keren Su/Photodisc/Getty Images; **Page 164:** © epa european pressphoto agency b.v./Alamy; **Page 169:** © imagebroker/Alamy; **Page 170:** Courtesy of Hannah Kelley; **Page 173:** © Comstock Images/Jupiter Images; **Page 176:** © Phil Cole/Getty Images; **Page 182:** © Eduardo Parra/Getty Images; **Page 184 bottom left:** ©Tim Draper/Getty Images; **Page 184 bottom right:** © Steve Allen/Brand X/Getty Pictures; **Page 196:** © Jimmy Dorantes/LatinFocus.com; **Page 200:** © Andy Kerry/Getty Images; **Page 203:** Public Domain; **Page 211:** © David Lee; **Page 213:** © Denise McCullough RF; **Page 214:** © Rob Melnychuk/Getty Images; **Page 215:** © LUIS ACOSTA/AFP/Getty Images; **Page 217:** © The McGraw-Hill Companies, Inc./Barry Barker, photographer; **Page 219 bottom left:** © Bruno Morandi/Robert Harding/Getty Images; **Page 219 bottom right:** © Ulf Andersen/Getty Images; **Page 230:** © Franz Marc Frei/Getty Images; **Page 231 bottom right:** © Dollia Sheombar/ Getty Images; **Page 240:** Courtesy of Jorge Argueta: www.jorgeargueta.com; **Page 242 bottom:** © Glow Images; **Page 246:** © Universal Images Group/Getty Images; **Page 249 bottom left:** © Dollia Sheombar/Getty Images; **Page 249 bottom right:** © Adam Wiseman/Corbis; **Page 260:** © Maya Choi/Getty Images; **Page 261 bottom right:** © John Warburton-Lee/Getty Images; **Page 262 top left:** © Foodcollection/Alamy; **Page 262 top right:** © Philip Nealey/Somos Images/Corbis; **Page 262 middle left:** © John Whittaker/Getty Images; **Page 262 middle right:** © Peter Andrew Bosch/Miami Herald/MCT via Getty Images; **Page 262 bottom left:** © Thornton Cohen/Alamy; **Page 262 bottom right:** © Danita Delimont/Getty Images; **Page 264:** ©Wide Eye Pictures/Alamy; **Page 276:** © Edgardo Contreras/Getty Images; **Page 280:** © Marco Simoni/Robert Harding World Imagery/Corbis; **Page 283 bottom left:** © Author's Image/PunchStock; **Page 283 bottom right:** © John Warburton-Lee/Getty Images; **Page 294:** © Travelstock44 - Juergen Held/Getty Images; **Page 296 bottom right:** © WaterFrame/Getty Images; **Page 297 left:** © Jasper Cole/Getty Images; **Page 297 right:** © Livia Corona/Getty Images; **Page 312:** © ASSOCIATED PRESS; **Page 315 bottom left:** © Melba/Getty Images; **Page 315 bottom right:** © WaterFrame/Getty Images; **Page 324:** © Eyes Wide Open/Getty Images; **Page 325 bottom right:** © Getty Images; **Page 347:** © Atlantide Phototravel/Corbis; **Page 349:** © Somos RF/Getty Images; **Page 351 bottom left & right:** © Getty Images; **Page 364:** © Andrés Rosales; **Page 365 bottom right:** © Jane Sweeney/JAI/Corbis;

Page 375: © Foodcollection/Getty Images; **Page 385:** © Image Source/Getty Images; **Page 389 middle right:** © Jane Sweeney/JAI/Corbis; **Page 389 bottom:** © Jane Sweeney/JAI/Corbis; **Page 404:** © Ariel Skelley/Blend Images/Corbis; **Page 408:** © María José Cabrera Puche; **Page 414:** © Ingram Publishing; **Page 421:** © Jeremy Woodhouse/Blend Images/Corbis; **Page 429 bottom left:** © Mark Bacon/Latin Focus.com; **Page 429 bottom right:** © Medioimages/Photodisc/Getty Images; **Page 444:** © Stefano Paterna/Alamy; **Page 445 bottom left:** © Moisés Castillo/Latin Focus.com; **Page 458:** © Wendy Connett/Getty Images; **Page 466:** © Melba Photo Agency/Punchstock; **Page 469 bottom left:** © Moisés Castillo/LatinFocus.com; **Page 469 bottom right:** © Jeremy Woodhouse/Spaces Images/Corbis; **Page 484:** © Steve Winte/Getty Images; **Page 485 bottom right:** © Kryssia Campos/Getty Images; **Page 501 top left:** © Martin Ruegner/Getty Images; **Page 501 middle left:** © Photodisc Collection/Getty Images; **Page 501 top middle right:** © Brand X Pictures/Jupiter Images; **Page 501 middle:** © Creatas/PunchStock; **Page 501 bottom:** © Glenn Bartley/All Canada Photos/Getty Images; **Page 501 top right:** © Jim Reid/USFWS; **Page 502:** © The Goldman Environmental Prize; **Page 505:** © Mary Plage/Getty Images; **Page 509 bottom left:** © Kryssia Campos/Getty Images; **Page 509 bottom right:** © Jeff Rotman/Getty Images

Text Credits

Chapter 1
15: © 2011 BBC

Chapter 2
42: ©2012 Maita

Chapter 3
65: © 2012–2013 Todos los derechos reservados; *69:* © Joaquín S. Lavado (Quino)/Caminito S.A.S.; *71:* Copyright © 2010 Televisión Nacional Uruguay

Chapter 4
102: left http:// fundacionfamiliaecuador.blogspot.com/p/fines.html; *102:* right www.congresofamilia.com.ec

Chapter 7
212: © GO, GUIA DEL OCIO—Tu Guía en Bogota

Chapter 8
241: Copyright 2007 © by Jorge Argueta

Chapter 9
272: © Joaquín S. Lavado (Quino)/Caminito S.a.s.; *273:* © Selva Industrial S.A.

Chapter 10
304: Copyright © 1997 by Francisco X. Alarcón. All rights reserved; *308:* © Somos Jóvenes, January 2011; *311:* © Casa Editora Abril

Chapter 11
332: © Mercè Iglesias Majó; *333:* © 2012 Renault UK; *346:* © Europcar 2012

Chapter 12
372: © 2012 Televisa Publishing

Chapter 13
418: © Librería Mágica 2012

Chapter 15
489: © Joaquín S. Lavado (Quino)/Caminito S.A.S.; *496:* Copyright © 2012 Telecom.go.cr; *500:* Costa Rica © 2007—rights reserved; *505:* © Joaquín S. Lavado (Quino)/Caminito S.A.S.; *509:* Costa Rica © 2007— rights reserved

Index

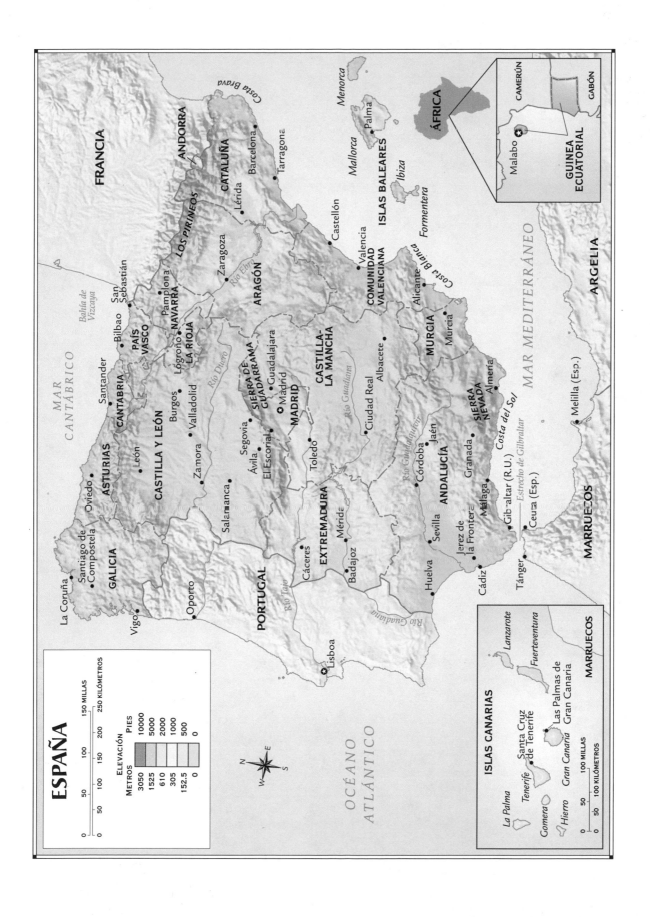

ESPAÑA

ELEVACIÓN

METROS	PIES
3050	10000
1525	5000
610	2000
305	1000
152.5	500
0	0

0 50 100 150 MILLAS

0 50 100 150 200 250 KILÓMETROS

OCÉANO ATLÁNTICO

MAR CANTÁBRICO

Bahía de Vizcaya

FRANCIA

ANDORRA

LOS PIRINEOS

COSTA BRAVA

CATALUÑA

Barcelona

Tarragona

Lérida

Zaragoza

Río Ebro

ARAGÓN

Castellón

Menorca

Mallorca

Palma

ISLAS BALEARES

Ibiza

Formentera

Valencia

COMUNIDAD VALENCIANA

Costa Blanca

Alicante

MURCIA

Murcia

Almería

SIERRA NEVADA

Costa del Sol

MAR MEDITERRÁNEO

Melilla (Esp.)

ARGELIA

MARRUECOS

San Sebastián

Pamplona

NAVARRA

Bilbao

PAÍS VASCO

Logroño

LA RIOJA

SIERRA DE GUADARRAMA

Guadalajara

Madrid

MADRID

CASTILLA-LA MANCHA

Río Guadiana

Albacete

Ciudad Real

Santander

CANTABRIA

Burgos

Valladolid

Segovia

Ávila

El Escorial

Toledo

León

Zamora

ASTURIAS

Oviedo

CASTILLA Y LEÓN

Río Duero

Salamanca

Jaén

ANDALUCÍA

Río Guadalquivir

Granada

Córdoba

Málaga

Gibraltar (R.U.)

Estrecho de Gibraltar

Ceuta (Esp.)

Tánger

Sevilla

Jerez de la Frontera

Cádiz

Huelva

Río Guadiana

EXTREMADURA

Mérida

Cáceres

Badajoz

Río Tajo

PORTUGAL

Oporto

Lisboa

La Coruña

Santiago de Compostela

GALICIA

Vigo

ÁFRICA

Malabo

GUINEA ECUATORIAL

CAMERÚN

GABÓN

ISLAS CANARIAS

La Palma

Tenerife

Santa Cruz de Tenerife

Gomera

Hierro

Gran Canaria

Las Palmas de Gran Canaria

Lanzarote

Fuerteventura

MARRUECOS

0 50 100 MILLAS

0 50 100 KILÓMETROS

N E S W